A1 - B2 필수 문법 **완벽** 정복

GO! 독학 스페인어 문법

이소라 지음

S 시원스쿨닷컴

초판 1쇄 발행 2025년 9월 26일

지은이 이소라
펴낸곳 (주)에스제이더블유인터내셔널
펴낸이 양홍걸 이시원

홈페이지 www.siwonschool.com
주소 서울시 영등포구 영신로 166 시원스쿨
교재 구입 문의 02)2014-8151
고객센터 02)6409-0878

ISBN 979-11-7550-009-9 13770
Number 1-510400-30309900-06

이 책은 저작권법에 따라 보호받는 저작물이므로 무단복제와 무단전재를 금합니다. 이 책 내용의 전부 또는 일부를 이용하려면 반드시 저작권자와 ㈜에스제이더블유인터내셔널의 서면 동의를 받아야 합니다.

GO! 독학 스페인어 문법

머리말

이 한 권으로 새로운 스페인어 세상이 열립니다.

『GO! 독학 스페인어 문법』 책을 펴내면서 언젠가 한국인 입맛에 딱 맞는 문법책을 출간하겠다고 마음먹었던 수년 전의 제 모습과, 꼭 그런 책을 출판해 달라고 말씀해 주셨던, 제 수업의 에너지의 원천인 많은 학생분들의 얼굴이 머릿속을 스쳐 갑니다.

그때 한 번에 배웠으면 좋았을 텐데…

이런 생각 해 보신 적 있나요? 『GO! 독학 스페인어 문법』을 집필할 때 강사로서 Natalia의 관점과, 같은 학습자로서 스페인어를 공부할 때 느꼈던 아쉬운 부분까지 예전에 써 두었던 메모 하나하나 모두 찾아 가며 이 도서에 담았습니다. 제 빛바랜 수첩 속에 있는 수년간의 메모들이 이 도서의 여기저기에 정성스레 담겨 두 팔을 벌리고 여러분들을 기다리고 있습니다.

스페인어를 가르치면서 느낀 점 중에 하나가, 스페인어는 아직 그 언어의 모든 부분을 더 심도 있고 정확하게 가르쳐 주는 문법 서적이 없다는 것이었습니다. 또한 실제 스페인어권에서 강조해서 가르치는 내용들이, 한국에 출판된 대부분의 서적에서는 언급조차 되고 있지 않았습니다.

『GO! 독학 스페인어 문법』은 제가 스페인어를 가르치면서 현장에서 쌓은 경험을 바탕으로, 수년 동안 연구한 학습자들에게 꼭 필요한 내용과 기존의 교재들에서 볼 수 없는 중요한 문법의 팁까지 다루고 있다는 점에서 다른 도서들과 차별화됩니다. 이 책 한 권으로 기초부터 고급까지 조금 더 심도 있게 학습할 수 있음을 저와 함께 수업을 했던 수많은 제자분들이 증명해 주고 있습니다.

Matar dos pájaros de un tiro.
문법도 배우고 회화도 배울 수 있는 일석이조

말의 뼈대를 배우는 문법책은 대부분 딱딱하다?
문법책이지만 의사소통 중심의 접근법(enfoque comunicativo)에 초점을 맞춰서, 살면서 언젠가 한 번쯤은 써먹을 데가 있는 예문이 아닌, 바로바로 쓸 수 있는 예문들을 통해서 문법을 녹여 내고 싶었고 그 마음과 스페인어에 대한 무한한 열정으로부터 탄생한 도서가 바로 『GO! 독학 스페인어 문법』입니다.

  한 글자 한 글자 전부 소중하게 꾹꾹 눌러 담았습니다. 문법을 설명하는 문장 내에 단어 하나만 어색하게 쓰여도, 우리 한국인 입맛에 맞지 않게 됩니다. 매 과마다 한국인 학습자들에게 가장 적절한 설명 방식을 찾기 위해 수정하고 또 수정했습니다. [¡Recuerda!]를 통해서 놓치기 쉬운 내용까지 꼭 직접 전달하고 싶었습니다.

올해 스페인어 문법 마스터가 목표인데…
어떻게 공부할까? 어디서부터?

  고민하고 망설이는 시간조차 줄여 드리고 싶었습니다. 우리는 정보의 홍수 속에서 고민하고 걱정하는 데 너무 많은 시간을 허비합니다. 그 시간조차 『GO! 독학 스페인어 문법』을 통해 스페인어 하나라도 더 배우는 시간이 되었으면 합니다. 1과부터 차근차근 따라와 주세요. 문법책은 한 번 보고 끝나는 것이 아닌, 여러 번 반복해서 봐야 한국어와 다른 말의 뼈대를 익힐 수 있습니다. 늘 가지고 다니면서 적어도 2-3회는 정독해 주세요. 시간과 장소를 달리해서 같은 내용을 반복해서 보는 것이 언어 학습에서 굉장히 유용하다고 합니다. 이렇게 공부하면, 여러분의 문법을 보는 눈이 달라져 있을 것입니다. 앞부분에 어렵게 느껴지는 내용이 있다면, 일단 계속 진도를 나가면서 학습해 주세요. 한 과의 내용이 다른 과 예문 속에 또 녹여 들어가 있어, 과를 거듭할수록 문법에 대한 감각이 향상됩니다.

  이 책 한 권으로 내 스페인어 인생이 달라질 수 있습니다. 여러분이 가는 길에 제가 직접 함께 하겠습니다.

  자, 이제 시작해 볼까요?

이소라

이 책의 구성과 특징

1 오늘 배울 문법과 학습 목표를 다지고, 각 Unidad에서 어떤 내용을 상세하기 다룰 것인지를 미리 확인합니다. 각 Unidad의 내용을 차근차근 익히고 나면, 스페인어 필수 문법을 마스터할 수 있을 거예요.

2 한눈에 들어오는 표와 예문, 상세한 설명으로 스페인어 문법에 좀 더 쉽게 접근합니다. 복습할 때도 유용하겠죠?

3 추가로 알아야 하는 문법 지식, 헷갈리기 쉬운 내용과 반드시 외워야 하는 예외적인 문법 사항은 [¡Recuerda!]로, 스페인어 활용에 도움이 되는 내용은 [Tip]으로 정리했습니다. 학습할 때 좀 더 주의 깊게 살펴봅시다.

4 각 Unidad에서 배운 내용을 점검할 수 있도록 [¡Vamos a practicar!]를 제공합니다. 얼마나 잘 이해하고 있는지 스스로 점검해 보세요!

5 각 Unidad 말미에 수록된 Ejercicios를 통해, 학습 내용을 아우르는 다양한 유형의 문제를 풀어 볼 수 있습니다. 각 Unidad의 내용을 정리하면서 적용해 보세요.

6 ¡Vamos a hablar!에서는 각 Unidad에서 학습한 문법을 활용하여 회화 연습을 해 볼 수 있습니다. 배운 문법 내용을 적용하여 말하기 연습도 해 보세요.

7 각 Unidad의 중간 점검 문제인 [¡Vamos a practicar!]와 연습 문제 Ejercicios, 회화 연습 ¡Vamos a practicar!의 정답을 확인해 보세요. 틀린 문제는 다시 한번 문법 설명을 되짚으며 확실하게 내 것으로 만들어 보세요.

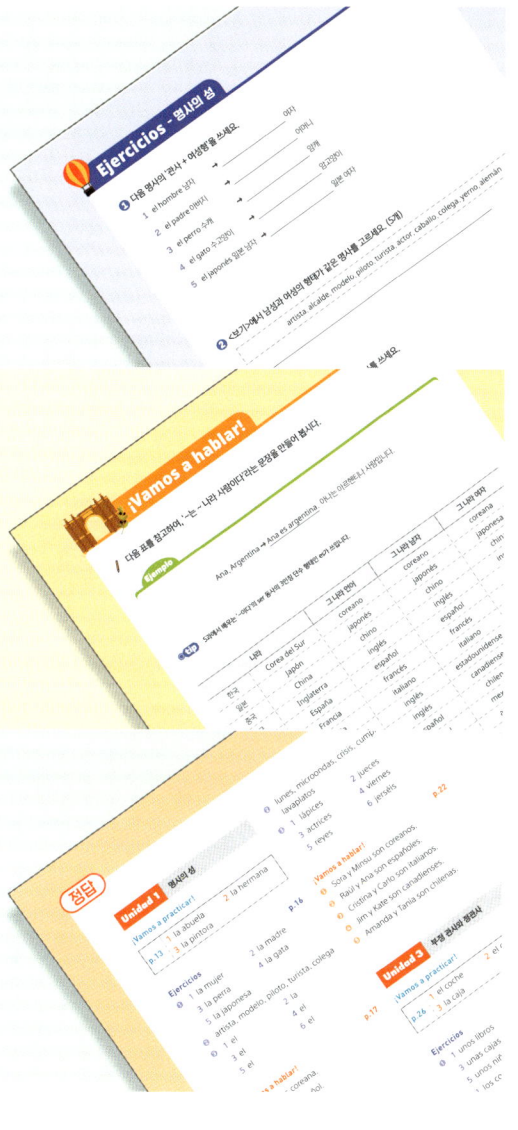

부가 학습 자료

유료 동영상 강의 및 무료 학습 자료는 시원스쿨 스페인어(spain.siwonschool.com)에서 확인하실 수 있습니다.

스페인어 동사
변화표 PDF

핵심 문장
작문 연습 PDF

스페인어 문법
가이드 MAP PDF

한국인이 많이
틀리는 문법 PDF

차례

- 머리말 … 4
- 이 책의 구성과 특징 … 6

Unidad 1	명사의 성	12
Unidad 2	명사의 수	18
Unidad 3	부정 관사와 정관사	24
Unidad 4	형용사	30
Unidad 5	주격 인칭 대명사와 동사 ser	36
Unidad 6	동사 estar	42
Unidad 7	동사 hay	48
Unidad 8	-ar 동사와 현재 시제	54
Unidad 9	-er 동사와 의문사 1	60
Unidad 10	-ir 동사와 의문사 2	68
Unidad 11	현재 분사와 진행형	74
Unidad 12	동사 ir와 불규칙 동사 1 (e-ie)	78
Unidad 13	불규칙 동사 2 (o-ue)	84
Unidad 14	불규칙 동사 3 (tener, dar)	90

Unidad 15	불규칙 동사 4	96
Unidad 16	소유 형용사	102
Unidad 17	전치사 1 / 전치사 + 대명사	108
Unidad 18	전치사 2 (para vs por)	114
Unidad 19	saber vs conocer	120
Unidad 20	원급 비교 (동등 비교)	126
Unidad 21	비교급	132
Unidad 22	최상급	138
Unidad 23	직접 목적어	144
Unidad 24	간접 목적어	150
Unidad 25	재귀 동사	156
Unidad 26	역구조 동사	162
Unidad 27	명령형 1	170
Unidad 28	명령형 2	176
Unidad 29	현재 완료	182
Unidad 30	단순 과거 1 (-ar)	188
Unidad 31	단순 과거 2 (-er, -ir)	196
Unidad 32	단순 과거 3 (불규칙)	202

Unidad 33	불완료 과거	208
Unidad 34	단순 미래	214
Unidad 35	가능법	220
Unidad 36	과거 완료, 미래 완료	228
Unidad 37	se 1 (상호 / 무인칭 주어의 se)	234
Unidad 38	se 2 (수동의 se)	240
Unidad 39	se 3 (무의지의 se)	246
Unidad 40	접속사	252
Unidad 41	연결사	258
Unidad 42	접속법 1	264
Unidad 43	접속법 2	270
Unidad 44	접속법 3	276
Unidad 45	접속법 4	282
Unidad 46	접속법 5	288
Unidad 47	접속법 6	294
Unidad 48	접속법 과거	300
Unidad 49	가정법 현재, 가정법 과거	304
Unidad 50	가정법 과거 완료, 혼합 가정법	310

Unidad 51	감탄문	316
Unidad 52	중성 관사 lo	322
Unidad 53	관계 대명사 1	328
Unidad 54	관계 대명사 2	334
Unidad 55	관계사	340
Unidad 56	변화의 동사 1	346
Unidad 57	변화의 동사 2	352
Unidad 58	화법	358
Unidad 59	평가 접미사	364
Unidad 60	Me gustaría	370

- 정답 374

Unidad 1 명사의 성

스페인어의 명사에는 성이 있습니다. 명사의 의미, 혹은 어미에 따라 남성과 여성으로 구별되기도 하지만 그렇지 않은 경우도 있기 때문에, 명사를 배울 때 반드시 명사의 성도 함께 학습해야 합니다. 1과에서는 남성 명사에는 남성 정관사인 el을, 여성 명사에는 여성 정관사인 la를 붙여서 명사를 학습합니다.

오늘의 암기 문장

Mina es coreana.	미나는 한국 사람이다.
José es español.	호세는 스페인 사람이다.

🇪🇸 일반적인 규칙

⭐ 의미에 따른 구분

❶ 단어의 의미를 통해 자연스럽게 성을 파악할 수 있는 명사

남성 명사		여성 명사	
el hombre	남자	la mujer	여자
el padre	아버지	la madre	어머니

❷ 어미로 남성과 여성을 구분할 수 있는 명사

남성 명사		여성 명사	
el abuelo	할아버지	la abuela	할머니
el hermano	남자 형제	la hermana	여자 형제
el perro	수캐	la perra	암캐
el gato	수고양이	la gata	암고양이
el león	수사자	la leona	암사자
el pintor	남성 화가	la pintora	여성 화가
el alemán	독일 남자	la alemana	독일 여자
el japonés	일본 남자	la japonesa	일본 여자
el bailarín	남성 무용수	la bailarina	여성 무용수

¡Recuerda! 사람이나 동물을 지칭할 때, 위의 명사들은 다음의 규칙을 따릅니다.
- -o로 끝나면 남성 명사, -a로 바꾸면 여성 명사
- -ón으로 끝나면 남성 명사, -ona로 바꾸면 여성 명사
- -or로 끝나면 남성 명사, -ora로 바꾸면 여성 명사
- -án으로 끝나면 남성 명사, -ana로 바꾸면 여성 명사
- -és로 끝나면 남성 명사, -esa로 바꾸면 여성 명사
- -ín으로 끝나면 남성 명사, -ina로 바꾸면 여성 명사

★ 형태에 따른 구분

❶ 사람이나 동물을 지칭하지 않더라도, 일반적으로 -o로 끝나면 남성 명사, -a로 끝나면 여성 명사

남성 명사		여성 명사	
el libro	책	la fruta	과일
el zumo	주스	la mesa	테이블, 책상
el vaso	컵	la fiesta	파티
el vino	와인	la cerveza	맥주

❷ 그리스 어원을 가진 -ma, -pa, -ta로 끝나는 남성 명사 및 -aje/-ol로 끝나는 남성 명사

남성 명사			
el problema	문제	el dilema	딜레마
el tema	주제	el programa	프로그램
el mapa	지도	el planeta	지구
el viaje	여행	el equipaje	수화물
el maquillaje	화장	el porcentaje	퍼센티지
el árbol	나무	el girasol	해바라기
el parasol	파라솔	el control	통제, 제어

❸ -ción/-sión, -dad/-tad, -ez, -umbre로 끝나면 여성 명사

여성 명사			
la información	정보	la televisión	텔레비전
la universidad	대학교	la libertad	자유
la madurez	성숙함	la costumbre	습관

¡Vamos a practicar! 다음 단어를 여성형으로 바꿔 보세요.

1. el abuelo 할아버지 → _____ 할머니
2. el hermano 남자 형제 → _____ 여자 형제
3. el pintor 남성 화가 → _____ 여성 화가

🇪🇸 주의해야 할 명사

★ 주의해야 하는 경우

❶ -o로 끝나지만 여성 명사, -a로 끝나지만 남성 명사

남성 명사		여성 명사	
el día	날, 낮	la foto	사진
el sofá	소파	la moto	오토바이
el pijama	파자마	la mano	손

¡Recuerda! la foto는 la fotografía, la moto는 la motocicleta의 축약형으로, 원래의 형태를 알면 여성 명사임을 쉽게 알 수 있습니다.

❷ 남성 명사와 여성 명사의 형태가 다른 사람이나 동물

남성 명사		여성 명사	
el actor	남성 배우	la actriz	여성 배우
el emperador	황제	la emperatriz	황후
el yerno	사위	la nuera	며느리
el marido	남편	la esposa = la mujer	부인
el alcalde	남성 시장	la alcaldesa	여성 시장
el caballo	수말	la yegua	암말

tip 중남미에서는 남편의 의미로 el esposo가 쓰입니다.

❸ 남성 명사와 여성 명사의 형태가 같은 -ista, -ante로 끝나는 명사 및 그 외

남성 명사		여성 명사	
el pianista	(남) 피아니스트	la pianista	(여) 피아니스트
el artista	(남) 예술가	la artista	(여) 예술가
el turista	(남) 관광객	la turista	(여) 관광객
el estudiante	(남) 학생	la estudiante	(여) 학생
el cantante	(남) 가수	la cantante	(여) 가수
el modelo	(남) 모델	la modelo	(여) 모델
el miembro	(남) 멤버	la miembro	(여) 멤버
el piloto	(남) 파일럿	la piloto	(여) 파일럿
el testigo	(남) 증인	la testigo	(여) 증인
el colega	(남) 동료	la colega	(여) 동료

¡Recuerda! 위의 명사들은 남성과 여성의 형태가 같으므로, 관사를 통해 성을 구분합니다.

④ -ente로 끝나는 명사

-ente로 끝나는 명사는 -ante로 끝나는 명사처럼 남성 명사와 여성 명사가 같은 형태로 쓰이지만, 단어에 따라 여성의 경우 -enta의 형태가 허용되거나, -enta의 형태가 더 널리 쓰이는 경우가 있습니다.

남성 명사		여성 명사	
el cliente	남성 고객	la cliente / la clienta	여성 고객
el dependiente	남성 점원	la dependiente / la dependienta	여성 점원
el presidente	남성 대통령	la presidente / la presidenta	여성 대통령

tip 현재 dependienta, clienta, presidenta의 형태가 더 널리 쓰입니다.

⑤ 성에 따라 의미가 변하는 명사

남성 명사		여성 명사	
el capital	자본	la capital	수도
el orden	순서, 질서	la orden	명령
el cólera	콜레라 병	la cólera	격노, 화
el policía	남성 경찰	la policía	여성 경찰 / 경찰 조직

⑥ 요일과 달 이름은 모두 남성 명사

남성 명사			
el lunes	월요일	el mayo	5월
el viernes	금요일	el noviembre	11월

⑦ 그 외 단어들

단어의 성을 자연적으로 혹은 형태에 의해 구별할 수 없는 경우 학습을 통해서 암기해야 합니다.

남성 명사		여성 명사	
el cine	영화관	la película	영화
el ordenador	컴퓨터	la flor	꽃
el ascensor	승강기	la labor	노동
el sirope	시럽	la gripe	독감

¡Recuerda! 사전 사용 시, 다음 사항을 알아 두면 유용합니다.
m. = masculino: 남성 명사 / f. = femenino: 여성 명사

Ejercicios - 명사의 성

정답 p.374

❶ 다음 명사의 '관사 + 여성형'을 쓰세요.

1 el hombre 남자 ➡ _____ 여자

2 el padre 아버지 ➡ _____ 어머니

3 el perro 수캐 ➡ _____ 암캐

4 el gato 수고양이 ➡ _____ 암고양이

5 el japonés 일본 남자 ➡ _____ 일본 여자

❷ <보기>에서 남성과 여성의 형태가 같은 명사를 고르세요. (5개)

| artista, alcalde, modelo, piloto, turista, actor, caballo, colega, yerno, alemán |

➡ _____

❸ 밑줄 친 부분에 알맞은 정관사를 쓰세요.

1 _____ libro

2 _____ cerveza

3 _____ problema

4 _____ viaje

5 _____ pijama

6 _____ cine

¡Vamos a hablar!

정답 p.374

✏️ 다음 표를 참고하여, '~는 ~ 나라 사람이다'라는 문장을 만들어 봅시다.

Ejemplo

Ana, Argentina ➡ Ana es argentina. 아나는 아르헨티나 사람입니다.

💡 tip 5과에서 배우는 '~이다'의 ser 동사의 3인칭 단수 형태인 es가 쓰입니다.

나라		그 나라 언어	그 나라 남자	그 나라 여자
한국	Corea del Sur	coreano	coreano	coreana
일본	Japón	japonés	japonés	japonesa
중국	China	chino	chino	china
영국	Inglaterra	inglés	inglés	inglesa
스페인	España	español	español	española
프랑스	Francia	francés	francés	francesa
이탈리아	Italia	italiano	italiano	italiana
미국	Estados Unidos	inglés	estadounidense	estadounidense
캐나다	Canadá	inglés	canadiense	canadiense
칠레	Chile	español	chileno	chilena
멕시코	México	español	mexicano	mexicana
아르헨티나	Argentina	español	argentino	argentina
페루	Perú	español	peruano	peruana
러시아	Rusia	ruso	ruso	rusa

❶ Mina, Corea del Sur ➡ _____ 미나는 한국 사람입니다.

❷ José, España ➡ _____ 호세는 스페인 사람입니다.

❸ Cristina, Italia ➡ _____ 크리스티나는 이탈리아 사람입니다.

❹ Jim, Canadá ➡ _____ 짐은 캐나다 사람입니다.

❺ Amanda, Chile ➡ _____ 아만다는 칠레 사람입니다.

Unidad 1 명사의 성 **17**

Unidad 2 명사의 수

이번 과에서는 명사를 복수로 만드는 방법을 학습합니다. 스페인어의 명사와 형용사에는 복수 형태가 있습니다. 명사와 형용사 모두 같은 규칙으로 복수 형태가 만들어지기 때문에 다음의 규칙을 학습해 두면 형용사의 복수 형태까지 함께 익힐 수 있습니다.

🍊 **오늘의 암기 문장**

Sora y Minsu son coreanos.	소라와 민수는 한국 사람입니다.
Amanda y Tania son chilenas.	아만다와 타니아는 칠레 사람입니다.

🇪🇸 일반적인 규칙

⭐ 단어가 모음으로 끝나면 + s, 자음으로 끝나면 + es

❶ 단어가 모음으로 끝나면 + s

단수형	복수형	뜻	단수형	복수형	뜻
abogado	abogados	변호사	café	cafés	커피
cama	camas	침대	coche	coches	자동차
menú	menús	세트 메뉴, 정식	mesa	mesas	테이블
silla	sillas	의자	sofá	sofás	소파
zapato	zapatos	신발			

¡Recuerda! 스페인어의 모음에는 a, e, i, o, u가 있습니다.

❷ 단어가 자음으로 끝나면 + es

단수형	복수형	뜻	단수형	복수형	뜻
autobús	autobuses	버스	ciudad	ciudades	도시
francés	franceses	프랑스 사람	japonés	japoneses	일본 사람
mes	meses	달, 월	móvil	móviles	휴대폰
ordenador	ordenadores	컴퓨터	papel	papeles	종이
tos	toses	기침	universidad	universidades	대학교

🌴 **¡Vamos a practicar!** 다음 단어를 복수형으로 바꿔 보세요.

1 mesa 테이블 ➡ _____   2 sofá 소파 ➡ _____
3 ciudad 도시 ➡ _____   4 autobús 버스 ➡ _____

| ¡Recuerda! | 스페인어에서 단수 명사와 복수 명사는 같은 위치에 강세가 있습니다. autobús의 복수인 autobuses의 경우, 자연적으로 강세가 bu에 위치하기 때문에, 강세 기호가 복수에서는 사라집니다. franceses와 japoneses에도 같은 규칙이 적용됩니다. |

주의해야 하는 경우

❶ -ú로 끝나는 단어 중 국적 명사의 경우 + es

단수형	복수형	뜻	단수형	복수형	뜻
bantú	bantúes	반투족 사람	hindú	hindúes	인도 사람

❷ -í 혹은 -y로 끝나는 단어 + es

단수형	복수형	뜻	단수형	복수형	뜻
israelí	israelíes	이스라엘 사람	ley	leyes	법, 법률
marroquí	marroquíes	모로코 사람	rey	reyes	왕

❸ -y로 끝나는 단어 중, 외국어에서 온 경우 -y를 -is

단수형	복수형	뜻	단수형	복수형	뜻
espray	espráis	스프레이	jersey	jerséis	스웨터

| ¡Recuerda! | 스페인어에서 단수 명사와 복수 명사는 같은 위치에 강세가 있습니다. jersey의 복수인 jerséis의 경우, 단수와 같은 모음에 강세를 만들어 주기 위해 강세 기호가 생깁니다. jerseis라고 쓸 경우, 강세가 je에 위치하기 때문에, jerséis가 올바른 복수 형태입니다. espray와 espráis에도 같은 규칙이 적용됩니다. |

❹ -s로 끝나는 단어 중, 2음절(모음 2개) 이상이며, 마지막 모음에 강세 표시가 별도로 없는 경우, 단수와 복수 동일

단수형	복수형	뜻	단수형	복수형	뜻
crisis	crisis	위기	jueves	jueves	목요일
miércoles	miércoles	수요일	viernes	viernes	금요일

 ¡Vamos a practicar! 다음 단어의 복수 형태로 알맞은 것을 고르세요.

1 crisis ➔ (crisis / crisises)   2 jueves ➔ (jueves / jueves)

Unidad 2 명사의 수 **19**

❺ s로 끝나는 합성 명사도 ❹번 규칙을 따름

단수형	복수형	뜻	단수형	복수형	뜻
abrelatas	abrelatas	캔 오프너	cortaúñas	cortaúñas	손톱깎기
microondas	microondas	전자레인지	paraguas	paraguas	우산

¡Recuerda! 동사와 명사의 결합으로 만들어지는 합성 명사의 경우, 다음의 규칙을 따릅니다.
* 동사의 직설법 3인칭 단수 + 명사의 복수 = 동사와 명사의 결합으로 만들어지는 합성 명사

예) abrir 열다, lata 캔 ➡ abre + latas = abrelatas 캔을 열어 주는 캔 오프너

❻ -z로 끝나는 단어는, -z를 -ces

단수형	복수형	뜻	단수형	복수형	뜻
actriz	actrices	여성 배우	emperatriz	emperatrices	황후
juez	jueces	판사, 재판관	lápiz	lápices	연필

Ejercicios - 명사의 수

❶ 다음 명사의 복수 형태를 쓰세요.

1. abogado → _____
2. coche → _____
3. silla → _____
4. cama → _____
5. menú → _____
6. zapato → _____

❷ <보기>에서 단수와 복수의 형태가 같은 명사를 고르세요. (5개)

> lunes, autobús, francés, microondas, mes, crisis, cumpleaños, tos, lavaplatos

→ _____

❸ 빈칸에 들어갈 알맞은 복수 형태를 쓰세요.

lápiz	1
juez	2
actriz	3
viernes	4
rey	5
jersey	6

¡Vamos a hablar!

다음 표를 참고하여, 'A와 B는 ~ 나라 사람이다'라는 문장을 만들어 봅시다.

Ejemplo

Pablo, Juan, argentino ➡ <u>Pablo y Juan son argentinos</u>.
파블로와 후안은 아르헨티나 사람입니다.

tip 5과에서 배우는 '~이다'의 ser 동사의 3인칭 복수 형태인 son이 쓰입니다.

	나라	그 나라 언어	그 나라 남자	그 나라 여자
한국	Corea del Sur	coreano	coreano	coreana
일본	Japón	japonés	japonés	japonesa
중국	China	chino	chino	china
영국	Inglaterra	inglés	inglés	inglesa
스페인	España	español	español	española
프랑스	Francia	francés	francés	francesa
이탈리아	Italia	italiano	italiano	italiana
미국	Estados Unidos	inglés	estadounidense	estadounidense
캐나다	Canadá	inglés	canadiense	canadiense
칠레	Chile	español	chileno	chilena
멕시코	México	español	mexicano	mexicana
아르헨티나	Argentina	español	argentino	argentina
페루	Perú	español	peruano	peruana
러시아	Rusia	ruso	ruso	rusa

❶ Sora, Minsu, coreano ➡ _____
소라와 민수는 한국 사람입니다.

❷ Raúl, Ana, español ➡ _____
라울과 아나는 스페인 사람입니다.

❸ Cristina, Carlo, italiano ➡ _____
크리스티나와 카를로는 이탈리아 사람입니다.

❹ Jim, Kate, canadiense ➡ _____
짐과 케이트는 캐나다 사람입니다.

❺ Amanda, Tania, chileno ➡ _____
아만다와 타니아는 칠레 사람입니다.

Unidad 3 부정 관사와 정관사

이번 과에서는 명사 앞에 놓여 의미를 한정하는 관사를 학습합니다. 보통, 처음 등장하여 화제가 되는 명사에는 부정 관사를, 이미 언급된 명사 및 주어로 쓰인 명사에는 정관사를 붙입니다. 그러나 위의 설명이 관사의 모든 용법을 아우르는 것은 아니기 때문에, 각각의 쓰임을 살펴야 합니다.

오늘의 암기 문장

La amistad es importante. 우정은 중요하다.
Mi cumpleaños es el 7 de julio. 내 생일은 7월 7일이야.

 부정 관사의 형태와 활용

★ 형태

남성 단수	남성 복수	여성 단수	여성 복수
un	unos	una	unas
un libro 책 한 권	unos libros 책 몇 권	una botella 병 하나	unas botellas 병 몇 개
un vaso 컵 하나	unos vasos 컵 몇 개	una silla 의자 하나	unas sillas 의자 몇 개

¡Recuerda! 앞서 배웠던 명사의 성과 수에 알맞은 관사를 써야 합니다. unos, unas는 '몇 개의'를 의미합니다.

★ 활용과 주의 사항

① 처음 언급된 불특정한 사물 하나, 사람 한 명 혹은 사물 몇 개, 사람 몇 명을 의미

예
Hay un libro aquí. 여기 책 한 권이 있다.
Hay unos libros aquí. 여기 책 몇 권이 있다.
Hay un niño aquí. 여기 아이 한 명이 있다.
Hay unos niños aquí. 여기 아이 몇 명이 있다.

¡Recuerda! 7과에서 배울 동사 Hay는 뒤에 단수 명사, 복수 명사와 쓰여 '(불특정한 명사)가 있다'를 의미합니다.

② 직업, 국적명 앞에 쓰이지 않음에 주의할 것

Yo soy coreano. (O) 나는 한국 사람이다.	Yo soy un coreano. (X) 나는 한국 사람이다.
Yo soy profesor. (O) 나는 선생님이다.	Yo soy un profesor. (X) 나는 선생님이다.
Ana es estudiante. (O) 아나는 학생이다.	Ana es una estudiante. (X) 아나는 학생이다.

❸ 뒤에 의미를 한정하는 형용사가 오면 부정 관사를 사용

Yo soy un coreano típico. (O) 나는 전형적인 한국 사람이다.	Yo soy coreano típico. (X) 나는 전형적인 한국 사람이다.
Yo soy un profesor divertido. (O) 나는 재미있는 선생님이다.	Yo soy profesor divertido. (X) 나는 재미있는 선생님이다.
Ana es una estudiante lista. (O) 아나는 영리한 학생이다.	Ana es estudiante lista. (X) 아나는 영리한 학생이다.

❹ unos, unas는 '몇 개의'뿐만 아니라 '한 쌍의'를 의미함.

예 unas gafas 한 쌍의 안경   unos zapatos 한 쌍의 신발

❺ 여성 명사임에도 불구하고 단수로 쓰일 경우 남성 관사를 사용하는 단어들

예 un aula 교실 하나   un hacha 도끼 하나   un águila 독수리 한 마리

¡Recuerda! 이 규칙은 1) 여성 명사이지만 2) a 혹은 ha로 단어가 시작하고 3) 그 a 혹은 ha가 강세를 갖는 경우에 적용됩니다. 단어가 복수로 쓰일 경우에는 이 규칙이 적용되지 않습니다.
예 unas aulas 몇몇 교실들   unas hachas 몇 개의 도끼들   unas águilas 몇 마리의 독수리들

🇪🇸 정관사의 형태와 활용

★ 형태

남성 단수	남성 복수	여성 단수	여성 복수
el	los	la	las
el coche 자동차	los coches 자동차들	la caja 상자	las cajas 상자들
el gato 고양이	los gatos 고양이들	la mesa 테이블	las mesas 테이블들

¡Recuerda! 정관사의 남성 복수 형태가 els가 아님에 주의해야 합니다.

★ 활용과 주의 사항

❶ 문장의 주어로 쓰여, 그 명사의 대표적인 특징을 말할 때

예 Los gatos son lindos.   고양이들은 귀엽다.
    Los coches son caros.   자동차들은 비싸다.

    La libertad es importante.   자유는 중요하다.
    La amistad es importante.   우정은 중요하다.

¡Recuerda! 가산 명사가 주어로 쓰여 대표적인 특징을 나타낼 때, 복수로 쓰입니다.

❷ 이미 한 번 언급된 명사를 다시 말하거나, 화자와 청자가 서로 알고 있는 명사를 언급할 때

예 Hay un libro aquí. El libro es grueso.   여기 책 한 권이 있다. 그 책은 두껍다.
    Los libros están en la mesa.   책들은 테이블 위에 있다.
                                             (서로 이미 알고 있는 책과 테이블)

¡Recuerda! 6과에서 배울 동사 estar는 '(특정 명사)가 ~에 있다'를 의미합니다.

❸ 전치사 de, a 뒤에서 남성 단수 정관사가 축약됨에 주의할 것

de + el = del	a + el = al
ser del norte (O) 북쪽 출신이다	ir al médico (O) 병원에 가다
ser de el norte (X)	ir a el médico (X)
hablar del problema (O) 그 문제에 대해 말하다	ir al gimnasio (O) 체육관에 가다
hablar de el problema (X)	ir a el gimnasio (X)

tip 남성 단수 정관사에만 국한된 규칙으로, 그 외 경우에는 축약되지 않습니다.
비교 ir a la montaña 산에 가다   hablar de los problemas 그 문제들에 대해 말하다

¡Recuerda! · 전치사 de는 '~의 출신의', '~에 대해' 등의 뜻을 갖습니다.
            · 전치사 a는 '~로', '~에'의 방향의 뜻을 갖습니다.

❹ 여성 명사임에도 불구하고 단수로 쓰일 경우 남성 관사를 사용하는 단어들

예   el aula   교실 하나   el hacha   도끼 하나   el águila   독수리 한 마리

¡Recuerda! 이 규칙은 부정 관사뿐만 아니라 정관사와 쓰일 경우에도 적용됩니다.
            위의 단어들이 복수로 쓰일 경우, 이 규칙을 따르지 않습니다.
            예 las aulas 교실들   las hachas 도끼들   las águilas 독수리들

 그 외

★ 중성 정관사 lo의 활용

lo + 형용사 = ~한 것			
lo bueno	좋은 것	lo malo	나쁜 것
lo importante	중요한 것	lo necesario	필요한 것

¡Vamos a practicar!   주어진 단어에 알맞은 정관사를 붙여 <보기>처럼 쓰세요.

<보기> amistad ➜ la amistad 우정
1 coche ➜ _____ 자동차   2 gato ➜ _____ 고양이   3 caja ➜ _____ 상자

Ejercicios - 부정 관사와 정관사

정답 p.374

❶ 다음 단어들의 복수 형태를 쓰세요.

1 un libro   ➔ _____   2 una silla   ➔ _____

3 una caja   ➔ _____   4 un profesor   ➔ _____

5 un niño   ➔ _____   6 un estudiante ➔ _____

❷ 다음 단어들의 복수 형태를 쓰세요.

1 el coche   ➔ _____   2 la botella   ➔ _____

3 el gato   ➔ _____   4 la mesa   ➔ _____

5 el problema   ➔ _____   6 el vaso   ➔ _____

❸ 다음 중 틀린 것을 골라 바르게 고치세요.

① ser del norte

② ir a el médico

③ hablar de los problemas

④ ir a la montaña

➔ 잘못된 것은? _____ 번,

　바르게 수정하면? _____

Unidad 3 부정 관사와 정관사

¡Vamos a hablar!

✏️ 다음 표를 참고하여, '내 생일은 ~월 ~일이다'라는 문장을 만들어 봅시다.

Ejemplo

¿Cuándo es tu cumpleaños? 네 생일은 언제야?

7월 7일 ➡ Mi cumpleaños es el 7 de julio. 내 생일은 7월 7일이야.

🔧 **tip** 스페인어에서 생년월일은 일, 월, 연도의 순서로 말합니다. 특정 날짜를 말할 때, '일'에 정관사를 붙입니다.

los meses del año (한 해의 달들)	
enero 1월	julio 7월
febrero 2월	agosto 8월
marzo 3월	septiembre 9월
abril 4월	octubre 10월
mayo 5월	noviembre 11월
junio 6월	diciembre 12월

0부터 100까지 스페인어로 말하기 (기수)			
0 cero	10 diez	20 veinte	30 treinta
1 uno/a	11 once	21 veintiuno/a	31 treinta y uno/a
2 dos	12 doce	22 veintidós	32 treinta y dos
3 tres	13 trece	23 veintitrés	43 cuarenta y tres
4 cuatro	14 catorce	24 veinticuatro	54 cincuenta y cuatro
5 cinco	15 quince	25 veinticinco	65 sesenta y cinco
6 seis	16 dieciséis	26 veintiséis	76 setenta y seis
7 siete	17 diecisiete	27 veintisiete	87 ochenta y siete
8 ocho	18 dieciocho	28 veintiocho	98 noventa y ocho
9 nueve	19 diecinueve	29 veintinueve	100 cien

* 빨간색은 주의할 부분

❶ ¿Cuándo es tu cumpleaños?

8월 8일 ➡ _____

❷ ¿Cuándo es tu cumpleaños?

9월 14일 ➡ _____

❸ ¿Cuándo es tu cumpleaños?

1월 30일 ➡ _____

❹ ¿Cuándo es tu cumpleaños?

5월 22일 ➡ _____

❺ ¿Cuándo es tu cumpleaños?

10월 5일 ➡ _____

Unidad 4 형용사

이번 과에서는 형용사를 학습합니다. 스페인어의 형용사는 영어와는 다르게 명사 뒤에 위치하며, 명사처럼 성과 수가 변합니다. 형용사의 쓰임에 예외적인 경우가 많으므로 주의해서 살펴봅시다.

오늘의 암기 문장

| Juan es un estudiante trabajador. | 후안은 성실한 학생이다. |
| Minsu es un buen amigo. | 민수는 좋은 친구이다. |

🇪🇸 형용사의 기본 활용과 그 밖의 특징

★ 기본 활용

❶ 일반적으로 명사 뒤에서 명사를 수식함.

un libro interesante　　　　　　una película interesante
재미있는 책 한 권　　　　　　　　재미있는 영화 한 편

un edificio grande　　　　　　　una casa grande
큰 건물 한 채　　　　　　　　　　큰 집 한 채

un vestido rojo　　　　　　　　　una chaqueta roja
빨간 원피스 하나　　　　　　　　　빨간 재킷 하나

¡Recuerda! -o로 끝나는 형용사가 여성 명사를 수식할 경우, -a로 쓰입니다.
　예) una chaqueta roja (O)　una chaqueta rojo (X)
　　　una chica guapa (O)　una chica guapo (X)

¡Recuerda! 자음으로 끝나는 국적 형용사는 여성 명사를 수식할 때 어미에 -a가 붙습니다.
　예) un estudiante alemán (O) 독일 출신의 남학생 한 명
　　　una estudiante alemana (O) 독일 출신의 여학생 한 명
　　　un pianista francés (O) 프랑스 출신의 남성 피아니스트 한 명
　　　una pianista francesa (O) 프랑스 출신의 여성 피아니스트 한 명

❷ 복수 명사를 수식할 경우, 형용사도 복수로 쓰임.

unos libros interesantes　　　　unas películas interesantes
재미있는 책 몇 권　　　　　　　　재미있는 영화 몇 편

unos edificios grandes　　　　　unas casas grandes
큰 건물 몇 채　　　　　　　　　　큰 집 몇 채

unos vestidos rojos　　　　　　　unas chaquetas rojas
빨간 원피스 몇 벌　　　　　　　　빨간 재킷 몇 벌

¡Recuerda! 형용사를 복수로 만드는 방법은 명사를 복수로 만드는 규칙과 동일합니다.

❸ 형용사의 복수형이 형용사의 단수형과 강세가 다를 경우, 강세가 생기거나 사라짐.

una mujer joven
젊은 여자 한 명

unas mujeres jóvenes
젊은 여자들

un estudiante japonés
일본 학생 한 명

unos estudiantes japoneses
일본 학생들

¡Recuerda! 형용사의 복수 형태는 형용사의 단수 형태와 강세가 같아야 합니다. 따라서 형용사의 복수에 강세가 생기거나 (jóvenes), 강세가 사라지기도 합니다 (japoneses). jóvenes의 경우, jovenes라고 쓰면 강세가 ve에 오기 때문에, 복수 형태에서는 강세 기호가 살아나 jóvenes가 되고, japoneses의 경우, 복수 형태가 되면서 자연스럽게 강세가 ne에 오기 때문에, 복수 형태에서는 강세 기호가 사라집니다.

★ 그 밖의 특징

❶ bueno, malo의 경우, 형용사가 명사 앞에 위치하기도 함.

buen tiempo   buen humor   buena suerte
좋은 날씨   좋은 기분   좋은 운

mal tiempo   mal humor   mala suerte
나쁜 날씨   나쁜 기분   나쁜 운

¡Recuerda! 이 경우, 남성 단수 명사 앞에서 -o가 탈락한 buen, mal의 형태로 쓰입니다.
    예   bueno tiempo (X)   malo tiempo (X)   bueno humor (X)   malo humor (X)

❷ 어떤 형용사들은 명사의 앞뒤 모두 위치할 수 있으나 이 경우 그 의미가 각각 달라짐

antiguo/a	명사 앞	예전에, 과거의	mi antigua casa 내 예전 집
	명사 뒤	오래된, 낡은	una casa antigua 낡은 집
grande	명사 앞	위대한, 멋진	un gran hombre 위대한 남성
	명사 뒤	큰, 커다란	un hombre grande 몸집이 큰 남성
pobre	명사 앞	불쌍한	un pobre niño 불쌍한 아이
	명사 뒤	가난한	un niño pobre 가난한 아이
viejo/a	명사 앞	오래된, 예전부터의	un viejo amigo 오래된 친구
	명사 뒤	늙은, 나이가 든, 묵은	un amigo viejo 나이가 많은 친구

¡Recuerda! grande의 경우, 단수로 쓰인 남성 명사, 여성 명사 앞에서 -de가 탈락한 gran의 형태로 쓰입니다.
    예   una gran mujer (O) 위대한 여성   una grande mujer (X)

부정(不定) 형용사와 서수

❶ 명사 앞에 오는 mucho, poco, demasiado, suficiente, bastante

mucho	많은	mucho dinero 많은 돈 muchos amigos 많은 친구들
poco	거의 없는, 극히 적은	poco dinero 극히 적은 돈 pocos amigos 극히 적은 친구들
demasiado	너무 많은	demasiada gente 너무 많은 사람들 demasiadas personas 너무 많은 사람들
suficiente	충분한	suficiente agua 충분한 물 suficientes sillas 충분한 의자들
bastante	충분한	bastante pan 충분한 빵 bastantes galletas 충분한 쿠키들

¡Recuerda! 위의 부정(不定) 형용사는 가산 명사와 쓰일 경우, 항상 복수 형태로 쓰입니다.
　예 muchos amigos (O)　mucho amigo (X)
　　　pocos amigos (O)　poco amigo (X)

¡Recuerda! gente는 집합 명사로서 형태는 단수이지만 복수의 의미를 갖습니다.

¡Recuerda! bastante는 '넉넉하게 충분한', suficiente는 '~하기에 딱 충분한'의 의미를 갖습니다.

¡Recuerda! suficiente는 명사의 앞뒤 모두 위치할 수 있으며, 이때 의미는 동일합니다.
　예 suficiente agua (O)　agua suficiente (O)

¡Vamos a practicar! 힌트를 사용하여 밑줄 친 부분에 들어갈 알맞은 말을 쓰세요.

<보기> rojo, chico, tiempo, guapo, bueno, chaqueta

1　빨간 자켓　➡ _____
2　잘생긴 남자　➡ _____
3　좋은 날씨　➡ _____

❷ 명사 앞에 오는 alguno, ninguno

alguno	(단수) 어떤 (복수) 몇몇의	algún amigo 어떤 남성 친구 alguna amiga 어떤 여성 친구 algunos amigos 몇몇 친구들 algunas amigas 몇몇 여성 친구들
ninguno	(항상 단수 명사와 쓰여) 어떤 ~도 (~가 아니다)	ningún libro 어떤 책도 (~가 아니다) ninguna silla 어떤 의자도 (~가 아니다)

¡Recuerda! alguno, ninguno는 남성 단수 명사 앞에서 -o가 탈락한 algún, ningún의 형태로 쓰입니다.
예 algún amigo 어떤 남성 친구   ningún libro 어떤 책도 (~가 아니다)

¡Recuerda! ninguno의 경우, 부정어를 동반한 문장에서 쓰입니다.
예 No hay ningún libro. 어떤 책도 없다. 아무 책도 없다. (hay ~ ~이 있다)

❸ 서수

'첫 번째의'부터 '열 번째의'까지의 서수는 다음과 같습니다.
primero, segundo, tercero, cuarto, quinto, sexto, séptimo, octavo, noveno, décimo

el primer día 첫날	el tercer viaje 세 번째 여행
la primera medalla 첫 메달	la tercera calle 세 번째 거리

¡Recuerda! 서수 중, primero와 tercero의 경우, 남성 단수 명사 앞에서 -o가 탈락한 primer, tercer의 형태로 쓰입니다. 서수와 명사가 함께 쓰일 때는, '관사 + 서수 + 명사'의 순으로 쓰입니다.

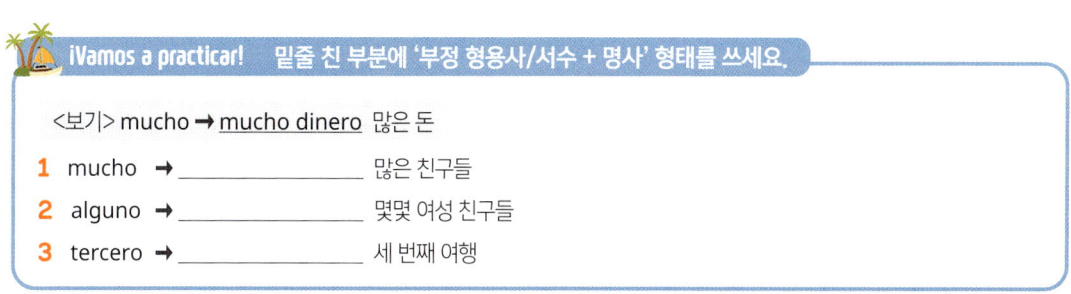

¡Vamos a practicar!   밑줄 친 부분에 '부정 형용사/서수 + 명사' 형태를 쓰세요.

<보기> mucho ➡ <u>mucho dinero</u> 많은 돈

1 mucho ➡ _____ 많은 친구들
2 alguno ➡ _____ 몇몇 여성 친구들
3 tercero ➡ _____ 세 번째 여행

Ejercicios - 형용사

❶ 밑줄 친 부분에 '명사 + 형용사'의 복수 형태를 쓰세요.

1 un libro interesante　→ _____

2 una película interesante　→ _____

3 un vestido rojo　→ _____

4 una chaqueta roja　→ _____

❷ 다음 중 틀린 것을 골라 바르게 고치세요.

① unas chicas guapas

② una mujer joven

③ unas mujeres jovenes

④ unos estudiantes japoneses

→ 잘못된 것은? _____ 번,

　바르게 수정하면? _____

❸ 밑줄 친 부분에 스페인어 형용사의 뜻을 쓰세요.

1 mi antigua casa　→ 내 _____ 집

2 demasiada gente　→ _____ 사람들

3 una casa antigua　→ _____ 집

4 alguna amiga　→ _____ 여성 친구

¡Vamos a hablar!

정답 p.375

✏️ 예시를 참고하여 각각의 인물을 소개하는 문장을 만드세요.

Ejemplo

Ana / una / chica / es / guapa 아나는 예쁜 여자아이이다.

→ Ana es una chica guapa.

❶ trabajador / es / estudiante / Juan / un 후안은 성실한 학생이다.

→ _____

❷ Minsu / un / amigo / es / buen 민수는 좋은 친구이다.

→ _____

❸ gran / una / Juana / es / mujer 후아나는 위대한 여성이다.

→ _____

Unidad 4 형용사 **35**

Unidad 5   주격 인칭 대명사와 동사 ser

이번 과에서는 주격 인칭 대명사와 동사 ser를 공부합니다. ser를 학습하면, 이름, 직업, 국적, 성격, 타고난 신체 특징 등을 말할 수 있습니다. 스페인어 동사는 주어에 따라 형태가 변하기 때문에, 처음에는 주격 인칭 대명사와 동사를 함께 학습하는 것이 좋습니다.

오늘의 암기 문장

Yo soy estudiante.   나는 학생입니다.
Ella es guapa.   그녀는 예쁘다.

🇪🇸 주격 인칭 대명사

★ 주격 인칭 대명사의 형태

	단수		복수	
1인칭	yo	나는	nosotros	우리들은
2인칭	tú	너는	vosotros	너희들은
3인칭	él	그는	ellos	그들은
	ella	그녀는	ellas	그녀들은
	usted	당신은	ustedes	당신들은

¡Recuerda! 문장의 주어는 문맥에 따라 '-은/-는/-이/-가'로 해석합니다. 스페인어는 동사를 보면 주어를 알 수 있기 때문에, 주어를 생략하는 것이 가능합니다. 주어는 보통 문두에 위치하나, 맥락에 따라 위치가 바뀔 수 있습니다.

¡Recuerda! 중남미에서는 vosotros 인칭이 쓰이지 않고, ustedes가 vosotros를 대신합니다.

★ 주격 인칭 대명사의 특징

❶ tú와 usted의 차이는 한국의 반말, 존댓말의 차이와는 다릅니다.

친구 혹은 나이 또래가 비슷한 경우, 손윗사람이더라도 친분이 있을 경우, tú를 사용합니다. tú를 '너' 혹은 '가까운 당신'이라고 정리할 수 있습니다. 처음 만난 손윗사람이나, 직장 상사나 교수님에게는 usted을 사용합니다.

¡Recuerda! tú와 usted은 모두 상대를 지칭하지만, 문법적으로 tú는 2인칭, usted은 3인칭으로 취급합니다.

❷ usted과 ustedes는 각각 Ud. / Uds.으로 축약하여 쓸 수 있습니다.

축약 시, 문장 어디에 쓰여도 대문자로 시작하고 축약된 단어에는 마침표를 찍습니다.

예   Ud. es Marta. (O)   Ud es Marta. (X)

❸ nosotros와 vosotros는 모두 여성을 지칭할 때, nosotras/vosotras로 쓰입니다.

만약 남성과 여성의 조합이라면, nosotros/vosotros로 쓰입니다. 이 규칙은 ellos에도 적용됩니다.

🇪🇸 동사 ser

★ '~이다', ser 동사의 현재 시제 형태

	단수		복수	
1인칭	yo	soy	nosotros	somos
2인칭	tú	eres	vosotros	sois
3인칭	él, ella, usted	es	ellos, ellas, ustedes	son

¡Recuerda! ser는 불규칙 동사이기 때문에, 주어에 맞는 동사의 형태를 각각 암기해야 합니다. 처음 동사를 공부할 때는, 동사 앞에 주격 인칭 대명사를 붙여 yo soy, tú eres와 같은 식으로 공부하는 것이 효율적입니다.

★ 쓰임

❶ 'ser + 명사'의 형태로, 이름, 직업, 국적, 관계 등을 표현

예
Yo **soy** estudiante.	나는 학생입니다.
Tú **eres** coreano.	너는 한국 사람이다.
Él **es** mi padre.	그는 나의 아버지입니다.
Ella **es** mi amiga.	그녀는 나의 친구입니다.
Usted **es** la madre de Juan.	당신이 후안의 어머니이시군요.
Nosotros **somos** profesores.	우리는 선생님입니다.
Vosotras **sois** españolas.	너희들은 스페인 여자들이구나.
Ellos **son** los padres de Juan.	그들은 후안의 부모님이시다.
Ana **es** médica.	아나는 의사이다.
Tania y Paula **son** hermanas.	타니아와 파울라는 자매이다.

¡Recuerda! 주어가 복수이면 ser 동사 뒤에 나오는 명사도 복수 형태로 쓰입니다.
예 Nosotros somos profesores. (O)
　　Nosotros somos profesor. (X)

¡Vamos a practicar! <보기>와 같이 다음 단어들을 해당하는 주격 인칭 대명사로 바꾸세요.

<보기> Juan y tú 후안과 너 ➡ vosotros 너희들

1 tú y yo 너와 나 (여성 + 여성) ➡ _____
2 tú y yo 너와 나 (남성 + 여성) ➡ _____
3 él y ella 그와 그녀 ➡ _____
4 ella y tú 그녀와 너(남성) ➡ _____

> **¡Recuerda!** 주어가 여성이면 ser 동사 뒤에 나오는 명사도 여성형으로 씁니다.
> 예 Vosotras sois españolas. (O)
> Vosotras sois españoles. (X)

❷ 'ser + de + 명사'의 형태로, 속성, 재료, 국적, 소속 등을 표현할 수 있습니다.

예 El curso **es** de 8 horas.   그 강좌는 8시간으로 되어 있다.
    La mesa **es** de madera.   그 테이블은 원목으로 만들어져 있다.
    Este pañuelo **es** de seda. 이 스카프는 실크로 만들어져 있다.
    Mina **es** de Corea.   미나는 한국 출신이다.
    Luisa **es** de mi ciudad.   루이사는 내가 사는 도시 출신이다.

> **¡Recuerda!** 재료를 나타내는 de는 'de + (관사 없이) 명사'로 씁니다.
> 예 La mesa es de madera. (O)
> La mesa es de la madera. (X)

> **¡Recuerda!** 'ser + de'로 국적을 나타낼 경우, 'ser + de + 국적명'으로 씁니다.
> 비교 Mina es de Corea. (O)   Mina es coreana. (O)   Mina es de coreana. (X)

❸ 'ser + 형용사'의 형태로, 타고난 신체 특징, 성격을 표현

예 Yo **soy** alto.   나는 키가 크다.
    Tú **eres** guapo.   너는 잘생겼다.
    Ella **es** guapa.   그녀는 예쁘다.
    Nosotras **somos** bajas.   우리는 키가 작다.

    Vosotros **sois** alegres.   너희들은 유쾌하다.
    Ustedes **son** trabajadores. 당신들은 부지런하다.
    Juan **es** divertido.   후안은 재미있다.
    Elena **es** reservada.   엘레나는 내성적이다.

> **¡Recuerda!** 주어가 복수면 ser 동사 뒤에 나오는 형용사도 복수 형태로 씁니다.
> 예 Vosotros sois alegres. (O)
> Vosotros sois alegre. (X)

> **¡Recuerda!** 주어가 여성이면 ser 동사 뒤에 나오는 명사도 여성형으로 씁니다.
> 예 Nosotras somos bajas. (O)
> Nosotras somos bajos. (X)

★ 그 외의 특징

❶과 ❷번은 동사를 불문하고 스페인어 모든 문장에 적용되는 공통된 특징입니다.

❶ 주어를 생략하고 동사로 문장 시작 가능

스페인어에서는 동사의 형태로 주어를 알 수 있기 때문에, 주어가 자주 생략된 형태로 쓰입니다.

> **예** Yo soy Marta. = Soy Marta.   나는 마르타이다.
>
> Tú eres peruana. = Eres peruana.   너는 페루 여성이다.

주어가 3인칭일 경우, 맥락을 통해 주어를 알 수 있는 경우에 생략할 수 있습니다.

> **예** Elena es de Corea. Es estudiante de español.
> 엘레나는 한국 출신이다. (그녀는) 스페인어를 공부하는 학생이다.

두 번째 문장의 주어인 **Ella** = **Elena**가 생략되었습니다. 첫 문장을 통해 생략된 주어를 알 수 있습니다.

❷ 물음표와 느낌표는 문장의 시작과 끝에 모두 사용

> **예** ¿Usted es Juan Moreno?   당신이 후안 모레노 씨인가요?
>
> ¡Eres Pedro!   네가 페드로구나!

¡Recuerda!   스페인어권 사람들의 이름은 '이름 + 아버지의 성 + 어머니의 성'으로 되어 있습니다. 보통 격식 있는 톤으로 자신을 소개할 때, '이름 + 아버지의 성'까지 말합니다.

❸ ser 동사는 사람 주어뿐만 아니라 사물 주어에도 쓰임

> **예** La situación es mala.   상황이 나쁘다.
>
> El problema es grave.   문제가 심각하다.
>
> Esto es un bolígrafo.   이것은 볼펜이다.
>
> Corea es un país bonito.   한국은 예쁜 나라이다.

¡Recuerda!   esto는 '이것(중성)'이라는 뜻입니다.

¡Vamos a practicar!   밑줄 친 부분에 알맞은 ser 동사의 형태를 쓰세요.

1 Tú _____ coreano.
2 Vosotras _____ españolas.
3 Usted _____ la madre de Juan.
4 Ellos _____ los padres de Juan.

Ejercicios - 주격 인칭 대명사와 동사 ser

p.375

❶ 다음의 단어들을 바르게 나열하여 올바른 문장을 만드세요.

1 alto / soy / yo

    ➜ _____

2 somos / bajas / nosotras

    ➜ _____

3 situación / la / mala / es

    ➜ _____

4 es / Corea / país / un / bonito

    ➜ _____

❷ 다음 중 틀린 것을 골라 바르게 고치세요.

① Él es mi padre.

② Tú eres coreano.

③ Nosotros somos profesor.

④ Elena es tímida.

➜ 잘못된 것은? _____번,

  바르게 수정하면? _____

❸ 괄호 안 단어의 올바른 형태를 밑줄 친 부분에 쓰세요.

1 Ella es mi _____. (amigo)

2 Vosotras sois _____. (español)

3 Ella es _____. (guapo)

4 Ustedes son _____. (trabajador)

¡Vamos a hablar!

정답 p.375

✎ 다음 표를 참고하여, '~는 (직업이) ~다'라는 문장을 만들어 봅시다.

Ejemplo

Jesús, 헤수스는 사회자이다.

➜ Jesús es presentador.

el cocinero la cocinera 요리사	el panadero la panadera 제빵사	el presentador la presentadora 사회자	el pintor la pintora 화가
el artista la artista 예술가	el actor la actriz 배우	el médico la médica 의사	el peluquero la peluquera 미용사
el policía la policía 경찰	el veterinario la veterinaria 수의사	el cantante la cantante 가수	el bailarín la bailarina 무용수
el camarero la camarera 종업원	el dentista la dentista 치과 의사	el carpintero la carpintera 목수	el profesor la profesora 선생님

❶ Raúl, 라울은 경찰이다.
   ➜ _____

❷ Diana, 디아나는 가수이다.
   ➜ _____

❸ Adrián, Gema, 아드리안과 헤마는 배우이다.
   ➜ _____

❹ Mis padres, 나의 부모님은 선생님이시다.
   ➜ _____

Unidad 5 주격 인칭 대명사와 동사 ser **41**

Unidad 6 — 동사 estar

이번 과에서는 동사 estar를 공부합니다. 5과에서 배운 동사 ser와 6과의 estar는 혼동하기 쉽기 때문에 두 동사의 특징을 명확하게 학습해야 합니다. 동사 estar를 학습하면, 상태, 감정, 위치 등을 표현할 수 있습니다.

오늘의 암기 문장

Estoy preocupada.	나는 걱정하고 있다.
¡Estoy aquí!	나 여기 있어!

동사 estar

★ 형태

'~한 상태이다', '~에 있다'라는 의미의 estar 동사의 현재 시제 변화는 다음과 같습니다.

	단수		복수	
1인칭	yo	estoy	nosotros/as	estamos
2인칭	tú	estás	vosotros/as	estáis
3인칭	él, ella, usted	está	ellos, ellas, ustedes	están

¡Recuerda! estar는 불규칙 동사이므로, 주어에 따른 동사의 형태를 각각 암기해야 합니다.

★ 쓰임

❶ 'estar + 형용사' 형태로, 사람 혹은 사물의 일시적인 상태, 기분, 감정, 건강 상태 등을 표현

예
Estoy preocupada.	나는 걱정하고 있다.
Ella **está** cansada.	그녀는 피곤한 상태이다.
Él **está** triste.	그는 슬퍼한다.
Ellos **están** aburridos.	그들은 지루해한다.
Mi abuelo **está** enfermo.	나의 할아버지는 아픈 상태이다.
La habitación **está** desordenada.	그 방은 정리가 되어 있지 않은 상태이다.
El agua **está** fría.	물은 차가운 상태이다.
La sopa **está** salada.	스프가 맛이 짜다.

¡Recuerda! Estoy preocupada.의 주어는 생략된 주어로 yo, 그리고 여성임을 알 수 있습니다.

¡Recuerda! El agua está fría.에서 agua는 단수일 때 남성 관사를 사용하지만 여성 명사입니다. 따라서, 형용사가 여성으로 쓰였습니다.

❷ 'estar + 형용사' 형태로, 평소와 다른 성격이나 변화된 혹은 변화 중인 외모를 표현

예	Hoy Ana **está** rara.	오늘 아나는 (평소와 다르게) 이상하다.
	Pablo **está** amable con ella.	파블로는 (평소와 다르게) 그녀에게 친절하다.
	Juan **está** muy moreno.	후안은 (평소와 다르게) 매우 까무잡잡한 상태이다.
	Mi sobrino **está** bastante alto.	나의 조카는 키가 꽤 큰 상태이다.
	¡**Estás** muy guapa!	너 오늘따라 유독 예쁘다!

¡Recuerda! 'estar + 형용사' 형태로 성격이나 외모를 표현할 때는, 평소와 다른 변화 혹은 영구적이지 않은 특징을 나타냅니다.

❸ 'estar + 형용사' 형태로, 결혼 여부를 표현

예	**Estoy** casado.	나는 결혼한 상태이다. (기혼)
	Ella **está** soltera.	그녀는 미혼 상태이다.
	José y Elena **están** divorciados.	호세와 엘레나는 이혼한 상태이다.

❹ 'estar + 부사' 형태로, 안부나 사물의 좋고 나쁨을 표현

| 예 | A: ¿Cómo **estás**? | 너 어떻게 지내니? |
| | B: **Estoy** muy bien. | 나 매우 잘 지내. |

예	Esto **está** mal.	이것은 제대로 되지 않았다.
	La situación no **está** bien.	상황이 좋지 않다.
	La casa de Emma **está** muy bien.	엠마의 집은 매우 괜찮다.

¡Recuerda! 동사 ser는 극소수의 경우를 제외하고 일반적으로 부사와 쓰이지 않습니다. 따라서 부사인 bien, mal도 ser와 쓰일 수 없습니다.
   예 Esto es mal. (X)

❺ 'estar + 위치 표현' 형태로, 사람이나 사물의 위치를 표현

| 예 | A: ¿Dónde **estás**? | 너 어디에 있어? |
| | B: ¡**Estoy** aquí! | 나 여기 있어! |

예	Tus libros **están** en la mesa.	너의 책들은 테이블 위에 있다.
	Mis padres **están** en Londres.	나의 부모님은 런던에 계신다.
	Mi casa **está** cerca de aquí.	나의 집은 여기 근처에 있다.
	Su casa **está** lejos de aquí.	그의 집은 여기로부터 멀리 있다.

¡Recuerda! cerca와 lejos와 같은 장소 부사의 경우, estar 동사 뒤에 en을 쓰지 않습니다.
   예 Mi casa está en cerca de aquí. (X)

🇪🇸 동사 ser vs estar

⭐ 비교하기

일반적으로 ser는 영구적, 불변의 특징을, estar는 가변적, 일시적 특징을 나타냅니다.

❶ 타고난 신체 특징이나 성격을 나타내는 ser vs 가변적 신체 특징이나 성격을 나타내는 estar

ser	estar
Juan **es** delgado. 후안은 원래 말랐다.	Juan **está** delgado. 후안은 살이 빠졌다. / 야위었다 / (다이어트 후) 날씬해졌다.
Ana **es** amable. 아나는 원래 친절하다.	Hoy Ana **está** amable. 오늘따라 아나는 친절하다.
Mi padre **es** alto. 나의 아버지는 키가 크시다.	Mi sobrino **está** alto. 나의 조카는 키가 컸다.
Eres guapa. 너는 예쁘다.	**Estás** guapa. 너는 오늘따라 유독 예쁘다. (예: 평소보다 더 꾸몄을 경우)
Pedro **es** moreno. 페드로는 원래 까무잡잡하다.	Pedro **está** moreno. 페드로는 까무잡잡해졌다.
Mi tío **es** callado. 나의 삼촌은 원래 말수가 적다.	Mi tío **está** callado. 나의 삼촌은 입을 열지 않고 있다.

❷ 식재료나 음식의 일반적인 특징을 나타내는 ser vs 경험한 음식의 맛이나 상태를 나타내는 estar

ser	estar
El café de Colombia **es** bueno. 콜롬비아의 커피는 질이 좋다.	Este café **está** bueno. 이 커피는 맛있다.
El hielo **es** frío. 얼음은 본디 차갑다.	El té **está** frío. 차가 식었다.
La comida coreana **es** picante. 한국 음식은 일반적으로 맵다.	¡Esto **está** muy picante! 이거 진짜 맵네!
El bacalao **es** salado. 대구는 원래 짜다.	El pescado **está** salado. 생선이 맛이 짜다.

🌴 **¡Vamos a practicar!** 한국어 해석을 보고 밑줄 친 부분에 알맞은 말을 쓰세요.

1 나는 걱정하고 있다. → _____ preocupada.
2 그는 슬퍼하고 있다. → Él _____ triste.
3 상황은 좋지 않다. → La situación no _____ bien.

❸ 그 외, 같은 형용사와 쓰였지만 의미가 다른 경우

ser	estar
ser bueno (사람 혹은 사물의 성격이나 질이) 좋다	estar bueno (음식이) 맛있다 / (사람이) 신체적으로 매력적이다
ser malo (사람 혹은 사물의 성격이나 질이) 나쁘다	estar malo (음식이) 맛없다, 상한 상태이다 / (사람이) 아프다
ser aburrido (사람의 성격 혹은 사물이) 지루하다 = 지루함을 주는 존재이다	estar aburrido (사람이) 지루함을 느끼는 상태이다
ser ordenado (사람의 성격이) 정리정돈을 잘한다	estar ordenado (장소가) 정리되어 있다
ser alegre (사람의 성격이) 유쾌하다	estar alegre (사람이) 기뻐하고 있는 상태이다
ser triste (사람의 성격이) 우울하다	estar triste (사람이) 슬픈 상태이다

¡Vamos a practicar! 한국어 해석을 보고 밑줄 친 부분에 알맞은 말을 쓰세요.

1 나의 아버지는 키가 크시다. ➜ Mi padre _____ alto.
2 나의 조카는 키가 컸다. ➜ Mi sobrino _____ alto.
3 차가 식었다. ➜ El té _____ frío.

Ejercicios - 동사 estar

정답 p.375

1 괄호 안의 단어를 나열하여 한국어 해석과 일치하는 문장을 쓰세요.

1 그들은 지루해 한다. (están / ellos / aburridos) → _____

2 물은 차가운 상태이다. (agua / el / fría / está) → _____

3 스프가 맛이 짜다. (salada / está / la / sopa) → _____

4 나는 결혼한 상태이다. (casado / estoy) → _____

2 다음 중 틀린 문장을 골라 바르게 고치세요.

① Tus libros está en la mesa.

② La casa de Emma está muy bien.

③ Juan es delgado.

④ Mi casa está cerca de aquí.

→ 잘못된 것은? _____번,

바르게 수정하면? _____

3 다음 중 한국어 해석에 해당하는 문장을 고르세요.

1 페드로는 원래 까무잡잡하다.
   ① Pedro es moreno.   ② Pedro está moreno.

2 이 커피는 맛있다.
   ① Este café es bueno.   ② Este café está bueno.

3 오늘따라 아나는 친절하다.
   ① Hoy Ana es amable.   ② Hoy Ana está amable.

4 너의 책들은 테이블 위에 있다.
   ① Tus libros son en la mesa. ② Tus libros están en la mesa.

¡Vamos a hablar!

정답 p.375

✏️ 아래 제시된 'estar + 형용사' 표현을 참고하여, 그림에 해당하는 상태를 밑줄 친 부분에 쓰세요.

estar + 형용사 ➡ ~한 상태이다

형용사	뜻	형용사	뜻
malo/a	나쁜, 좋지 않은	enamorado/a	사랑에 빠진
contento/a	만족한	sorprendido/a	놀란
decepcionado/a	실망한	enfadado/a	화난

❶ Lucas está _____
❷ Pedro está _____
❸ Rafa está _____
❹ Juan está _____
❺ Nuria está _____
❻ Laura está _____

Unidad 7 동사 hay

이번 과에서는 동사 hay(haber)를 배웁니다. 6과에서 배운 동사 estar와 이번 과의 hay는 혼동하기 쉽기 때문에 두 동사를 비교하여 학습하는 것이 좋습니다. 동사 hay를 학습하면, 사물이나 사람의 존재 여부 및 그것의 수와 위치도 표현할 수 있습니다.

오늘의 암기 문장

Hay poca agua.	물이 거의 없다.
No hay nadie.	아무도 없다.

🇪🇸 동사 hay (haber)

⭐ 동사 haber의 현재 시제 형태

hay의 원형인 haber의 현재 시제 변화는 다음과 같습니다. haber는 과거 분사와 함께 쓰여, 현재 완료를 만드는 조동사입니다. 한편, 사물의 존재 여부를 나타내는 hay는 haber의 3인칭 단수 변형 중 하나이며, hay는 무인칭 동사로 주어와 함께 쓰이지 않습니다.

	단수		복수	
1인칭	yo	he	nosotros/as	hemos
2인칭	tú	has	vosotros/as	habéis
3인칭	él, ella, usted	ha / hay *	ellos, ellas, ustedes	han

¡Recuerda! haber의 3인칭 단수의 형태는 두 가지입니다. 조동사로 사용될 경우 3인칭 단수형의 ha, 사물 혹은 사람의 존재 여부에 대해서 말할 때는 hay만 쓰입니다.

⭐ 쓰임

❶ '~가 있다' = 'hay + 가산 명사' 형태로, 사람 혹은 사물의 존재 여부 및 수 표현

예		
	Hay un libro.	책 한 권이 있다.
	Hay libros.	책들이 있다.
	Hay unas sillas.	몇몇 의자가 있다.
	Hay muchas sillas.	많은 의자들이 있다.
	Hay un hombre y dos mujeres.	남자 한 명과 여자 두 명이 있다.
	Hay dos tazas.	두 개의 머그잔이 있다.

¡Recuerda! hay가 가산 명사와 쓰일 경우, 한 개인지 혹은 여러 개인지 명사의 수를 반드시 표시해야 합니다.

예   Hay libro. (X)   Hay un libro. (O)   Hay libros. (O)   Hay dos libros. (O)
     Hay muchos libros. (O)

❷ '~가 있다' = 'hay + 불가산 명사' 형태로, 무언가의 존재 여부 및 양 표현

예	Hay agua.	물이 있다.
	Hay poca agua.	물이 거의 없다.
	Hay pan.	빵이 있다.
	Hay mucho pan.	많은 빵이 있다.
	No hay libertad.	자유가 없다.

¡Recuerda! 불가산 명사는 정확한 수량을 표현할 수 없고, 양만 표현할 수 있습니다.
　　예　Hay dos aguas. (X)　Hay mucha agua. (O)　Hay poca agua. (O)

¡Recuerda! hay가 부정어와 쓰일 경우, 부정어는 동사 앞에 위치합니다.
　　예　Hay no mucha libertad. (X)　No hay mucha libertad. (O)

❸ alguien, nadie, algo, nada와 함께 쓰여, 사람 혹은 사물의 존재 여부 표현

예	Hay alguien.	누군가 있다.
	No hay nadie.	아무도 없다.
	Hay algo.	무언가 있다.
	No hay nada.	아무것도 없다.

¡Recuerda! nadie와 nada는 이중 부정으로 쓰이는 표현입니다.
　　예　Hay nadie. (X)　No hay nadie. (O)　Hay nada. (X)　No hay nada. (O)

❹ 앞서 학습한 ❶, ❷, ❸에 위치 표현을 추가하여 '~에 ~가 있다' 표현

예	Hay un libro **en la mesa**.	**테이블 위에** 책 한 권이 있다.
	Hay un hombre y dos mujeres **en el parque**.	**공원에** 남자 한 명과 여자 두 명이 있다.
	Hay pan **en casa**.	**집에** 빵이 있다.
	Aquí no hay libertad.	**여기에는** 자유가 없다.
	En el parque no hay nadie.	**공원에** 아무도 없다.
	Hay algo **en la cama**.	**침대에** 무언가 있다.

¡Recuerda! 위치 표현은 문두 혹은 문미에 위치할 수 있습니다.

¡Vamos a practicar!　한국어 해석을 보고 밑줄 친 부분에 알맞은 말을 쓰세요.

1　많은 의자들이 있다.　→ Hay ＿＿＿＿＿＿ ＿＿＿＿＿＿.
2　두 개의 머그잔이 있다.　→ Hay ＿＿＿＿＿＿ ＿＿＿＿＿＿.
3　무언가 있다.　→ Hay ＿＿＿＿＿＿.
4　아무것도 없다.　→ No hay ＿＿＿＿＿＿.

🇪🇸 동사 hay vs estar

⭐ 비교하기

haber에서 파생된 **hay**는 사물 혹은 사람의 존재 여부 및 수를 표현합니다. 따라서, **hay**가 들어간 문장에서 위치 표현은 필수가 아닌 선택 사항이며, 문맥에서 장소를 알 수 있을 경우에는 생략도 가능합니다. 반면, **estar**는 화자 혹은 청자가 알고 있는 특정 사물이나 사람의 위치를 나타낼 때 쓰입니다. 따라서 **estar**가 들어간 문장에서 위치 표현은 필수입니다.

❶ 불특정한 명사의 존재 여부 및 수를 표현하는 hay

> **예**
> A: ¿Cuántas sillas hay? 　　　몇 개의 의자가 있어?
> B: Hay tres sillas. 　　　　　세 개의 의자가 있어.
>
> A: ¿Qué hay en la mesa? 　　테이블 위에는 무엇이 있니?
> B: Hay un lápiz. 　　　　　　연필 한 자루가 있어.
>
> A: ¿Hay pan? 　　　　　　　빵이 있나?
> B: No, no hay pan. 　　　　　아니, 빵이 없어.
>
> A: ¿Hay alguien en casa? 　　집에 누구 있어?
> B: No, no hay nadie. 　　　　아니, 아무도 없어.

¡Recuerda! cuánto는 수 혹은 양을 물어볼 때 쓰이는 의문사이며, 성수 변화를 합니다.
> **예** Cuánto sillas hay? (X)
> ¿Cuántas sillas hay? (O)

> **예**
> Hay algo en el suelo. 　　　　　　바닥에 무언가가 있다.
> Hay muchos niños (en el cine). 　(영화관에) 많은 아이들이 있다.

¡Recuerda! hay는 불특정한 사물이나 사람의 존재 여부 및 수를 나타내기 때문에 특정한 명사를 나타낼 때 쓰이는 정관사, 지시 형용사 혹은 소유 형용사를 동반한 명사와 쓰일 수 없습니다.
> **예** Hay los niños en el cine. (X)
> Hay muchos niños en el cine. (O)

❷ 특정한 명사의 위치를 표현하는 estar

예 A: ¿Hay pan? 빵이 있나?
B: Sí, **el pan** está en la despensa. 응, 빵은 펜트리에 있어.

A: ¿Hay alguien en casa? 집에 누구 있어?
B: Sí, **mi madre** está en casa. 응, 나의 어머니가 집에 계셔.

Tu libro está aquí. 네 책은 여기에 있다.
Esa alumna está en otra clase. 그 여학생은 다른 반에 있다.

¡Recuerda! estar가 쓰인 문장에서도 위치 표현은 문두 혹은 문미에 올 수 있습니다. 위치 표현이 문두에 올 경우, 주어와 동사가 도치됩니다.

예 Tu libro está aquí. 네 책은 여기에 있다.
→ Aquí está tu libro.

¡Recuerda! estar로 위치가 표현되는 사물이나 사람은 문장의 주어 역할을 하며, 이때 estar는 화자나 청자가 알고 있는 특정한 명사의 위치를 나타내므로 정관사, 지시 형용사 혹은 소유 형용사를 동반한 명사와 쓰입니다.

예 Una alumna está en otra clase. (X)
Esa alumna está en otra clase. (O)

Ejercicios - 동사 hay

정답 p.376

❶ 괄호 안의 단어를 나열하여 한국어 해석과 일치하는 문장을 쓰세요.

1 남자 한 명과 여자 두 명이 있다. (un / mujeres / dos / hombre / hay / y)

   ➜ _____

2 물이 거의 없다. (agua / hay / poca)

   ➜ _____

3 아무것도 없다. (nada / no / hay)

   ➜ _____

4 여기에는 자유가 없다. (libertad / aquí / hay / no)

   ➜ _____

❷ 다음 중 틀린 문장을 골라 바르게 고치세요.

① Hay un libro.

② Hay poca agua.

③ Hay mucho pan.

④ En el parque hay nadie.

➜ 잘못된 것은? _____번,

   바르게 수정하면? _____

❸ estar와 hay 중 알맞은 동사를 골라 답변을 완성하세요.

1 ¿Cuántas sillas hay?   ➜ _____ cuatro sillas.

2 ¿Hay leche en casa?   ➜ Sí, la leche _____ en la nevera.

3 ¿Qué hay en la mesa?   ➜ _____ una carta para ti.

4 ¿Tu madre está en casa?   ➜ No, mi madre _____ en el trabajo.

¡Vamos a hablar!

정답 p.376

아래 제시된 위치 표현을 참고하여, 주어진 해석에 맞는 문장을 만드세요.

위치 표현	뜻	위치 표현	뜻
delante de	앞에	encima de / sobre / en	위에
detrás de	뒤에	debajo de	아래에
dentro de	안에	cerca de	가까이에
fuera de	밖에	lejos de	멀리
a la derecha de	오른쪽에	al lado de	옆에
a la izquierda de	왼쪽에	entre OO y XX	OO와 XX 사이에

❶ 나무 뒤에 개 한 마리가 있습니다. 그 개는 페드로의 것입니다. (단어 힌트: un perro / el árbol)

→ _____

❷ 테이블 위에 책 한 권이 있습니다. 그 책은 아나의 것입니다. (단어 힌트: un libro / la mesa)

→ _____

❸ 상자 앞에 볼펜 몇 개가 있습니다. 그 볼펜들은 루카스의 것입니다. (단어 힌트: unos bolígrafos / la caja)

→ _____

❹ 책장 위에 연필 두 자루가 있습니다. 그 연필들은 헤마의 것입니다. (단어 힌트: dos lápices / la estantería)

→ _____

❺ 의자 아래에 노트북 하나가 있습니다. 그 노트북은 후안의 것입니다. (단어 힌트: un portátil / la silla)

→ _____

Unidad 7 동사 hay 53

Unidad 8 · -ar 동사와 현재 시제

이번 과에서는 hablar(말하다)를 시작으로 스페인어에 존재하는 세 가지 동사 그룹 -ar, -er, -ir 중 하나인 -ar 동사들을 학습합니다. 앞서 배운 불규칙 동사인 ser, estar와는 다르게 이번 과에서는 동일한 어미 변화를 갖는 규칙 동사의 현재 시제를 배우며, 이번 과를 배움으로써 더 많은 동사를 학습하여 다양한 문장을 구사할 수 있습니다.

> **오늘의 암기 문장**
>
> Hablo español.   나는 스페인어를 할 줄 안다.
> ¿Tú trabajas con Ana?   너는 아나와 함께 일하니?

🇪🇸 -ar 동사의 현재 규칙 변화

★ 형태

❶ 동사 hablar (말하다)의 현재 시제

규칙 동사인 hablar의 어미 변화에 주목하세요. 동사 원형 **hablar**의 -ar 자리에 -o/-as/-a/-amos/-áis/-an을 넣어 주어에 맞는 현재 시제 규칙 변화를 만들어 줍니다. 아래의 어미는 규칙 변화를 하는 모든 -ar 동사들의 현재 시제에 적용됩니다.

yo	habl**o**	nosotros/as	habl**amos**
tú	habl**as**	vosotros/as	habl**áis**
él, ella, usted	habl**a**	ellos, ellas, ustedes	habl**an**

예   A: ¿Hablas español?   너는 스페인어를 구사하니?
        B: Sí, hablo español.   응, 나는 스페인어를 할 줄 알아.

¡Recuerda!   Hablo español. 이 문장은 직역하면, '나는 스페인어를 말한다'이지만, '나는 스페인어를 할 줄 안다'로 자연스럽게 해석합니다.

❷ 그 외 대표적인 -ar 규칙 동사들

buscar (찾다)

yo	busc**o**	nosotros/as	busc**amos**
tú	busc**as**	vosotros/as	busc**áis**
él, ella, usted	busc**a**	ellos, ellas, ustedes	busc**an**

cantar (노래하다)

yo	cant**o**	nosotros/as	cant**amos**
tú	cant**as**	vosotros/as	cant**áis**
él, ella, usted	cant**a**	ellos, ellas, ustedes	cant**an**

comprar (사다, 구매하다)

yo	compro	nosotros/as	compramos
tú	compras	vosotros/as	compráis
él, ella, usted	compra	ellos, ellas, ustedes	compran

enseñar (가르치다, 보여 주다)

yo	enseño	nosotros/as	enseñamos
tú	enseñas	vosotros/as	enseñáis
él, ella, usted	enseña	ellos, ellas, ustedes	enseñan

estudiar (공부하다)

yo	estudio	nosotros/as	estudiamos
tú	estudias	vosotros/as	estudiáis
él, ella, usted	estudia	ellos, ellas, ustedes	estudian

girar (돌다, 회전하다)

yo	giro	nosotros/as	giramos
tú	giras	vosotros/as	giráis
él, ella, usted	gira	ellos, ellas, ustedes	giran

gritar (소리 지르다)

yo	grito	nosotros/as	gritamos
tú	gritas	vosotros/as	gritáis
él, ella, usted	grita	ellos, ellas, ustedes	gritan

llegar (도착하다)

yo	llego	nosotros/as	llegamos
tú	llegas	vosotros/as	llegáis
él, ella, usted	llega	ellos, ellas, ustedes	llegan

terminar (끝나다, 끝내다)

yo	termino	nosotros/as	terminamos
tú	terminas	vosotros/as	termináis
él, ella, usted	termina	ellos, ellas, ustedes	terminan

tocar (만지다, 연주하다)

yo	toco	nosotros/as	tocamos
tú	tocas	vosotros/as	tocáis
él, ella, usted	toca	ellos, ellas, ustedes	tocan

tomar (탈것을 타다, 마시다, 먹다)

yo	tomo	nosotros/as	tomamos
tú	tomas	vosotros/as	tomáis
él, ella, usted	toma	ellos, ellas, ustedes	toman

💡 **tip** 동사 tomar는 뒤에 오는 명사에 따라 다양한 뜻을 갖습니다.

trabajar (일하다)

yo	trabajo	nosotros/as	trabajamos
tú	trabajas	vosotros/as	trabajáis
él, ella, usted	trabaja	ellos, ellas, ustedes	trabajan

현재 시제의 쓰임

★ 현재 시제의 쓰임

❶ 습관적, 반복적인 행동이나 현재의 사실을 표현

예	Yo **compro** ropa una vez al mes.	나는 한 달에 한 번 옷을 구매한다.
	Normalmente Pablo **estudia** en la biblioteca.	보통 파블로는 도서관에서 공부한다.
	¿Tú **trabajas** con Ana?	너는 아나와 함께 일하니?
	Mi padre siempre **canta** en la ducha.	나의 아버지는 항상 샤워하면서 노래를 부르신다.
	Buscamos un camarero.	우리는 웨이터 한 명을 구합니다. (식당 구인 광고)
	Ellos **toman** un autobús aquí.	그들은 여기에서 버스를 탄다.
	Los niños **gritan** mucho.	아이들은 소리를 많이 지른다.
	¿Vosotras **enseñáis** español?	너희들은 스페인어를 가르치니?

> **¡Vamos a practicar!** 밑줄 친 부분에 알맞은 동사의 현재 시제를 쓰세요.
>
> 1. estudiar → estudio – estudias – _____ – estudiamos – estudiáis – estudian
> 2. llegar → llego – _____ – llega – llegamos – llegáis – llegan
> 3. tocar → toco – tocas – toca – tocamos – _____ – tocan

❷ **불변의 진리나 과학적 사실, 격언이나 속담을 표현**

예　La Tierra **gira** alrededor del Sol.　　　지구는 태양 주변을 돈다.

　　El mundo **es** un pañuelo.　　　세상은 참 좁다.

¡Recuerda!　천문학적인 사실을 설명할 때, 지구와 태양은 첫 글자를 대문자로 씁니다.
　　예　la Tierra / el Sol

¡Recuerda!　El mundo **es** un pañuelo.를 직역하면, '세상은 한 장의 손수건이다'이지만, '세상은 참 좁다'를 의미합니다.

❸ **가까운 미래의 일정을 표현**

예　Mañana Ángel **trabaja** en otra oficina.　　내일 앙헬은 다른 사무실에서 근무한다.

　　Compro un ordenador esta tarde.　　　오늘 오후에 나는 컴퓨터 한 대를 구매한다.

　　La fiesta **termina** pasado mañana.　　　그 축제는 내일모레 끝난다.

¡Recuerda!　이 경우, mañana(내일), esta tarde(오늘 오후), pasado mañana(내일모레)와 같은 시간 부사와 자주 쓰입니다.

❹ **과거의 이야기를 현재 시제를 통해 생동감 있게 전달**

예　La guerra **termina** en 1987.　　　그 전쟁은 1987년에 끝난다.

　　Cristóbal Colón **llega** a América en 1492.　크리스토퍼 콜럼버스는 1492년에 미대륙에 도착한다.

¡Recuerda!　중요한 역사적 사건이나, 유명인의 일대기를 묘사할 때 많이 사용됩니다.

❺ **상황에 따라 2인칭 단수만으로 상대에 대한 명령을 표현할 수 있음**

예　Ahora **terminas** los deberes.　　　지금 숙제를 끝내라.

　　Tomas el autobús número 11 aquí.　　　여기서 11번 버스를 타라.

🌴 **¡Vamos a practicar!**　다음 한국어 해석을 보고 밑줄 친 부분에 알맞은 동사를 쓰세요.

1　너는 아나와 함께 일하니?
　➡ ¿Tú _____ con Ana?

2　(식당 구인 광고에서) 우리는 웨이터 한 명을 구합니다.
　➡ _____ un camarero.

3　그 축제는 내일모레 끝난다.
　➡ La fiesta _____ pasado mañana.

Ejercicios - –ar 동사와 현재 시제

정답 p.376

❶ 괄호 안의 단어를 나열하여 한국어 해석과 일치하는 문장을 쓰세요.

1 너는 스페인어를 구사하니? (español / hablas)

 ➔ _____

2 나는 한 달에 한 번 옷을 구매한다. (ropa / compro / yo / una vez al mes)

 ➔ _____

3 아이들은 소리를 많이 지른다. (mucho / gritan / niños / los)

 ➔ _____

4 그 전쟁은 1987년에 끝난다. (termina / guerra / en / la / 1987)

 ➔ _____

❷ 다음 중 틀린 문장을 골라 바르게 고치세요.

① Normalmente Pablo estudia en la biblioteca.

② ¿Vosotras estudian español?

③ La Tierra gira alrededor del Sol.

④ Mañana Ángel trabaja en otra oficina.

➔ 잘못된 것은? _____번,

 바르게 수정하면? _____

❸ 괄호 안의 힌트를 사용하여 간단한 문장을 만드세요.

1 그녀는 스페인어를 공부한다. (estudiar español) ➔ _____

2 나의 아버지는 내일 일을 하지 않는다. (trabajar) ➔ _____

3 그는 매일 피아노를 연주한다. (tocar el piano) ➔ _____

4 그들은 내일 도착한다. (llegar) ➔ _____

58 GO! 독학 스페인어 문법

¡Vamos a hablar!

정답 p.376

🖉 아래 제시된 가족과 관련된 어휘와 힌트를 참고하여, 보기와 같이 가족을 소개해 보세요.

Ejemplo

Antonio / trabajar en un banco ➡ Antonio es mi abuelo. Trabaja en un banco.
안토니오는 나의 할아버지입니다. 그는 어느 한 은행에서 일합니다.

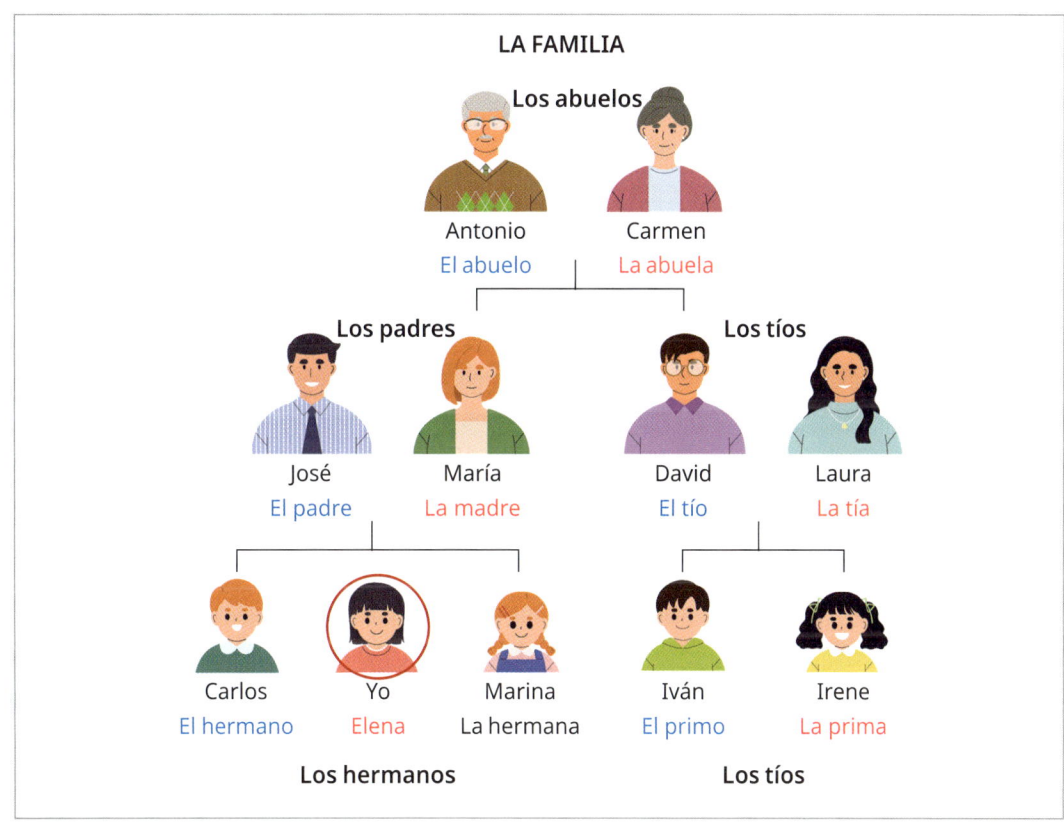

① José / hablar coreano ➡ _____
② David / estudiar Economía ➡ _____
③ María / trabajar en una peluquería ➡ _____
④ Marina / tocar el violín ➡ _____
⑤ Iván / trabajar en una academia ➡ _____

Unidad 8 -ar 동사와 현재 시제 **59**

Unidad 9 -er 동사와 의문사 1

이번 과에서는 comer(먹다, 점심 식사를 하다)를 시작으로 스페인어의 세 가지 동사 그룹 -ar, -er, -ir 중 하나인 -er 동사들을 학습합니다. 앞서 학습한 -ar 규칙 동사 어미와 -er 규칙 동사 어미는 혼동될 수 있으니 큰 소리로 읽으면서 학습할 것을 추천합니다.

오늘의 암기 문장

Normalmente como en casa. 보통 나는 집에서 점심 식사를 해.
¿Cuándo es tu cumpleaños? 너의 생일은 언제니?

🇪🇸 -er 동사의 현재 규칙 변화

★ 형태

❶ 동사 comer(먹다, 점심 식사를 하다)의 현재 시제

규칙 동사인 comer의 어미 변화에 주목하세요. 동사 원형 comer의 -er 자리에 -o/-es/-e/-emos/-éis/-en을 넣어, 주어에 맞는 현재 시제 규칙 변화를 만듭니다. 아래의 어미는 규칙 변화를 하는 모든 -er 동사들의 현재 시제에 적용됩니다.

yo	com**o**	nosotros/as	com**emos**
tú	com**es**	vosotros/as	com**éis**
él, ella, usted	com**e**	ellos, ellas, ustedes	com**en**

예 A: ¿Comes en casa? 너는 집에서 점심 식사를 하니?
    B: Sí, normalmente como en casa. 응, 보통 나는 집에서 점심 식사를 해.

¡Recuerda! comer 동사 뒤에 목적어가 없는 경우, 그 자체로 '점심 식사를 하다'의 뜻을 갖습니다.

¡Recuerda! '집에서'라는 의미의 en casa는 관사 없이 사용되는 표현입니다.
예 en casa (O) en la casa (X)

¡Recuerda! '보통, 대개'를 뜻하는 normalmente는 빈도 부사로서, 문두 혹은 문미에 위치할 수 있습니다.

❷ 그 외 대표적인 -er 규칙 동사들

aprender (배우다)

yo	**aprendo**	nosotros/as	**aprendemos**
tú	**aprendes**	vosotros/as	**aprendéis**
él, ella, usted	**aprende**	ellos, ellas, ustedes	**aprenden**

barrer (쓸다)

yo	barro	nosotros/as	barremos
tú	barres	vosotros/as	barréis
él, ella, usted	barre	ellos, ellas, ustedes	barren

beber (마시다, 술을 마시다)

yo	bebo	nosotros/as	bebemos
tú	bebes	vosotros/as	bebéis
él, ella, usted	bebe	ellos, ellas, ustedes	beben

> **tip** 목적어 없이 단독으로 쓰일 경우 스페인에서 '술을 마시다'의 뜻을 갖습니다.

comprender (이해하다)

yo	comprendo	nosotros/as	comprendemos
tú	comprendes	vosotros/as	comprendéis
él, ella, usted	comprende	ellos, ellas, ustedes	comprenden

correr (뛰다)

yo	corro	nosotros/as	corremos
tú	corres	vosotros/as	corréis
él, ella, usted	corre	ellos, ellas, ustedes	corren

creer (믿다, 생각하다)

yo	creo	nosotros/as	creemos
tú	crees	vosotros/as	creéis
él, ella, usted	cree	ellos, ellas, ustedes	creen

deber (~해야 한다, ~를 빚지고 있다)

yo	debo	nosotros/as	debemos
tú	debes	vosotros/as	debéis
él, ella, usted	debe	ellos, ellas, ustedes	deben

leer (읽다)

yo	leo	nosotros/as	leemos
tú	lees	vosotros/as	leéis
él, ella, usted	lee	ellos, ellas, ustedes	leen

responder (대답하다, 답변하다)

yo	respond**o**	nosotros/as	respond**emos**
tú	respond**es**	vosotros/as	respond**éis**
él, ella, usted	respond**e**	ellos, ellas, ustedes	respond**en**

romper (그릇이나 물건 등을 깨다, 부수다)

yo	romp**o**	nosotros/as	romp**emos**
tú	romp**es**	vosotros/as	romp**éis**
él, ella, usted	romp**e**	ellos, ellas, ustedes	romp**en**

toser (기침을 하다)

yo	tos**o**	nosotros/as	tos**emos**
tú	tos**es**	vosotros/as	tos**éis**
él, ella, usted	tos**e**	ellos, ellas, ustedes	tos**en**

vender (팔다, 판매하다)

yo	vend**o**	nosotros/as	vend**emos**
tú	vend**es**	vosotros/as	vend**éis**
él, ella, usted	vend**e**	ellos, ellas, ustedes	vend**en**

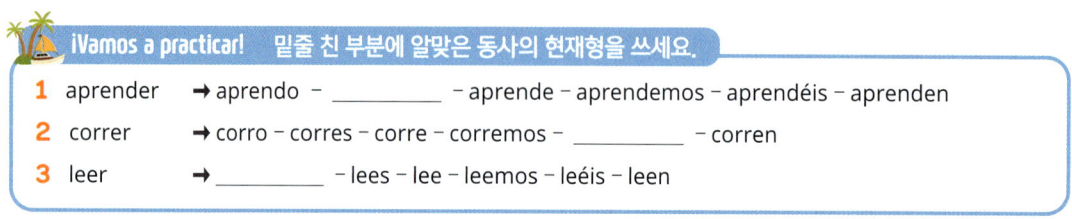

¡Vamos a practicar! 밑줄 친 부분에 알맞은 동사의 현재형을 쓰세요.

1. aprender ➔ aprendo – _____ – aprende – aprendemos – aprendéis – aprenden
2. correr   ➔ corro – corres – corre – corremos – _____ – corren
3. leer   ➔ _____ – lees – lee – leemos – leéis – leen

🇪🇸 의문사 1 (quién, cuándo, dónde, qué)

⭐ 의문사 quién, cuándo, dónde, qué

❶ quién (누구, 누가)

의문사 quién의 복수는 quiénes입니다.

예	¿Quién es Ana?	아나는 누구입니까?
	¿Quiénes son Ana y Juan?	아나와 후안은 누구입니까?
	¿Quién trabaja aquí?	누가 여기에서 일합니까?
	¿De quién es este libro?	이 책은 누구의 것입니까?
	¿De quién son estos libros?	이 책들은 누구의 것입니까?

¡Recuerda! ¿De quién es (son)...? = ~는 누구의 것입니까?

❷ cuándo (언제)

예	¿Cuándo es tu cumpleaños?	너의 생일은 언제니?
	¿Cuándo come Ud. normalmente?	당신은 보통 언제 점심 식사를 하나요?
	¿Cuándo estudiáis español?	너희들은 언제 스페인어를 공부하니?

❸ dónde (어디에, 어디에서)

예	¿Dónde está José?	호세가 어디에 있어?
	¿Dónde trabajan tus padres?	네 부모님은 어디에서 일하시니?
	¿Dónde aprendes coreano?	너는 어디에서 한국어를 배우니?

❹ qué (무엇, 어느 ~, 어떤 ~)

예	¿Qué desayunas?	너는 무엇을 아침으로 먹니?
	¿Qué hay en la nevera?	냉장고 안에 무엇이 있습니까?
	¿Qué libro es de Teresa?	어느 책이 테레사의 것입니까?

예	A: ¿De qué país es Minsu?	민수는 어느 나라 출신입니까?
	B: Es de Corea.	그는 한국 출신입니다.

¡Recuerda! 의문사 qué 뒤에 명사가 올 경우, '어느 ~, 어떤 ~'으로 해석합니다.

¡Recuerda! ¿De qué país es ...? = ~는 어느 나라 출신입니까?

★ 의문사의 특징

❶ 의문사가 들어간 문장의 형태

의문사가 들어간 문장은 '¿의문사 + 동사 + 주어?'의 형태로 쓰이며, 문장의 맨 앞과 뒤에 물음표를 찍습니다.

예
¿Dónde está José? (O)   호세는 어디에 있어?
→ ¿Dónde José está? (X)

¿Cuándo es tu cumpleaños? (O)   너의 생일은 언제니?
→ ¿Cuándo tu cumpleaños es? (X)

¿Dónde está José? (O)   호세는 어디에 있어?
→ Dónde está José? (X)

❷ 복수 형태가 존재하는 의문사 quién

quién은 복수 형태가 있으나, 오늘 학습하는 나머지 의문사들은 복수 형태가 없습니다.

예
¿Quiénes son Ana y Juan? (O)   아나와 후안은 누구입니까?
→ ¿Quién son Ana y Juan? (X)

❸ 의문사에는 강세를 표시하기

강세가 없는 quien, cuando, donde, que는 관계 대명사, 관계 부사, 접속사 등의 역할을 하기 때문에 의문사에는 꼭 강세를 찍어야 합니다.

¡Vamos a practicar! 다음 한국어 해석을 보고 밑줄 친 부분에 알맞은 의문사를 쓰세요.

1 아나와 후안은 누구입니까?
→ ¿_____ son Ana y Juan?

2 너의 생일은 언제니?
→ ¿_____ es tu cumpleaños?

Ejercicios - -er 동사와 의문사 1

1 괄호 안의 단어를 나열하여 한국어 해석과 일치하는 문장을 쓰세요.

1 그들은 집에서 점심 식사를 한다. (ellos / en / casa / comen)
   → _____

2 나는 매일 책 한 권을 읽는다. (leo / un / yo / libro / cada / día)
   → _____

3 그는 내 이메일에 답변을 한다. (responde / a / mi / él / correo)
   → _____

4 그들은 자동차를 판매한다. (venden / coches / ellos)
   → _____

2 다음 중 틀린 문장을 골라 바르게 고치세요.

① Yo toso mucho en invierno.

② ¿Quién trabajan aquí?

③ ¿Dónde estáis?

④ Normalmente Susana come en casa.

→ 잘못된 것은? _____ 번,

   바르게 수정하면? _____

3 괄호 안의 힌트를 사용하여 간단한 문장을 만드세요.

1 너는 언제 점심 식사를 하니? (cuándo, comer) → _____

2 네 아버지는 어디에서 일하시니? (dónde, trabajar) → _____

3 냉장고 안에 무엇이 있습니까? (qué, haber) → _____

4 민수는 어느 나라 출신입니까? (de qué país, ser) → _____

¡Vamos a hablar!

아래 제시된 표현을 참고하여, 질문에 대한 답변을 자유롭게 완성하세요.

Ejemplo

¿Qué desayuna tu madre normalmente?
네 어머니는 보통 무엇을 아침으로 드셔?

→ Normalmente mi madre desayuna pan con mermelada.
나의 어머니는 보통 잼을 바른 빵을 아침으로 드셔.

una tostada y un vaso de leche	토스트 한 쪽과 우유 한 잔
unas galletas y un café	비스킷 몇 개와 커피 한 잔
pan con mermelada	잼을 바른 빵
arroz y pescado	밥과 생선
carne / carne de ternera / carne de cerdo	고기 / 소고기 / 돼지고기
pasta	파스타
fideos	면 요리
pollo frito	프라이드 치킨
una ensalada	샐러드

다음의 동사를 사용하세요.

desayunar	아침 식사를 하다, 아침으로 ~를 먹다
comer	점심 식사를 하다, 점심으로 ~를 먹다
cenar	저녁 식사를 하다, 저녁으로 ~를 먹다

❶ ¿Qué comes normalmente?
→ _____

❷ ¿Qué comen tus padres normalmente?
→ _____

❸ ¿Qué desayunas normalmente?
→ _____

❹ ¿Qué cenas normalmente?
→ _____

❺ ¿Qué cenan tus padres normalmente?
→ _____

Unidad 10 -ir 동사와 의문사 2

이번 과에서는 vivir(살다)를 시작으로 세 가지 동사 그룹 -ar, -er, -ir 중 마지막인 -ir 동사를 학습합니다. -er 규칙 동사의 어미와 1, 2인칭 복수를 제외하고 나머지 인칭의 형태가 같기 때문에 혼동하기 쉽습니다. 10과를 학습한 후, 세 가지 동사 변화를 모두 복습하는 것을 추천합니다.

오늘의 암기 문장

¿Dónde vives? 너는 어디에 사니?
¿Cómo es tu padre? 너의 아버지는 어떤 분이니?

🇪🇸 -ir 동사의 현재 규칙 변화

★ 형태

❶ 동사 vivir (살다)의 현재 시제

규칙 동사인 vivir의 어미 변화에 주목하세요. 동사 원형 vivir에서 -ir 자리에 -o/-es/-e/-imos/-ís/-en을 넣어, 주어에 맞는 현재 시제 규칙 변화를 만듭니다. 다음은 규칙 변화를 하는 모든 -ir 동사의 현재 시제에 적용됩니다.

yo	viv**o**	nosotros/as	viv**imos**
tú	viv**es**	vosotros/as	viv**ís**
él, ella, usted	viv**e**	ellos, ellas, ustedes	viv**en**

예 A: ¿Dónde vives? 너는 어디에 사니?
    B: Vivo cerca de aquí. 나는 여기 근처에 살아.

¡Recuerda! 의문사가 들어간 문장은 '¿의문사 + 동사 + 주어?'의 형태로 쓰이며, 동사에서 주어를 유추할 수 있는 스페인어 문장에서 주어는 자주 생략됩니다.

¡Recuerda! cerca de aquí는 '여기 근처에, 이 근처에'를 의미합니다.

❷ 그 외 대표적인 -ir 규칙 동사들

abr**ir** (열다)

yo	**abro**	nosotros/as	**abrimos**
tú	**abres**	vosotros/as	**abrís**
él, ella, usted	**abre**	ellos, ellas, ustedes	**abren**

admitir (인정하다, 받아들이다)

yo	**admito**	nosotros/as	**admitimos**
tú	**admites**	vosotros/as	**admitís**
él, ella, usted	**admite**	ellos, ellas, ustedes	**admiten**

aplaudir (박수 치다)

yo	**aplaudo**	nosotros/as	**aplaudimos**
tú	**aplaudes**	vosotros/as	**aplaudís**
él, ella, usted	**aplaude**	ellos, ellas, ustedes	**aplauden**

compartir (공유하다, 공용하다)

yo	**comparto**	nosotros/as	**compartimos**
tú	**compartes**	vosotros/as	**compartís**
él, ella, usted	**comparte**	ellos, ellas, ustedes	**comparten**

decidir (결정하다)

yo	**decido**	nosotros/as	**decidimos**
tú	**decides**	vosotros/as	**decidís**
él, ella, usted	**decide**	ellos, ellas, ustedes	**deciden**

describir (묘사하다)

yo	**describo**	nosotros/as	**describimos**
tú	**describes**	vosotros/as	**describís**
él, ella, usted	**describe**	ellos, ellas, ustedes	**describen**

escribir (글 등을 쓰다)

yo	**escribo**	nosotros/as	**escribimos**
tú	**escribes**	vosotros/as	**escribís**
él, ella, usted	**escribe**	ellos, ellas, ustedes	**escriben**

imprimir (프린트하다)

yo	**imprimo**	nosotros/as	**imprimimos**
tú	**imprimes**	vosotros/as	**imprimís**
él, ella, usted	**imprime**	ellos, ellas, ustedes	**imprimen**

partir (출발하다, 쪼개다, 나누다)

yo	part**o**	nosotros/as	part**imos**
tú	part**es**	vosotros/as	part**ís**
él, ella, usted	part**e**	ellos, ellas, ustedes	part**en**

recibir (받다, 맞이하다)

yo	recib**o**	nosotros/as	recib**imos**
tú	recib**es**	vosotros/as	recib**ís**
él, ella, usted	recib**e**	ellos, ellas, ustedes	recib**en**

subir (올리다, 오르다)

yo	sub**o**	nosotros/as	sub**imos**
tú	sub**es**	vosotros/as	sub**ís**
él, ella, usted	sub**e**	ellos, ellas, ustedes	sub**en**

🇪🇸 의문사 2 (cómo, cuál, cuánto, por qué)

★ 의문사 cómo, cuál, cuánto, por qué

❶ cómo (어떻게)

예	¿Cómo está tu padre?	너의 아버지는 어떻게 지내시니?
	¿Cómo es tu padre?	너의 아버지는 어떤 분이니?
	¿Cómo abro esta puerta?	내가 이 문을 어떻게 열죠? (= 이 문을 어떻게 열면 되죠?)
	¿Cómo subimos la montaña?	우리가 그 산을 어떻게 올라가나요? (= 그 산을 어떻게 올라가나요?)

¡Recuerda! ¿Cómo es tu padre?를 직역하면 '너의 아버지는 어떻니?'지만 '너의 아버지는 어떤 분이니?'로 자연스럽게 해석합니다.

❷ cuál (무엇, ~중 어느 것, ~중 어떤 것, ~중 누가)

의문사 cuál의 복수 형태는 cuáles입니다.

예	¿Cuál es tu nombre?	너의 이름은 무엇이니?
	¿Cuáles son tus apellidos?	너의 성은 무엇이니?

¡Recuerda! 이름, 성, 주소 등의 개인 정보는 cuál로 묻습니다. 스페인어 이름은 '이름 + 아버지의 성 + 어머니의 성'으로 되어 있습니다. 그래서 두 가지 성을 모두 물을 때에는 ¿Cuáles son tus apellidos?라고 합니다.

예	¿Cuál es tu color favorito?	네가 가장 좋아하는 색은 무엇이니?
	¿Cuál es tu estación preferida?	네가 가장 좋아하는 계절은 무엇이니?

¡Recuerda! 가장 좋아하는 것(= 1개밖에 없는 유일한 것)을 물을 때도 cuál을 사용합니다. (favorito, preferido 가장 좋아하는)

예	¿Cuál de estos libros es de Ana?	이 책들 중에 어떤 것이 아나의 것이니?
	¿Cuál de vosotros vive en España?	너희들 중에 누가 스페인에 사니?

¡Recuerda! 'cuál de + 복수 명사'는 '~ 중에 어느 것, ~중에 어떤 것, ~중에 누가'를 의미합니다.

❸ cuánto (얼마나 많이, 얼마나 오래, 얼마나 많은)

의문사 cuánto는 뒤에 명사가 올 경우, 명사에 맞춰 성수 변화를 합니다.

예	¿Cuánto debo estar aquí? = ¿Cuánto tiempo debo estar aquí?	내가 얼마나 오래 여기에 있어야 하나요?
	¿Cuánto dinero hay en la caja?	그 상자에 얼마나 많은 돈이 있니?
	¿Cuántos cines hay en tu ciudad?	네가 사는 도시에는 얼마나 많은 영화관들이 있니?
	¿Cuántas alumnas hay en tu clase?	네 수업에는 얼마나 많은 여학생들이 있니?

¡Recuerda! cuánto는 뒤에 명사가 오면 '얼마나 많은'으로 해석합니다.

❹ por qué (왜)

예	¿Por qué estás aquí?	너 왜 여기에 있니?
	¿Por qué comemos a las 11?	우리 왜 11시에 점심을 먹죠?
	A: ¿Por qué siempre llegas tarde?	너는 왜 항상 늦게 도착하니?
	B: Porque vivo lejos de aquí.	왜냐하면 나는 여기에서 먼 곳에 살거든.

¡Recuerda! llegar tarde = 늦게 도착하다

¡Recuerda! por qué라고 물으면 'Porque + 주어 + 동사(왜냐하면 ~이기 때문이다)'로 대답합니다. 이때 의문사 por qué와 '왜냐하면'의 porque를 혼동하지 않도록 주의해야 합니다.

¡Recuerda! lejos de aquí는 '여기에서 멀리, 여기에서 먼 곳에'를 의미합니다.

¡Vamos a practicar! 밑줄 친 부분에 알맞은 의문사를 쓰세요.

1. 너의 이름은 무엇이니? → ¿_____ es tu nombre?
2. 네가 가장 좋아하는 색은 무엇이니? → ¿_____ es tu color favorito?
3. 내가 얼마나 오래 여기에 있어야 하나요? → ¿_____ debo estar aquí?

Ejercicios - -ir 동사와 의문사 2

정답 p.377

❶ 괄호 안의 단어를 나열하여 한국어 해석과 일치하는 문장을 쓰세요.

1 나는 매일 아침 창문을 연다. (abro / las ventanas / yo / mañana / cada)
   → _____

2 그는 그의 잘못을 인정한다. (su / error / él / admite)
   → _____

3 그들은 소설을 쓴다. (novelas / ellos / escriben)
   → _____

4 그녀는 내일 산을 오른다. (ella / mañana / sube / montaña / la)
   → _____

   💡 tip   cada mañana 매일 아침   su error 그의 잘못

❷ 다음 중 틀린 문장을 골라 바르게 고치세요.

① Yo compartes piso con una amiga.

② Debo imprimir algo.

③ ¿Por qué abres las ventanas?

④ ¿Cuánto debo estar aquí?

→ 잘못된 것은? _____번,

   바르게 수정하면? _____

❸ 괄호 안의 단어를 사용하여 간단한 문장을 만드세요.

1 너의 아버지는 어떤 분이니? (cómo, ser)   → _____

2 너희들 중에 누가 스페인에 사니? (cuál, vivir) → _____

3 그 상자에 얼마나 많은 돈이 있니? (cuánto, caja) → _____

4 너는 왜 항상 늦게 도착하니? (por qué, llegar tarde) → _____

¡Vamos a hablar!

정답 p.377

✏️ '가장 좋아하는 OO'을 묻는 다음의 질문에 자유롭게 답하세요.

Ejemplo

질문: ¿Cuál es tu plato favorito?
네가 가장 좋아하는 요리는 무엇이니?

➜ Mi plato favorito es la pasta.
　내가 가장 좋아하는 요리는 파스타야.

① ¿Cuál es tu color favorito?

➜ _____

② ¿Cuál es tu película favorita?

➜ _____

③ ¿Cuál es tu estación favorita?

➜ _____

④ ¿Cuál es tu actor favorito?

➜ _____

⑤ ¿Cuál es tu libro favorito?

➜ _____

Unidad 11 현재 분사와 진행형

이번 과에서는 '~하고 있다'의 진행형을 학습합니다. 스페인어의 진행형은 'estar + 현재 분사'의 형태를 취합니다. 현재 분사는 규칙에 따라 변하지만, 불규칙 현재 분사도 있기 때문에 반복해서 학습하는 것이 좋습니다. 예문을 큰 소리로 여러 번 읽어 보세요!

오늘의 암기 문장

¿Estás buscando algo?	너 무언가를 찾고 있니?
Estudio español escuchando música.	나는 음악을 들으면서 스페인어를 공부한다.

현재 분사 만들기

★ 형태

❶ 규칙 변화

동사 원형에서 -ar, -er, -ir의 어미만 -ando/-iendo로 바꾸어 현재 분사를 만듭니다.

-ar ➡ -ando	-er ➡ -iendo	-ir ➡ -iendo
hablar ➡ hablando	comer ➡ comiendo	vivir ➡ viviendo

8, 9, 10과에서 학습한 -ar, -er, -ir 동사들의 현재 분사는 다음과 같습니다.

-ar		-er		-ir	
comprar 구매하다	comprando	aprender 배우다	aprendiendo	abrir 열다	abriendo
buscar 찾다	buscando	barrer 쓸다	barriendo	aplaudir 박수치다	aplaudiendo
estudiar 공부하다	estudiando	beber 마시다	bebiendo	describir 묘사하다	describiendo
trabajar 일하다	trabajando	vender 판매하다	vendiendo	escribir (글 등을) 쓰다	escribiendo

❷ 불규칙 현재 분사

불규칙 현재 분사도 살펴볼까요? 아래 표에서 빨간색 글자는 규칙에 어긋나는 부분입니다.

caer 떨어지다	~~caiendo~~	cayendo	mentir 거짓말하다	~~mentiendo~~	mintiendo
decir 말하다	~~deciendo~~	diciendo	morir 죽다	~~moriendo~~	muriendo

dormir 자다	~~dormiendo~~	d**u**rmiendo	pedir 요구하다	~~pediendo~~	p**i**diendo
ir 가다	~~iendo~~	**y**endo	traer 가져오다	~~traiendo~~	tra**y**endo
leer 읽다	~~leiendo~~	le**y**endo	venir 오다	~~veniendo~~	v**i**niendo

현재 분사의 쓰임

★ 진행형

❶ 'estar + 현재 분사'의 형태로 '지금 ~하고 있는 중이다, ~하고 있다'

주어에 맞게 estar 동사를 변화시킨 후, 뒤에 동사의 현재 분사를 쓰면 됩니다.

예 **Estoy hablando** con Raúl. 나 라울과 이야기하고 있어.
Estamos comiendo en casa de mi abuela. 우리는 나의 할머니 댁에서 점심을 먹고 있어.
Ella **está escribiendo** una carta. 그녀는 편지 한 장을 쓰고 있어.
¿Estás buscando algo? 너 무언가를 찾고 있니?
Estos días **estoy estudiando** español. 요즘 나는 스페인어를 공부하고 있다.
Mis padres **están trabajando** ahora. 나의 부모님은 지금 일을 하고 있는 중이다.
Él **está leyendo** un libro. 그는 책 한 권을 읽고 있다.
Los niños **están mintiendo**. 아이들은 거짓말을 하고 있다.

¡Recuerda! 현재 분사는 성수 변화를 하지 않습니다. 주어가 여성이거나 복수 형태여도 현재 분사의 형태는 변하지 않습니다.

❷ 동시 동작의 현재 분사

다른 동사와 쓰인 일반 문장에 현재 분사가 쓰이면 동시에 일어나는 동작을 나타내는데, '~하면서'로 해석합니다. 이 경우에도 현재 분사는 성수 변화를 하지 않습니다.

예 Estudio español **escuchando música**. 나는 음악을 들으면서 스페인어를 공부한다.
Mi hermano mayor habla **durmiendo**. 나의 형/오빠는 자면서 말을 한다. (잠꼬대를 한다)
Ellos aprenden español **leyendo libros**. 그들은 책을 읽으면서 스페인어를 배운다.
Pedro toca el violín **bailando**. 페드로는 춤을 추면서 바이올린을 연주한다.

¡Vamos a practicar! 밑줄 친 부분에 들어갈 현재 분사를 쓰세요.

1 나 라울과 이야기하고 있어 → Estoy _____ con Raúl.
2 그녀는 편지 한 장을 쓰고 있어. → Ella está _____ una carta.
3 너 무언가를 찾고 있니? → ¿Estás _____ algo?

Ejercicios - 현재 분사와 진행형

정답 p.378

❶ 괄호 안의 단어를 나열하여 한국어 해석과 일치하는 문장을 쓰세요.

1 우리는 나의 할머니 댁에서 지금 점심을 먹고 있어. (comiendo / estamos / en / abuela / mi / casa / de)
   → _____

2 요즘 나는 영어를 공부하고 있다. (estudiando / inglés / estoy / estos días)
   → _____

3 나의 부모님은 지금 일을 하고 있는 중이다. (padres / mis / trabajando / ahora / están)
   → _____

4 그는 책 한 권을 읽고 있다. (él / leyendo / libro / un / está)
   → _____

❷ 다음 중 틀린 문장을 골라 바르게 고치세요.

① Estudio español escuchando música.

② Ellos aprenden español leyendo libros.

③ Pedro toca el violín bailando.

④ Mi hermano mayor habla dormiendo.

→ 잘못된 것은? _____번,

  바르게 수정하면? _____

❸ 괄호 안의 힌트를 사용하여 문장을 만드세요.

1 그 아이는 지금 자고 있다. (el niño, dormir)   → _____

2 그들은 무언가를 주문하고 있다. (pedir algo)   → _____

3 나 도착하는 중이야. (llegar)   → _____

4 사람들은 박수를 치고 있다. (la gente, aplaudir)   → _____

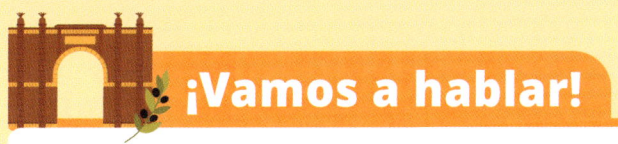

¡Vamos a hablar!

정답 p.378

✏️ 집안일과 관련된 다음 표현을 참고하여, 그림 속의 사람들이 지금 하고 있는 일을 말하세요.

Ejemplo

질문: ¿Qué está haciendo la mujer?
여성은 무엇을 하고 있니?

→ La mujer está preparando la cena.
여성은 저녁을 준비하고 있습니다.

* haciendo → hacer ~를 하다

las tareas domésticas 집안일들	
preparar la cena 저녁 식사를 준비하다	quitar el polvo 먼지를 털다
ordenar la habitación 방을 정돈하다	barrer el suelo 바닥을 쓸다
limpiar la casa 집을 청소하다	lavar los platos 설거지를 하다
pasar la aspiradora 진공청소기를 돌리다	planchar la ropa 옷을 다리다

💡 **tip** 위에 쓰인 동사들은 현재/현재 분사 모두 규칙 동사입니다.

❶  ❷  ❸  ❹

❹  ❺  ❻  ❼

Unidad 12 — 동사 ir와 불규칙 동사 1 (e-ie)

이번 과에서는 '가다'의 ir 동사와 e-ie의 어간 변화를 따르는 불규칙 동사를 학습합니다. ir 동사는 이동, 움직임뿐만 아니라, 가까운 미래의 계획이나 제안을 표현할 수 있어서 회화에서 매우 유용합니다. e-ie의 어간 변화를 하는 동사들은 어간의 중간과 동사 원형의 어미를 동시에 변화시켜야 하기 때문에 다소 어렵게 느껴질 수 있습니다. 동사 변화를 소리내어 발음하며 학습할 것을 권합니다.

오늘의 암기 문장

Voy al supermercado.	나 슈퍼마켓에 가.
Mi clase empieza a las 10.	나의 수업은 10시에 시작해.

동사 ir

★ 동사 ir (가다)의 현재 시제 형태

불규칙 동사인 ir의 동사 변화는 다음과 같습니다.

yo	**voy**	nosotros/as	**vamos**
tú	**vas**	vosotros/as	**vais**
él, ella, usted	**va**	ellos, ellas, ustedes	**van**

예) A: ¿Adónde vas?   너 어디에 가니?
     B: Voy al supermercado.   나 슈퍼마켓에 가.

¡Recuerda! '어디에'를 뜻하는 adónde는 의미의 변화 없이 a dónde로도 쓸 수 있습니다.

★ 동사 ir (가다)의 쓰임

1 ir + a + 장소명 = ~에 가다

예)
- **Voy a** la universidad este año.   나는 올해 대학교에 간다. (= 대학생이 된다.)
- ¿**Vas a** la escuela ahora?   너 지금 학교에 가니?
- Ella **va a** casa a las 5.   그녀는 5시에 집에 간다.
- Mi padre **va al** médico esta tarde.   오늘 오후 나의 아버지는 병원에 간다.
- **Van al** mercado juntos.   그들은 함께 시장에 간다.

¡Recuerda! '자신의 집 혹은 누군가의 집에 가다'의 경우, 정관사를 빼고 ir a casa라고 표현합니다.

¡Recuerda! '전치사 a + 정관사 el'은 al로 축약됩니다. (3과 참고)

❷ ir a + 동사 원형 = ~할 것이다 (가까운 미래)

예	**Voy a** comprar ropa.	나는 옷을 살 것이다.
	¿**Vas a** estudiar en la biblioteca?	너는 도서관에서 공부를 할 거니?
	Ella **va a** descansar.	그녀는 쉴 것이다.
	Ellos **van a** hacer una fiesta.	그들은 파티를 열 것이다.

¡Recuerda! '옷'을 의미하는 ropa는 집합 명사로서, 복수로 쓰지 않습니다.

¡Recuerda! hacer una fiesta를 직역하면 '파티 하나를 하다'이지만, '파티를 열다'로 자연스럽게 해석합니다.

❸ Vamos a + 동사 원형 = ~하자, ~해 봅시다, ~합시다 (제안)

예	**Vamos a** leer.	읽어 봅시다.
	Vamos a repasar.	복습해 봅시다.
	Vamos a bailar.	춤추자.
	Vamos a quedar este fin de semana.	이번 주말에 만나자.

¡Recuerda! 위의 문장들은 문맥에 따라서 ❷의 '~할 것이다'로 해석될 수 있습니다.
예 Vamos a bailar. '우리는 춤을 출 것이다' 혹은 '춤추자'

🇪🇸 불규칙 동사 1 (e-ie)

★ 형태

❶ 동사 empezar (시작하다)의 현재 시제

불규칙 동사인 empezar의 동사 변화는 다음과 같습니다. -e-가 -ie-로 변하는 것에 유의하세요. 참고로 동사 원형 emp**e**zar에서 어미는 -ar 규칙 변화에 따라 바뀝니다.

yo	emp**ie**zo	nosotros/as	empezamos
tú	emp**ie**zas	vosotros/as	empezáis
él, ella, usted	emp**ie**za	ellos, ellas, ustedes	emp**ie**zan

---

🌴 **¡Vamos a practicar!** 밑줄 친 부분에 알맞은 ir 동사를 쓰세요.

1 Yo _____ al médico.
2 Ella _____ a la escuela.
3 Ellos _____ a una tienda de ropa.

예 A: ¿A qué hora empieza tu clase? 너의 수업은 몇 시에 시작하니?
B: Mi clase empieza a las 10. 나의 수업은 10시에 시작해.

¡Recuerda! 이 부류의 동사들은 위의 동사 변화와 같이 nosotros, vosotros를 제외하고 모든 인칭에서 어간이 변합니다.

❷ e가 ie로 변하는 그 외 불규칙 동사들

cerrar (닫다)

yo	cierro	nosotros/as	cerramos
tú	cierras	vosotros/as	cerráis
él, ella, usted	cierra	ellos, ellas, ustedes	cierran

comenzar (시작하다)

yo	comienzo	nosotros/as	comenzamos
tú	comienzas	vosotros/as	comenzáis
él, ella, usted	comienza	ellos, ellas, ustedes	comienzan

entender (이해하다)

yo	entiendo	nosotros/as	entendemos
tú	entiendes	vosotros/as	entendéis
él, ella, usted	entiende	ellos, ellas, ustedes	entienden

perder (잃어버리다)

yo	pierdo	nosotros/as	perdemos
tú	pierdes	vosotros/as	perdéis
él, ella, usted	pierde	ellos, ellas, ustedes	pierden

pensar (생각하다)

yo	pienso	nosotros/as	pensamos
tú	piensas	vosotros/as	pensáis
él, ella, usted	piensa	ellos, ellas, ustedes	piensan

preferir (선호하다)

yo	prefiero	nosotros/as	preferimos
tú	prefieres	vosotros/as	preferís
él, ella, usted	prefiere	ellos, ellas, ustedes	prefieren

querer (원하다, 사랑하다)

yo	**quiero**	nosotros/as	**queremos**
tú	**quieres**	vosotros/as	**queréis**
él, ella, usted	**quiere**	ellos, ellas, ustedes	**quieren**

sentir (느끼다)

yo	**siento**	nosotros/as	**sentimos**
tú	**sientes**	vosotros/as	**sentís**
él, ella, usted	**siente**	ellos, ellas, ustedes	**sienten**

¡Vamos a practicar! 밑줄 친 부분에 알맞은 동사의 현재형을 쓰세요.

1. cerrar ➜ cierro – cierras – cierra – cerramos – _____ cierran
2. comenzar ➜ comienzo – comienzas – comienza – _____ – comenzáis – comienzan
3. entender ➜ entiendo – _____ – entiende – entendemos – entendéis – entienden

Ejercicios - 동사 ir와 불규칙 동사 1 (e-ie)

정답 p.378

❶ 괄호 안의 단어를 나열하여 한국어 해석과 일치하는 문장을 쓰세요.

1 나는 내일 오전에 병원에 간다. (al / médico / yo / voy / mañana por la mañana)
   → _____

2 그녀는 내년에 여행을 할 것이다. (va / viajar / el año que viene / ella / a)
   → _____

3 오늘 오후에 함께 공부하자. (a / estudiar / juntos / vamos / esta tarde)
   → _____

4 너 지금 학교에 가니? (a / ahora / vas / escuela / la)
   → _____

❷ 다음 중 틀린 문장을 골라 바르게 고치세요.

① Ana cierra las ventanas.

② ¿Cerramos la puerta?

③ Entiendo tu situación.

④ Yo quero un zumo, por favor.

→ 잘못된 것은? _____번,

바르게 수정하면? _____

❸ <보기>의 표현을 사용하여 문장을 만드세요.

| ir al cine 영화관에 가다 | salir esta noche 오늘 밤에 놀러 나가다 |
| estudiar juntos 함께 공부하다 | hacer una fiesta de cumpleaños 생일 파티를 열다 |

1 영화관에 가자.   → _____

2 오늘 밤에 놀러 나가자. → _____

3 함께 공부하자.   → _____

4 생일 파티를 열자.   → _____

¡Vamos a hablar!

정답 p.378

아래 표현을 참고하여, 그림 속 인물들이 주말에 어떤 계획을 가지고 있는지 말해 보세요.

Ejemplo

질문: ¿Qué vas a hacer este fin de semana?
너는 이번 주말에 무엇을 할 거니?

→ Voy a comer fuera con mi familia.
나는 가족과 함께 외식할 거야.

comer fuera con mi familia	나의 가족과 함께 외식하다
ver una película	영화 한 편을 보다
hacer ejercicio	운동을 하다
descansar en casa	집에서 쉬다
quedar con un amigo	친구와 만나다
estudiar español	스페인어를 공부하다
viajar a otra ciudad	다른 도시로 여행을 가다
ir de compras	쇼핑을 가다

❶  ❷  ❸  ❹

❺  ❻  ❼  ❽

Unidad 12 동사 ir와 불규칙 동사 1 (e-ie) 83

Unidad 13 불규칙 동사 2 (o-ue)

이번 과에서는 o-ue의 어간 변화를 따르는 불규칙 동사를 학습합니다. 지난 과에서 학습한 e-ie 어간 변화를 하는 동사들과 마찬가지로, 어간과 어미를 동시에 변화시켜야 하기 때문에 반복해서 학습하는 것이 중요합니다. o-ue 불규칙 동사 중 '~할 수 있다'는 의미인 poder는 기초 회화에서 매우 유용한 동사입니다.

오늘의 암기 문장

Vuelvo a casa sobre las 5.	나는 5시경에 집에 돌아가.
¿Puedo usar tu móvil?	내가 네 휴대폰을 써도 될까?

🇪🇸 불규칙 동사 2 (o-ue)

★ 형태

❶ 동사 volver (돌아가다, 돌아오다)의 현재 시제

불규칙 동사인 volver의 동사 변화는 다음과 같습니다. 동사 원형의 -o-가 -ue-로 변함에 유의하세요. 참고로, 동사 원형 volver에서 어미는 -er 규칙 변화를 따르고, 동시에 중간의 어간 o를 ue로 바꿔 줍니다.

yo	v**ue**lvo	nosotros/as	volvemos
tú	v**ue**lves	vosotros/as	volvéis
él, ella, usted	v**ue**lve	ellos, ellas, ustedes	v**ue**lven

예 A: ¿A qué hora vuelves a casa? 너는 집에 몇 시에 돌아오니?
B: Vuelvo a casa sobre las 5. 나는 5시경에 집에 돌아가.

¡Recuerda! 이 부류의 동사들은 위의 동사 변화와 같이 nosotros, vosotros를 제외하고 모든 인칭에서 어간이 변합니다.

¡Recuerda! 시간 표현과 쓰인 sobre는 '~경에'라는 뜻입니다.

❷ e가 ue로 변하는 그 외 불규칙 동사들

colgar (걸다, 걸치다, 수화기를 놓다)

yo	c**ue**lgo	nosotros/as	colgamos
tú	c**ue**lgas	vosotros/as	colgáis
él, ella, usted	c**ue**lga	ellos, ellas, ustedes	c**ue**lgan

contar (이야기하다, 계산하다, 세다)

yo	**cuento**	nosotros/as	**contamos**
tú	**cuentas**	vosotros/as	**contáis**
él, ella, usted	**cuenta**	ellos, ellas, ustedes	**cuentan**

costar (값이 ~이다)

yo	**cuesto**	nosotros/as	**costamos**
tú	**cuestas**	vosotros/as	**costáis**
él, ella, usted	**cuesta**	ellos, ellas, ustedes	**cuestan**

dormir (자다)

yo	**duermo**	nosotros/as	**dormimos**
tú	**duermes**	vosotros/as	**dormís**
él, ella, usted	**duerme**	ellos, ellas, ustedes	**duermen**

encontrar (발견하다)

yo	**encuentro**	nosotros/as	**encontramos**
tú	**encuentras**	vosotros/as	**encontráis**
él, ella, usted	**encuentra**	ellos, ellas, ustedes	**encuentran**

envolver (포장하다)

yo	**envuelvo**	nosotros/as	**envolvemos**
tú	**envuelves**	vosotros/as	**envolvéis**
él, ella, usted	**envuelve**	ellos, ellas, ustedes	**envuelven**

morder (물다)

yo	**muerdo**	nosotros/as	**mordemos**
tú	**muerdes**	vosotros/as	**mordéis**
él, ella, usted	**muerde**	ellos, ellas, ustedes	**muerden**

morir (죽다)

yo	**muero**	nosotros/as	**morimos**
tú	**mueres**	vosotros/as	**morís**
él, ella, usted	**muere**	ellos, ellas, ustedes	**mueren**

mostrar (보여 주다)

yo	**muestro**	nosotros/as	**mostramos**
tú	**muestras**	vosotros/as	**mostráis**
él, ella, usted	**muestra**	ellos, ellas, ustedes	**muestran**

recordar (기억하다)

yo	**recuerdo**	nosotros/as	**recordamos**
tú	**recuerdas**	vosotros/as	**recordáis**
él, ella, usted	**recuerda**	ellos, ellas, ustedes	**recuerdan**

resolver (해결하다)

yo	**resuelvo**	nosotros/as	**resolvemos**
tú	**resuelves**	vosotros/as	**resolvéis**
él, ella, usted	**resuelve**	ellos, ellas, ustedes	**resuelven**

sonar (소리가 나다, 울리다)

yo	**sueno**	nosotros/as	**sonamos**
tú	**suenas**	vosotros/as	**sonáis**
él, ella, usted	**suena**	ellos, ellas, ustedes	**suenan**

soñar (꿈꾸다)

yo	**sueño**	nosotros/as	**soñamos**
tú	**sueñas**	vosotros/as	**soñáis**
él, ella, usted	**sueña**	ellos, ellas, ustedes	**sueñan**

volar (날다)

yo	**vuelo**	nosotros/as	**volamos**
tú	**vuelas**	vosotros/as	**voláis**
él, ella, usted	**vuela**	ellos, ellas, ustedes	**vuelan**

¡Vamos a practicar! 밑줄 친 부분에 들어갈 동사의 현재 변화 형태를 쓰세요.

1. colgar → cuelgo – _____ – cuelga – colgamos – colgáis – cuelgan
2. recordar → _____ – recuerdas – recuerda – recordamos – recordáis – recuerdan
3. volar → vuelo – vuelas – vuela – _____ – voláis – vuelan

동사 poder

★ 동사 poder (~할 수 있다, ~해도 된다)의 현재 시제 형태

poder도 o-ue 어간 변화를 하는 동사에 속합니다.

yo	p**ue**do	nosotros/as	podemos
tú	p**ue**des	vosotros/as	podéis
él, ella, usted	p**ue**de	ellos, ellas, ustedes	p**ue**den

★ 동사 poder (~할 수 있다, ~해도 된다)의 쓰임

❶ poder + 동사 원형 = ~할 수 있다

예
- ¿**Puedes venir** a mi casa esta tarde? — 너 오늘 오후에 나의 집에 올 수 있니?
- Él **puede hacer** los deberes solo. — 그는 혼자서 숙제를 할 수 있다.
- Ella **puede resolver** el problema sola. — 그녀는 혼자서 그 문제를 해결할 수 있다.
- **Podemos llegar** antes. — 우리는 더 일찍 도착할 수 있다.
- No **pueden salir** a partir de las 10. — 그들은 10시 이후로 외출할 수가 없다.

¡Recuerda! '홀로, 혼자서'의 뜻으로 쓰이는 solo는 성수 변화를 하고, '오직, 단지'의 뜻으로 쓰이는 solo는 성수 변화를 하지 않습니다.

¡Recuerda! antes는 그 자체가 비교급인 부사로 '더 일찍'을 뜻합니다.

¡Recuerda! hacer los deberes 숙제를 하다
a partir de ~ ~부터, ~이후로

❷ poder + 동사 원형 = ~해도 된다

예
- ¿**Puedo salir** un rato? — 내가 잠깐 나가도 될까?
- ¿**Puedo usar** tu móvil? — 내가 네 휴대폰을 써도 될까?
- ¿**Podemos fumar** aquí? — 우리가 여기에서 담배를 피워도 될까요?

¡Recuerda! un rato 잠시 동안, 잠깐

¡Recuerda! usar(사용하다), fumar(담배를 피우다)는 모두 규칙 동사입니다.

🌴 **¡Vamos a practicar!** 밑줄 친 부분에 들어갈 poder 동사를 쓰세요.

1 Tú _____ hacer los deberes solo.
2 Ella _____ ir a la escuela sola.
3 Nosotros _____ salir a partir de las 9.

Ejercicios - 불규칙 동사 2 (o-ue)

정답 p.378

❶ 괄호 안의 단어를 나열하여 한국어 해석과 일치하는 문장을 쓰세요.

1 그는 잠을 많이 잔다. (él / mucho / duerme)
   → _____

2 나는 그의 생일을 기억하지 못한다. (yo / recuerdo / su / no / cumpleaños)
   → _____

3 나는 그 선물을 포장할 것이다. (a / voy / el / envolver / regalo)
   → _____

4 그는 10시경에 집에 돌아온다. (él / a / diez / las / vuelve / casa / sobre)
   → _____

❷ 다음 중 틀린 문장을 골라 바르게 고치세요.

① ¿Puedes hablar más alto?

② No puedo dormir.

③ Puedemos hablar con el profesor.

④ No podéis hacer ruido.

→ 잘못된 것은? _____번,

  바르게 수정하면? _____

❸ 당신은 비행기 안에 있습니다. <보기>의 표현을 사용하여 '(제가) ~해도 되나요?' 문장을 만드세요.

| usar el móvil 휴대폰을 사용하다 | ir al servicio 화장실에 가다 |
| cambiar de asiento 좌석을 바꾸다 | comer más tarde 나중에 식사하다 |

1 (제가) 휴대폰을 사용해도 되나요? → _____

2 (제가) 화장실에 가도 되나요? → _____

3 (제가) 좌석을 바꿔도 되나요? → _____

4 (제가) 나중에 식사해도 되나요? → _____

¡Vamos a hablar!

정답 p.379

✎ 과일 가격표를 보고, <보기>와 같이 가격을 묻는 질문에 답하세요.

Ejemplo

0. ¿Cuánto cuesta un racimo de uvas?
포도 한 송이의 가격은 얼마입니까?

→ Cuesta un euro.
1유로입니다.

tip un racimo de~ (한 송이의 ~), un paquete de~ (한 팩의 ~), 100 céntimos = 1 euro (100센트 = 1유로)

① ¿Cuánto cuestan cinco manzanas? → _____

② ¿Cuánto cuestan diez melocotones? → _____

③ ¿Cuánto cuestan dos racimos de plátanos? → _____

④ ¿Cuánto cuestan cuatro naranjas? → _____

⑤ ¿Cuánto cuestan veinte peras? → _____

⑥ ¿Cuánto cuesta una sandía? → _____

⑦ ¿Cuánto cuesta un paquete de kiwis? → _____

Unidad 13 불규칙 동사 2 (o-ue)

Unidad 14 불규칙 동사 3 (tener, dar)

이번 과에서는 불규칙 동사 tener와 dar를 학습합니다. 뒤에 명사를 붙이면 다양한 표현을 만들 수 있기 때문에 기초 회화에서 굉장히 유용한 동사입니다. 예문을 반복해서 읽으며 학습하세요!

오늘의 암기 문장

Tengo calor.	나 더워.
Las palomitas dan sed.	팝콘은 갈증을 유발한다.

🇪🇸 불규칙 동사 3 (tener)

⭐ 동사 tener (가지다, 가지고 있다)의 현재 시제 형태

불규칙 동사인 tener의 동사 변화는 다음과 같습니다.

yo	tengo	nosotros/as	tenemos
tú	tienes	vosotros/as	tenéis
él, ella, usted	tiene	ellos, ellas, ustedes	tienen

예
A: Yo tengo dos hermanas, ¿y tú? 　나는 두 명의 여자 형제가 있어. 너는?
B: Yo también tengo dos hermanas. 　나도 두 명의 여자 형제가 있어.

¡Recuerda! 1인칭 단수 변화에 유의합니다. teno (X) tieno (X) tengo (O)

¡Recuerda! también은 '~도, ~도 또한'을 의미합니다.

⭐ 동사 tener (가지다, 가지고 있다)의 쓰임

❶ tener + 명사 = ~를 가지고 있다, ~가 있다 (기본 쓰임)

예
Tengo novia. 　　　　　　　나는 여자 친구가 있다.
¿Tienes hermanos? 　　　　너는 형제자매가 있니?
Juan no tiene coche. 　　　 후안은 자동차가 없다.
Ellos tienen muchos libros. 그들은 많은 책을 가지고 있다.

¡Recuerda! 자동차의 소유 여부를 말할 때, coche 앞에 부정 관사를 붙이지 않습니다.
　예 Tengo coche. (O) 나는 차가 있다.
　　　Tengo un coche. (X)

❷ 'tener + 명사' 표현

tener calor	덥다
tener cuidado (con ~)	(~를) 조심하다
tener frío	춥다
tener hambre	배고프다
tener miedo (a ~)	(~가) 무섭다, (~를) 무서워하다
tener sed	목마르다, 갈증이 있다
tener sueño	졸리다
tener prisa	급하다
tener ganas de + 명사/동사 원형	~가 당기다, ~하고 싶다
tener _____ años	~ 살이다 (나이)
tener razón	~의 말이 옳다, 맞다
tener + 명사 + que + 동사 원형	~할 (명사)를 가지고 있다

¡Recuerda! tener calor를 직역하면 '더위를 갖다'지만, '(사람이) 덥다'를 뜻합니다. 나머지 표현도 이와 같이 자연스럽게 해석합니다.

예 **Tengo calor**. ¿Puedo abrir las ventanas?   나 더워. 내가 창문을 열어도 될까?

Pedro no **tiene cuidado con** los coches.   페드로는 차들을 조심하지 않는다.

¿**Tienes frío**?   너 춥니?

El bebé **tiene hambre**.   아기는 배가 고프다.

Tiene miedo a los perros.   그는 개를 무서워한다.

Tengo sed. ¿Puedo beber agua?   나 목말라. 물 좀 마실 수 있을까?

Ellos **tienen mucho sueño**.   그들은 매우 졸리다.

¿**Tienes prisa**?   너 급하니?

Mis padres **tienen ganas de** viajar.   나의 부모님은 여행을 하고 싶어 한다.

Tengo ganas de comida china.   나는 중국 음식이 당긴다.

예 A: ¿Cuántos años tienes?   너는 몇 살이니?

B: **Tengo 24 años**.   나는 24살이야.

A: La reunión empieza a las 5, no a las 4.   회의는 5시에 시작해, 4시가 아니라.

B: **Tienes razón**.   네 말이 맞아.

| 예 | **Tengo** muchas **cosas que hacer**. | 나는 할 일이 많다. |
| | **Tengo** muchos **libros que leer**. | 나는 읽어야 할 책이 많다. |

¡Recuerda! 위의 표현을 강조할 때, 명사 앞에 mucho를 씁니다. 강조하는 명사의 성과 수에 따라 mucho의 성수도 함께 변하는 것에 유의합니다.

예 tener mucha hambre (O) 배가 많이 고프다   tener mucho hambre (X)
    tener mucha sed (O) 목이 많이 마르다   tener mucho sed (X)
    tener mucha suerte (O) 운이 매우 좋다   tener mucho suerte (X)

❸ tener que + 동사 원형 = ~해야 한다 (의무), ~할 필요가 없다 (부정문)

예	Tengo que estudiar.	나 공부해야 해.
	¿Tienes que hacer los deberes ahora?	너 지금 숙제해야 하니?
	Elena tiene que hacer ejercicio.	엘레나는 운동을 해야 한다.
	No tenemos que estar aquí.	우리는 여기에 있을 필요가 없다.
	Tenéis que tener mucho cuidado con los coches.	너희들은 자동차를 매우 조심해야 한다.

¡Recuerda! 마지막 문장은 Tenéis que(너희들은 ~해야 한다)와 tener mucho cuidado con ~(~를 매우 조심하다)가 합쳐진 표현으로, 의미에 따라 문장에 tener가 두 번 들어갈 수 있습니다.

🇪🇸 불규칙 동사 3 (dar)

★ 동사 dar (주다)의 현재 시제 형태

불규칙 동사인 dar의 동사 변화는 다음과 같습니다.

yo	**doy**	nosotros/as	**damos**
tú	**das**	vosotros/as	**dais**
él, ella, usted	**da**	ellos, ellas, ustedes	**dan**

| 예 | Las palomitas **dan sed**. | 팝콘은 갈증을 유발한다. |
| | Este abrigo **da calor**. | 이 외투는 덥게 만든다. |

¡Recuerda! Las palomitas dan sed.를 직역하면, '팝콘은 목마름을 준다'이지만, '팝콘은 목마르게 만든다, 갈증을 유발한다'로 자연스럽게 해석합니다. 두 번째 문장도 이와 같이 자연스럽게 해석합니다.

🌴 **¡Vamos a practicar!** 밑줄 친 부분에 들어갈 tener 동사의 알맞은 형태를 쓰세요.

1 나는 목이 많이 마르다. → Yo _____ mucha sed.
2 너 춥니? → ¿_____ frío?
3 우리는 오늘 숙제를 해야 한다. → _____ que hacer los deberes hoy.

★ 동사 dar (주다)의 쓰임

❶ dar + 명사 = ~를 주다 (기본 쓰임)

예		
	Yo te **doy** 5 euros.	내가 너에게 5유로를 줄게.
	¿Me **das** el libro?	나에게 그 책을 건네주겠니?
	Ellos van a **dar** una fiesta este mes.	그들은 이번 달에 파티를 열 것이다.
	Mi padre **da** matemáticas en un instituto.	나의 아버지는 어느 고등학교에서 수학을 가르친다.

¡Recuerda! 문장에 따라, '건네주다', '(뭔가를) 열다', '(수업을) 해 주다'의 뜻을 갖습니다

¡Recuerda! 동사 dar는 me(나에게), te(너에게)와 같은 간접 목적어와 쓰는 것이 자연스럽습니다. 간접 목적격 인칭 대명사는 동사 앞에 위치합니다. (24과)

❷ 'dar + 명사' 표현

dar calor	덥게 만들다
dar miedo	무서움을 주다
dar frío	춥게 만들다
dar sed	목마르게 만들다, 갈증을 유발하다
dar hambre	배고프게 만들다
dar sueño	졸리게 만들다, 졸음을 유발하다

예		
	¿La chaqueta no te **da calor**?	그 재킷이 너를 덥게 만들지 않아? (= 그 재킷 덥지 않아?)
	El ventilador me **da frío**.	선풍기가 나를 춥게 만든다.
	El olor de la comida me **da hambre**.	그 음식의 냄새가 나를 배고프게 만든다.
	Las películas de terror me **dan miedo**.	공포 영화들은 나에게 무서움을 준다. (= 나는 공포 영화들이 무섭다.)
	Este plato **da sed**.	이 요리는 갈증을 유발한다.
	Esa película me **da sueño**.	그 영화는 나를 졸리게 만든다.

¡Recuerda! tener와 쓰이는 몇몇 명사는 dar와도 쓰입니다. dar와 쓰일 때, me/te 등의 간접 목적어를 넣으면 더 자연스러운 문장이 됩니다.

¡Recuerda! dar calor를 직역하면 '더위를 주다'이지만, '덥게 만들다, 더위를 유발하다' 등으로 자연스럽게 해석합니다. 나머지 표현에서도 '~를 주다'가 어색한 경우, '~하게 만들다, ~를 유발하다'로 해석합니다.

¡Vamos a practicar!   밑줄 친 부분에 들어갈 dar의 알맞은 형태를 쓰세요.

1. 너 나에게 볼펜을 건네주겠니? → ¿Me _____ el bolígrafo?
2. 커피는 갈증을 유발한다. → El café _____ sed.
3. 그 이야기는 무서움을 준다. → La historia _____ miedo.

Ejercicios - 불규칙 동사 3 (tener, dar)

정답 p.379

❶ 괄호 안의 단어를 나열하여 한국어 해석과 일치하는 문장을 쓰세요.

1 아기는 배가 고프다. (bebé / el / hambre / tiene)
    → _____

2 그는 개를 무서워한다. (miedo / a / perros / los / tiene)
    → _____

3 팝콘은 갈증을 유발한다. (dan / sed / palomitas / las)
    → _____

4 이 외투는 덥게 만든다. (da / este / calor / abrigo)
    → _____

❷ 다음 중 틀린 문장을 골라 바르게 고치세요.

① Tengo mucho hambre.

② ¿No tienes frío?

③ El olor de la comida me da mucha hambre.

④ Este plato da sed.

→ 잘못된 것은? _____번,

  바르게 수정하면? _____

❸ 'tener + 명사 + que + 동사 원형'을 사용하여, 한국어 해석과 일치하는 문장을 쓰세요.

1 나는 읽어야 할 세 권의 책이 있다. (동사 힌트: leer)   → _____

2 나는 사야 할 것이 많다. (동사 힌트: comprar)   → _____

3 나는 할 일이 많다. (동사 힌트: hacer)   → _____

4 나는 해결해야 할 문제가 하나 있다. (동사 힌트: solucionar)   → _____

¡Vamos a hablar!

p.379

✎ <보기>의 표현을 사용하여 1번부터 7번 사람의 상황을 묘사하세요.

Ejemplo

0. La mujer <u>tiene muchas cosas que hacer</u>.
여성은 할 일이 많다.

tener sed	tener miedo
tener sueño	tener calor
tener ganas de ir al baño	tener muchas cosas que hacer
tener frío	tener hambre

❶  ❶  ❷  ❸

❹  ❺  ❻  ❼

Unidad 14 불규칙 동사 3 (tener, dar)

Unidad 15 불규칙 동사 4

이번 과에서는 다양한 불규칙 동사들을 학습합니다. 전에 다룬 동사들보다 더 많은 불규칙성을 갖고 있기 때문에 여러 번 복습하는 것이 좋습니다. 또한 날씨 표현도 함께 학습합니다.

오늘의 암기 문장

¡Pides mucho!	넌 참 요구가 많다!
¿Vemos una película?	우리 영화 한 편 볼까?

🇪🇸 불규칙 동사 4 (1인칭 단수 변화 동사와 -uir 동사)

★ 1인칭 단수 변화 동사

	hacer 하다, 만들다	poner 놓다	traer 가져오다	salir 나가다, 외출하다	conducir 운전하다
1인칭 단수	hago	pongo	traigo	salgo	conduzco
2인칭 단수	haces	pones	traes	sales	conduces
3인칭 단수	hace	pone	trae	sale	conduce
1인칭 복수	hacemos	ponemos	traemos	salimos	conducimos
2인칭 복수	hacéis	ponéis	traéis	salís	conducís
3인칭 복수	hacen	ponen	traen	salen	conducen

tip 1인칭 단수만 불규칙으로 변하는 동사입니다.

예
Mi madre **hace** una paella muy buena.	나의 어머니는 매우 맛있는 파에야를 만드신다.
¿**Ponemos** las maletas aquí?	우리 캐리어들을 여기에 놓을까?
¿**Traigo** los platos?	접시들을 가져올까?
¿A qué hora **salís** de casa?	너희들은 집에서 몇 시에 나가니?
Yo **conduzco** desde los 20 años.	나는 20살 때부터 운전을 한다.

¡Recuerda! 명사가 형용사의 수식을 받는 경우, 보통 부정 관사와 함께 쓰입니다.
예 Mi madre hace una paella muy buena. (O)
　　Mi madre hace paella muy buena. (X)
　　Mi madre hace la paella muy buena. (X)

¡Recuerda! 동사의 1인칭 복수 현재형은 '제안'의 의미를 갖습니다.
예 ¿Ponemos las maletas aquí?　우리 캐리어들을 여기에 놓을까? (O)
　　　　　　　　　　　　　　　우리 캐리어들을 여기에 놓는다? (X)

¡Recuerda! traducir(번역하다), producir(생산하다), reducir(줄이다)처럼 -ducir로 끝나는 동사들도 conducir와 같이 1인칭 단수 어미만 -duzco로 변합니다.

예) traducir - traduzco - traduces - traduce - traducimos - traducís - traducen
producir - produzco - produces - produce - producimos - producís - producen
reducir - reduzco - reduces - reduce - reducimos - reducís - reducen

★ -uir 동사

	huir 도망가다, 도망치다	incluir 포함하다	disminuir 줄다, 줄이다	construir 건설하다, 짓다	influir 영향을 주다
1인칭 단수	huyo	incluyo	disminuyo	construyo	influyo
2인칭 단수	huyes	incluyes	disminuyes	construyes	influyes
3인칭 단수	huye	incluye	disminuye	construye	influye
1인칭 복수	huimos	incluimos	disminuimos	construimos	influimos
2인칭 복수	huis	incluís	disminuís	construís	influís
3인칭 복수	huyen	incluyen	disminuyen	construyen	influyen

예)
El actor **huye** de los periodistas. 그 배우는 신문 기자들로부터 도망친다.
El desayuno **incluye** una bebida. 조식은 음료 하나를 포함합니다.
Cada año **disminuye** la tasa de natalidad. 매년 출생률이 감소한다.
Ese arquitecto **construye** edificios únicos. 그 건축가는 독특한 건물들을 짓는다.
Mis padres **influyen** en mis decisiones. 나의 부모님들은 나의 결정에 영향을 준다.

¡Recuerda! huis의 경우, ui가 1개의 모음으로 취급되기 때문에 강세 기호가 생기지 않습니다.

¡Recuerda! destruir(파괴하다), contribuir(기여하다), distribuir(배급하다)처럼 -uir로 끝나는 동사들도 위와 같은 변화를 따릅니다.

예) destruir - destruyo - destruyes - destruye - destruimos - destruís - destruyen
contribuir - contribuyo - contribuyes - contribuye - contribuimos - contribuís - contribuyen
distribuir - distribuyo - distribuyes - distribuye - distribuimos - distribuís - distribuyen

¡Recuerda! huir de ~ ~로부터 도망가다, 도망치다
la tasa de natalidad 출생률
influir en ~ ~에 영향을 주다

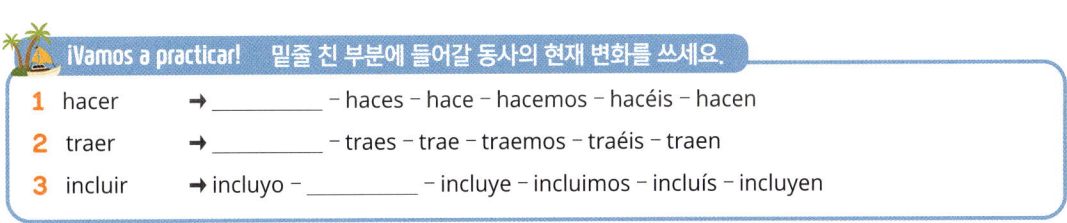

¡Vamos a practicar! 밑줄 친 부분에 들어갈 동사의 현재 변화를 쓰세요.

1. hacer → _____ – haces – hace – hacemos – hacéis – hacen
2. traer → _____ – traes – trae – traemos – traéis – traen
3. incluir → incluyo – _____ – incluye – incluimos – incluís – incluyen

그 외 불규칙 동사

⭐ pedir와 jugar

	pedir (e-i) 요구하다, 주문하다	jugar (u-ue) 놀다, (~놀이, 게임, 스포츠 등을) 하다
1인칭 단수	pido	juego
2인칭 단수	pides	juegas
3인칭 단수	pide	juega
1인칭 복수	pedimos	jugamos
2인칭 복수	pedís	jugáis
3인칭 복수	piden	juegan

예) Normalmente **pido** una ensalada de primero.   나는 보통 전채 요리로 샐러드를 주문한다.

¡**Pides** mucho!   넌 참 요구가 많다!

¿Cuántas veces a la semana **juegas** al tenis?   일주일에 몇 번 너는 테니스를 치니?

Los niños **juegan** al fútbol dos veces a la semana.   그 아이들은 일주일에 두 번 축구를 한다.

¡Recuerda!   de primero 전채 요리로
¿Cuántas veces a la semana + 동사 + (주어)? = 일주일에 몇 번...?

¡Recuerda!   jugar a + 정관사 + 스포츠/놀이 = ~를 하다
예) jugar al tenis 테니스를 치다   jugar al fútbol 축구를 하다

¡Recuerda!   servir(음식 등을 가져오다, ~에 쓰이다), repetir(반복하다)와 같은 동사들도 pedir처럼 e-i 변화를 따릅니다.
예) servir - sirvo - sirves - sirve - servimos - servís - sirven
repetir - repito - repites - repite - repetimos - repetís - repiten

⭐ 그 외 개별적인 특징을 갖는 불규칙 동사

	decir 말하다	oír 듣다	venir 오다	ver 보다
1인칭 단수	digo	oigo	vengo	veo
2인칭 단수	dices	oyes	vienes	ves
3인칭 단수	dice	oye	viene	ve
1인칭 복수	decimos	oímos	venimos	vemos
2인칭 복수	decís	oís	venís	veis
3인칭 복수	dicen	oyen	vienen	ven

예 No **dices** la verdad. 너는 사실을 말하지 않는구나.
Ellos no **oyen**. 그들은 듣지 못한다.
Vengo del médico. 나는 병원에서 오는 길이야.
¿**Vemos** una película? 우리 영화 한 편 볼까?

¡Recuerda! decir la verdad 사실을 말하다
venir de ~ ~로부터 오다

¡Recuerda! oír는 보통 주의를 기울이지 않고 들리는 어떤 소리를 '듣다', escuchar는 주의를 기울여서 어떤 소리를 '듣다'를 의미합니다. 다만, 종종 굳어진 표현에서는 큰 차이 없이 쓰이기도 합니다.
참고 escuchar la radio = oír la radio

¡Recuerda! el médico는 '의사'뿐만 아니라 '병원'의 의미로도 쓰입니다.

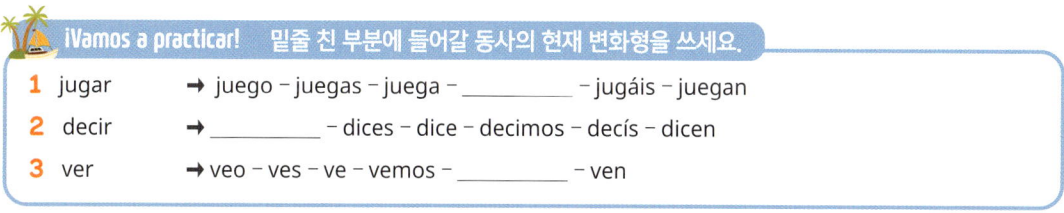

¡Vamos a practicar! 밑줄 친 부분에 들어갈 동사의 현재 변화형을 쓰세요.

1 jugar ➔ juego – juegas – juega – _____ – jugáis – juegan
2 decir ➔ _____ – dices – dice – decimos – decís – dicen
3 ver   ➔ veo – ves – ve – vemos – _____ – ven

Ejercicios - 불규칙 동사 4

정답 p.379

❶ 밑줄 친 부분에 괄호 안 동사의 알맞은 형태를 쓰세요.

1. Mi madre _____ una paella muy buena.
   나의 어머니는 매우 맛있는 파에야를 만드신다. (hacer)

2. El actor _____ de los periodistas.
   그 배우는 신문기자들로부터 도망친다. (huir)

3. No _____ la verdad.
   너는 사실을 말하지 않는구나. (decir)

4. _____ del médico.
   나는 병원에서 오는 길이야. (venir)

❷ 다음 중 틀린 문장을 골라 바르게 고치세요.

① ¿Ponemos las maletas aquí?

② ¿Traigo los platos?

③ Yo conduco desde los 20 años.

④ Cada año disminuye la tasa de natalidad.

➡ 잘못된 것은? _____ 번,

  바르게 수정하면? _____

❸ 다음의 'jugar a ~' 표현을 사용하여, 한국어 해석에 해당하는 문장을 쓰세요.

| jugar al tenis 테니스를 치다 | jugar al fútbol 축구를 하다 |
| jugar al baloncesto 농구를 하다 | jugar al escondite 숨바꼭질을 하다 |

1. 나는 일주일에 한 번 테니스를 친다. ➡ _____

2. 그 아이들은 숨바꼭질 놀이를 한다. ➡ _____

3. 그는 주말에 농구를 한다. ➡ _____

4. 그들은 토요일마다 축구를 한다. ➡ _____

¡Vamos a hablar!

정답 p.380

다음의 날씨 표현을 활용하여 1~6번까지 그림에 맞는 답변을 말하세요.

¿Qué tiempo hace hoy?
오늘 날씨가 어때요?

문장 1	문장 2(강조형)
Hace calor. 더워요.	Hace mucho calor. 매우 더워요.
Hace frío. 추워요.	Hace mucho frío. 매우 추워요.
Hace fresco. 쌀쌀해요.	Hace mucho fresco. 매우 쌀쌀해요.
Hace viento. 바람이 불어요.	Hace mucho viento. 바람이 많이 불어요.
Hace sol. 화창해요.	Hace mucho sol. 매우 화창해요.
Hace buen tiempo. 날씨가 좋아요.	Hace muy buen tiempo. 날씨가 매우 좋아요.
Hace mal tiempo. 날씨가 좋지 않아요.	Hace muy mal tiempo. 날씨가 매우 좋지 않아요.
Llueve. (동사 원형 llover/ o-ue) 비가 와요.	Llueve mucho. 비가 많이 와요.
Nieva. (동사 원형 nevar / e-ie) 눈이 내려요.	Nieva mucho. 눈이 많이 내려요.

Unidad 15 불규칙 동사 4 101

Unidad 16 소유 형용사

16과에서는 소유 형용사를 학습합니다. 스페인어의 소유 형용사는 명사 앞에 위치하는 전치격, 명사 뒤에 위치하는 후치격의 두 가지 형태가 있으며, 꾸며 주는 명사에 따라 성과 수가 변하는 특징을 갖고 있습니다. 두 형태의 공통점과 차이점에 대해 학습해 봅시다.

오늘의 암기 문장

Mi clase empieza a las 10 de la mañana.	나의 수업은 오전 10시에 시작해.
Este libro no es mío, es tuyo.	이 책은 나의 것이 아니다, 너의 것이다.

소유 형용사 (전치격)

★ 형태

	단수	복수
나의	mi	mis
너의	tu	tus
그의, 그녀의, 당신의	su	sus
우리의	nuestro / nuestra	nuestros / nuestras
너희들의	vuestro / vuestra	vuestros / vuestras
그들의, 그녀들의, 당신들의	su	sus

mi casa	나의 집	mis padres	나의 부모님
nuestros estudiantes	우리의 학생들	vuestras maletas	너희들의 캐리어들

¡Recuerda! 전치격 소유 형용사는 꾸며 주는 명사에 맞게 수를 변화시켜 주며, '우리의, 너희들의'의 경우는, 꾸며 주는 명사에 맞게 성과 수를 변화시켜 줍니다.

예 mis padres (O)   mi padres (X)
    nuestros estudiantes (O)   nuestro estudiantes (X)
    vuestras maletas (O)   vuestros maletas (X)

¡Recuerda! sus cosas는 문맥에 따라, '그의/그녀의/당신의/그들의/그녀들의/당신들의 물건들'이 될 수 있습니다.

¡Recuerda! 전치격 소유 형용사는 정관사 혹은 부정 관사와 함께 쓰일 수 없습니다.

예 mi casa (O)   mi la casa (X)   la mi casa (X)   mi una casa (X)   una mi casa (X)

★ 쓰임

① '~의', 소유를 나타내며, 명사 앞에 위치하여 명사를 꾸며 줌.

예
Mi clase empieza a las 10 de la mañana.	나의 수업은 오전 10시에 시작해.
¿Dónde están **tus gafas**?	네 안경 어디에 있니?
¿Estas son **sus maletas**?	이것들이 당신의 캐리어들인가요?
Nuestra casa está cerca de aquí.	우리 집은 여기로부터 가까이에 있다.

¡Recuerda! ¿Estas son sus maletas?에서 sus maletas는 문맥에 따라, '그의/그녀의/당신의/그들의/그녀들의/당신들의 캐리어들'이 될 수 있습니다.

🇪🇸 소유 형용사 (후치격)

★ 형태

	단수	복수
나의	mío/mía	míos/mías
너의	tuyo/tuya	tuyos/tuyas
그의, 그녀의, 당신의	suyo/suya	suyos/suyas
우리의	nuestro / nuestra	nuestros / nuestras
너희들의	vuestro / vuestra	vuestros / vuestras
그들의, 그녀들의, 당신들의	suyo/suya	suyos/suyas

el libro mío	나의 책	las gafas tuyas	너의 안경들
las llaves suyas	당신의 열쇠들		

¡Recuerda! 후치격 소유 형용사는 명사 뒤에 쓰고, 꾸며 주는 명사에 맞게 성과 수를 변화시켜 줍니다.
예 las gafas suyas (O) las gafas suyo (X)
    las llaves suyas (O) las llaves suyo (X)

¡Recuerda! 후치격 소유 형용사는 정관사 혹은 부정 관사와 함께 쓰입니다.
예 el libro mío: 상대와 내가 알고 있는 특정한 책
    un libro mío: 여러 책들 중 내가 소유한 책 한 권

🌴 **¡Vamos a practicar!** 밑줄 친 부분에 들어갈 전치격 소유 형용사를 쓰세요.

1 나의 부모님은 주무시고 계십니다.   ➡ _____ padres están durmiendo.
2 당신의 자녀들은 어디에 있습니까?   ➡ ¿Dónde están _____ niños?
3 그녀의 집은 매우 크다.   ➡ _____ casa es muy grande.

★ 쓰임

❶ 명사 뒤에서 '~의', 소유를 나타내며, 주로 한 번 언급된 명사의 반복을 피하기 위해 쓰임.

이미 언급된 명사이기 때문에 명사를 보통 생략합니다.

예 Mi clase empieza a las 10 de la mañana. **¿Y la (clase) tuya?**
나의 수업은 오전 10시에 시작해. 네 수업은?

¡Recuerda! 한 번도 언급된 적이 없는 명사의 소유를 나타낼 때는 전치격을 씁니다. 처음 언급되는 명사에 후치격 소유 형용사를 쓰면 어색한 문장이 됩니다.

예 Mi clase empieza a las 10 de la mañana. (O)
La clase mía empieza a las 10 de la mañana. (X)

예 A: ¿Estas son sus maletas? 이것들이 당신의 캐리어들인가요?
B: No, **las (maletas) mías** están allí. 아니요. 나의 캐리어들은 저기에 있습니다.

A: ¿Esta es tu bicicleta? 이것이 너의 자전거야?
B: No, **la (bicicleta) mía** es blanca. 아니, 나의 자전거는 하얀색이야.

¡Recuerda! 후치격 소유 형용사와 쓰인 명사는 생략하는 것이 자연스럽습니다. 다만, 받고 있는 명사에 해당하는 정관사는 반드시 써야 합니다.

예 No, **las mías** están allí. (O)   No, **mías** están allí. (X)

❷ 'ser + 후치격 소유 형용사'의 형태로 '~의 것'이라는 소유 대명사 역할

예 Este libro no **es mío, es tuyo**. 이 책은 나의 것이 아니다, 너의 것이다.

La culpa **es mía**. 내 탓이다.

Esta carta **es suya**. 이 편지는 당신의 것입니다.

Este coche **es nuestro**. ¿Dónde está el (coche) vuestro?
이 차는 우리의 것이야. 너희 차는 어디에 있니?

¡Recuerda! La culpa es mía.를 직역하면, '그 탓은 (그 잘못은) 나의 것이다'이지만, '내 탓이다, 내 잘못이다'로 자연스럽게 해석합니다.

¡Recuerda! Esta carta es suya.는 문맥에 따라 '이 편지는 그의/그녀의/당신의/그들의/그녀들의/당신들의 것입니다'가 될 수 있습니다. 이때 suya는 주어인 carta의 성에 맞게 여성형으로 쓰였습니다.

¡Recuerda! 후치격 소유 형용사가 정관사 없이 쓰일 때는 ser 뒤에 위치하는 경우이기 때문에, ¿Dónde está el (coche) vuestro?에서는 정관사를 생략할 수 없습니다.

¡Vamos a practicar! 밑줄 친 부분에 들어갈 후치격 소유 형용사를 쓰세요.

1 나의 자전거는 여기에 있어. 너의 자전거는?
→ Mi bicicleta está aquí. ¿Y la _____?

2 이건 네 책이야. 내 책은 가방에 있어.
→ Este es tu libro. El _____ está en la mochila.

3 그의 차는 매우 크다. 나의 차는 작다.
→ Su coche es muy grande. El _____ es pequeño.

Ejercicios - 소유 형용사

정답 p.380

❶ <보기>의 단어를 활용하여 밑줄 친 부분에 들어갈 말을 쓰세요.

> maletas, casa, mi, gafas, clase, sus, tus, nuestra

1. _____ _____ empieza a las 10 de la mañana.
   나의 수업은 오전 10시에 시작해.

2. ¿Dónde están _____ _____ ?
   네 안경 어디에 있니?

3. ¿Estas son _____ _____ ?
   이것들이 당신의 캐리어들인가요?

4. _____ _____ está cerca de aquí.
   우리 집은 여기로부터 가까이에 있다.

❷ 다음 중 틀린 문장을 골라 바르게 고치세요.

① ¿Estas son tus maletas?

② ¿Esta es tu bicicleta?

③ La culpa es mía.

④ Este coche es nuestro. ¿Dónde está vuestro?

➔ 잘못된 것은? _____번,

바르게 수정하면? _____

❸ 괄호 안의 단어를 사용하여 '이 OO은 ~의 것이다'라는 문장을 쓰세요.

1. 이 외투는 나의 것이다. (abrigo)   ➔ _____
2. 이 책가방은 그의 것이다. (mochila)   ➔ _____
3. 이 차는 우리의 것이다. (coche)   ➔ _____
4. 이 안경은 너의 것이니? (gafas)   ➔ _____

¡Vamos a hablar!

다음 사무실 용품과 관련된 단어를 활용하여, 밑줄 친 부분에 들어갈 말을 쓰세요.

Ejemplo

0. 내 볼펜이 어디에 있는지 모르겠어. 네 볼펜 좀 써도 될까?

→ No sé dónde está <u>mi</u> <u>bolígrafo</u>. ¿Puedo usar <u>el tuyo</u>?

| ❶ el bolígrafo | ❷ el ordenador | ❸ el teléfono | ❹ la goma |
| ❺ la grapadora | ❻ la calculadora | ❼ la regla | ❽ la impresora |

tip saber 알다 = sé – sabes – sabe – sabemos – sabéis – saben

❶ 내 컴퓨터가 작동하지 않아. 네 컴퓨터 좀 써도 될까?

→ _____ _____ no funciona. ¿Puedo usar _____ _____?

❷ 내 전화기가 작동하지 않아. 네 전화기 좀 써도 될까?

→ _____ _____ no funciona. ¿Puedo usar _____ _____?

❸ 내 지우개가 어디에 있는지 모르겠어. 네 지우개 좀 써도 될까?

→ No sé dónde está _____ _____. ¿Puedo usar _____ _____?

❹ 내 스테이플러가 어디에 있는지 모르겠어. 네 스테이플러 좀 써도 될까?

→ No sé dónde está _____ _____. ¿Puedo usar _____ _____?

❺ 내 계산기가 어디에 있는지 모르겠어. 네 계산기 좀 써도 될까?

→ No sé dónde está _____ _____. ¿Puedo usar _____ _____?

❻ 내 자가 어디에 있는지 모르겠어. 네 자 좀 써도 될까?

→ No sé dónde está _____ _____. ¿Puedo usar _____ _____?

❼ 내 프린트기가 작동하지 않아. 네 프린트기 좀 써도 될까?

→ _____ _____ no funciona. ¿Puedo usar _____ _____?

Unidad 16 소유 형용사

Unidad 17 전치사 1 / 전치사 + 대명사

이번 과에서는 다양한 전치사를 학습합니다. 명사 혹은 동사 원형 앞에 쓰이는 전치사를 알면 조금 더 명확한 의미를 가진 문장을 만들 수 있습니다. 이번 과에서는 7과에서 학습한 '위치와 관련된 전치사' 외에 또 다른 전치사를 학습합니다.

오늘의 암기 문장

No tengo nada contra ti.	나는 너에게 반감이 없다.
Entre tú y yo, no hay secretos.	너와 나 사이에, 비밀은 없어.

전치사

★ 전치사와 그 의미

전치사	의미
a	~을/를, ~에게, ~로 (방향), ~에 (시간)
con	~와 함께, ~를 가지고
contra	~에 반하여, ~에 대항하여 (부딪힘, 충돌)
de	~의 (소유), ~로부터, ~에 대하여
en	~안에, ~를 타고 (교통수단)
entre	~ 사이에
hacia	~를 향해, ~경에 (시간)
para	~를 위해, ~에게 있어서, ~를 향해
por	~ 때문에, ~로 인해
según	~에 따르면
sin	~없이, ~하지 않고
sobre	~에 대하여, ~경에 (시간), ~ 위에 (위치)

예) Vuelvo **a** casa **a** las 3 de la tarde.   나는 오후 3시에 집으로 돌아간다.
     Voy a llamar **a** Ana.   나는 아나에게 전화할 것이다.

¡Recuerda! 사람이 목적어로 올 때 전치사 a와 함께 씁니다.
     예) Voy a llamar a Ana. (O)   Voy a llamar Ana. (X)

예) Estamos **con** Juan y Pedro.   우리는 후안과 페드로와 함께 있다.
     El niño va a chocar **contra** la pared.   그 아이는 벽에 부딪힐 것이다.

¡Recuerda! chocar contra ~ ~에 부딪히다

| 예 | Este libro es **de** mi hermano mayor. | 이 책은 나의 형/오빠의 것이다. |

¿**De** dónde eres? — 너는 어디 출신이니?

| 예 | Voy a la universidad **en** autobús. | 나는 버스를 타고 대학교에 간다. |

¡Recuerda! 교통수단은 'en + 무관사 + 교통수단'으로 표현합니다.
예 en avión 비행기를 타고   en coche 자동차를 타고

| 예 | **Entre** tu casa y la (casa) mía, hay un supermercado. | 너의 집과 나의 집 사이에 슈퍼 하나가 있다. |

¡Recuerda! Entre tu casa y la (casa) mía, hay un supermercado.에서는 16과에서 배운, 전치격, 후치격 소유 형용사가 쓰였으며, 두 번째의 경우, casa의 반복을 피하기 위해 후치격이 쓰였습니다.

| 예 | El autobús sale **hacia** Sevilla a las 9.
= El autobús sale **para** Sevilla a las 9. | 그 버스는 9시에 세비야를 향해 출발한다. |

Para Luna estudiar español es muy divertido. — 루나에게 스페인어를 공부하는 것은 매우 재미있다.

¡Vamos a preparar un regalo **para** nuestro abuelo! — 우리 할아버지를 위해 선물 하나를 준비하자!

Tenemos que estudiar mucho **para** aprobar el examen. — 우리는 그 시험에 합격하기 위해서 열심히 공부해야 한다.

¡Recuerda! 스페인어에서 동사 원형은 '~하는 것, ~하기'의 뜻으로 명사(주어, 목적어, 보어) 역할을 합니다.
예 Para Luna **estudiar español** es muy divertido.
루나에게 **스페인어를 공부하는 것**은 매우 재미있다. (주어)

| 예 | Van a cancelar el concierto **por** la lluvia. | 그들은 비 때문에 콘서트를 취소할 것이다. |

¡Recuerda! 이유나 원인을 나타내는 por(~때문에)는 보통 정관사를 동반한 명사와 쓰입니다.
예 por la lluvia (O)   por lluvia (X)

| 예 | **Según** mi profesor, el examen va a ser difícil. | 내 선생님에 따르면, 시험은 어려울 것이다. |

No puedo hacer paella **sin** arroz. — 나는 쌀 없이 파에야를 만들 수 없다.

No puedes aprobar **sin** estudiar. — 너는 공부하지 않고 합격할 수 없다.

Ellos están hablando **sobre** el accidente.
= Ellos están hablando **del** accidente. — 그들은 그 사고에 대해서 이야기하는 중이다.

¡Vamos a practicar!   밑줄 친 부분에 들어갈 전치사를 쓰세요.

1. 나는 아나에게 전화할 것이다.   ➜ Voy a llamar _____ Ana.
2. 우리는 후안과 페드로와 함께 있다.   ➜ Estamos _____ Juan y Pedro.
3. 그 아이는 벽에 부딪힐 것이다.   ➜ El niño va a chocar _____ la pared.

전치사 + 대명사

★ 기본 규칙

❶ 1인칭 단수는 mí, 2인칭 단수는 ti, 그 외 인칭은 주격 대명사를 사용함.

예
No tengo nada **contra ti**.	나는 너에게 반감이 없다.
¿Estás **con él**?	너는 그와 함께 있니?
¿Estáis hablando **de mí**?	너희들 지금 내 이야기하고 있는 거야?
Estoy pensando en **ti**.	나는 너를 생각하고 있어.
Para mí estudiar idiomas no es divertido.	나에게 언어들을 공부하는 것은 재미없다.
Este regalo es **para vosotros**.	이 선물은 너희들을 위한 것이다.
¿Esta carta es **para mí**?	이 편지는 나를 위한 것이야? (혹은, 이 편지 나에게 온 것이야?)
No puedo vivir **sin ti**.	나는 너 없이 살 수 없다.

¡Recuerda! No tengo nada contra ti.를 직역하면, '나는 너에게 반하는 것은 아무것도 없다'이지만 '나는 너에게 반감이 없다'로 자연스럽게 해석합니다.

¡Recuerda! 전치격 소유 형용사 mi에는 강세가 없고, 전치사 뒤에 쓰이는 1인칭 단수 인칭 대명사인 mí에는 강세가 있음에 유의합니다.

★ 예외

❶ entre, según은 모든 인칭이 주격 대명사를 사용함.

예
Entre tú y yo, no hay secretos.	너와 나 사이에, 비밀은 없어.
Según tú, van a llegar un poco tarde, ¿verdad?	네 말에 따르면 그들이 조금 늦게 도착한다는 거지?

¡Recuerda! 문장에 각각 다른 인칭 대명사가 존재할 경우, 3인칭, 2인칭, 1인칭 순서로 씁니다.
  예 entre tú y yo (O) entre yo y tú (X)

¡Recuerda! entre ti y mí (X), según ti (X)로 쓰지 않도록 주의합니다.

❷ con은, 1인칭 단수의 경우 conmigo, 2인칭 단수의 경우 contigo

예
Quiero hablar **contigo**.	나는 너와 이야기를 하고 싶다.
¿Quieres cenar **conmigo** esta noche?	오늘 밤에 나와 함께 저녁 식사할래?

¡Recuerda! con mí (X), con ti (X)로 쓰지 않도록 주의합니다. 그 외 인칭은 주격 대명사와 함께 쓰입니다.
  예 ¿Quieres cenar con nosotros esta noche? 오늘 밤에 우리와 함께 저녁 식사할래?

Ejercicios - 전치사 1 / 전치사 + 대명사

정답 p.380

❶ 밑줄 친 부분에 들어갈 말을 쓰세요.

1 _____ tu casa y la (casa) mía, hay un supermercado.
   너의 집과 나의 집 사이에 슈퍼 하나가 있다.

2 ¡Vamos a preparar un regalo _____ nuestro abuelo!
   우리 할아버지를 위해 선물 하나를 준비하자!

3 Van a cancelar el concierto _____ la lluvia.
   그들은 비 때문에 콘서트를 취소할 것이다.

4 No puedes aprobar _____ estudiar.
   너는 공부하지 않고 합격할 수 없다.

❷ 다음 중 틀린 문장을 골라 바르게 고치세요.

① Este libro es de mi hermano mayor.

② Ellos están hablando sobre el accidente.

③ ¿Esta carta es para mí?

④ Quiero hablar con ti.

➜ 잘못된 것은? _____ 번,

　바르게 수정하면? _____

❸ <보기>의 문장 구조와 문제에 주어진 표현을 사용하여, 각 활동이 자신에게 재미있는지 혹은 재미없는지 쓰세요.

> Para mí + 동사 원형 + es divertido. 나에게 ~하는 것은 재미있다.
> Para mí + 동사 원형 + no es divertido. 나에게 ~하는 것은 재미없다.

1 aprender inglés 영어를 배우다　➜ _____

2 jugar al tenis 테니스를 치다　➜ _____

3 hacer ejercicio 운동을 하다　➜ _____

4 ir de compras 쇼핑을 가다　➜ _____

¡Vamos a hablar!

✏️ 다음 교통수단과 관련된 표현들을 활용하여 자신의 상황에 맞게 답하세요.

Ejemplo

질문: ¿Cómo vas a la universidad?
너는 대학교에 어떻게 가니?

➔ Voy (a la universidad) en metro.
나는 (대학교에) 지하철을 타고 가.

교통수단 표현	
	en coche 차를 타고
	en barco 배를 타고
	en metro 지하철을 타고
	en taxi 택시를 타고
	a pie = andando 걸어서
	en avión 비행기를 타고
	en tren 기차를 타고

❶ ¿Cómo vas al hospital? 너는 병원에 어떻게 가니?

→ Voy (al hospital) _____.

❷ ¿Cómo vas al supermercado? 너는 슈퍼마켓에 어떻게 가니?

→ Voy (al supermercado) _____.

❸ ¿Cómo viajas a la isla de Jeju? 너는 제주도에 어떻게 여행 가니?

→ Viajo (a la isla de Jeju) _____.

❹ ¿Cómo vas a la casa de tus padres? 너는 너의 부모님 댁에 어떻게 가니?

→ Voy (a la casa de mis padres) _____.

❺ ¿Cómo vas al trabajo? 너는 직장에 어떻게 가니?

→ Voy (al trabajo) _____.

❻ ¿Cómo vuelves a casa? 너는 집에 어떻게 돌아가니?

→ Vuelvo (a casa) _____.

❼ ¿Cómo vas al centro? 너는 중심지에 어떻게 가니?

→ Voy (al centro) _____.

Unidad 18 전치사 2 (para vs por)

이번 과에서는 헷갈리기 쉬운 두 전치사인 para와 por를 학습합니다. 이 두 전치사는 처음에 제대로 학습하지 않으면 혼동하기 쉽습니다. 예문을 통해 para, por의 기본적인 쓰임을 중심으로 살펴봅시다.

> **오늘의 암기 문장**
>
> ¿Este regalo es para mí?   이 선물은 나를 위한 거야?
> Ojo por ojo, diente por diente.   눈에는 눈, 이에는 이.

🇪🇸 전치사 para

★ 의미와 쓰임

❶ ~를 위하여 (대상), ~하기 위하여 (목적), ~용 (타깃/용도)

예)
Vamos a comprar un regalo **para** Luna.	우리 루나를 위하여 선물을 하나 구매하자.
¿Este regalo es **para** mí?	이 선물은 나를 위한 거야?
Pedro está preparando la cena **para** sus padres.	페드로는 그의 부모님을 위해 저녁을 준비하고 있다.
Cada día hace ejercicio **para** adelgazar.	그(녀)는 날씬해지기 위하여 매일 운동을 한다.
Ahorro dinero **para** viajar este verano.	나는 이번 여름에 여행을 하기 위하여 저축을 한다.
Este libro es **para** niños.	이 책은 아이용이다.
Esta clase es **para** estudiantes extranjeros.	이 수업은 외국인 학생용이다.
Necesito una taza **para** café.	나는 커피용 머그잔 하나가 필요하다.
Voy a comprar unos zapatos **para** fiesta.	나는 파티용 신발 한 켤레를 살 것이다.

¡Recuerda! '대상'의 para는 'para + 사람', '목적'의 para는 'para + 동사 원형', '타깃/용도'의 para는 'para + 무관사 + 명사'의 형태로 쓰입니다.

¡Recuerda! '사물의 용도'를 나타내는 para는 전치사 de로 바꿀 수 있습니다.
예) Necesito una taza **para** café. = Necesito una taza **de** café.
    Voy a comprar unos zapatos **para** fiesta. = Voy a comprar unos zapatos **de** fiesta.

❷ ~를 향해, ~쪽으로 (목적지)

예)
El autobús sale **para** Sevilla a las 9. = El autobús sale **hacia** Sevilla a las 9.	그 버스는 9시에 세비야를 향해 출발한다.
Vamos **para** la casa de Juan.	우리는 후안의 집 쪽으로 간다.

❸ ~에게, ~에게 있어서 (의견)

예 **Para** mí desayunar es importante. 나에게 아침 식사를 하는 것은 중요하다.
   Para él no hay ninguna comida mala. 그에게 있어서 맛없는 음식이란 아무것도 없다.

❹ ~인 것치고는, ~에 비해서 (기대나 예상을 벗어나는 상황)

예 **Para** ser extranjero, él no tiene acento. 외국인인 것치고는 그는 억양이 없다.
   Para ser lunes, hay mucha gente en la playa. 월요일인 것치고는 해변에 사람이 많다.
   Para su edad, ella es bastante madura. 그녀의 나이에 비해서 그녀는 꽤 성숙하다.

❺ ~까지 (시간 제한)

예 Tengo que leer este libro **para** mañana. 나는 내일까지 이 책을 읽어야 한다.
   Este trabajo es **para** este viernes. 이 과제는 이번 주 금요일까지이다.

¡Recuerda! '~까지'의 para는 보통 학습적인 상황에서 쓰입니다.

¡Recuerda! trabajo는 '일' 외에 '과제, 보고서, 작업' 등의 뜻으로도 쓰입니다.

🇪🇸 전치사 por

⭐ 의미와 쓰임

❶ ~로, ~에는, ~의 대가로 (맞교환), ~대신에 (대체), ~당 (비율)

예 ¿Puedo cambiar este libro **por** una revista? 내가 이 책을 잡지로 바꿔도 되나요?

¡Recuerda! cambiar A por B는 'A를 B로 바꾸다'의 의미로 '맞교환'의 por가 쓰인 숙어입니다.

예 Ojo **por** ojo, diente **por** diente. 눈에는 눈, 이에는 이.
   Te doy dos euros **por** el recado. 너에게 그 심부름의 대가로 2유로를 줄게.

¡Recuerda! te 너를, 너에게 (23과, 24과에서 학습합니다.)

🌴 **¡Vamos a practicar!** 밑줄 친 부분에 알맞은 말을 쓰세요.

1 우리 루나를 위하여 선물을 하나 구매하자. ➜ Vamos a comprar un regalo _____ _____.
2 그 버스는 9시에 세비야를 향해 출발한다. ➜ El autobús sale _____ _____ a las 9.
3 나에게 아침 식사를 하는 것은 중요하다. ➜ _____ _____ desayunar es importante.

예	¿Puedes ir a la fiesta **por** mí?	너는 나 대신에 파티에 가 줄 수 있니?
	Vengo aquí **por** mis padres.	나는 내 부모님 대신에 여기에 왔어요.
	Gano 10 euros **por** hora.	나는 시간당 10유로를 번다.
	Hago footing dos veces **por** semana.	나는 주당 2회 조깅을 한다.
예	10 % = diez **por** ciento	10퍼센트 (100당 10)

¡Recuerda! '~당'의 por는 'por + 무관사 + 명사'의 형태로 쓰입니다.

❷ ~때문에, ~로 인해 (이유)

예	No vamos a hacer la fiesta **por** la lluvia.	우리는 비 때문에 그 파티를 하지 않을 것이다.
	Él está asustado **por** la noticia.	그는 그 소식으로 인해 겁을 먹은 상태이다.

¡Recuerda! '이유'의 por는 'por + 정관사 + 명사'의 형태로 쓰입니다.

❸ ~동안 (지속 시간)

보통 굳어진 표현에서만 쓰이는 용법입니다.

예	Trabajo **por** la mañana.	오전에 일을 한다.
	¿Qué vas a hacer **por** la tarde?	너는 오후에 무엇을 할 거니?
	Por la noche salgo a correr.	밤에 나는 뛰러 나간다.

¡Recuerda! '오전에, 오후에, 밤에'를 뜻하는 por la mañana, por la tarde, por la noche는 '~동안'의 por가 사용되어 굳어진 표현입니다. 같은 의미로 중남미에서는 en la mañana, en la tarde, en la noche가 쓰입니다.

¡Recuerda! salir a + 동사 원형 = ~하러 나가다, 외출하다

❹ (어떤 장소의) 여기저기를, ~근처에 (주변), ~를 통과하여 (관통)

예	Pasear **por** la playa es muy agradable.	해변에서 산책하는 것은 매우 느낌이 좋다.
	Quiero viajar **por** América Latina este año.	나는 이번 해에 라틴 아메리카를 여행하고 싶다.

¡Recuerda! pasear por ~, viajar por ~는 직역하면 '~의 여기저기를 산책하다/여행하다'이지만, '~에서 산책하다/~를 여행하다'로 자연스럽게 해석합니다.

예	¿Hay un banco **por** aquí?	이 근처에 은행이 있나요?
	Vamos a ir a Salamanca **por** Madrid.	마드리드를 통해서 살라망카에 가자.
	Voy a pasar **por** tu oficina.	내가 너의 사무실에 들를게.

¡Recuerda! pasar por ~는 직역하면 '~를 관통하여 지나가다'이지만, '~를 들르다'로 자연스럽게 해석합니다. '관통'의 por가 쓰여 굳어진 숙어입니다.

❺ ~로 (운송/통신 수단)

예 El paquete llega **por** barco. 그 소포는 선박으로 도착한다.

Voy a llamar **por** teléfono a mi madre. 나는 나의 어머니에게 전화를 할 것이다.

Puedes mandar el informe **por** fax. 너는 팩스로 그 보고서를 보내도 된다.

¡Recuerda! '운송/통신 수단'의 por는 보통 'por + 무관사 + 명사'로 쓰입니다.
예외 por el móvil 휴대폰으로

¡Recuerda! 사람의 교통수단에는 'en + 무관사 + 교통수단'을, 사물의 운송 수단에는 'por + 무관사 + 운송 수단'을 사용합니다.

¡Recuerda! llamar por teléfono a alguien ~에게 전화를 통해 연락하다(즉, ~에게 전화를 하다)

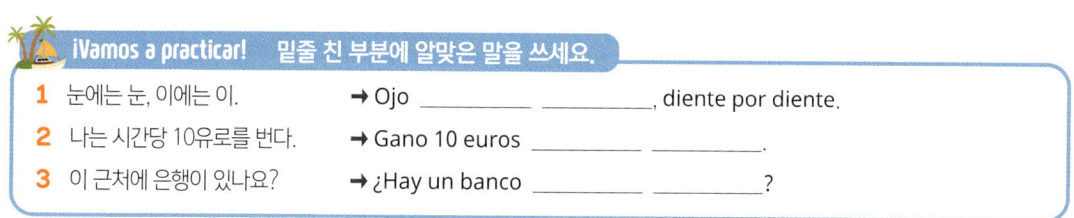

¡Vamos a practicar! 밑줄 친 부분에 알맞은 말을 쓰세요.

1 눈에는 눈, 이에는 이. → Ojo _____ _____, diente por diente.
2 나는 시간당 10유로를 번다. → Gano 10 euros _____ _____.
3 이 근처에 은행이 있나요? → ¿Hay un banco _____ _____?

Unidad 18 전치사 2 (para vs por)

Ejercicios - 전치사 2 (para vs por)

정답 p.381

❶ para와 por 중 알맞은 전치사를 사용하여 문장을 완성하세요.

1. ¿Este regalo es _____ mí?
   이 선물은 나를 위한 거야?

2. Hago footing dos veces _____ semana.
   나는 주당 2회 조깅을 한다.

3. Quiero viajar _____ América Latina este año.
   나는 이번 해에 라틴 아메리카를 여행하고 싶다.

4. Esta clase es _____ estudiantes extranjeros.
   이 수업은 외국인 학생용이다.

❷ 다음 중 틀린 문장을 골라 바르게 고치세요.

① Cada día hace ejercicio por adelgazar.

② Para su edad, ella es bastante madura.

③ Vamos a ir a Salamanca por Madrid.

④ El paquete llega por barco.

➡ 잘못된 것은? _____ 번,

   바르게 수정하면? _____

❸ <보기>의 표현을 참고하여, '나는 주당 ~회 ~를 한다'의 문장을 만드세요.

| una vez por semana 주당 1회 | dos veces por semana 주당 2회 |
| tres veces por semana 주당 3회 | dos o tres veces por semana 주당 2~3회 |

1. hacer ejercicio 운동하다 ➡ _____

2. estudiar español 스페인어를 공부하다 ➡ _____

3. comer fuera 외식하다 ➡ _____

4. quedar con amigos 친구들을 만나다 ➡ _____

¡Vamos a hablar!

정답 p.381

✏️ 다음 표의 A와 B를 알맞게 연결하여 '나는 ~하기 위해서 ~에 있다'의 문장을 완성하세요.

	A. 나는 ~에 있다	B. ~하기 위해서
❶	Estoy en el supermercado... 나는 슈퍼에 있어...	...para estudiar español. 스페인어를 공부하기 위해서
❷	Estoy en el cine... 나는 영화관에 있어...	...para comprar ropa de verano. 여름 옷을 사기 위해서
❸	Estoy en la biblioteca... 나는 도서관에 있어...	...para tomar el sol. 일광욕을 하기 위해서
❹	Estoy en un centro comercial... 나는 어느 쇼핑몰에 있어...	...para ver una nueva película de Tom Cruise. 톰 크루즈의 새로운 영화를 보기 위해서
❺	Estoy en casa... 나는 집에 있어...	...para hablar con un profesor. 어떤 교수님과 이야기하기 위해서
❻	Estoy en la playa... 나는 해변에 있어...	...para comprar leche. 우유를 사기 위해서
❼	Estoy en la universidad... 나는 대학교에 있어...	...para descansar un rato. 잠시 쉬기 위해서

❶ _____

❷ _____

❸ _____

❹ _____

❺ _____

❻ _____

❼ _____

Unidad 18 전치사 2 (para vs por)

Unidad 19 — saber vs conocer

스페인어에서 '~를 알다'에 해당하는 동사로 saber, conocer가 있습니다. 이 두 동사는 쓰임이 다르기 때문에 기초 레벨에서부터 두 동사의 쓰임을 정확하게 파악하는 것이 중요합니다.

오늘의 암기 문장

Sé español.	나는 스페인어를 할 줄 안다.
Conozco México.	나는 멕시코에 가 본 적이 있다.

🇪🇸 saber, conocer의 직설법 현재 동사 변화

	saber	conocer
yo	sé	conozco
tú	sabes	conoces
él, ella, usted	sabe	conoce
nosotros/as	sabemos	conocemos
vosotros/as	sabéis	conocéis
ellos, ellas, ustedes	saben	conocen

💡 **tip** saber와 conocer는 1인칭 단수만 불규칙입니다.

🇪🇸 saber의 쓰임

⭐ saber의 기본 의미

saber는 학습을 통해 혹은 누군가에게 들어서 '지식이나 사실을 알다'는 의미입니다.

예		
	Yo sé español.	나는 스페인어를 할 줄 안다.
	Ana sabe jugar al tenis.	아나는 테니스를 칠 줄 안다.
	Quiero saber la verdad.	나는 사실을 알고 싶어.

⭐ saber와 함께 쓰이는 문장 구조

위와 같은 기본 쓰임과 더불어 saber가 쓰이는 문장 구조 및 표현을 학습하면 이 동사를 쉽게 정리할 수 있습니다.
❶번부터 ❼번까지 saber 동사 뒤에 나오는 명사나 구, 혹은 절은 모두 목적어 역할을 합니다.

❶ **saber + el nombre / el título / el número de teléfono / la dirección / el resultado / la verdad / el significado / la respuesta / español**: 이름 / 제목 / 전화번호 / 주소 / 결과 / 진실 / 의미 / 정답 / 스페인어 (어떤 언어)를 알다

예	No sabemos la dirección de Juan.	우리는 후안의 주소를 몰라.
	No sé su nombre.	나는 그의 이름을 몰라.
	¿Ya sabes el resultado?	너는 벌써 결과를 아니?

¡Recuerda! saber 동사가 언어명과 쓰일 경우, 'saber + 무관사 + 언어명'으로 쓰입니다.

❷ **saber + 동사 원형**: ~할 줄 알다

예	Yo sé nadar.	나는 수영할 줄 안다.
	¿Sabéis hablar inglés?	너희들은 영어를 할 줄 아니?

¡Recuerda! 언어명과 쓰일 경우, hablar를 생략해도 같은 뜻입니다.
예 ¿Sabéis inglés? 너희들은 영어를 할 줄 아니?

❸ **saber + 의문사 + 동사 원형**

예	Él no sabe qué hacer.	그는 무엇을 해야 할지 모른다.
	Ella no sabe cuándo empezar.	그녀는 언제 시작해야 할지 모른다.
	¿Ya saben qué pedir?	(식당에서) 이제 무엇을 주문하실지 아시나요? (= 무엇을 주문하시겠어요?)

❹ **saber + 의문사 + 동사 + 주어**

예	No sabemos dónde está la farmacia.	우리는 그 약국이 어디에 있는지를 모른다.
	¿Sabes cuándo empieza la fiesta?	너는 그 파티가 언제 시작하는지 아니?
	¿Ya saben qué van a pedir?	(식당에서) 이제 무엇을 주문하실지 아시나요? (= 무엇을 주문하시겠어요?)

❺ **saber + que + 주어 + 동사**

예	Yo sé que Elena está en Inglaterra.	나는 엘레나가 영국에 있다는 것을 안다.
	Mi madre sabe que yo estoy saliendo con Ana.	나의 어머니는 내가 아나와 사귀고 있다는 것을 안다.

❻ saber + si + 동사 원형 (+ o no)

이 경우는 saber와 동사 원형의 행위자가 같을 때 사용합니다.

예	No sé si comer fuera o no.	나 외식할지 안 할지 모르겠네. (= 나 외식할까 생각 중이야.)
	Ana no sabe si dejar el trabajo o no.	아나는 직장을 관둘지 말지 고민이다.

¡Recuerda! 문미의 o no는 생략할 수 있습니다.

❼ saber + si + 주어 + 동사 (+ o no)

이 경우는 saber와 si 절에 나오는 동사의 행위자가 다를 때 사용합니다.

예 No sé si Ana quiere venir o no. 아나가 오기를 원하는지 아닌지 나는 모르겠다.
    ¿Sabes si el supermercado todavía está abierto? 슈퍼가 아직 열려 있는지 아닌지 너는 아니?

★ 주의할 사항

❶ 스페인어의 의문사에는 강세가 있습니다.

예 ¿Sabes cuando empieza la fiesta? (X)
    ¿Sabes cuándo empieza la fiesta? (O)

❷ saber 뒤에 의문사를 동반한 문장이 올 때, que를 사용하지 않습니다.

예 ¿Sabes que cuándo empieza la fiesta? (X)
    ¿Sabes cuándo empieza la fiesta? (O)

❸ '~인지 아닌지'의 si에는 강세가 없습니다.

예 No sé sí Ana vendrá o no. (X)
    No sé si Ana vendrá o no. (O)

🇪🇸 conocer의 쓰임

★ conocer의 기본 의미

conocer는 직접 경험을 통해 '장소나 사람을 알다'는 의미로 쓰입니다.

예	Yo conozco a Ana.	나는 아나를 안다.
	¿Ud. conoce la Cuidad de México?	당신은 멕시코시티에 가 본 적이 있습니까?

★ conocer와 함께 쓰이는 문장 구조

위와 같은 기본 쓰임과 더불어 conocer와 쓰이는 문장 구조를 정리하면 이 동사를 쉽게 학습할 수 있습니다. ❶번부터 ❸번까지 conocer 동사 뒤에 나오는 명사는 목적어 역할을 합니다.

❶ conocer + 장소명: ~에 가 본 적이 있다, (어떤 장소를 자주 가 봐서) 안다

예		
Yo conozco España.		나는 스페인에 가 본 적이 있다.
¿Conoce Ud. China?		당신은 중국에 가 본 적이 있습니까?
Mi hermana menor conoce muy bien este barrio.		나의 여동생은 이 동네를 매우 잘 안다.

❷ conocer + a + 사람: ~를 안다

예   Yo conozco a Pedro.   나는 페드로를 안다.

¡Recuerda! '실제 만난 적이 있어서 ~를 안다'의 의미입니다.

❸ conocer + 명사: (그 외의 명사와 쓰여 경험을 통해) ~를 안다

예	
Conocemos ese libro.	우리는 그 책을 (읽어 본 적이 있어서) 안다.
Conozco la comida coreana.	나는 한국 음식을 (먹어 본 적이 있어서) 안다.
No conozco esa sensación.	나는 그 느낌을 (겪어 본 적이 없어서) 알지 못한다.

★ 주의할 사항

❶ 위 ❶번 의미로 쓰여, conocer 뒤에 장소가 올 경우, 그 어떤 전치사도 함께 쓰이지 않습니다.

예   Yo conozco a España. (X)
     Yo conozco España. (O)

❷ 사람이 동사의 목적어로 올 경우, 전치사 a와 함께 씁니다.

예   Yo conozco Pedro. (X)
     Yo conozco a Pedro. (O)

¡Vamos a practicar!   괄호 안의 알맞은 말을 고르세요.

1 너는 후안을 아니?   → ¿Conoces (a Juan / Juan)?
2 라파는 그 가게에 가 본 적이 있다. → Rafa conoce (a esa tienda / esa tienda).
3 나는 멕시코에 가 본 적이 있다.   → Yo (conozco / conoco) México.

Ejercicios - saber vs conocer

1 saber와 conocer 중 동사의 알맞은 형태를 넣어 문장을 완성하세요.

1. 아만다는 피아노를 칠 줄 안다. → Amanda _____ tocar el piano.
2. 아나는 많은 음악가들을 안다. → Ana _____ a muchos músicos.
3. 마르타는 수영을 할 줄 안다. → Marta _____ nadar.
4. 우리는 한국 음식이 매우 건강하다는 것을 안다. → _____ que la comida coreana es muy sana.
5. 내 안경들이 어디에 있는지 너는 아니? → ¿_____ dónde están mis gafas?

2 <보기>와 같이, '~에 가 본 적이 있다/없다'를 사용하여 자신의 답변을 만들어 보세요.

> Corea 한국
> → Conozco Corea. 나는 한국에 가 본 적이 있다.
> → Todavía no conozco Corea. 나는 아직 한국에 가 본 적이 없다.

1. Colombia 콜롬비아 → _____
2. la isla de Jeju 제주도 → _____
3. Estados Unidos 미국 → _____

3 다음 문장에서 틀린 부분을 찾아 바르게 고쳐 보세요.

1. Yo se hablar español. → _____
2. ¿Sabes la comida coreana? → _____
3. ¿Sabes sí viene Ana o no? → _____
4. Conozco conducir. → _____
5. Mi padre conoce en China. → _____

¡Vamos a hablar!

p.381

✏️ '~할 줄 알다'라는 의미를 가진 'saber + 동사 원형'을 사용하여, 다음 질문에 답해 보세요.

Ejemplo

pescar 낚시하다

질문: ¿Sabes pescar? 낚시할 줄 알아요?
→ Sí, sé pescar. 네, 낚시할 줄 알아요. / No, no sé pescar. 아니요, 낚시할 줄 모릅니다.

① bucear   ② montar en bicicleta   ③ esquiar

① ¿Sabes bucear?   → _____
② ¿Sabe montar en bicicleta tu madre? → _____
③ ¿Saben esquiar tus padres?   → _____

Unidad 19 saber vs conocer

Unidad 20 원급 비교 (동등 비교)

이번 과에서는 '~만큼 ~하다'의 원급 비교를 학습합니다. 스페인어의 원급 비교는 형용사, 부사, 명사, 동사와 쓰이며, 형태가 비슷하지만 경우에 따라 조금 다르게 변하기 때문에, 처음에는 예문의 밑줄 친 부분위주로 반복하며 학습하는 것이 좋습니다.

오늘의 암기 문장

El español no es tan difícil como el chino.	스페인어는 중국어만큼 어렵지 않다.
Hoy hace tanto calor como ayer.	오늘은 어제만큼 덥다.

원급 비교 1 (형용사, 부사)

★ 형용사, 부사의 원급 비교

> **tan + 형용사/부사 + como + 비교 대상**
> 주어는 비교 대상만큼 (형용사/부사)하다

Ernesto es guapo. + Pedro es guapo también.
에르네스토는 잘생겼다. + 페드로도 잘생겼다.

↓

= Ernesto es tan guapo como Pedro.
에르네스토는 페드로**만큼** 잘생겼다.

tip tan은 부사로, 형태가 변하지 않습니다.

① 형용사

예
Marta es tan guapa como Ana.   마르타는 아나만큼 예쁘다.
Mi padre es tan alto como tú.   나의 아버지는 너만큼 키가 크다.
Sois tan inteligentes como yo.   너희들은 나만큼 똑똑하다.
El español no es tan difícil como el chino.   스페인어는 중국어만큼 어렵지 않다.

¡Recuerda! 비교 대상이 인칭 대명사일 경우, 주격을 씁니다.
예 Mi padre es tan alto como tú. (O)
     Mi padre es tan alto como ti. (X)
예 Mi madre baila tan bien como yo. (O)
     Mi madre baila tan bien como mí. (X)

¡Recuerda! 주어가 여성이나 복수일 경우, 형용사의 성과 수도 이에 맞게 변화시킵니다.
예 Marta es tan guapa como Ana. (O)
     Marta es tan guapo como Ana. (X)
예 Sois tan inteligentes como yo. (O)
     Sois tan inteligente como yo. (X)

❷ 부사

예 Yo ando tan lentamente como una tortuga. 　나는 거북이만큼 느리게 걷는다.
　　Mi casa está tan lejos como la tuya. 　나의 집은 너의 집만큼 멀리 떨어져 있다.
　　Mi madre baila tan bien como yo. 　나의 어머니는 나만큼 춤을 잘 추신다.
　　Emilio dibuja tan mal como su hermano. 　에밀리오는 그의 남자 형제만큼 그림을 못 그린다.

¡Recuerda! 두 비교 대상이 '소유격 + 명사'인 경우, 같은 명사의 반복을 피하기 위해 como 뒤의 명사에는 '정관사 + (명사) + 소유 형용사의 후치격'을 씁니다. (16과 참고) 그래서 아래 1)의 문장이 2)의 문장보다 선호됩니다.
　1) Mi casa está tan lejos como la (casa) tuya.
　2) Mi casa está tan lejos como tu casa.

🇪🇸 원급 비교 2 (명사)

★ 명사의 원급 비교

tanto / tanta / tantos / tantas + 명사 + como + 비교 대상
주어는 비교 대상만큼 많은 명사를 동사하다

Tú tienes 20 libros. + Yo tengo 20 libros también.
너는 20권의 책을 갖고 있다. + 나도 20권의 책을 갖고 있다.
↓
= Tú tienes tantos libros como yo.
너는 나만큼 많은 책들을 갖고 있다.

💡tip　tanto는 형용사로, 명사에 맞춰 tanto의 성과 수가 변합니다.

❶ 셀 수 있는 명사 ➡ 항상 복수로

예 Yo no leo tantos libros como Juan. 　나는 후안만큼 많은 책들을 읽지 않는다.
　　Luna tiene tantas amigas como yo. 　루나는 나만큼 많은 여성 친구들을 갖고 있다.
　　Ella come tantas galletas como su hermano. 　그녀는 그녀의 남자 형제만큼 많은 쿠키들을 먹는다.

¡Recuerda! tanto는 셀 수 있는 명사와 쓰일 때는 반드시 'tantos/tantas + 복수 명사'의 형태로 쓰입니다.
　예 Yo no leo tantos libros como Juan. (O)
　　Yo no leo tanto libro como Juan. (X)

🌴 **¡Vamos a practicar!**　밑줄 친 부분에 들어갈 형용사/부사의 원급을 쓰세요.

1　마르타는 아나만큼 예쁘다.　➡ Marta es _____ _____ _____ Ana.
2　너희들은 나만큼 똑똑하다.　➡ Sois _____ _____ _____ yo.
3　나의 집은 너의 집만큼 멀리 떨어져 있다.　➡ Mi casa está _____ _____ _____ la tuya.

❷ 셀 수 없는 명사 ➜ 항상 단수로

예) No tomo tanto café como tú.   나는 너만큼 많은 커피를 마시지 않는다.

Raúl tomo tanta cerveza como yo.   라울은 나만큼 많은 맥주를 마신다.

¡Recuerda! café, cerveza는 앞에 수량 형용사와 쓰이면 셀 수 있는 명사로 쓰일 수 있지만, 그 외의 경우에는 물질 명사, 즉, 셀 수 없는 명사로 쓰입니다.

예) Yo tomo tres cafés al día. (O) 나는 하루에 커피 세 잔을 마신다. (셀 수 있는 명사로 쓰임.)
Tomas mucho café. (O) 너는 커피를 많이 마시는구나. (물질 명사로 쓰임.)

예) En España no hace tanto frío como en Corea.   스페인은 한국만큼 많이 춥지 않다.

Hoy hace tanto calor como ayer.   오늘은 어제만큼 많이 덥다.

Gabriel tiene tanto dinero como Víctor.   가브리엘은 빅토르만큼 많은 돈을 갖고 있다.

Jesús come tanta carne como Pedro.   헤수스는 페드로만큼 많은 고기를 먹는다.

¡Recuerda! 비교 대상이 부사인 경우, 형태가 같아야 합니다. 아래 문장은 직역하면, 스페인에서는 한국(에서)만큼 많은 추위가 일지 않는다, 즉 '스페인은 한국만큼 많이 춥지 않다'로 자연스럽게 해석합니다.

예) En España no hace tanto frío como en Corea. (O)
En España no hace tanto frío como Corea. (X)

참고로, 위 문장에서 비교 대상은 'en + 장소', 즉 en España, en Corea입니다.

¡Vamos a practicar! 밑줄 친 부분에 들어갈 명사의 원급 형태를 쓰세요.

1 루나는 나만큼 많은 여성 친구들을 갖고 있다.
➜ Luna tiene _____ _____ _____ yo.

2 나는 너만큼 많은 커피를 마시지 않는다.
➜ No tomo _____ _____ _____ tú.

3 스페인은 한국만큼 많이 춥지 않다.
➜ En España no hace tanto frío como _____ _____.

원급 비교 3 (동사)

동사의 원급 비교

> 동사 + tanto como + 비교 대상
> 주어는 비교 대상만큼 많이 동사하다

Celia estudia mucho. + Susana estudia mucho también.
셀리아는 많이 공부한다. + 수사나도 많이 공부한다.
↓
= Celia estudia tanto como Susana.
셀리아는 수사나만큼 많이 공부한다.

tip tanto는 부사로, 형태가 변하지 않습니다. tanto와 como 사이에 아무것도 들어가지 않습니다.

예
Mi hijo come tanto como el tuyo.   나의 아들은 너의 아들만큼 많이 먹는다.
¿Tu niño llora tanto como el mío?   너의 아이는 나의 아이만큼 많이 우니?

¡Recuerda! 두 비교 대상이 '소유격 + 명사'인 경우, 같은 명사의 반복을 피하기 위해 como 뒤의 명사에는 '정관사 + (명사) + 소유 형용사의 후치격'을 씁니다. (16과 참고) 아래의 1)의 문장이 2)의 문장보다 선호됩니다.
1) Mi hijo come tanto como el (hijo) tuyo.   2) Mi hijo come tanto como tu hijo.
1) ¿Tu niño llora tanto como el (niño) mío?   2) ¿Tu niño llora tanto como mi niño?

예
Ella no lee tanto como tú.   그녀는 너만큼 많이 독서를 하지 않는다.
Yo no salgo tanto como él.   나는 그만큼 많이 외출하지 않는다/놀러 나가지 않는다.
Habláis tanto como yo.   너희들은 나만큼 말을 많이 한다. (말이 많다)

¡Recuerda! leer는 그 자체로 '독서를 하다'의 뜻으로 쓰입니다. 따라서 leer(독서를 하다), leer un libro(책 한 권을 읽다), leer libros(책들을 읽다)와 같이 쓰일 수 있습니다.

¡Recuerda! salir는 단순히 '외출하다' 혹은 주말에 '(주로 성인이) 놀러 나가다, 즐기러 나가다'의 뜻이 있습니다.

¡Vamos a practicar! 밑줄 친 부분에 들어갈 동사의 원급 비교 형태를 쓰세요.

1 너의 아이는 나의 아이만큼 많이 우니?
  ➜ ¿Tu niño llora _____ como el _____?

2 나는 그만큼 많이 외출하지 않는다/놀러 나가지 않는다.
  ➜ Yo no salgo _____ _____ él.

3 너희들은 나만큼 말을 많이 한다.
  ➜ Habláis tanto _____ _____.

Ejercicios - 원급 비교 (동등 비교)

정답 p.382

❶ 밑줄 친 부분에 tanto, tanta, tantos, tantas 중 알맞은 형태를 쓰세요.

1 나는 후안만큼 많은 책들을 읽지 않는다. → Yo no leo _____ libros como Juan.

2 라울은 나만큼 많은 맥주를 마신다. → Raúl toma _____ cerveza como yo.

3 그녀는 그녀의 남자 형제만큼 많은 쿠키들을 먹는다. → Ella come _____ galletas como su hermano.

4 가브리엘은 빅토르만큼 많은 돈을 갖고 있다. → Gabriel tiene _____ dinero como Víctor.

❷ 다음 중 틀린 문장을 골라 바르게 고치세요.

① Mi padre es tan alto como tú.

② Sois tan inteligentes como mí.

③ Mi casa está tan lejos como la tuya.

④ Emilio dibuja tan mal como su hermano.

→ 잘못된 것은? _____ 번,

  바르게 수정하면? _____

❸ <보기>를 참고하여, '나는 너만큼 많이 ~하지 않아'라는 의미의 문장을 쓰세요.

| salir 외출하다 → Yo no salgo tanto como tú. |

1 leer 독서하다 → _____

2 comer 먹다 → _____

3 beber 술을 마시다 → _____

4 fumar 담배를 피우다 → _____

¡Vamos a hablar!

정답 p.382

✏️ 다음의 외모 관련 표현을 참고하여 주어진 두 대상을 동등하게 비교하는 문장을 쓰세요.

	사용할 표현	A는 B만큼 ~하다.		
❶	ser guapo/a 잘생기다, 예쁘다	Ana	vs	Juana
❷	ser feo/a 못생기다	Ernesto	vs	Guillermo
❸	ser alto/a 키가 크다	Pedro	vs	Daniel
❹	ser bajo/a 키가 작다	Emilia	vs	Elena
❺	ser atractivo/a 매력적이다	Celia	vs	Luna
❻	ser grandote/grandota 몸집이 크다	Víctor	vs	Héctor
❼	ser delgado/a 날씬하다	Susana	vs	Paula

❶ _____

❷ _____

❸ _____

❹ _____

❺ _____

❻ _____

❼ _____

Unidad 20 원급 비교 (동등 비교)

Unidad 21 비교급

이번 과에서는 '~보다 더 ~하다'의 비교급을 학습합니다. 스페인어의 비교급은 원급 비교와 마찬가지로 형용사, 부사, 명사, 동사와 쓰이며, 원급 비교에는 없었던 불규칙 형태를 갖습니다. 비교급 또한 예문의 밑줄 친 부분 위주로 반복하며 학습하는 것을 추천합니다.

 오늘의 암기 문장

Yo tomo más café que antes.	나는 전보다 더 많은 커피를 마신다.
Susana es menor que yo.	수사나는 나보다 나이가 더 어리다.

🇪🇸 비교급 1

⭐ 기본 형태: '~보다 더'

> **más** + 형용사/부사/명사 + **que** + 비교 대상
> 동사 + **más que** + 비교 대상
> 주어는 비교 대상보다 더 ~하다

❶ 형용사/부사: '~보다 더'

예		
Ella es más alta que él.	그녀는 그보다 더 키가 크다. (형용사)
Pablo es más simpático que Rafa.	파블로는 라파보다 더 친절하다. (형용사)
Yo como más despacio que tú.	나는 너보다 더 천천히 식사를 한다. (부사)
Él corre más rápido que yo.	그는 나보다 더 빨리 달린다. (부사)
= Él corre más rápidamente que yo. (부사)	

¡Recuerda! despacio는 부사로 '천천히'의 뜻입니다. lentamente와 바꿔 쓸 수 있습니다.

¡Recuerda! rápido는 형용사(빠른)이자 부사(빠르게)로 쓰입니다. 부사로 쓰일 경우, rápidamente로 바꿔 쓸 수 있습니다.

❷ 명사: '~보다 더 많은'

예	
Alejandro estudia más horas que Laura.	알레한드로는 라우라보다 더 많은 시간을 공부한다.
Tienes más libros que yo.	너는 나보다 더 많은 책을 갖고 있다.
Tienes que hacer más ejercicio que ahora.	너는 지금보다 더 많은 운동을 해야 한다.
Yo tomo más café que antes.	나는 전보다 더 많은 커피를 마신다.

¡Recuerda! más는 셀 수 있는 명사와 쓰일 때는 반드시 'más + 복수 명사'의 형태로 쓰입니다.
예 Alejandro estudia más horas que Laura. (O)
　 Alejandro estudia más hora que Laura. (X)

❸ 동사: '~보다 더 많이'

| 예 | Leo más que antes. | 나는 전보다 더 많이 독서를 한다. |

Mis padres viajan más que yo. 내 부모님들은 나보다 더 많이 여행을 하신다.

Mi hermana pequeña come más que yo. 나의 여동생은 나보다 더 많이 먹는다.

En Corea llueve más que en España. 한국에서는 스페인(에서)보다 비가 더 많이 온다.

¡Recuerda! 형용사/부사와 쓰인 más는 '더', 명사와 쓰인 más는 '더 많은', 동사와 쓰인 más는 '더 많이', 이와 같이 정리하면 조금 더 쉽게 학습할 수 있습니다.

★ 참고 사항

❶ 참고 사항 1

más 자리에 menos를 넣으면 '주어는 비교 대상보다 덜 ~하다'의 문장이 됩니다.

| 예 | Pablo es menos simpático que Rafa. | 파블로는 라파보다 덜 친절하다. |

Alejandro estudia menos horas que Laura. 알레한드로는 라우라보다 더 적은 시간을 공부한다.

Leo menos que antes. 나는 전보다 더 적게 독서를 한다.

이때, 형용사/부사와 쓰인 menos는 '덜', 명사와 쓰인 menos는 '더 적은', 동사와 쓰인 menos는 '더 적게', 이와 같이 정리하면 조금 더 쉽게 학습할 수 있습니다.

❷ 참고 사항 2

비교 대상이 이미 언급이 되어서, 혹은 언급되지 않아도 알 수 있어서 그 대상을 언급할 필요가 없다면, 'que + 비교 대상'을 생략할 수 있습니다.

| 예 | Pablo es más simpático. | 파블로가 더 친절하다. |

Tienes que hacer más ejercicio. 너는 운동을 더 많이 해야 한다.

En Corea llueve más. 한국에서는 비가 더 많이 온다.

¡Recuerda! 비교급 구문에 익숙해지기 위해 전체 문장보다는 예문의 밑줄 친 부분을 반복해서 읽는 것이 좋습니다.

🌴 **¡Vamos a practicar!** 밑줄 친 부분에 알맞은 말을 써서 비교급 문장을 완성하세요.

1 그녀는 그보다 더 키가 크다.
➜ Ella es _____ _____ que él.

2 너는 나보다 더 많은 책을 갖고 있다.
➜ Tienes más libros _____ yo.

3 나는 전보다 더 많이 독서를 한다.
➜ Leo _____ que antes.

비교급 2

⭐ 불규칙

의미			비교급	
bueno 좋은 (형용사)	bien 잘 (부사)	→	mejor(es) 더 좋은	mejor 더 잘
malo 나쁜 (형용사)	mal 나쁘게 (부사)	→	peor(es) 더 나쁜	peor 더 나쁘게
grande (나이가) 많은 (형용사)	pequeño (나이가) 어린 (형용사)	→	mayor(es) 나이가 더 많은	menor(es) 나이가 더 어린

🛠️ **tip** 형용사로 쓰인 mejor, peor, mayor, menor의 복수형은 mejores, peores, mayores, menores

예 Mi móvil es ~~más bueno que el tuyo~~. (X)
→ Mi móvil es mejor que el tuyo. (O)   내 휴대폰은 너의 휴대폰보다 더 좋다.

¡Recuerda! 이 문장에서는 명사의 반복을 피하기 위해 '정관사 + 소유 형용사의 후치격'이 쓰였습니다.
Mi móvil es mejor que el (móvil) tuyo.

예 Mi sobrino dibuja ~~más bien que yo~~. (X)
→ Mi sobrino dibuja mejor que yo. (O)   나의 남자 조카는 나보다 그림을 더 잘 그린다.

Tu ordenador es ~~más malo que el mío~~. (X)
→ Tu ordenador es peor que el mío. (O)   너의 컴퓨터는 나의 컴퓨터보다 더 나쁘다. (= 더 좋지 않다)

¡Recuerda! 이 문장에서는 명사의 반복을 피하기 위해 '정관사 + 소유 형용사의 후치격'이 쓰였습니다.
Tu ordenador es peor que el (ordenador) mío.

예 Ernesto conduce ~~más mal que tú~~. (X)
→ Ernesto conduce peor que tú. (O)   에르네스토는 너보다 운전을 더 나쁘게 한다. (= 더 못한다)

Ellos son ~~más grandes que yo~~. (X)
→ Ellos son mayores que yo. (O)   그들은 나보다 나이가 더 많다.

예 Susana es ~~más pequeña que yo~~. (X)
→ Susana es menor que yo. (O)   수사나는 나보다 나이가 더 어리다.

★ 참고 사항

❶ 참고 사항 1

mejor, peor, mayor, menor는 복수 형태는 있으나 여성형은 없습니다.

> **예** Susana es <u>menor</u> que yo. (O)
>
> Susana es <u>menora</u> que yo. (X)

❷ 참고 사항 2

grande와 pequeño는 나이가 아닌, 단순한 크기에 대해 말할 때 más grande, más pequeño의 형태로 쓰입니다.

> **예** Necesito un papel <u>más grande</u> que este (papel).　　나는 이것보다 더 큰 종이가 필요해.
>
> ¿Tienes un vaso <u>más pequeño</u>?　　너는 더 작은 컵을 가지고 있니?

¡Vamos a practicar!　해석을 참고하여 밑줄 친 부분에 들어갈 말을 쓰세요.

1 내 휴대폰은 너의 휴대폰보다 더 좋다.
　➜ Mi móvil es _____ que el tuyo.

2 나의 남자 조카는 나보다 그림을 더 잘 그린다.
　➜ Mi sobrino dibuja _____ que yo.

3 너의 컴퓨터는 나의 컴퓨터보다 더 나쁘다.
　➜ Tu ordenador es _____ que el mío.

Ejercicios - 비교급

❶ 다음 단어를 나열하여 한국어 해석과 일치하는 문장을 쓰세요.

1 tú / como / yo / más / despacio / que (나는 너보다 더 천천히 식사를 한다.)

  ➜ _____

2 ahora / que / más / hacer / ejercicio / que / tienes (너는 지금보다 더 많은 운동을 해야 한다.)

  ➜ _____

3 antes / tomo / yo / café / más / que (나는 전보다 더 많은 커피를 마신다.)

  ➜ _____

4 más / mis / viajan / que / yo / padres (내 부모님들은 나보다 더 많이 여행을 하신다.)

  ➜ _____

❷ 다음 중 틀린 문장을 골라 바르게 고치세요.

① Alejandro estudia más horas que Laura.

② Leo menos que antes.

③ Tu ordenador es más malo que el mío.

④ Susana es menor que yo.

➜ 잘못된 것은? _____번,

  바르게 수정하면? _____

❸ <보기>를 참고하여 주어진 두 인물의 나이를 비교하는 문장을 쓰세요.

Pedro 20 años	Marta 18 años	Raúl 25 años	Gema 30 años

1 Gema vs Pedro   ➜ _____

2 Pedro vs Marta   ➜ _____

3 Raúl vs Marta   ➜ _____

4 Marta vs Gema   ➜ _____

¡Vamos a hablar!

정답 p.382

✏️ 다음의 성격 관련 표현을 참고하여 두 대상을 비교하는 문장을 쓰세요.

	사용할 표현	A는 B보다 더 ~하다.		
❶	ser sociable 사교적이다	Elena	vs	Emilia
❷	ser abierto/a 개방적이다, (생각, 태도 등이) 열린 사람이다	Paula	vs	Guillermo
❸	ser estricto/a 엄격하다	Pedro	vs	Víctor
❹	ser gracioso/a 웃기다	Luna	vs	Ana
❺	ser aburrido/a 지루하다	María	vs	Juana
❻	ser tacaño/a 인색하다	Daniel	vs	Héctor
❼	ser trabajador/a 부지런하다	Natalia	vs	Inés

❶ _____

❷ _____

❸ _____

❹ _____

❺ _____

❻ _____

❼ _____

Unidad 22 최상급

이번 과에서는 '매우 ~한, 가장 ~한'의 최상급을 학습합니다. 스페인어의 최상급은 절대 최상급과 상대 최상급이 있으며, 각각 고유의 특징이 있기 때문에 처음부터 정확하게 구분하여 학습해야 합니다.

> **오늘의 암기 문장**
>
> Pedro es guapísimo.   페드로는 매우 잘생겼다.
> Hoy es el peor día del año.   오늘은 올해의 최악의 날이다.

🇪🇸 절대 최상급

비교 집단을 언급하지 않고 단순히 '매우 ~한'을 의미하며 두 가지 형태로 쓰이는데, 둘은 같은 의미입니다.

★ muy + 형용사: '매우 ~한'

예) Ángel es muy amable.   앙헬은 매우 친절하다.
      Estrella es muy guapa.   에스트레야는 매우 예쁘다.
      Ellos son muy altos.   그들은 키가 매우 크다.

¡Recuerda! 가장 쉽게 쓸 수 있는 최상급의 형태입니다.

★ 형용사 + -ísimo: '매우 ~한'

① 기본 형태

> 자음으로 끝나는 형용사의 경우 ➡ 형용사 + -ísimo
> 모음으로 끝나는 형용사의 경우 ➡ 끝모음을 뺀 형용사 + -ísimo

tip 수식해 주는 명사에 맞춰 -ísimo, -ísima, -ísimos, -ísimas로 형태가 변함에 주의

· 자음으로 끝나는 형용사의 경우 ➡ 형용사 + -ísimo

fácil + -ísima = facilísima	Esta tarea es facilísima.	이 과제는 매우 쉽다.
difícil + -ísimos = dificilísimos	Esos exámenes son dificilísimos.	그 시험은 매우 어렵다.

¡Recuerda! fácil, difícil과 같이 강세 기호가 있는 형용사에 -ísimo가 붙는 경우, 형용사 원형의 강세 기호는 사라지고 최상급 어미의 강세 기호만 씁니다.

· 모음으로 끝나는 형용사의 경우 ➡ 끝모음을 뺀 형용사 + -ísimo

guapo + -ísimo = guapísimo	Pedro es guapísimo.	페드로는 매우 잘생겼다.
guapo + -ísima = guapísima	Estrella es guapísima.	에스트레야는 매우 예쁘다.
alto + -ísimos = altísimos	Ellos son altísimos.	그들은 키가 매우 크다.

❷ **불규칙**

형용사의 어미	변화	예
-ble	-ble ➡ -bilísmo	amable(친절한), agradable(기분 좋은, 유쾌한) ➡ amabilísimo, agradabilísimo
-co	-co ➡ -quísimo	blanco(하얀, 흰색의), rico(맛있는, 부유한) ➡ blanquísimo, riquísimo
-go	-go ➡ -guísimo	largo(긴), amargo(맛이 쓴) ➡ larguísimo, amarguísimo
-z	-z ➡ -císimo	feliz(행복한), feroz(사나운, 흉포한) ➡ felicísimo, ferocísimo

예 Ángel es amabilísimo. [amablísimo (X)]　　앙헬은 매우 친절하다.
　　Esta camiseta es blanquísima. [blancísima (X)]　이 티셔츠는 매우 하얗다.
　　Tienes el pelo larguísimo. [largísimo (X)]　　너는 매우 긴 머리를 갖고 있다.
　　Soy felicísimo. [felizísimo (X)]　　나는 매우 행복하다.

· 그 외 두 가지 형태가 모두 쓰이는 경우도 참고하세요.

bueno(좋은, 맛이 좋은)		bonísimo / buenísimo
fuerte(강한, 힘이 센)		fortísimo / fuertísimo
malo(나쁜, 맛없는)	➡	malísimo / pésimo
nuevo(새로운, 새것의)		novísimo / nuevísimo
pobre(가난한, 불쌍한)		paupérrimo / pobrísimo

¡Recuerda! muy와 -ísimo를 동시에 쓸 수 없습니다.
　　예 Pedro es muy guapísimo. (X)
　　　　Pedro es muy guapo. 혹은 Pedro es guapísimo. (O)

¡Recuerda! 스페인에서는 평소 '행복한 사람이다'라고 정의할 때는 ser feliz, 어떤 기쁜 일로 인해 현재 '행복한 상태이다'라고 말할 때는 estar feliz를 씁니다. 중남미에서는 평소 '행복한 사람이다'라고 정의할 때 estar feliz를 쓴다는 것도 함께 알아 두세요.

¡Recuerda! 스페인어에는 형용사의 원형 그 자체만으로 최상급의 의미를 갖는 경우도 있습니다. 이 경우에는 muy 혹은 -ísimo를 이용한 최상급을 사용할 수 없습니다.
　　예 principal(주요한, 주된), absoluto(절대적인), infinito(무한의), perfecto(완벽한), eterno(영원한), último(최종의) 등등

🌴 **¡Vamos a practicar!** 괄호 안 형용사의 최상급을 사용하여 문장을 완성하세요.

1　앙헬은 매우 친절하다. (amable)　　➡ Ángel es ＿＿＿＿ ＿＿＿＿.
2　너는 매우 똑똑하다. (inteligente)　➡ Tú eres ＿＿＿＿ ＿＿＿＿.
3　이 과제는 매우 쉽다. (fácil)　　　➡ Esta tarea es ＿＿＿＿.

🇪🇸 상대 최상급

절대 최상급과는 다르게, 어떤 집단 혹은 집합 내에서 '매우 ~한'을 의미하며, 명사를 직접적으로 수식하는 한정적 용법으로 쓰입니다.

⭐ 구조

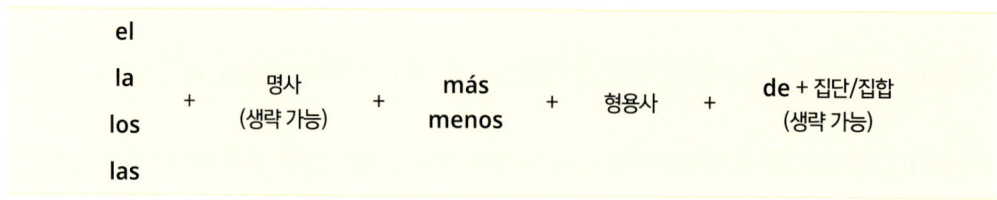

> 💡 **tip** 해석: (~집단)에서 가장 ~한

참고로 아래의 모든 예문에서, 문맥상 어떤 집단이나 집합인지 알 수 있으면 'de + 집단/집합'도 생략할 수 있습니다.

예 Juan es el (alumno) más inteligente de su clase.
후안은 그의 반에서 가장 똑똑한 학생이다.
(alumno를 언급하지 않아도 문맥상 알 수 있다면 alumno를 생략)

Ana es la (chica) más guapa de todas.
아나는 모든 여자아이들 중에서 가장 예쁜 여자아이이다.
(chica를 언급하지 않아도 문맥상 알 수 있다면 chica를 생략)

¡Recuerda! 위 예문의 todas는 문맥상, todas las chicas의 생략형으로 볼 수 있습니다.

예 Este libro es el (libro) más caro de mi colección.
이 책은 내 모음집에서 가장 비싼 책이다.
(이미 libro가 주어에 언급되었기 때문에 두 번째 libro는 생략하는 것이 좋음.)

Esta ciudad es la (ciudad) más bonita del mundo.
이 도시는 세계에서 가장 예쁜 도시이다.
(이미 ciudad이 주어에 언급되었기 때문에 두 번째 ciudad은 생략하는 것이 좋음.)

Esta parte es la (parte) menos agradable de la historia.
이 파트가 그 이야기에서 가장 덜 유쾌한 부분이다.
(이미 parte가 주어에 언급되었기 때문에 두 번째 parte는 생략하는 것이 좋음.)

Estos dos programas son los (programas) menos interesantes del canal 5.
이 두 프로그램들이 5번 채널에서 가장 덜 재미있는 프로그램들이다.
(이미 programas가 주어에 언급되었기 때문에 두 번째 programas는 생략하는 것이 좋음.)

¡Recuerda! 'más/menos + 형용사'는 비교급입니다. 따라서, 상대 최상급의 구조를 '**정관사 + (명사) + 비교급 + (de + 집단/집합)**'과 같이 정리할 수도 있습니다.

상대 최상급 구문에 익숙해지기 위해 전체 문장보다는 예문의 밑줄 친 부분을 반복해서 읽는 것이 좋습니다.

★ 주의

21과에서 학습한 다음 형용사들의 비교급 형태와 특징에 주의합니다.

| más + bueno = mejor |
| más + malo = peor |
| más + grande = mayor |
| más + pequeño = menor |

명사를 직접적으로 수식할 경우
명사 앞에 위치

예 Ernesto ~~es el jugador mejor~~ de su equipo. (X)
→ Ernesto es el mejor jugador de su equipo. (O)
에르네스토는 자신의 팀에서 가장 훌륭한 선수이다.

Hoy es ~~el día peor~~ del año. (X)
→ Hoy es el peor día del año. (O)
오늘은 올해의 최악의 날이다.

¡Recuerda! del año는 '그 해의'가 아닌 '올해의'를 의미합니다.

예 Yo soy ~~el mayor (hijo)~~ de mis hermanos. (X)
→ Yo soy el (hijo) mayor de mis hermanos. (O)
나는 내 형제들 중 가장 나이가 많다. (= 나는 형제들 중 장남이다.)

예 ¿Quién es el menor de todos?
누가 가장 나이가 적은 분인가요?

¡Recuerda! el menor de todos 혹은, el mayor de todos는 남녀를 포함해서 '가장 나이가 어린 사람', '가장 나이가 많은 사람'을 의미합니다. 여자들 중에서 '가장 나이가 어린 사람', '가장 나이가 많은 사람'이라면, la menor de todas, la mayor de todas로 표현합니다.

¡Vamos a practicar! 괄호 안의 단어를 활용해서 상대 최상급 문장을 완성하세요.

1. 후안은 그의 반에서 가장 똑똑한 학생이다. (más / inteligente / el)
→ Juan es _____ _____ _____ de su clase.

2. 아나는 모든 여자아이들 중에서 가장 예쁜 여자아이이다. (la / todas / de)
→ Ana es _____ más guapa _____ _____.

3. 이 도시는 세계에서 가장 예쁜 도시이다. (mundo / bonita / la)
→ Esta ciudad es _____ más _____ del _____.

Ejercicios - 최상급

❶ 괄호 안의 형용사를 사용하여 절대 최상급(-ísimo) 문장을 완성하세요.

1 그 시험은 매우 어렵다. (difícil)
   → Esos exámenes son _____.

2 그들은 키가 매우 크다. (alto)
   → Ellos son _____.

3 이 티셔츠는 매우 하얗다. (blanco)
   → Esta camiseta es _____.

4 너는 매우 긴 머리를 갖고 있다. (largo)
   → Tienes el pelo _____.

❷ 다음 중 틀린 문장을 골라 바르게 고치세요.

① Soy felicísimo.

② Este libro es el más caro de mi colección.

③ Este programa es el menos interesante del canal 5.

④ Ernesto es mejor jugador de su equipo.

→ 잘못된 것은? _____번,

  바르게 수정하면? _____

❸ <보기> 인물들의 나이를 참고하여 질문에 답하세요.

| Felipe 22 años | Lucas 35 años | Víctor 23 años | Guillermo 40 años |

1 ¿Quién es el mayor de todos?
   → _____

2 ¿Quién es el menor de todos?
   → _____

¡Vamos a hablar!

정답 p.383

✏️ 표 1, 2 (Tabla 1, 2)를 참고하여 질문에 답하세요.

Tabla 1

Jugador (선수)	Número de goles (골 개수)
Ernesto	3
Pablo	4
Sergio	8

Tabla 2

Alumno (학생)	Nota (점수)
Ana	5
Diana	10
Alejandro	9

💡 **tip** 스페인 학제의 점수는 0~10으로 표시합니다.

❶ ¿Quién es el mejor jugador? (Tabla 1)
➡ _____

❷ ¿Quién es el peor jugador? (Tabla 1)
➡ _____

❸ ¿Quién tiene la mejor nota? (Tabla 2)
➡ _____

❹ ¿Quién tiene la peor nota? (Tabla 2)
➡ _____

❺ ¿Quién es el mejor alumno? (Tabla 2)
➡ _____

❻ ¿Quién es el peor alumno? (Tabla 2)
➡ _____

Unidad 22 최상급

Unidad 23 직접 목적어

이번 과에서는 '~을/를'로 해석되는 직접 목적어를 학습합니다. 스페인어의 직접 목적어는 다소 어렵고, 다음 과에서 배울 간접 목적어(~에게)와 혼동하기 쉬워서 정확한 학습이 필요합니다. 직접 목적어의 기본적인 쓰임과 활용에 익숙해지도록 예문을 통해 학습해 보세요.

오늘의 암기 문장

Yo te quiero mucho.	나는 너를 많이 사랑한다.
Ellos me miran fijamente.	그들은 나를 뚫어지게 쳐다본다.

🍊 직접 목적어 1

★ 직접 목적어의 기본 특징

직접 목적어란 문장에서 '~을/를'로 해석되는 단어입니다. 직접 목적어가 쓰이는 문장의 기본 구조는 '주어 + 동사 + 목적어'입니다. 목적어는 동사 뒤에 위치하며, 목적어가 사람일 경우 목적어 앞에 전치사 a를 붙입니다.

❶ 주어 + 동사 + 사물 목적어 = '~을/를 ~하다'

예		
	Yo leo un libro cada mes.	나는 매달 책 한 권을 읽는다.
	El niño está comiendo un bocadillo.	그 아이는 샌드위치 하나를 먹고 있다.

❷ 주어 + 동사 + a + 사람 목적어 = '~을/를 ~하다'

예		
	Yo veo a José esta tarde.	나는 오늘 오후에 호세를 본다. (= 호세를 만난다.)
	Ana no quiere a su novio.	아나는 그녀의 남자 친구를 사랑하지 않는다.

¡Recuerda! 위 예문에 쓰인 cada mes, esta tarde는 빈도, 시간을 나타내는 부사입니다. 부사는 경우에 따라 문장 전체, 동사, 형용사 혹은 또 다른 부사에 의미를 더해 주는 부수적인 역할을 하기 때문에, 문장에서 꼭 필요한 요소는 아닙니다. 전달하고자 하는 의미에 따라 가감할 수 있습니다.

¡Recuerda! 사람 목적어가 쓰인 위의 예문에서 전치사 a가 빠지면 틀린 문장이 됩니다.
예   Yo veo a José esta tarde. (O)   Yo veo José esta tarde. (X)
　　 Ana no quiere a su novio. (O)   Ana no quiere su novio. (X)

¡Recuerda! '누구를 사랑하다'라는 의미를 나타낼 때, 스페인에서는 querer, 중남미에서는 amar 동사를 선호합니다.

 ¡Vamos a practicar!   다음 문장에서 직접 목적어에 밑줄 치세요.

1 Yo leo un libro cada mes.
2 El niño está comiendo un bocadillo.
3 Ana no quiere a su novio.

직접 목적어 2

★ 직접 목적격 인칭 대명사의 형태와 기본 특징

직접 목적어는 직접 목적격 인칭 대명사를 이용하여 나타낼 수도 있습니다. 이 경우 기본적인 문장 구조는 '주어 + 직접 목적격 인칭 대명사 + 동사'가 됩니다.

1인칭	me		나를	me		우리를
2인칭	te		너를	te		너희들을
3인칭	남성	여성	그를/그녀를 당신을 그것을	남성	여성	그들을/그녀들을 당신들을 그것들을
	lo	la		lo	la	

예 Yo te quiero mucho. 　　　　　　　　　나는 너를 많이 사랑한다.
　　Ellos me miran fijamente. 　　　　　　그들은 나를 뚫어지게 쳐다본다.
　　Juan la conoce muy bien. 　　　　　　후안은 그녀를 매우 잘 안다.
　　¿Vosotros los conocéis? 　　　　　　너희들은 그들을 아니?

★ 직접 목적격 인칭 대명사의 위치가 변하는 경우

❶ 동사가 두 개인 문장(동사 원형이 들어간 표현 혹은 진행형) 혹은 긍정 명령형과 쓰일 경우

이 경우, 직접 목적격 인칭 대명사는 주어에 맞게 활용된 동사의 앞에 오거나, 동사 원형, 진행형, 긍정 명령형 바로 뒤에 붙여 쓸 수 있습니다.

❷ 'ir + a + 동사 원형', 'querer + 동사 원형'과 같이 동사 원형이 들어간 표현

예 Yo lo voy a comprar. 　　　　　　　　나는 그것을 살 것이다.
　　혹은 Yo voy a comprarlo.

💡 tip 주어(yo)에 맞게 활용된 voy 앞에 오거나, 동사 원형 comprar 바로 뒤에 붙여 쓸 수 있음.

예 Nosotros la queremos visitar. 　　　　우리는 그녀를 방문하고 싶다.
　　혹은 Nosotros queremos visitarla.

💡 tip 주어(nosotros)에 맞게 활용된 queremos 앞에 오거나, 동사 원형 visitar 바로 뒤에 붙여 쓸 수 있음.

❸ <estar + 현재 분사>의 현재 진행형

예 Yo lo estoy ayudando. 　　　　　　　나는 그를 돕고 있다.
　　혹은 Yo estoy ayudándolo.

💡 tip 주어(yo)에 맞게 활용된 estoy 앞에 오거나, 혹은 진행형 ayudando 바로 뒤에 붙여 쓸 수 있음.

예   Él la está mirando. 그는 그녀를 바라보고 있다.
　　혹은 Él está mirándola.

tip   주어(Él)에 맞게 활용된 está 앞에 오거나, 진행형 mirando 바로 뒤에 붙여 쓸 수 있음.

❹ 긍정 명령형

예   Hazlo ahora. 지금 그것을 해라.

tip   hacer 동사의 tú에 대한 긍정 명령형 haz 바로 뒤에 붙여 씀.

예   Ponlo aquí. 그것을 여기에 놓아라.

tip   poner 동사의 tú에 대한 긍정 명령형 pon 바로 뒤에 붙여 씀.

¡Recuerda!   동사 원형, 진행형, 긍정 명령형은 고유의 강세를 유지하려고 합니다. 따라서 목적격 인칭 대명사가 바로 뒤에 붙었을 때, 강세의 변화가 생긴다면 강세 기호(tilde)를 이용하여 자신의 원래 강세를 지킵니다.

비교
Voy a comprarlo. ➡ 동사 원형(comprar)과 lo가 붙은 comprarlo의 강세가 같은 곳에 있습니다. 따라서 강세 기호를 따로 쓸 필요가 없습니다. 반면 Yo estoy ayudándolo. ➡ 진행형(ayudando)과 lo가 붙은 ayudandolo의 강세는 다른 곳에 있습니다. 따라서 ayudándolo에 강세 기호를 붙여, ayudando의 강세와 일치시킵니다.

¡Recuerda!   명령형은 27, 28과에서 학습합니다.

¡Vamos a practicar!   직접 목적격 인칭 대명사를 활용하여 문장을 완성하세요.

1 나는 너를 많이 사랑한다.
　➡ Yo _____ quiero mucho.
2 그들은 나를 뚫어지게 쳐다본다.
　➡ Ellos _____ miran fijamente.
3 너희들은 그들을 아니?
　➡ ¿Vosotros _____ conocéis?

⭐ 스페인에서 쓰이는 leísmo

중남미와 다르게, 스페인에서는 '그를, 당신을'에 lo 대신 le를, '그들을, 당신들을'에 los 대신 les를 쓰는 leísmo라는 현상이 있습니다. 직접 목적격 인칭 대명사에 적용되는 leísmo는 대부분의 스페인 사람들이 쓰고 있으며, 스페인 왕립 학술원인 la RAE에 의해 올바른 문법으로 인정되고 있습니다. 직접 목적어를 학습할 때 혼동하기 쉬우므로 leísmo를 정확하게 확인할 필요가 있습니다.

1인칭	me		나를	nos		우리를
2인칭	te		너를	os		너희들을
3인칭	남성	여성	그를/그녀를 당신을 그것을	남성	여성	그들을/그녀들을 당신들을 그것들을
	lo/le	la		lo/le	la	

> 💡 **tip** 빨간색: leísmo를 쓰는 경우

예) Yo lo veo cada semana. (O)   나는 그를 매주 본다.
    Yo le veo cada semana. (O) (leísmo를 쓰는 경우)

예) Ella quiere ayudarlos. (O)   그녀는 그들을/당신들을 돕기를 원한다.
    Ella quiere ayudarles. (O) (leísmo를 쓰는 경우)

⭐ 스페인어권에서 전반적으로 쓰이는 leísmo de cortesía

스페인어권에서 공통으로 쓰이는 le(s)의 특수한 용법 중에, 정중함의 le(s)의 사용(leísmo de cortesía)도 있습니다. 상대가 남성이든 여성이든 상관없이 '당신을/당신들을'에 해당하는 직접 목적어 자리에 lo, los 대신, le, les를 쓰기도 합니다. 예를 들어, 다음과 같은 전화 통화에서 leísmo de cortesía를 사용하면 당혹스러운 상황을 피할 수 있습니다.

예) **시원스쿨에서 전화를 받으면서**
Academia Siwonshool, ¿en qué puedo ayudarle? 시원스쿨입니다. 당신을 어떻게 도와드릴까요?

¡Recuerda! 이 경우, 상대가 남성인지 여성인지 모르기에, leísmo de cortesía를 써서, le로 상대를 지칭함으로써 당혹스럽거나 애매한 상황을 피할 수 있습니다.

Ejercicios - 직접 목적어

정답 p.383

① 직접 목적격 인칭 대명사의 위치를 바꿔 의미가 같은 문장을 만드세요.

1 Yo voy a comprarlo.

   → _____

2 Nosotros la queremos visitar.

   → _____

3 Yo lo estoy ayudando.

   → _____

4 Él está mirándola.

   → _____

② 다음 중 틀린 문장을 골라 바르게 고치세요.

① Juan la conoce muy bien.

② Hazlo ahora.

③ Yo veo José esta tarde.

④ Yo le veo cada semana.

→ 잘못된 것은? _____번,

바르게 수정하면? _____

③ lo/la/los/las를 사용하여 다음 질문에 대한 답을 쓰세요.

1 ¿Conoces a Julia?   → Sí, _____ conozco.

2 ¿Conoces a Juan?   → No, no _____ conozco.

3 ¿Vas a comprar esos libros? → Sí, _____ voy a comprar.

4 ¿Vas a comprar esas camisetas? → No, no _____ voy a comprar.

¡Vamos a hablar!

정답 p.383

✏️ 다음의 어휘와 직접 목적격 인칭 대명사를 활용하여, 예시와 같이 상대방의 요청을 수락하는 답변을 쓰세요.

Ejemplo

요청: ¿Puedo usar tu cúter?   내가 너의 칼 좀 써도 될까?

→ <u>Sí, puedes usarlo</u>. 혹은 <u>Sí, lo puedes usar</u>.   응, 너는 그것을 써도 돼.

el sacapuntas 연필깎이	la grapadora 스테이플러	el lápiz 연필	la goma 지우개
las tijeras 가위	el pegamento 풀, 접착제	el típex 수정 테이프	el bolígrafo 볼펜
el rotulador 사인펜, 마커	la regla 자	el cúter 칼	el celo (붙이는) 테이프

① ¿Puedo usar tu sacapuntas?   → _____

② ¿Puedo usar tu grapadora?   → _____

③ ¿Puedo usar tu lápiz?   → _____

④ ¿Puedo usar tu goma?   → _____

⑤ ¿Puedo usar tus tijeras?   → _____

⑥ ¿Puedo usar tu regla?   → _____

⑦ ¿Puedo usar tu celo?   → _____

Unidad 23 직접 목적어 149

Unidad 24 간접 목적어

이번 과에서는 '~에게'로 해석되는 간접 목적어를 학습합니다. 간접 목적어는 직접 목적어와 비슷하면서도 다른 특징을 가지고 있기 때문에, 예문을 반복해 읽으면서 둘의 쓰임을 익히는 것이 좋습니다.

Juan me envía un correo cada semana.	후안은 매주 나에게 이메일 하나를 보낸다.
Yo te hago un café.	내가 너에게 커피 한 잔을 만들어 줄게.

🇪🇸 간접 목적어 1

★ 간접 목적어의 기본 특징

간접 목적어는 '~에게'로 해석되며 'a + 동작을 받는 대상'으로 표시합니다. 간접 목적어는 한 문장 내에서 직접 목적어와 함께 쓰여 '~에게 ~을/를 ~하다/해 주다'의 문장을 만듭니다.

> 주어 + 동사 + 직접 목적어 + a + 간접 목적어
> ~에게 ~을/를 ~하다/해 주다

예
Yo regalo un libro a Fernando. 나는 페르난도에게 책 한 권을 선물한다.
Ella lee un cuento a sus hijos. 그녀는 그녀의 자식들에게 이야기 하나를 읽어 준다.
Yo voy a mandar un mensaje a Juan. 나는 후안에게 메시지 하나를 보낼 것이다.

¡Recuerda! 간접 목적어와 직접 목적어의 자리가 바뀌어도 문법적으로 올바른 문장이 됩니다.
예 Yo regalo un libro a Fernando. = Yo regalo a Fernando un libro.
    Ella lee un cuento a sus hijos. = Ella lee a sus hijos un cuento.
    Yo voy a mandar un mensaje a Juan. = Yo voy a mandar a Juan un mensaje.

¡Recuerda! 간접 목적어 앞에 전치사 a가 빠지면 틀린 문장이 됩니다.
예 Yo regalo un libro a Fernando. (O)   Yo regalo un libro Fernando. (X)
    Ella lee un cuento a sus hijos. (O)   Ella lee un cuento sus hijos. (X)
    Yo voy a mandar un mensaje a Juan. (O)   Yo voy a mandar un mensaje Juan. (X)

 ¡Vamos a practicar!   다음 문장에서 간접 목적어에 ○ 하세요.

1 Yo regalo un libro a Fernando.
2 Ella lee un cuento a sus hijos.
3 Yo voy a mandar un mensaje a Juan.

🇪🇸 간접 목적어 2

⭐ 간접 목적격 인칭 대명사의 형태와 기본 특징

1인칭, 2인칭 혹은 이미 한 번 언급된 3인칭 간접 목적어는 '간접 목적격 인칭 대명사'를 이용하여 나타낼 수 있습니다. 간접 목적격 인칭 대명사는 직접 목적격 인칭 대명사와 마찬가지로 동사 앞에 위치합니다.

1인칭	me	나에게	nos	우리에게
2인칭	te	너에게	os	너희들에게
3인칭	le	그에게/그녀에게 당신에게	les	그들에게/그녀들에게 당신들에게

예) Juan me envía un correo cada semana.   후안은 매주 나에게 이메일 하나를 보낸다.

Te estoy haciendo un jersey.   (내가) 너에게 스웨터 하나를 만들어 주고 있다.

Ana le regala un ordenador.   아나는 그/그녀/당신에게 컴퓨터 한 대를 선물한다.

El profesor nos va a mandar un mensaje.   선생님은 우리에게 메시지 하나를 보낼 것이다.

Os voy a contar una historia.   (내가) 너희들에게 이야기 하나를 들려줄게.

El jefe les hace preguntas.   상사는 그들/그녀들/당신들에게 질문을 한다.

¡Recuerda! 3인칭 간접 목적격 인칭 대명사 le, les가 쓰여 그 대상이 모호해질 경우, 문장 끝에 'a + 대상'을 추가하여 그 대상을 명확히 할 수 있습니다.

예) Ana le regala un ordenador a Susana. 아나는 수사나에게 컴퓨터 한 대를 선물한다.
(le = a Susana)
El jefe les hace preguntas a ellos. 상사는 그들에게 질문을 한다. (les = a ellos)

¡Recuerda! 간접 목적격 인칭 대명사도 주어에 맞게 활용된 동사의 앞에 오거나, 동사 원형, 진행형, 긍정 명령형 바로 뒤에 붙여 쓸 수 있습니다.

예) El profesor nos va a mandar un mensaje. = El profesor va a mandarnos un mensaje.
Os voy a contar una historia. = Voy a contaros una historia.
Te estoy haciendo un jersey. = Estoy haciéndote un jersey.

⭐ 간접 목적격 인칭 대명사와 직접 목적격 인칭 대명사

간접 목적어든 직접 목적어든 대화 상대가 서로 알고 있는 대상이나 이미 한 번 언급된 대상이면 목적격 인칭 대명사로 받습니다. 이때 기본 문장 구조는 '주어 + 간접 목적격 인칭 대명사 + 직접 목적격 인칭 대명사 + 동사'가 됩니다.

질문에 대한 대답의 형태로 간접/직접 목적격 인칭 대명사가 쓰인 문장을 연습해 봅시다.

❶ 기본 문장 구조: '주어 + 간접 목적격 인칭 대명사 + 직접 목적격 인칭 대명사 + 동사'

질문	대답
¿Quién te envía ese libro? 누가 너에게 그 책을 보내?	Juan me lo envía. 후안이 나에게 그것을 보내. (그것 = 그 책)
¿Quién me hace un café? 누가 나에게 커피 한 잔을 만들어 주지?	Yo te lo hago. 내가 너에게 그것을 만들어 줄게. (그것 = 커피 한 잔)

Unidad 24 간접 목적어 **151**

❷ 동사 원형이 들어간 구문이나, 진행형, 긍정 명령형의 경우, 간접/직접 목적격 인칭 대명사는 주어에 맞게 활용된 동사의 앞이나, 동사 원형, 진행형, 긍정 명령형 바로 뒤에 붙여 씁니다.

· 동사 원형이 들어간 문장

질문	대답
¿Quién os va a mandar un mensaje? 누가 너희들에게 메시지 하나를 보낼 거야?	El profesor nos lo va a mandar. (= El profesor va a mandárnoslo.) 선생님이 우리에게 그것을 보낼 거야. (그것 = 메시지 하나)
¿Quién nos va a contar una historia? 누가 우리에게 이야기 하나를 들려줄 거야?	Yo os la voy a contar. (= Yo voy a contárosla.) 내가 너희들에게 그것을 들려줄 거야. (그것 = 이야기 하나)

· 'estar + 현재 분사'의 현재 진행형

질문	대답
¿Me estás apuntando la dirección de tu casa? 너 나에게 너의 집 주소 메모해 주고 있니?	Sí, te la estoy apuntando. (Sí, estoy apuntándotela.) 응, 너에게 그것을 메모해 주고 있어. (그것 = 집 주소)

· 긍정 명령형

질문	대답
¿Te hago un café? (내가) 너에게 커피 한 잔 만들어 줄까?	Sí, házmelo. 응, 나에게 그것을 해 줘. (그것 = 커피 한 잔)

¡Recuerda! ❷의 경우, 간접/직접 목적격 인칭 대명사는 반드시 함께 움직이며, 간접 목적격 인칭 대명사는 항상 직접 목적격 인칭 대명사 앞에 옵니다.

예) El profesor nos lo va a mandar. (O)   El profesor va a mandárnoslo. (O)
El profesor nos va a mandarlo. (X)   El profesor lo va a mandarnos. (X)

¡Recuerda! 동사 원형, 진행형, 긍정 명령형은 고유의 강세를 유지하려고 합니다. 따라서 목적격 인칭 대명사가 바로 뒤에 붙었을 때, 강세의 변화가 생긴다면 강세 기호(tilde)를 이용하여 자신의 원래 강세를 지킵니다. (23과 참고)

예) El profesor va a mandárnoslo. (O)   El profesor va a mandarnoslo. (X)
Yo voy a contárosla. (O)   Yo voy a contarosla. (X)
Sí, estoy apuntándotela. (O)   Sí, estoy apuntandotela. (X)

¡Vamos a practicar! 밑줄 친 부분에 들어갈 목적격 인칭 대명사를 쓰세요.

1 ¿Quién os va a mandar un mensaje?
→ El profesor _____ _____ va a mandar.

2 ¿Me estás apuntando la dirección de tu casa?
→ Sí, _____ _____ estoy apuntando.

3 ¿Quién le regala un ordenador a Susana?
→ Ana _____ _____ regala.

❸ **3인칭 간접 목적격 대명사와 3인칭 직접 목적격 대명사가 함께 쓰인 경우, 간접 목적격 대명사는 단복수 모두 se로 쓰입니다.**

질문	대답
¿Quién le regala un ordenador a Susana? 누가 수사나에게 컴퓨터 한 대를 선물해?	Ana se lo regala. (Ana le lo regala. (X)) 아나가 그녀에게 그것을 선물해.
¿Quién les hace preguntas? 누가 그들에게 질문을 하지?	El jefe se las hace. (El jefe les las hace. (X)) 상사가 그들에게 질문을 해.
¿Quién le va a mandar un libro a Juan? 누가 후안에게 책 한 권을 보낼 거지?	Pedro se lo va a mandar. (Pedro le lo va a mandar. (X)) 페드로가 그에게 그것을 보낼 거야.
¿Quién le entrega la carta a Rafa? 누가 라파에게 편지를 전하지?	Yo se la entrego. (Yo le la entrego. (X)) 내가 그에게 그것을 전할게.
¿Quién le va a decir a Eva que se ha cancelado la reunión? 누가 에바에게 모임이 취소되었다고 말할 거야?	Yo se lo voy a decir. (Yo le lo voy a decir. (X)) 내가 그녀에게 그것을 말할게.
¿Cuándo le decimos a Juan que queremos visitarle? 우리가 후안을 방문하고 싶다고 후안에게 언제 말하지?	Mañana se lo decimos. (Mañana le lo decimos. (X)) 내일 우리가 그에게 그것을 말하자.
¿Cuándo le digo que ya no quiero seguir con él? 내가 그와 더 이상 사귀고 싶지 않다고 그에게 언제 말하지?	Hoy mismo se lo dices. (Hoy mismo le lo dices. (X)) 오늘 당장 그에게 그것을 말해.

¡Recuerda! ❸의 경우, 다음과 같이 정리할 수 있습니다.
- le(s) lo ➡ se lo
- le(s) los ➡ se los
- le(s) la ➡ se la
- le(s) las ➡ se las

Ejercicios - 간접 목적어

정답 p.384

❶ 괄호 안의 단어를 순서대로 배열하여 문장을 완성하세요.

1 후안은 나에게 이메일 하나를 보낸다. (me / envía / Juan / correo / un)

   ➜ _____

2 내가 너에게 커피 한 잔을 만들어 줄게. (te / yo / hago / café / un)

   ➜ _____

3 (내가) 너희들에게 이야기 하나를 들려줄게. (voy / os / a / historia / contar / una)

   ➜ _____

4 상사는 그들/그녀들/당신들에게 질문을 한다. (preguntas / el / les / jefe / hace)

   ➜ _____

❷ 다음 중 틀린 문장을 골라 바르게 고치세요.

① Os voy a contar una historia.

② Ana le regala un ordenador a Susana.

③ El jefe les hace preguntas a ellos.

④ El profesor va a mandar os un mensaje.

➜ 잘못된 것은? _____ 번,

   바르게 수정하면? _____

❸ 간접/직접 목적격 인칭 대명사를 사용하여 밑줄 친 부분에 들어갈 말을 쓰세요.

1 ¿Quién te prepara la comida?   ➜ Mi madre _____ _____ prepara.

2 ¿Quién me va a enseñar la casa?   ➜ El casero _____ _____ va a enseñar.

3 ¿Quién le va a regalar un coche a Juan? ➜ Sus padres _____ _____ van a regalar.

4 ¿Quién les presta dinero a ellos?   ➜ Ana _____ _____ presta.

¡Vamos a hablar!

 p.384

✏️ 다음 빈도를 나타내는 표현을 활용하여 질문에 답하세요.

Ejemplo

질문: ¿Con qué frecuencia vas a la biblioteca? 얼마나 자주 너는 도서관에 가니?

→ Voy a la biblioteca una vez a la semana. 나는 일주일에 한 번 도서관에 가.

todos los días	매일
cada dos días	이틀마다
cada tres días	삼 일마다
una vez **al día**	하루에 한 번
dos veces **al día**	하루에 두 번
una vez **a la semana**	일주일에 한 번
tres veces **a la semana**	일주일에 세 번
una vez **al mes**	한 달에 한 번
dos o tres veces **al año**	일 년에 두세 번

❶ ¿Con qué frecuencia comes fuera?
→ _____

❷ ¿Con qué frecuencia estudias español?
→ _____

❸ ¿Con qué frecuencia haces ejercicio?
→ _____

❹ ¿Con qué frecuencia viajas al extranjero?
→ _____

❺ ¿Con qué frecuencia vas al cine?
→ _____

❻ ¿Con qué frecuencia vas de compras?
→ _____

❼ ¿Con qué frecuencia quedas con tus amigos?
→ _____

Unidad 25 재귀 동사

이번 과에서는 재귀 동사를 학습합니다. 재귀 동사의 원형은 '-ar, -er, -ir 동사 원형 + 재귀 대명사 -se'의 형태로, 동사 변화 시 -se가 동사 앞에서 주어에 맞게 변형됩니다. 스페인어의 재귀 동사는 한국어에 없는 개념이기 때문에 처음 스페인어를 배우는 분들에게 낯설게 느껴질 수 있지만, 자주 쓰이는 재귀 대명사가 쓰인 문장들을 외워 두면 조금 더 쉽게 학습할 수 있습니다.

오늘의 암기 문장

Yo me levanto a las 7.	나는 7시에 일어난다.
¿A quién te pareces?	너는 누구를 닮았니?

 재귀 동사의 개념과 용법

★ 재귀 동사의 개념과 형태

일반적으로 재귀 동사를 '어떤 행동이 자신에게 돌아오는 동사'라고 설명합니다. 예를 들어, 내가 내 손을 씻거나, 내가 내 머리를 빗는다고 할 때 재귀 동사를 사용합니다. 그러나 모든 재귀 동사가 스스로에게 행하는 동작을 표현하는 것은 아니기 때문에, 이 부분을 주의해야 합니다.

❶ 재귀 동사의 원형

모든 재귀 동사의 원형은 재귀 대명사 -se의 형태로 끝납니다.

재귀 동사	의미
afeitarse	면도하다
acostarse	잠자리에 들다, 자러 가다
bañarse	목욕하다, (바닷물 등에) 몸을 담그다
despertarse	(잠에서) 깨다
ducharse	샤워를 하다
levantarse	(잠자리에서) 일어나다
lavarse	(자신의 신체 부위를) 씻다
peinarse	머리를 빗다

위의 동사들처럼 '스스로에게 가하는 동작'을 표현하는 재귀 동사들도 있지만, 다음과 같이 그렇지 않은 경우도 많기 때문에 'ㅇㅇㅇ 동사는 재귀 동사로 쓰인다'라고 정리하는 것이 좋습니다.

재귀 동사	의미
casarse	결혼하다
dedicarse	(a + 명사) (~에) 종사하다
irse	떠나다
parecerse	(a + 사람) (~를) 닮다
quedarse	머물다
sentirse	느끼다

¡Recuerda! 재귀 동사의 원형에서 재귀 대명사 -se는 동사 원형에 붙여 씁니다.
예 면도하다: afeitarse (O)   afeitar se (X)

¡Recuerda! 대부분의 재귀 동사는 '타동사 + -se'의 형태입니다. 이 경우, -se를 빼면 타동사로 쓰일 수 있습니다.
예 afeitarse 면도하다   vs   afeitar (~를) 면도시키다
   levantarse (잠자리에서) 일어나다   vs   levantar (~를) 일으키다

★ 재귀 동사의 동사 변화

재귀 동사의 동사 변화는

① 재귀 대명사 -se를 주어에 맞게 동사 앞에서 me, te, se, nos, os, se의 형태로 바꾸고
② -se를 제외한 -ar, -er, -ir 동사도 주어에 맞게 바꿉니다.
③ 문장을 만들 때는 '주어(yo) + 재귀 대명사(me)+ 주어에 맞게 변화된 동사(levanto)'가 됩니다.
  (주어는 생략할 수 있습니다.)

levantarse ((잠자리에서) 일어나다)

yo	me	levanto	nosotros/as	nos	levantamos
tú	te	levantas	vosotros/as	os	levantáis
él, ella, usted	se	levanta	ellos, ellas, ustedes	se	levantan

parecerse (a + 사람) ((~를) 닮다)

yo	me	parezco	nosotros/as	nos	parecemos
tú	te	pareces	vosotros/as	os	parecéis
él, ella, usted	se	parece	ellos, ellas, ustedes	se	parecen

tip parecerse에서 동사 parecer는 1인칭 단수만 불규칙(parezco)입니다.

sentirse (느끼다)

yo	me	siento	nosotros/as	nos	sentimos
tú	te	sientes	vosotros/as	os	sentís
él, ella, usted	se	siente	ellos, ellas, ustedes	se	sienten

tip sentirse에서 동사 sentir는 e-ie의 어간 변화를 하는 불규칙 동사입니다. (12과 참고)

예
Yo me levanto a las 7. — 나는 7시에 일어난다.
¿Te levantas temprano? — 너는 일찍 일어나니?
¿A qué hora os levantáis entre semana? — 주중에 너희들 몇 시에 일어나니?
Mis hijos se levantan tarde los fines de semana. — 나의 아이들은 주말에는 늦게 일어난다.

예
Yo no me parezco a mi madre. — 나는 나의 어머니를 닮지 않았다.
¿A quién te pareces? — 너는 누구를 닮았니?
Juan se parece a su padre. — 후안은 그의 아버지를 닮았다.

예
Me siento feliz cuando estoy con él. — 나는 그와 있을 때 행복하다.
Ella se siente orgullosa de sus hijos. — 그녀는 그녀의 자식들을 자랑스러워한다.
Nos sentimos mal por su comentario. — 그의 코멘트 때문에 우리는 기분이 나쁘다.

¡Recuerda! sentirse 동사의 보어로 형용사 혹은 부사가 쓰입니다.

¡Recuerda! 부정어는 재귀 대명사 앞에 옵니다.
예 Yo no me parezco a mi madre. (O) Yo me no parezco a mi madre. (X)

¡Recuerda! 재귀 동사 변화에서 재귀 대명사와 동사의 인칭과 수는 같아야 합니다. 인칭이 다르면 재귀 동사가 아닌 목적어를 수반하는 타동사의 활용입니다.
예 despertarse (잠에서) 깨다 (e-ie 어간 변화 동사)
Yo me despierto a las 7. 나는 7시에 깬다. ➡ me (1인칭 단수) + despierto (1인칭 단수)
Yo te despierto a las 7. 나는 **너를** 7시에 깨운다. ➡ te (2인칭 단수) + despierto (1인칭 단수)

¡Vamos a practicar! 밑줄 친 부분에 알맞은 재귀 동사를 쓰세요.

1 나는 7시에 일어난다.
➡ Yo _____ _____ a las 7.

2 후안은 그의 아버지를 닮았다.
➡ Juan _____ _____ a su padre.

3 나는 그와 있을 때 행복하다.
➡ _____ _____ feliz cuando estoy con él.

재귀 동사의 그 밖의 특징

★ 재귀 대명사의 쓰임

❶ 특징 1

동사 원형이 들어가는 구문에 재귀 동사가 쓰일 경우, 재귀 동사의 원형에서 -se는 주어에 맞게 변형시킵니다.

예 Voy a acostar**me**. (O)   나 자러 갈게.
→ Voy a acostar**se**. (X)

¿Mañana puedes levantar**te** más temprano? (O)   너 내일 더 일찍 일어날 수 있어?
→ ¿Mañana puedes levantar**se** más temprano? (X)

❷ 특징 2

문장에 동사 원형이나 현재 분사가 있을 경우, 재귀 대명사는 주어에 맞게 활용된 동사의 앞이나, 동사 원형, 진행형 바로 뒤에 붙여 쓸 수 있습니다.

예 **Me** voy a acostar. = Voy a acostar**me**.   나 자러 갈게.

¿**Te** estás afeitando? = ¿Estás afeitándo**te**?   너 면도 중이야?

¡Recuerda! ¿Estás afeitándo**te**?에 강세 기호(tilde)가 생기는 것에 주의합니다. (23과 참고)

★ 재귀 동사 + 신체 부위

재귀 동사가 신체 부위와 함께 쓰일 경우, 신체 부위 앞에는 소유 형용사가 아닌 정관사가 쓰입니다.

예 **Me** lavo **las** manos antes de comer. (O)   나는 식사하기 전에 손을 씻는다.
→ **Me** lavo **mis** manos antes de comer. (X)

Mi hija no **se** seca **el** pelo con secador. (O)   나의 딸은 드라이기로 머리를 말리지 않는다.
→ Mi hija no **se** seca **su** pelo con secador. (X)

¡Vamos a practicar!   밑줄 친 부분에 괄호 안의 동사를 변형하여 쓰세요.

1 나 자러 갈게. (acostarse)
→ Voy a _____.

2 너 내일 더 일찍 일어날 수 있어? (levantarse)
→ ¿Mañana puedes _____ más temprano?

3 나는 식사하기 전에 손을 씻는다. (lavarse)
→ _____ _____ las manos antes de comer.

Ejercicios - 재귀 동사

정답 p.384

❶ 밑줄 친 부분에 괄호 안의 동사를 변형하여 쓰세요.

1 나는 아침에 샤워를 한다. (ducharse)

   ➔ Yo _____ _____ por la mañana.

2 너는 일찍 일어나니? (levantarse)

   ➔ ¿_____ _____ temprano?

3 나의 아이들은 해수욕하는 것을 좋아한다. (bañarse)

   ➔ A mis hijos les gusta _____ en la playa.

4 그녀는 그녀의 자식들을 자랑스러워한다. (sentirse)

   ➔ Ella _____ _____ orgullosa de sus hijos.

❷ 다음 중 틀린 문장을 골라 바르게 고치세요.

① ¿A qué hora os levantáis entre semana?

② Nos sentimos mal por su comentario.

③ Yo me no parezco a mi madre.

④ Yo me despierto a las 7.

➔ 잘못된 것은? _____ 번,

   바르게 수정하면? _____

❸ 재귀 대명사의 위치를 바꿔 같은 의미의 문장을 만드세요.

1 ¿Mañana puedes levantarte más temprano?

   ➔ _____

2 Me voy a acostar.

   ➔ _____

3 ¿Te estás afeitando?

   ➔ _____

¡Vamos a hablar!

다음 재귀 동사와 해석을 참고하여 Ana의 일과를 완성하세요.

acostarse	잠자리에 들다
ducharse (2)	샤워하다
levantarse (2)	(잠자리에서) 일어나다
maquillarse	화장하다
peinarse	머리를 빗다
ponerse	~를 입다
relajarse	편하게 쉬다

매일 나는 아침 6시에 일어난다. 그렇게 일찍 일어나는 것을 나는 좋아하지 않는다. 그렇지만 그렇게 해야 한다. 아침 7시경에 샤워를 한다. 샤워를 한 후, 머리를 빗고, 나의 직장 유니폼을 입고 화장을 조금 한다. 나는 차로 출근한다.

1시경에, 직장 근처에 있는 어느 식당에서 점심을 먹는다. 오후 6시에 집으로 돌아온다. 가벼운 뭔가를 저녁으로 먹고 편하게 쉬기 위해서 텔레비전을 본다.

10시경에 잠자리에 든다. 왜냐하면 일찍 일어나야 하기 때문이다.

Cada día _____ _____ a las 6 de la mañana. No me gusta _____ tan temprano. Pero bueno, tengo que hacerlo. _____ _____ sobre las 7 de la mañana. Después de _____, _____ _____. _____ _____ el uniforme de mi trabajo y _____ _____ un poco. Voy al trabajo en coche.

Sobre la una como en un restaurante cerca de mi trabajo. A las 6 de la tarde vuelvo a casa. Ceno algo ligero y veo la tele para _____.

_____ _____ sobre las 10 porque tengo que madrugar.

Unidad 26 역구조 동사

이번 과에서는 역구조 동사를 학습합니다. 역구조 동사는 문두에 와야 할 주어가 문미에 오기 때문에 붙여진 이름입니다. 문법상 주어와 해석상 주어가 다르기 때문에 머릿속으로는 역구조 동사에 대해 알고 있더라도, 말할 때 제대로 나오지 않는 경우가 많습니다. 이 과에서는 편의상 역구조 동사의 주어를 밑줄로 표시했습니다.
"1) 주어가 동사 뒤에 있다. 2) 동사 변화는 뒤에 나오는 주어에 따른다." 이 두 가지를 꼭 명심하세요.

🍊 오늘의 암기 문장

Me gusta bailar.	나는 춤추는 것을 좋아한다.
Me duele la cabeza.	나는 머리가 아파.

🇪🇸 역구조 동사의 기본

★ 역구조 동사의 기본 개념

가장 대표적인 역구조 동사로 '~를 좋아하다'의 gustar를 들 수 있습니다. '나는 ~를 좋아한다'를 스페인어 문장으로 'Yo gusto~'라고 하지 않습니다. 그렇다면, '나는 ~를 좋아한다'를 스페인어로 어떻게 말할까요?

> Me gusta ~.

바로 위와 같이 말합니다. 해석상의 주어인 '나'는 간접 목적격 인칭 대명사인 me로 표시합니다. 직역하면 마치, '~가 나에게 좋아하는 마음을 일으킨다'를 통해서 '나는 ~를 좋아한다'를 표현하는 것과 같습니다. 그러나 역구조 동사들을 직역 따로, 자연스러운 뜻 따로 분류하는 것은 번거로운 일이기에, 역구조 동사의 문법적인 특징을 학습한 후, 처음부터 자연스러운 해석을 하며 공부하는 것이 좋습니다.

★ 역구조 동사의 활용과 특징

① gustar 동사로 보는 역구조 동사의 기본 특징

		나는 ~를 좋아한다.	
생략 가능	해석상 주어	동사	문법상 주어
A mí	me	gusta	<u>bailar</u>.
		나는 춤추는 것을 좋아한다.	
A mí	me	gusta	<u>la comida italiana</u>.
		나는 이탈리아 음식을 좋아한다.	
A mí	me	gusta**n**	<u>la**s** película**s** mexicana**s**</u>.
		나는 멕시코 영화들을 좋아한다.	

- 역구조 동사의 문법적인 주어는 문미에 위치합니다.
- 동사 원형이나 명사가 주어가 될 수 있습니다.
- 동사 원형이 주어일 경우, 동사는 3인칭 단수로 활용합니다. (gusta)
- 명사 주어는 보통 정관사를 수반하며, 복수 명사가 주어일 경우, 동사도 복수로 활용합니다. (gustan)
- a mí는 보통 생략하며, 강조하거나 누군가와 다른 의견을 표시할 때 씁니다.

❷ gustar 동사로 보는 역구조 동사의 전 인칭 활용

~를 좋아한다.

생략 가능	해석상 주어	동사	문법상 주어
A mí	me	gusta	bailar.
	나는 춤추는 것을 좋아한다.		
A ti	te	gusta**n**	la**s** película**s** de acción.
	너는 액션 영화들을 좋아한다.		
A él / A ella / A usted	le	gusta	la música clásica.
	그는/그녀는/당신은 클래식 음악을 좋아한다.		
A nosotros/as	nos	gusta**n**	la**s** película**s** de terror.
	우리들은 공포 영화들을 좋아한다.		
A vosotros/as	os	gusta	el café.
	너희들은 커피를 좋아한다.		
A ellos / A ellas / A ustedes	les	gusta**n**	la**s** marca**s** caras.
	그들은/그녀들은/당신들은 비싼 브랜드들을 좋아한다.		

¡Recuerda! 주어가 복수이면 동사도 그에 맞게 활용합니다.
  예 Te **gustan** las películas de acción. (O)   Te **gusta** las películas de acción. (X)

¡Recuerda! comida와 música는 집합 명사로 쓰였습니다. 따라서, 복수로 쓰지 않습니다.

¡Recuerda! 역구조 동사의 주어로 대부분 동사 원형이나 단수 혹은 복수의 사물이 쓰이기 때문에, 역구조 동사가 들어간 문장에서 동사는 대부분 3인칭 단수 혹은 3인칭 복수로 활용됩니다.

¡Recuerda! 그럼에도 불구하고, '나는 너를 좋아한다, 너는 나를 좋아한다'와 같이 인칭 대명사 주어를 넣어서 문장을 만들 수 있습니다. 이 경우에도 동사는 주어에 맞게 활용합니다.
  예 Me gustas tú. 나는 너를 좋아해.   Te gusto yo. 너는 나를 좋아한다.

¡Vamos a practicar! 밑줄 친 부분에 gustar 동사의 알맞은 형태를 쓰세요.

1 나는 춤추는 것을 좋아한다.   ➔ Me _____ bailar.
2 너는 액션 영화들을 좋아한다.   ➔ Te _____ las películas de acción.
3 너희들은 커피를 좋아한다.   ➔ Os _____ el café.

자주 쓰이는 역구조 동사들과 그 밖의 특징

★ 자주 쓰이는 역구조 동사

역구조 동사	의미
apetecer	~가 당기다
caer bien / caer mal	(사람 주어와 쓰여) ~를 괜찮은 사람으로 보다 / ~를 사람으로서 싫어하다
doler	(신체 부위와 쓰여) ~가 아프다
encantar	~를 매우 좋아하다
importar	~는 중요하다 (부정문으로 쓰여) ~는 상관없다 (의문문으로 쓰여) ~해도 괜찮아요?
interesar	~에 흥미가 있다, 관심이 있다
molestar	~가 짜증 나다, ~가 거슬리다, 신경 쓰이다 (의문문으로 쓰여) ~해도 괜찮아요?
preocupar	~가 걱정이 되다
sorprender	~에 놀라다

예
Me apetece una pizza. 나는 피자 한 판이 당겨.
¿Te apetece salir esta noche? 너 오늘 밤에 놀러 나갈래?
A Juan le cae bien Estrella. 후안은 에스트레야를 사람으로서 괜찮게 생각한다.
A mí me cae mal Pedro. 나는 페드로가 참 별로야.

¡Recuerda! caer bien, caer mal과 같이 동사 뒤에 부사가 붙어서 역구조로 쓰이는 표현들도 있습니다.

예
Me duele la cabeza. 나는 머리가 아파.
A mi madre le duelen las piernas. 나의 어머니는 다리가 아프다.
Me encanta comer fuera. 나는 외식하는 것을 매우 좋아해.
A nosotros nos encanta pedir comida a domicilio. 우리는 배달 음식을 시키는 것을 매우 좋아한다.

¡Recuerda! encantar 동사는 자체가 최상급의 의미를 갖고 있기 때문에 mucho와 쓰이지 않습니다. encantar는 gustar mucho와 비슷한 뜻이 됩니다.

> **예** Me encanta mucho comer fuera. (X)
> Me encanta comer fuera. = Me gusta mucho comer fuera.
> 나는 외식하는 것을 매우 좋아한다.

¡Recuerda! encantar 동사는 부정문으로 쓰이지 않습니다. 이 경우, gustar를 사용합니다.

> **예** No me encanta comer fuera. (X)
> No me gusta comer fuera. (O) 나는 외식하는 것을 좋아하지 않는다.

| 예 | A: ¿Te importa si fumo aquí? | 내가 여기서 담배 피워도 너 괜찮아? |
| B: No, no me importa. | 응, 괜찮아. |

예	A mis hijos les interesan los idiomas.	나의 아이들은 언어들에 흥미가 있다.
A mí no me interesa viajar.	나는 여행하는 것에 흥미가 없다.
Me molesta la música.	(예를 들어, 공부하는 중에 음악 소리가 들리자) 나는 음악이 거슬려.
A: ¿Te molesta si me siento aquí?	내가 여기 앉아도 될까?
B: No, no me molesta.	응, 괜찮아.

¡Recuerda! ¿Te importa si fumo aquí? / ¿Te molesta si me siento aquí? 이 두 문장은 직역하면 '내가 여기서 담배를 피우면 너에게 신경이 쓰일까?' '내가 여기 앉으면 너에게 거슬릴까?'로 해석되기 때문에, 답변을 할 때 상대의 행위가 거슬리지 않는다면, No, no me importa. (아니, 신경 쓰이지 않아.) / No, no me molesta. (아니 거슬리지 않아.)와 같이 No로 답변을 해야 한국어에 '응, 괜찮아'에 해당합니다.

¡Recuerda! interesar와 molestar는 뒤에 si 조건절과 함께 쓰여 상대의 좋고 싫음에 대해 질문할 수 있습니다.

¡Recuerda! 역구조 동사가 쓰인 문장에서 부정어는 간접 목적격 인칭 대명사 앞에 씁니다.
예 A mí **no** me interesa viajar. 나는 여행하는 것에 흥미가 없다.

예	Me preocupa la salud de mi madre.	나는 내 어머니의 건강이 걱정이 된다.
¿A ustedes les preocupa cómo ganar dinero?	당신들은 돈을 어떻게 버는지가 걱정이 됩니까?
Nos sorprende su comportamiento.	그 사람의 행동에 우리는 놀란다.
No me sorprende su respuesta.	그 사람의 답변에 나는 놀라지 않는다.

¡Recuerda! cómo + 동사 원형 = 어떻게 ~하는지, ~하는 방법
예 ¿A ustedes les preocupa cómo ganar dinero? 당신들은 돈을 어떻게 버는지가 걱정이 됩니까?

★ 그 밖의 특징 및 주의할 점

❶ 주어 생략

역구조 동사가 쓰인 문장에서 주어가 이미 언급이 되었거나, 동사를 보고 주어를 명확히 알 수 있으면 주어를 생략합니다.

예	A: ¿Te gusta cantar?	너 노래 부르는 거 좋아해?
B: Sí, me gusta (cantar). / No, no me gusta (cantar).	응, 나 (노래 부르는 거) 좋아해. / 아니, 나 (노래 부르는 거) 좋아하지 않아.
A: ¿Qué tal la película de ayer?	어제 영화 어땠어?
B: Me gustó (la película).	(영화) 좋았어.
A: ¿Te gusto (yo)?	너는 나를 좋아하니?
B: Sí, me gustas (tú).	응, 나는 너를 좋아해.

¡Recuerda! Me gustó (la película).에서 gustó는 gustar의 단순 과거 3인칭 단수 형태이며 30과에서 학습합니다.

❷ 동조 혹은 반대 의견 표현하기

역구조 동사를 사용하여 상대의 의견을 물을 때 ¿Y tú? ¿Y usted?의 형태가 아닌 ¿Y a ti? ¿Y a usted?의 형태를 사용합니다. 답변으로도 A mí también. / A mí no.의 형태를 사용합니다.

	본인 긍정	본인 부정
상대 긍정	A mí también.	A mí no.
상대 부정	A mí sí.	A mí tampoco.

예   A: A mí me gusta viajar. ¿Y a ti?   나는 여행하는 거 좋아해. 너는?
　　 B: A mí también. / A mí no.   나도 좋아해. / 나는 안 좋아해.

　　 A: ¿No te molesta ese ruido?   너 저 소리 안 거슬려?
　　 B: A mí no. ¿A ti sí?   나는 안 거슬리는데. 너는 그래? (= 너는 거슬려?)

　　 A: No me gusta la lluvia.   나는 비를 좋아하지 않아.
　　 B: A mí sí. / A mí tampoco.   나는 좋아해. / 나도 안 좋아해.

¡Recuerda!   ¿Y a ti?라고 묻는 이유는, ¿Y a ti te gusta viajar?의 생략형이기 때문입니다.
　　　　　　 마찬가지로, A mí también.의 경우도 A mí también me gusta viajar.의 생략형입니다.

❸ 부사의 위치 및 주의할 점

mucho, tanto, nada 등의 부사는 역구조 동사와 주어 사이에 위치하는 것이 가장 자연스럽습니다.

예   Me interesa **mucho** trabajar en el extranjero.
　　 나는 외국에서 일하는 데 관심이 많이 있다.

　　 A Ana no le gusta **nada** hacer ejercicio.
　　 아나는 운동하는 것을 전혀 좋아하지 않는다.

　　 Me interesa **mucho** el chino, pero no me interesa **tanto** el francés.
　　 나는 중국어에는 흥미가 많이 있지만, 프랑스어에는 그다지 흥미가 없다.

y를 사용하여 동사 원형 주어가 두 개 혹은 그 이상이 나와도 역구조 동사는 3인칭 단수로 쓰입니다. 그러나, y를 사용하여 사물 주어를 나열할 경우에는, 역구조 동사를 3인칭 복수로 씁니다.

예   A mi padre le **gusta** esquiar y nadar.
　　 나의 아버지는 스키 타는 것과 수영하는 것을 좋아하신다.

　　 A mi padre le **gustan** el esquí y la natación.
　　 나의 아버지는 스키와 수영을 좋아하신다.

¡Recuerda!   A mi padre le gusta esquiar y nadar.는 A mi padre le gusta esquiar y le gusta nadar.의 생략형으로 봅니다. 따라서, 동사를 3인칭 단수로 씁니다.

¡Recuerda!   A mi padre le gustan el esquí y la natación. 이 문장의 경우, '나의 아버지는 직접 스키 타는 것과 수영하는 것을 좋아하신다' 혹은 '나의 아버지는 스키와 수영 종목을 보는 것을 좋아하신다'와 같이 두 가지 해석이 가능합니다.

Ejercicios - 역구조 동사

정답 p.384

❶ 괄호 안의 역구조 동사를 밑줄 친 부분에 쓰세요.

1 너 오늘 밤에 놀러 나갈래? (apetecer)
   ➜ ¿Te _____ salir esta noche?

2 나는 페드로가 참 별로야. (caer mal)
   ➜ A mí me _____ _____ Pedro.

3 나의 아이들은 언어들에 흥미가 있다. (interesar)
   ➜ A mis hijos les _____ los idiomas.

4 당신들은 돈을 어떻게 버는지가 걱정이 됩니까? (preocupar)
   ➜ ¿A ustedes les _____ cómo ganar dinero?

❷ 다음 중 틀린 문장을 골라 바르게 고치세요.

① Te gustan las películas de acción.

② Juan le cae bien Estrella.

③ ¿Te importa si fumo aquí?

④ Me preocupa la salud de mi madre.

➜ 잘못된 것은? _____ 번.

   바르게 수정하면? _____

❸ 동조 혹은 반대의 의견을 표현하세요.

1 A: A mí me gustan los idiomas. ¿Y a ti?   나는 외국어를 좋아해. 너는?
   B: _____   나도 좋아해.

2 A: A mí no me gusta el inglés. ¿Y a ti?   나는 영어를 좋아하지 않아. 너는?
   B: _____   나도 좋아하지 않아.

¡Vamos a hablar!

✏️ <보기>를 참고하여, 아래 그림을 보고 신체 부위와 관련된 단어를 사용하여 아픈 곳을 묘사하세요.

Ejemplo

0. ¿Qué le duele a Juan? 후안은 어디가 아픈가요?

→ A Juan le duele la cabeza. 후안은 머리가 아픕니다.

💡 **tip** 한국어로 '어디가 아픈가요?'는 의문사 dónde가 아닌 qué를 사용해서 묻습니다.

el oído 귀(내이)	la garganta 목	la rodilla 무릎	los pies 발
el estómago 배	la cabeza 머리	la muela 어금니	la espalda 허리

1. ¿Qué le duele a Pablo?
   → _____

2. ¿Qué le duele a Ana?
   → _____

3. ¿Qué le duele a Raúl?
   → _____

4. ¿Qué le duele a David?
   → _____

5. ¿Qué le duele a José?
   → _____

6. ¿Qué le duele a Estrella?
   → _____

7. ¿Qué le duele a Susana?
   → _____

Unidad 27 명령형 1

이번 과에서는 명령형을 학습합니다. 스페인어는 긍정 명령과 부정 명령의 동사 형태가 달라 주의해야 합니다. 재귀 동사의 명령형은 긍정 명령, 부정 명령과도 다른 특징을 갖기 때문에 보통 스페인어 명령형을 자유롭게 구사하기까지에는 많은 시간이 필요합니다. 동사 변화에 주의하며 명령형을 학습해 봅시다.

오늘의 암기 문장

Habla más alto. 더 크게 말해.
Lávate las manos antes de comer. 식사하기 전에 손을 씻어.

명령형 (규칙 변화)

★ 긍정 명령형과 부정 명령형

❶ 의미

'~해라, ~하세요' 혹은 '~하지 마, ~하지 마세요'의 긍정/부정 명령은 대화를 나누고 있는 있는 상대에게 하는 말이므로, 너(tú), 너희들(vosotros/as), 당신(usted) 그리고 당신들(ustedes)에게 쓰입니다. 다만, 우리(nosotros/as)에게 쓰일 경우, '~하자, ~합시다'의 제안의 뜻을 갖습니다.

❷ 형태

다음의 표에서 알 수 있듯, 스페인어의 명령형은 인칭과 동사에 따라 형태가 다른데, 부정 명령형은 긍정 명령형과도 다르게 변화합니다. 편의상 동사의 어미를 빨간색으로 표시했습니다. estudiar, comer, escribir 동사를 통해 -ar, -er, -ir 동사의 명령형을 확인해 봅시다.

명령형 규칙 변화	-ar hablar		-er comer		-ir escribir	
	긍정	부정	긍정	부정	긍정	부정
tú	habla	no hables	come	no comas	escribe	no escribas
usted	hable	no hable	coma	no coma	escriba	no escriba
nosotros/as	hablemos	no hablemos	comamos	no comamos	escribamos	no escribamos
vosotros/as	hablad	no habléis	comed	no comáis	escribid	no escribáis
ustedes	hablen	no hablen	coman	no coman	escriban	no escriban

· -ar, -er, -ir 동사 규칙 변화형에서 tú에 대한 긍정 명령은 직설법 3인칭 단수 형태를 사용합니다.

예) Él habla español. 그는 스페인어를 구사한다.
Habla, habla. (상대에게) 말해, 말해.

- usted, ustedes, nosotros/as에 대한 긍정 명령은 '-ar 동사를 -er 동사처럼', '-er, -ir 동사를 -ar 동사처럼' 어미를 활용합니다. 이 동사 변화는 나중에 학습할 접속법 동사 변화와 같습니다.
- vosotros에 대한 명령은 동사 원형에서 -ar, -er, -ir를 각각 -ad, -ed, -id으로 바꿉니다.
- -ar, -er, -ir 동사 모두 부정 명령으로 쓰일 경우, 모든 인칭이 접속법 동사 변화를 따릅니다.
  (-ar ➡ -er / -er, -ir ➡ -ar)

❸ 쓰임

명령형은 지시, 지령을 내리거나, 조언을 하거나, 상대에게 뭔가를 요구할 때 쓰입니다. 밑줄 친 명령형 동사에 유의하며 예문을 읽어 보세요.

예
Habla más alto.	(너) 더 크게 말해.
No hables con la comida en la boca.	(너) 음식을 입에 넣은 채 말하지 마.
Come más despacio.	(너) 더 천천히 먹어.
No comas tan rápido.	(너) 그렇게 빨리 먹지 마.
Compra una botella de vino.	(너) 와인 한 병 사 와.
Escriba aquí su nombre, por favor.	여기 당신의 이름을 적어 주세요.

¡Recuerda! 가까운 사이가 아닌 대상에게 명령형을 사용할 때, 문미에 por favor를 붙이면 보다 예의를 갖춘 표현이 됩니다.

예
Hablemos del siguiente asunto.	다음 안건에 대해 말해 봅시다.
Pasemos a otro tema.	다른 주제로 넘어갑시다.
Levantad las manos.	(체육 수업에서) (너희들) 두 손을 모두 들어라.
Coged vuestras cosas.	너희의 물건들을 챙겨.
No habléis tan alto.	(너희들) 그렇게 크게 말하지 마.
No escriban nada en la hoja, por favor.	(당신들) 종이에 아무것도 적지 마세요.

¡Recuerda! hablar alto 큰 소리로 말하다 (이때 alto는 부사로, 성수 변화를 하지 않습니다.)
pasar a ~ ~로 넘어가다

¡Vamos a practicar! 밑줄 친 부분에 주어진 동사의 명령형을 쓰세요.

1. (너) 더 크게 말해. (hablar) ➡ _____ más alto.
2. (너) 더 천천히 먹어. (comer) ➡ _____ más despacio.
3. 너희들 물건들을 챙겨. (coger) ➡ _____ vuestras cosas.

재귀 동사의 명령형 (규칙 변화)

★ 재귀 동사의 긍정 명령형과 부정 명령형

❶ 형태

재귀 동사의 명령형은 앞서 배운 -ar, -er, -ir 동사의 명령형과 같습니다. 다만, 재귀 대명사 -se를 인칭에 맞게 변화시켜야 하며, 1인칭 복수와 2인칭 복수의 긍정 명령형은 각각 -s, -d가 탈락하는 특징을 갖습니다. 긍정 명령일 경우 인칭에 따라 변화된 se를 동사에 붙여 쓰고, 부정 명령일 경우, 부정어와 동사 사이에 인칭에 따라 변화된 -se를 넣습니다. 편의상 재귀 대명사 부분은 파란색으로 표시했습니다.

재귀 동사의 명령형	lavarse 긍정	lavarse 부정	acostarse 긍정	acostarse 부정
tú	lávate	no te laves	acuéstate	no te acuestes
usted	lávese	no se lave	acuéstese	no se acueste
nosotros/as	lavémonos	no nos lavemos	acostémonos	no nos acostemos
vosotros/as	lavaos	no os lavéis	acostaos	no os acostéis
ustedes	lávense	no se laven	acuéstense	no se acuesten

- 재귀 동사의 긍정 명령형은 인칭에 따라 동사 뒤에 -te, -se, -nos, -os, -se의 재귀 대명사가 붙는 것을 제외하고는, 긍정 명령형의 변화를 따릅니다.

- 다만, 재귀 대명사가 붙기 전 동사의 원래 강세를 유지하기 위해 강세 기호가 생기는 인칭이 있습니다. 예를 들어, -te가 붙기 전 lava의 강세를 유지하기 위해, lávate와 같이 강세 기호를 찍습니다.

- 재귀 동사의 1인칭 복수의 긍정 명령형은 'lavemos + nos = lavémonos'에서와 같이 s가 탈락합니다. 이는 발음상의 편의 때문에 생기는 현상입니다. 또한 lavemos의 강세를 유지하기 위해 nos가 붙었을 때 강세 기호를 찍습니다. 마찬가지로 acostarse의 1인칭 복수 긍정 명령형은 acostemonos가 아닌 acostémonos가 됩니다.

- 재귀 동사의 2인칭 복수의 긍정 명령형은 'lavad + os = lavaos'에서와 같이 d가 탈락합니다. 이는 lavar 동사의 과거 분사인 lavado, lavados와 헷갈리지 않기 위해 생긴 현상입니다. 마찬가지로 acostarse의 2인칭 복수 긍정 명령형은 acostados가 아닌 acostaos가 됩니다.

- 재귀 동사의 부정 명령형은 모두 접속법 동사 활용을 따릅니다. 재귀 대명사는 위의 표에서 보이는 것과 같이 부정어(no)와 동사 사이에 넣습니다.

❷ 쓰임

예 Lávate las manos antes de comer. (너) 식사하기 전에 손을 씻어.

No os lavéis el pelo cada día. (너희들) 매일 머리를 감지 마.

Levántate más temprano. (너) 더 일찍 일어나.

Levántese cada día a la misma hora. (당신) 매일 똑같은 시간에 기상하세요.

¡Recuerda! a la misma hora 똑같은 시간에

예 No os acostéis tan tarde. (너희들) 너무 늦게 잠자리에 들지 마.

Dúchate antes de desayunar. (너) 아침 식사 전에 샤워해.

Quedaos aquí más tiempo. (너희들) 여기 더 오래 더 있어.

Aféitate. (너) 면도해.

¡Recuerda! Quedaos aquí más tiempo.를 직역하면, '너희들 여기 더 많은 시간을 머물러라'이지만, '여기 더 오래 있어'로 자연스럽게 해석합니다.

¡Vamos a practicar! 밑줄 친 부분에 주어진 재귀 동사의 명령형을 쓰세요.

1 (너) 식사하기 전에 손을 씻어. (lavarse)
  ➜ _____ las manos antes de comer.

2 (너) 더 일찍 일어나. (levantarse)
  ➜ _____ más temprano.

3 (당신) 매일 똑같은 시간에 기상하세요. (levantarse)
  ➜ _____ cada día a la misma hora.

① 괄호 안의 단어를 바르게 나열하여 문장을 완성하세요.

1 (너) 음식을 입에 넣은 채 말하지 마. (hables / con / en / boca / la / la / comida / no)
   → _____

2 (너) 그렇게 빨리 먹지 마. (no / rápido / tan / comas)
   → _____

3 다음 안건에 대해 말해 봅시다. (del / asunto / hablemos / siguiente)
   → _____

4 (당신들) 종이에 아무것도 적지 마세요. (escriban / nada / no / la / en / hoja / por / favor)
   → _____

② 다음 중 틀린 문장을 골라 바르게 고치세요.

① Escriba aquí su nombre, por favor.

② Levantad las manos.

③ Dúchate antes de desayunar.

④ Quedados aquí más tiempo.

→ 잘못된 것은? _____번,

   바르게 수정하면? _____

③ 다음은 아침 식사의 중요성을 강조하는 스페인어 격언입니다. 아래 해석과 일치하도록 문장을 완성하세요. (tú에게 하는 명령)

> 왕처럼 아침을 먹고, 왕자처럼 점심을 먹으며, 거지처럼 저녁 식사를 하세요.

동사 힌트 : desayunar, almorzar, cenar

→ _____ como un rey, _____ como un príncipe y _____ como un mendigo.

¡Vamos a hablar!

  p.385

친구의 말에 대해 적절한 조언을 해 보세요. 이때, 반드시 명령형을 사용해야 합니다.

Ejemplo

고민: No tengo ropa de invierno, pero hace frío estos días. 나 겨울옷이 없는데 요즘 날씨가 춥네.

→ Compra un abrigo. 외투 하나 구매해.

trabajar menos y descansar más	hablar con ella
recoger el cuarto	buscar un amigo extranjero
trabajar a tiempo parcial y ahorrar dinero	~~comprar un abrigo~~
lavar los platos	estudiar más horas

① Estoy muy cansado. Creo que trabajo demasiadas horas.
   → _____

② Tengo que aprobar el examen de español, pero no sé qué hacer.
   → _____

③ Estoy estudiando inglés, pero no puedo hablar en inglés con nadie.
   → _____

④ Mi cuarto está desordenado. No puedo estudiar aquí.
   → _____

⑤ Tengo que comer, pero los platos están sucios.
   → _____

⑥ Mi novia ya no me quiere. Pero quiero seguir con ella.
   → _____

⑦ Quiero viajar el año que viene, pero no tengo dinero.
   → _____

Unidad 28 명령형 2

이번 과에서는 불규칙 명령형과 인칭 대명사가 함께 쓰인 명령문을 학습합니다. 명령형에도 불규칙 동사들은 빠지지 않고 등장합니다. 다행히 2인칭 단수를 제외하고는 나중에 배울 불규칙 접속법 동사와 형태가 일치하기 때문에, 지금 잘 학습해 두면 접속법을 공부할 때 조금 더 수월하게 느껴질 수 있습니다. 여러 번 반복하면서 예문을 읽어 봅시다.

오늘의 암기 문장

Haz ejercicio.	운동해.
No seas malo.	못되게 굴지 마.

🚩 명령형(불규칙 변화)

⭐ 긍정 명령형과 부정 명령형

❶ 형태

tú에 대한 명령형에 주의하며 다음 표에서 불규칙 명령형을 확인해 봅시다.

· 긍정 명령형

	tú	usted	nosotros/as	vosotros/as	ustedes
decir	di	diga	digamos	decid	digan
hacer	haz	haga	hagamos	haced	hagan
ir	ve	vaya	vayamos	id	vayan
poner	pon	ponga	pongamos	poned	pongan
salir	sal	salga	salgamos	salid	salgan
ser	sé	sea	seamos	sed	sean
tener	ten	tenga	tengamos	tened	tengan
venir	ven	venga	vengamos	venid	vengan

· 부정 명령형: 모두 접속법 변화를 따릅니다.

	tú	usted	nosotros/as	vosotros/as	ustedes
decir	no digas	no diga	no digamos	no digáis	no digan
hacer	no hagas	no haga	no hagamos	no hagáis	no hagan
ir	no vayas	no vaya	no vayamos	no vayáis	no vayan
poner	no pongas	no ponga	no pongamos	no pongáis	no pongan
salir	no salgas	no salga	no salgamos	no salgáis	no salgan
ser	no seas	no sea	no seamos	no seáis	no sean
tener	no tengas	no tenga	no tengamos	no tengáis	no tengan
venir	no vengas	no venga	no vengamos	no vengáis	no vengan

- tú에 대한 긍정 명령이 불규칙인 동사들은 있어도 vosotros/as에 대한 긍정 명령이 불규칙인 동사는 없습니다. 따라서 vosotro/as에 대한 긍정 명령은 동사 원형에서 -ar, -er, -ir를 각각 -ad, -ed, -id로 바꿉니다.
- 그 외는 모두 접속법 현재 동사 변화와 일치합니다. (노란색 부분) 왼쪽 동사들은 모두 불규칙 접속법 동사들입니다. -ar 동사의 직설법 현재 어미 변화를 따르기 때문에 tú 동사 변화만 기억하면 나머지를 유추할 수 있습니다.

    예) no digas - no diga - no digamos - no digáis - no digan

❷ 쓰임

밑줄 친 명령형에 유의하며 예문을 읽어 보세요.

예) Di algo.	(너) 무슨 말이라도 해 봐.
No digáis nada.	(너희) 아무 말도 하지 마.
Haz ejercicio.	(너) 운동해.
Haced ejercicio.	(너희들) 운동해.
Ve ahora mismo.	(너) 지금 당장 가.
No vayan allí solos.	(당신들) 거기에 혼자 가지 마세요.
Pon tus cosas en la mesa.	네 물건들을 테이블 위에 놔.
No pongas nada en la mesa.	(너) 테이블 위에 아무것도 놓지 마.
Sal de allí.	(너) 거기에서 나와.
No salgáis de allí.	(너희들) 거기에서 나오지 마.
Sé bueno con los abuelos.	(보통 아이에게) 할머니, 할아버지께 착하게 굴어.
No seas malo.	(너) 못되게 굴지 마. (혹은 짓궂게 굴지 마.)
Ten paciencia.	(너) 인내심을 가져.
No tengas miedo.	(너) 두려움을 갖지 마.
Ven aquí.	(너) 이리 와.
No vengáis a mi casa a estas horas.	(너희들) 이 시간대에는 내 집에 오지 마.

¡Recuerda! Sé bueno con los abuelos.에서 쓰인 숙어는 ser bueno/a con alguien은 '~에게 착하게 굴다, 행동하다'라는 의미입니다.

¡Recuerda! ser 동사의 명령형은 '~하게 행동해라'의 의미로 쓰입니다. 따라서 Sé bueno. / No seas malo.는 각각 '착하게 굴어라' / '못되게 굴지 마'로 해석할 수 있습니다.

¡Vamos a practicar! 밑줄 친 부분에 주어진 동사의 명령형을 쓰세요.

1 (너) 무슨 말이라도 해 봐. (decir) → _____ algo.
2 (너) 운동해. (hacer) → _____ ejercicio.
3 (너) 지금 당장 가. (ir) → _____ ahora mismo.

명령형과 인칭 대명사

★ 인칭 대명사와 쓰인 명령문

❶ 인칭 대명사의 위치

명령문에 인칭 대명사가 쓰일 경우, 긍정 명령에서는 인칭 대명사를 동사 뒤에 바로 붙여 쓰고, 부정 명령에서는 부정어와 동사 사이에 인칭 대명사를 넣습니다. 다음 표에서 위의 규칙을 살펴본 후, 빨간색으로 표시된 인칭 대명사의 위치에 주의하며 나머지 예문들을 읽어 보세요. (인칭 대명사가 받는 명사는 파란색으로 표시했습니다.)

긍정	부정
Mánda**me** un correo. (너) 나에게 이메일 하나 보내.	No **me** mandes nada. (너) 나에게 아무것도 보내지 마.
Haz**lo**. (너) 그거 해.	No **lo** hagas. (너) 그거 하지 마.

¡Recuerda! mandar의 tú에 대한 명령형인 manda에 목적격 인칭 대명사를 붙일 경우에도, 원래 manda의 강세가 유지되어야 합니다. 따라서 Mándame에 강세 기호를 붙입니다.

예 ¿Pongo **esta caja** aquí?　　　　　　　　　　(내가) 이 상자 여기에 놓을까?
　　→ Sí, pon**la** aquí.　　　　　　　　　　　　　응, (너) 그거 여기에 놔.
　　↔ No, no **la** pongas aquí.　　　　　　　　　아니, (너) 그거 여기에 놓지 마.

　　¿Apago **la tele**?　　　　　　　　　　　　　　(내가) 텔레비전 끌까?
　　→ Sí, apága**la**, por favor.　　　　　　　　　응, (너) 그거 꺼.
　　↔ No, no **la** apagues, por favor.　　　　　아니, (너) 그거 끄지 마.

　　¿**Te** leo **este mensaje**?　　　　　　　　　(내가) 너에게 이 메시지 읽어 줄까?
　　→ Sí, lée**melo**.　　　　　　　　　　　　　　응, (너) 나에게 그것을 읽어 줘.
　　↔ No, no **me lo** leas.　　　　　　　　　　아니, (너) 나에게 그것을 읽어 주지 마.

¡Recuerda! 대명사가 아닌 목적어는 명령형과 붙여 쓰지 않습니다.
　　예 ¿**Te** leo este **mensaje**? (내가) 너에게 이 메시지 읽어 줄까?
　　　　→ No, lée**me** otro. 아니, (너) 나에게 다른 메시지 읽어 줘. (O)
　　　　→ No, lée**me**otro. (X)

예 ¿**Te** doy **este libro**?　　　　　　　　　　(내가) 너에게 이 책을 줄까?
　　→ Sí, dá**melo**.　　　　　　　　　　　　　　응, (너) 나에게 그것을 줘.
　　↔ No, no **me lo** des.　　　　　　　　　　아니, (너) 나에게 그것을 주지 마.

¡Recuerda! 간접 목적격 인칭 대명사와 직접 목적격 인칭 대명사가 함께 나올 경우, '간목 + 직목'의 순서로 씁니다.
　　예 Dá**melo**. (O)　　Dá**lome**. (X).

예 ¿**Le** doy **este libro a Ana**?　　　　　　　(내가) 아나에게 이 책을 줄까?
　　→ Sí, dá**selo**.　　　　　　　　　　　　　　응, (너) 그녀에게 그것을 줘.
　　↔ No, no **se lo** des.　　　　　　　　　　아니, (너) 그녀에게 그것을 주지 마.

¿**Les** doy **estos libros a tus padres**?   (내가) 네 부모님께 이 책들을 드릴까?

→ Sí, dá**selos**.   응, (너) 그들에게 그것들을 드려.

↔ No, no **se los** des.   아니, (너) 그들에게 그것들을 드리지 마.

예 ¿Tenemos que hacer juntos **estas tareas**?   우리가 이 숙제들을 같이 해야 하나요?

→ Sí, haced**las** juntos.   응, (너희들) 그것들을 같이 해.

↔ No, no **las** hagáis juntos.   아니, (너희들) 그것들을 같이 하지 마.

¡Recuerda! 3인칭 간접 목적격 대명사와 3인칭 직접 목적격 대명사가 함께 쓰일 경우, 간접 목적격 대명사 le 혹은 les는 se로 변합니다.

예 Dá**selo**. (O)   Dá**lelo**. (X) / Dá**selos**. (O)   Dá**leslos**. (X)

❷ 그 외 특징

명령형과 함께 쓰인 3인칭 간접 목적격 인칭 대명사가 지칭하는 사람이 애매할 경우, 다음과 같이 'a + 사람'(노란색)을 문미에 덧붙이면 혼동을 피할 수 있습니다.

Mánda**le** un mensaje. 그에게? 그녀에게? 메시지를 보내라.
Mánda**les** un mensaje. 그들에게? 그녀들에게? 메시지를 보내라.

Mánda**le** un mensaje	**a Pedro.**	페드로에게 메시지를 보내라.
Mánda**le** un mensaje	**a ella.**	그녀에게 메시지를 보내라.
Mánda**le** un mensaje	**a él.**	그에게 메시지를 보내라.
Mánda**le** un mensaje	**a tu jefe.**	네 상사에게 메시지를 보내라.
Mánda**les** un mensaje	**a ellos.**	그들에게 메시지를 보내라.
Mánda**les** un mensaje	**a ellas.**	그녀들에게 메시지를 보내라.
Mánda**les** un mensaje	**a Pedro y Ana.**	페드로와 아나에게 메시지를 보내라.
Mánda**les** un mensaje	**a tus padres.**	네 부모님께 메시지를 보내라.

1인칭 간접 목적격 인칭 대명사가 쓰인 명령형의 문미에 'a + 사람'을 덧붙이면 간접 목적어를 강조할 수 있습니다.

예 Mánda**me** un mensaje **a mí**.   (다른 사람에게 보내지 말고) 나에게 메시지를 보내.

Mánda**nos** un mensaje **a nosotros**.   (다른 사람에게 보내지 말고) 우리에게 메시지를 보내.

¡Vamos a practicar!   해석과 일치하도록 밑줄 친 부분에 알맞은 말을 쓰세요.

1 ¿Pongo esta caja aquí? (내가) 이 상자 여기에 놓을까?
→ Sí, _____ aquí. 응, (너) 그거 여기에 놔.

2 ¿Apago la tele? (내가) 텔레비전 끌까?
→ No, no la _____, por favor. 아니, (너) 그거 끄지 마.

3 ¿Te leo este mensaje? (내가) 너에게 이 메시지 읽어 줄까?
→ Sí, _____. 응, (너) 나에게 그것을 읽어 줘.

 정답 p.385

❶ 밑줄 친 부분에 들어갈 명령형을 쓰세요.

1 (당신들) 거기에 혼자 가지 마세요. → No _____ allí solos.

2 (너) 테이블 위에 아무것도 놓지 마. → No _____ nada en la mesa.

3 (너희들) 거기에서 나오지 마. → No _____ de allí.

4 (보통 아이에게) 할머니, 할아버지께 착하게 굴어. → _____ bueno con los abuelos.

❷ 다음 중 틀린 문장을 골라 바르게 고치세요.

① Ve ahora mismo.

② A: ¿Te doy este libro? B: Sí, dámelo.

③ A: ¿Le doy este libro a Ana? B: Sí, dálelo.

④ Mándame un mensaje a mí.

→ 잘못된 것은? _____번,

바르게 수정하면? _____

❸ 다음의 긍정 명령문을 부정 명령문으로 바꾸세요. (tú에게 하는 명령)

1 Sal a las 3 de la tarde.

→ _____

2 Sé malo con tus amigos.

→ _____

3 Pon tu mochila aquí.

→ _____

4 Ven solo.

→ _____

¡Vamos a hablar!

정답 p.385

✏️ A와 B를 연결하여 올바른 문장을 완성하세요.

Ejemplo

0. La luz está encendida. Apágala, por favor.
불이 켜져 있어, 불 꺼 줘.

	A	B
⓪	**La luz** está encendida.	Tírala, por favor.
❶	Esta comida está muy buena.	Tráela, por favor.
❷	La tarta está en la cocina.	Límpialos, por favor.
❸	Tus gafas están rotas.	Ordénalo, por favor.
❹	Estos zapatos están muy sucios.	Cómpralo esta tarde.
❺	Tu cuarto está muy desordenado.	Apága**la**, por favor.
❻	No tenemos pan.	Pruébala.
❼	Esta leche está mala.	Arréglalas.

❶ _____

❷ _____

❸ _____

❹ _____

❺ _____

❻ _____

❼ _____

Unidad 28 명령형 2 **181**

Unidad 29 현재 완료

이번 과에서는 스페인어의 과거 시제 중 하나인 현재 완료를 학습합니다. 현재 완료는 실제 회화에서 가장 많이 쓰이는 시제 중 하나로서 오늘을 포함하여 화자에게 가까운 과거에 일어난 일을 표현할 때 쓰입니다. '화자에게 가까운 과거'라는 조금 생소하실 거라 생각됩니다. 그러나 현재 완료와 자주 쓰이는 시간 부사에 유의하면 현재 완료 시제를 쉽게 정복할 수 있습니다. 그럼 시작해 볼까요?

오늘의 암기 문장

¿Qué has comido hoy?	너 오늘 점심 뭐 먹었어?
¿Alguna vez has estado en México?	너는 멕시코에 가 본 적 있니?

🇪🇸 현재 완료 개념 및 형태

★ 형태

❶ 과거 분사

현재 완료는 'haber + 과거 분사'로 표현합니다. 그러므로 현재 완료 시제를 학습하기 위해서는 과거 분사 형태를 알아야 합니다. -ar 동사의 어미를 -ado로, -ir, -er 동사의 어미를 -ido로 바꾸면 과거 분사가 됩니다.

-ar ➡ -ado	-er / -ir ➡ -ido
terminar ➡ terminado	comer ➡ comido
hablar ➡ hablado	tener ➡ tenido
estudiar ➡ estudiado	vivir ➡ vivido
	recibir ➡ recibido

❷ 현재 완료

현재 완료는 'haber + 과거 분사'로 표현합니다. haber 동사를 인칭에 맞게 변화시킨 후, 과거 분사를 붙입니다. 이때 과거 분사는 성수 변화를 하지 않습니다. hablar 동사의 현재 완료 '~는 말했다/이야기했다'의 형태는 다음과 같습니다.

yo	he	
tú	has	
él, ella, usted	ha	
nosotros/as	+ hemos	+ hablado
vosotros/as	habéis	
ellos, ellas, ustedes	han	

밑줄 친 현재 완료 동사 변화에 유의하며 hablar 동사가 들어간 예문을 읽어 보세요.

예 Yo he hablado con Ana esta tarde. 나는 오늘 오후 아나와 이야기했다.
¿Has hablado con él hoy? 너 그와 오늘 이야기 나눴니?
Hemos hablado con el profesor esta mañana. 우리는 오늘 아침에 그 선생님과 이야기를 나눴다.

더 다양한 동사들의 현재 완료 문장을 읽어 보세요.

예 ¿Qué has comido hoy? 너 오늘 점심 뭐 먹었어?
Ana ha pagado la cena. 아나가 저녁 식사 값을 지불했다.
Los niños todavía no han terminado los deberes. 아이들은 아직 숙제를 끝내지 못했다.
¿Alguna vez has estudiado chino? 너 중국어 공부해 본 적 있어?
¿Alguna vez ha vivido usted en el extranjero? 당신은 외국에서 살아 본 적 있나요?
Nunca hemos tenido mascota. 우리는 반려동물을 키워 본 적이 한 번도 없다.
¿No habéis recibido ningún paquete? 너희들 소포 아무것도 받은 게 없어?
Hoy me he levantado muy tarde. 나는 오늘 매우 늦게 일어났다.
José se ha duchado con agua fría. 호세는 찬물로 샤워했다.
¿Todavía no te has afeitado? 너 아직 면도 안 했어?

¡Recuerda! nunca를 동사 앞에 쓰면 문장 전체가 부정이 됩니다. 이때 no를 따로 쓰지 않습니다.
예 Nunca hemos tenido mascota. (O)   Nunca no hemos tenido mascota. (X)

¡Recuerda! 현재 완료에서 부정어 no는 haber 동사 앞에 위치합니다.

¡Recuerda! 재귀 동사의 현재 완료는 me he levantado와 같이 '재귀 대명사 + haber + 과거 분사'로 씁니다. 부정어 no는 재귀 대명사 앞에 위치합니다.

❸ 불규칙 과거 분사

불규칙 과거 분사도 존재합니다. 다음은 불규칙 과거 분사의 예입니다.

abrir	열다	abierto	ver	보다	visto
escribir	(글 등을) 쓰다	escrito	decir	말하다	dicho
descubrir	발견하다	descubierto	hacer	하다, 만들다	hecho
volver	돌아오다, 돌아가다	vuelto	satisfacer	만족시키다	satisfecho
resolver	해결하다	resuelto	caer	떨어지다	caído
morir	죽다	muerto	creer	믿다, 생각하다	creído
poner	놓다	puesto	leer	읽다	leído
romper	깨트리다	roto	traer	가져오다	traído

¡Recuerda! 불규칙 과거 분사의 대부분은 -to로 끝납니다. (노란색) 그 외, -cho로 끝나는 불규칙 과거 분사가 있으며 (파란색), 규칙 변화를 따르나 강세에 주의해야 하는 불규칙 과거 분사들도 있습니다. (초록색)

예	¿Quién ha abierto este paquete?	누가 이 소포를 열었어?
	Hoy hemos escrito un poema en clase.	우리는 오늘 수업에서 시 한 편을 썼다.
	¿Cuándo has vuelto a Corea?	너 언제 한국으로 돌아왔니?
	No he visto tus gafas.	나는 네 안경을 보지 못했다.
	Mis hijos han dicho que quieren tener un perro.	내 아이들은 개 한 마리를 키우고 싶다고 말했다.
	Esta mañana no he leído el periódico.	오늘 아침에 나는 신문을 읽지 않았다.

현재 완료의 쓰임

★ 현재 완료의 쓰임

현재 완료는 상대적으로 가까운 과거에 일어난 일을 표현하는 과거 시제입니다. 다만, '가까운 과거'라는 기준이 우리와 다를 수 있기 때문에 이 시제와 잘 쓰이는 부사에 유의하여 함께 학습할 필요가 있습니다. 다음 ❸, ❹는 스페인에서만 쓰이는 용법으로, 중남미에서는 ❸, ❹에 다음 과에서 학습하게 될 단순 과거를 사용합니다.

❶ 이미, 벌써(ya), todavía no(아직 ~하지 않은)와 쓰여 방금 완료되었거나, (완료되었을 것이라 기대가 되나) 아직 완료되지 않은 행위에 쓰임.

예	El tren ya ha partido.	그 기차는 벌써 출발했다.
	Ya han llegado los invitados.	벌써 손님들이 도착했다.
	Todavía no hemos salido de casa.	우리는 아직 집에서 나오지 않았다.
	¿Todavía no has hecho los deberes?	너 아직 숙제 안 했어?

❷ alguna vez(~한 적), una vez(한 번), muchas veces(수차례) 등의 vez가 들어간 부사, nunca(한 번도 ~한 적이 없다)의 부사들과 쓰여 현재까지의 경험을 나타냄

예	¿Alguna vez has estado en México?	너는 멕시코에 가 본 적 있니?
	He probado la paella una vez.	나는 파에야를 한 번 먹어 본 적이 있다.
	Hemos ido a ese restaurante muchas veces.	우리는 그 식당에 수차례 갔었다.
	Nunca han dormido fuera de casa.	그들은 집 밖에서 자 본 적이 없다.

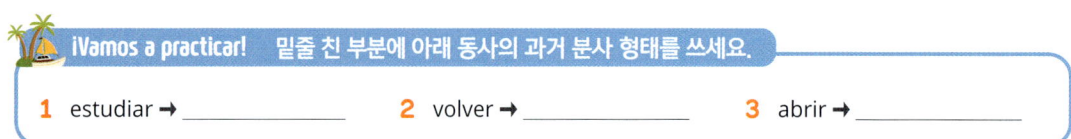

¡Vamos a practicar!   밑줄 친 부분에 아래 동사의 과거 분사 형태를 쓰세요.

1 estudiar ➡ _____   2 volver ➡ _____   3 abrir ➡ _____

❸ 명백하게 현재와 관련된 부사들과 쓰여 가까운 과거에 일어난 일을 나타냄.

ahora	지금 막	esta semana	이번 주
hoy	오늘	este mes	이번 달
esta mañana	오늘 아침	este verano	이번 여름
este martes	이번 주 화요일	este año	올해

예 Ahora he vuelto a casa.　　　　　　　나 지금 막 집에 돌아왔어.
　　Hoy ha sido un buen día.　　　　　　(예를 들어 일기장에) 오늘은 좋은 날이었다.
　　Esta mañana hemos ido al supermercado.　오늘 아침 우리는 슈퍼마켓에 갔다.
　　Este martes han estado en otra ciudad.　그들은 이번 주 화요일에 다른 도시에 있었다.

예 ¿Qué has hecho esta semana?　　　　이번 주에 뭐 했어?
　　Habéis trabajado mucho este mes.　　너희들은 이번 달에 일을 많이 했다.
　　Rafa ha trabajado en Perú este verano.　이번 여름 라파는 페루에서 일했다.
　　Este año he viajado a tres países.　　올해 나는 3개국을 여행했다.

¡Recuerda! esta mañana, este martes, este verano뿐만 아니라 este, esta가 붙은 시간 부사가 들어간 문장에 현재 완료가 쓰입니다.

　　예 Esta tarde he estado con Ana.
　　　　오늘 오후에 나는 아나와 함께 있었다.
　　　　Este lunes he comido en un restaurante chino.
　　　　이번 주 월요일에 나는 어느 중국 음식점에서 식사를 했다.

❹ 정확히 언제 일어났는지 모르는 일에 대해 말할 때

예 ¿Cuándo has visto esta película?　　　너 언제 이 영화 봤어?
　　¿Has visitado la nueva biblioteca?　　너 새 도서관 가 봤어?

🌴 **¡Vamos a practicar!** 다음 한국어 해석을 보고 밑줄 친 부분에 알맞은 말을 쓰세요.

1 벌써 손님들이 도착했다.
　→ Ya _____ _____ los invitados.
2 너 아직 숙제 안 했어?
　→ ¿Todavía no _____ _____ los deberes?
3 그들은 집 밖에서 자 본 적이 없다.
　→ Nunca _____ _____ fuera de casa.

Ejercicios - 현재 완료

정답 p.386

❶ 밑줄 친 부분에 괄호 안의 동사의 현재 완료 형태를 쓰세요.

1 아나가 저녁 식사 값을 지불했다. (pagar)

→ Ana _____ _____ la cena.

2 당신은 외국에서 살아 본 적 있나요? (vivir)

→ ¿Alguna vez _____ _____ usted en el extranjero?

3 나는 오늘 매우 늦게 일어났다. (levantarse)

→ Hoy _____ _____ _____ muy tarde.

4 나는 파에야를 한번 먹어 본 적이 있다. (probar)

→ _____ _____ la paella una vez.

❷ 다음 중 틀린 문장을 골라 바르게 고치세요.

① José se ha duchado con agua fría.

② Hoy hemos escribido un poema en clase.

③ No he visto tus gafas.

④ Esta mañana no he leído el periódico.

→ 잘못된 것은? _____ 번,

바르게 수정하면? _____

❸ <보기> 동사의 현재 완료형을 사용하여, 오늘 나의 하루를 완성하세요. (1인칭 단수 활용)

| ser | volver | llegar | pedir | levantarse |
| desayunar | comer | cenar | salir | tener |

_____ _____ _____ a las 7 de la mañana. No _____ _____ y _____ _____ de casa a las 8. _____ _____ al trabajo a las 8 y media. En el trabajo _____ _____ una reunión con algunos clientes extranjeros. _____ _____ a casa sobre las 7 y _____ _____ con mi novia en casa. _____ _____ una pizza y la _____ _____ viendo la tele. Hoy _____ _____ un día normal.

¡Vamos a hablar!

정답 p.386

✏️ 예시를 참고하여 밑줄 친 부분에 알맞은 문장을 쓰세요.

Ejemplo

0. A: <u>¿Alguna vez has comprado lotería?</u> 너 복권 사 본 적 있어?

   B: <u>Sí, la he comprado dos o tres veces.</u> 응, 2~3번 사 본 적 있어.

	A	B
0	¿Alguna vez has comprado lotería?	Sí, he estado en España.
1	¿Alguna vez has jugado al baloncesto?	Sí, la he probado muchas veces.
2	¿Alguna vez has estado en el extranjero?	Sí, he viajado solo por Europa.
3	¿Alguna vez has probado comida mexicana?	Sí, la he comprado dos o tres veces.
4	¿Alguna vez has vivido solo?	No, todavía no he jugado al baloncesto.
5	¿Alguna vez has viajado solo?	Sí, en mi cumpleaños.
6	¿Alguna vez has cantado en público?	No, no me gusta discutir.
7	¿Alguna vez has discutido con tus padres?	No, todavía no lo he hecho.

1. A: _____ B: _____

2. A: _____ B: _____

3. A: _____ B: _____

4. A: _____ B: _____

5. A: _____ B: _____

6. A: _____ B: _____

7. A: _____ B: _____

Unidad 30 단순 과거 1 (-ar)

이번 과에서는 또 다른 과거 시제 중 하나인 단순 과거를 학습합니다. 스페인어 시제는 우리말과는 시제 체계가 달라 어렵게 느껴질 수 있으나, 단순 과거 또한 이와 자주 쓰이는 시간 부사에 유의하면 수월하게 학습할 수 있습니다.

오늘의 암기 문장

¿Hablaste con Jorge?   너 호르헤와 이야기해 봤어?
Se casaron hace 20 años.   그들은 20년 전에 결혼했다.

🇪🇸 -ar 동사의 단순 과거 규칙 변화

★ 형태

❶ 동사 hablar (말하다)의 단순 과거

hablar의 어미 변화에 주목하세요. 동사 원형 hablar의 -ar 자리에 -é/-aste/-ó/-amos/-asteis/-aron을 넣어, 주어에 맞는 단순 과거 규칙 변화를 만듭니다. 아래의 어미는 규칙 변화를 하는 모든 -ar 동사들의 단순 과거 시제에 적용됩니다.

yo	hablé	nosotros/as	hablamos
tú	hablaste	vosotros/as	hablasteis
él, ella, usted	habló	ellos, ellas, ustedes	hablaron

예) A: ¿Hablaste con Jorge?   너 호르헤와 이야기해 봤어?
     B: Sí, hablé con él ayer.   응, 나는 어제 그와 이야기했어.

¡Recuerda! -ar 동사의 단순 과거 1인칭 복수는 현재 시제와 형태가 같습니다. 이 경우, 함께 쓰인 시간 부사나 문맥을 통해 현재 시제와 단순 과거를 구분합니다.

❷ 그 외 -ar 규칙 동사들

cantar (노래하다)

yo	canté	nosotros/as	cantamos
tú	cantaste	vosotros/as	cantasteis
él, ella, usted	cantó	ellos, ellas, ustedes	cantaron

comprar (사다, 구매하다)

yo	compré	nosotros/as	compramos
tú	compraste	vosotros/as	comprasteis
él, ella, usted	compró	ellos, ellas, ustedes	compraron

enseñar (가르치다, 보여 주다)

yo	enseñé	nosotros/as	enseñamos
tú	enseñaste	vosotros/as	enseñasteis
él, ella, usted	enseñó	ellos, ellas, ustedes	enseñaron

estudiar (공부하다)

yo	estudié	nosotros/as	estudiamos
tú	estudiaste	vosotros/as	estudiasteis
él, ella, usted	estudió	ellos, ellas, ustedes	estudiaron

girar (돌다, 회전하다)

yo	giré	nosotros/as	giramos
tú	giraste	vosotros/as	girasteis
él, ella, usted	giró	ellos, ellas, ustedes	giraron

gritar (소리 지르다)

yo	grité	nosotros/as	gritamos
tú	gritaste	vosotros/as	gritasteis
él, ella, usted	gritó	ellos, ellas, ustedes	gritaron

terminar (끝나다, 끝내다)

yo	terminé	nosotros/as	terminamos
tú	terminaste	vosotros/as	terminasteis
él, ella, usted	terminó	ellos, ellas, ustedes	terminaron

tomar (탈것을 타다, 마시다, 먹다)

yo	tomé	nosotros/as	tomamos
tú	tomaste	vosotros/as	tomasteis
él, ella, usted	tomó	ellos, ellas, ustedes	tomaron

tip 동사 tomar는 뒤에 오는 명사에 따라 다양한 뜻을 갖습니다.

trabajar (일하다)

yo	trabajé	nosotros/as	trabajamos
tú	trabajaste	vosotros/as	trabajasteis
él, ella, usted	trabajó	ellos, ellas, ustedes	trabajaron

❸ 1인칭 단수에 유의해야 할 –ar 규칙 동사들

–zar, –car, –gar로 끝나는 다음 동사들은 규칙 변화를 따르나, 1인칭 단수만 각각 –cé, –qué, –gué로 변합니다. 그 외 인칭은 –ar 동사의 규칙 변화를 따릅니다.

empezar (시작하다, 시작되다)

yo	empecé	nosotros/as	empezamos
tú	empezaste	vosotros/as	empezasteis
él, ella, usted	empezó	ellos, ellas, ustedes	empezaron

buscar (찾다)

yo	busqué	nosotros/as	buscamos
tú	buscaste	vosotros/as	buscasteis
él, ella, usted	buscó	ellos, ellas, ustedes	buscaron

llegar (도착하다)

yo	llegué	nosotros/as	llegamos
tú	llegaste	vosotros/as	llegasteis
él, ella, usted	llegó	ellos, ellas, ustedes	llegaron

¡Recuerda! empezar의 경우, -ze가 스페인어에 존재하지 않는 철자이기 때문에, 1인칭 단수만 -zé 대신 -cé를 사용하여, empecé로 변합니다. almorzar(점심 먹다), organizar(조직하다) 등의 동사가 empezar와 같은 어미 변화를 합니다.

¡Recuerda! buscar, llegar의 경우, 동사 원형과 똑같은 자음 소리를 유지하기 위해, 1인칭 단수만 buscé, llegé 대신 busqué, llegué로 변합니다. aparcar(주차하다), tocar(만지다) 등의 동사가 buscar와 같은 어미 변화를 하고, pagar(지불하다), jugar(놀다)와 같은 동사가 llegar와 같은 어미 변화를 합니다.

¡Vamos a practicar! 밑줄 친 부분에 다음 동사의 단순 과거 시제를 쓰세요.

1. tomar ➡ tomé – tomaste – tomó – tomamos – _____ – tomaron
2. buscar ➡ _____ – buscaste – buscó – buscamos – buscasteis – buscaron
3. llegar ➡ _____ – llegaste – llegó – llegamos – llegasteis – llegaron

단순 과거의 쓰임

★ 단순 과거의 쓰임

단순 과거는 보통 한 차례 혹은 몇 차례에 그친 과거의 행위에 쓰입니다. 그러나 일정 기간 동안 이뤄진 행위에도 단순 과거를 사용합니다. 이 경우, 보통 그 행위의 지속 기간을 나타내는 시간 부사가 문장에 함께 쓰입니다. 단순 과거와 쓰이는 시간 부사를 예문에서 파란색으로 표시했습니다.

❶ 한 차례 혹은 몇 차례에 그친 과거의 행위

다음과 같이 어느 정도 구체적인 과거의 시점을 나타내는 시간 부사와 함께 쓰입니다.

ayer anoche anteayer	어제 어젯밤 엊그제	과거의 구체적인 시점
la semana pasada el mes pasado el año pasado el lunes pasado el verano pasado el abril pasado	지난주 지난달 작년 지난주 월요일 작년 여름 작년 4월	pasado(지난~)가 들어간 시간 부사
hace unos días hace una semana hace un mes hace dos años hace mucho tiempo	며칠 전에 일주일 전에 한 달 전에 2년 전에 오래전에	hace(~전에)가 들어간 시간 부사
el otro día	일전에	어느 정도 구체적인 과거의 시점
en 1997 el 3 de marzo	1997년에 3월 3일에	특정 연도나 날짜와 같은 구체적인 과거의 시점

예
Ayer almorcé con mis padres. 어제 나는 부모님과 점심을 먹었다.
¿A qué hora te acostaste anoche? 어젯밤에 너 몇 시에 잠자리에 들었어?
¿No trabajasteis anteayer? 너네 엊그제 일 안 했어?
El lunes pasado quedé con Bea. 지난주 월요일에 나는 베아를 만났어.
Se casaron hace 20 años. 그들은 20년 전에 결혼했다.
El otro día me encontré con Jaime en la calle. 일전에 나는 거리에서 하이메와 우연히 마주쳤어.
Llegamos a Málaga el 3 de marzo. 우리는 3월 3일에 말라가에 도착했습니다.
Mis padres se enamoraron a primera vista. 나의 부모님은 첫눈에 사랑에 빠졌다.

¡Recuerda!
quedar con alguien ~를 만나다
encontrarse con alguien ~와 우연히 마주치다
enamorarse 사랑에 빠지다

> **¡Recuerda!** acostarse, encontrarse 동사와 같이 현재 시제가 불규칙 동사라고 해서 단순 과거도 불규칙 변화를 따르지는 않습니다.

> **¡Recuerda!** 다음의 문장은 문맥에 따라, 가까운 미래를 나타내는 현재 시제 혹은 단순 과거 시제로 볼 수 있습니다.
>
> 예 Llegamos a Málaga el 3 de marzo.
> (아직 일어나지 않은 상황이라면) 우리는 3월 3일에 말라가에 도착합니다.
> (이미 일어난 상황이라면) 우리는 3월 3일에 말라가에 도착했습니다.

> **¡Recuerda!** Mis padres se enamoraron a primera vista.와 같이 위에 언급된 시간 부사가 없어도 한 순간 혹은 한 차례 일어난 과거의 행위라면 단순 과거를 씁니다.

❷ 과거에 일어난 어떤 행위의 지속 기간 혹은 종료된 시점을 명시하는 부사가 쓰인 문장

예 Pedro enseñó inglés 20 años. 페드로는 20년 동안 영어를 가르쳤다.
Estudiaron chino 5 años. 그들은 5년 동안 중국어를 공부했다.
Hablé con él hasta las 4 de la madrugada. 나는 그와 새벽 4시까지 이야기를 했어.
Trabajé hasta el 6 de mayo. 나는 5월 6일까지 일을 했어.

¡Vamos a practicar! 밑줄 친 부분에 들어갈 알맞은 말을 쓰세요.

1 어제 나는 부모님과 점심을 먹었다.
→ Ayer _____ con mis padres.

2 너네 엊그제 일 안 했어?
→ ¿No _____ anteayer?

3 그들은 20년 전에 결혼했다.
→ _____ hace 20 años.

Ejercicios - 단순 과거 1 (-ar)

정답 p.386

❶ 밑줄 친 부분에 괄호 안 동사의 단순 과거 시제를 쓰세요.

1 후안은 지난 여름에 멕시코에 도착했다. (llegar)

→ Juan _____ a México el verano pasado.

2 나는 2년 전에 스페인어를 공부했다. (estudiar)

→ _____ español hace dos años.

3 내 아들은 어젯밤에 숙제를 끝냈다. (terminar)

→ Mi hijo _____ los deberes anoche.

4 너 어제 뭐 샀어? (comprar)

→ ¿Qué _____ ayer?

❷ 다음 중 틀린 문장을 골라 바르게 고치세요.

① ¿Hablaste con Jorge?

② Yo quedo con Bea el lunes pasado.

③ Se casaron hace 20 años.

④ Mis padres se enamoraron a primera vista.

→ 잘못된 것은? _____ 번,

바르게 수정하면? _____

❸ 아래 질문에 쓰인 동사의 단순 과거를 사용하여 밑줄 친 부분에 알맞은 말을 쓰세요. (1인칭 단수 활용)

1 ¿Dónde trabajaste el año pasado? → _____ en Corea.

2 ¿Con quién hablaste anoche? → _____ con mis padres.

3 ¿Qué estudiaste en la universidad? → _____ Derecho.

4 ¿Qué desayunaste ayer? → _____ una rosquilla.

Unidad 30 단순 과거 1 (-ar) **193**

¡Vamos a hablar!

✏️ 다음 스케줄표를 보고 후안의 지난주 월요일 일과를 완성하세요.

9:00	11:30	14:00
estudiar español 스페인어 공부하기	preparar la comida 식사 준비하기	comprar un bote de champú en el supermercado 슈퍼에서 샴푸 한 통 구매하기
17:00	18:00	20:00
llamar a Gema por teléfono 헤마에게 전화하기	lavar el coche 세차하기	sacar al perro 개 산책시키기

El lunes pasado Juan hizo muchas cosas.

A las 9 de la mañana _____.

A las 11 y media _____.

Luego, _____ a las 2 de la tarde.

A las 5 _____ para preguntarle algo.

A las 6 _____ y a las 8 _____.

🌞tip hizo는 hacer 동사의 3인칭 단수 단순 과거로 32과에서 학습합니다.

Unidad 31 단순 과거 2 (-er, -ir)

이번 과에서는 30과에 이어 -er, -ir 동사의 단순 과거 규칙 변화 형태를 학습합니다. 두 동사 그룹의 단순 과거 변화는 같기 때문에 비교적 쉽게 학습할 수 있습니다. 빨간색으로 표시된 어미 변화에 집중하면서 이번 과를 학습해 보세요.

| Anoche bebieron hasta las tantas. | 그들은 어젯밤 늦게까지 술을 마셨다. |
| Abrí la ventana de par en par. | 나는 창문을 활짝 열었다. |

🇪🇸 -er 동사의 단순 과거 규칙 변화

★ 형태

❶ 동사 comer (먹다)의 단순 과거 변화

comer의 어미 변화에 주목하세요. 동사 원형 com**er**의 -er 자리에 -í/-iste/-ió/-imos/-isteis/-ieron을 넣어, 주어에 맞는 단순 과거 규칙 변화를 만듭니다. 아래의 어미는 규칙 변화를 하는 모든 -er 동사의 단순 과거 시제에 적용됩니다.

yo	com**í**	nosotros/as	com**imos**
tú	com**iste**	vosotros/as	com**isteis**
él, ella, usted	com**ió**	ellos, ellas, ustedes	com**ieron**

예 A: ¿Qué comiste ayer con Juan? 　너 어제 후안이랑 뭐 먹었어?
　　B: Comimos paella. 　우리는 파에야를 먹었어.

❷ 그 외 -er 규칙 동사들

aprend**er** (배우다)

yo	aprend**í**	nosotros/as	aprend**imos**
tú	aprend**iste**	vosotros/as	aprend**isteis**
él, ella, usted	aprend**ió**	ellos, ellas, ustedes	aprend**ieron**

beb**er** (마시다, 술을 마시다)

yo	beb**í**	nosotros/as	beb**imos**
tú	beb**iste**	vosotros/as	beb**isteis**
él, ella, usted	beb**ió**	ellos, ellas, ustedes	beb**ieron**

💡 **tip** 목적어 없이 단독으로 쓰일 경우 스페인에서 '술을 마시다'의 뜻입니다.

corr**er** (뛰다)

yo	corr**í**	nosotros/as	corr**imos**
tú	corr**iste**	vosotros/as	corr**isteis**
él, ella, usted	corr**ió**	ellos, ellas, ustedes	corr**ieron**

respond**er** (대답하다, 답변하다)

yo	respond**í**	nosotros/as	respond**imos**
tú	respond**iste**	vosotros/as	respond**isteis**
él, ella, usted	respond**ió**	ellos, ellas, ustedes	respond**ieron**

romp**er** (깨다)

yo	romp**í**	nosotros/as	romp**imos**
tú	romp**iste**	vosotros/as	romp**isteis**
él, ella, usted	romp**ió**	ellos, ellas, ustedes	romp**ieron**

❸ 쓰임

밑줄 친 단순 과거 동사에 유의하며 문장을 읽어 봅시다.

예 Aprendí a nadar hace mucho tiempo.
나는 오래전에 수영하는 법을 배웠다.

Anoche bebieron hasta las tantas.
그들은 어젯밤 늦게까지 술을 마셨다.

Juan corrió por el barrio con un amigo.
후안은 친구 한 명과 함께 동네에서 러닝을 했다.

Mi novio no respondió a mi mensaje.
내 남자 친구는 내 메시지에 답장을 하지 않았다.

Los niños rompieron el cristal jugando con una pelota.
아이들은 공을 가지고 놀면서 유리를 깼다.

¡Recuerda!
aprender a + 동사 원형 = ~하는 것을 배우다, ~하는 법을 배우다
hasta las tantas 밤 늦게까지
responder a ~ ~에 답장하다

¡Vamos a practicar! 밑줄 친 부분에 주어진 동사의 단순 과거 시제를 쓰세요.

1. beber ➡ bebí – _____ – bebió – bebimos – bebisteis – bebieron
2. responder ➡ respondí – respondiste – respondió – respondimos – respondisteis – _____
3. romper ➡ rompí – rompiste – _____ – rompimos – rompisteis – rompieron

🇪🇸 -ir 동사의 단순 과거 규칙 변화

★ 형태

❶ 동사 vivir (살다)의 단순 과거 변화

vivir의 어미 변화에 주목하세요. 동사 원형 vivir의 -ir 자리에 -í/-iste/-ió/-imos/-isteis/-ieron을 넣어 주어에 맞는 단순 과거 규칙 변화를 만듭니다. 아래의 어미는 규칙 변화를 하는 모든 -ir 동사들의 단순 과거 시제에 적용됩니다. (-er, -ir 동사의 단순 과거는 어미의 형태가 같습니다.)

yo	viví	nosotros/as	vivimos
tú	viviste	vosotros/as	vivisteis
él, ella, usted	vivió	ellos, ellas, ustedes	vivieron

예 A: ¿Dónde viviste en España? 너 스페인에서 어디에 살았어?
B: Viví en Málaga. 말라가에 살았어.

¡Recuerda! -ir 동사의 단순 과거 1인칭 복수는 현재 시제와 형태가 같습니다. 이 경우, 함께 쓰인 시간 부사나 문맥을 통해 현재 시제와 단순 과거를 구분합니다.

❷ 그 외 -ir 규칙 동사들

abrir (열다)

yo	abrí	nosotros/as	abrimos
tú	abriste	vosotros/as	abristeis
él, ella, usted	abrió	ellos, ellas, ustedes	abrieron

compartir (공유하다, 공용하다)

yo	compartí	nosotros/as	compartimos
tú	compartiste	vosotros/as	compartisteis
él, ella, usted	compartió	ellos, ellas, ustedes	compartieron

decidir (결정하다)

yo	decidí	nosotros/as	decidimos
tú	decidiste	vosotros/as	decidisteis
él, ella, usted	decidió	ellos, ellas, ustedes	decidieron

escribir (쓰다)

yo	escribí	nosotros/as	escribimos
tú	escribiste	vosotros/as	escribisteis
él, ella, usted	escribió	ellos, ellas, ustedes	escribieron

subir (올리다, 오르다)

yo	sub**í**	nosotros/as	sub**imos**
tú	sub**iste**	vosotros/as	sub**isteis**
él, ella, usted	sub**ió**	ellos, ellas, ustedes	sub**ieron**

❸ 쓰임

밑줄 친 단순 과거 동사에 유의하며 문장을 읽어 봅시다.

예 Abrí la ventana de par en par.
나는 창문을 활짝 열었다.

Jesús y Diego compartieron piso hace mucho tiempo.
헤수스와 디에고는 오래전에 아파트를 함께 썼다.

Mis abuelos decidieron mudarse al campo.
나의 조부모님은 시골로 이사하기로 결정하셨다.

¿En qué año escribió usted su primera novela?
당신은 몇 년도에 당신의 첫 소설을 쓰셨나요?

El mes pasado el euro subió muchísimo.
지난달에 유로는 매우 많이 올랐다.

¡Recuerda! de par en par 활짝
compartir piso 아파트를 함께 쓰다
decidir + 동사 원형 = ~하기로 결정하다

¡Vamos a practicar! 밑줄 친 부분에 주어진 동사의 단순 과거 시제를 쓰세요.

1 abrir ➡ abrí – abriste – abrió – _____ – abristeis – abrieron
2 compartir ➡ _____ – compartiste – compartió – compartimos – compartisteis – compartieron
3 escribir ➡ escribí – escribiste – escribió – _____ – escribisteis - escribieron

Ejercicios - 단순 과거 2 (-er, -ir)

정답 p.387

❶ 밑줄 친 부분에 괄호 안 동사의 단순 과거를 쓰세요.

1 너 어제 후안이랑 뭐 먹었어? (comer)
   → ¿Qué _____ ayer con Juan?

2 나는 오래전에 수영하는 법을 배웠다. (aprender)
   → _____ a nadar hace mucho tiempo.

3 너 스페인에서 어디에 살았어? (vivir)
   → ¿Dónde _____ en España?

4 지난달에 유로는 매우 많이 올랐다. (subir)
   → El mes pasado el euro _____ muchísimo.

❷ 다음 중 틀린 문장을 골라 바르게 고치세요.

① Anoche bebieron hasta las tantas.

② Juan corrió por el barrio con un amigo.

③ Mis abuelos decidieron mudarse al campo.

④ ¿En qué año escribó usted su primera novela?

→ 잘못된 것은? _____ 번,

  바르게 수정하면? _____

**❸ <보기>와 같이 앞 문장의 동사를 활용하여 밑줄 친 부분에 알맞은 말을 쓰세요.
(1인칭 단수 혹은 복수 활용)**

> Hoy salgo de casa a las ocho, pero ayer salí a las siete y media.
> 오늘은 집에서 8시에 나간다, 그러나 어제는 7시 반에 나갔다.

1 Hoy cojo un autobús, pero ayer _____ un taxi.

2 Hoy vuelvo a casa sobre las 6, pero ayer _____ a casa muy tarde.

3 Hoy recibimos a los clientes japoneses, pero ayer _____ a los clientes mexicanos.

4 Hoy abrimos a la hora de siempre, pero ayer _____ una hora más tarde.

¡Vamos a hablar!

정답 p.387

✏️ A와 B를 연결하여 <보기>와 같이 문장을 완성하세요.

Ejemplo

0. Ayer bebí tanto que <u>hoy me duele la cabeza</u>.
나는 어제 술을 너무 많이 마셔서 오늘 머리가 아프다.

	A	B
0	Ayer bebí tanto que	hoy me duele el estómago.
1	Ayer comí tanto que	hoy quiero descansar.
2	Ayer canté tanto que	hoy me duelen las piernas.
3	Ayer lloré tanto que	hoy me duele la cabeza.
4	Ayer bailé tanto que	hoy no quiero abrir ni un libro.
5	Ayer estudié tanto que	hoy me duele todo el cuerpo.
6	Ayer trabajé tanto que	hoy tengo los ojos hinchados.
7	Ayer corrí tanto que	hoy me duele la garganta.

💡 **tip** 주어 + 동사 + tanto + que + 주어 + 동사 = 주어는 너무 ~해서 ~하다

1. Ayer comí tanto que _____

2. Ayer canté tanto que _____

3. Ayer lloré tanto que _____

4. Ayer bailé tanto que _____

5. Ayer estudié tanto que _____

6. Ayer trabajé tanto que _____

7. Ayer corrí tanto que _____

Unidad 31 단순 과거 2 (-er, -ir)

Unidad 32 단순 과거 3 (불규칙)

이번 과에서는 단순 과거 불규칙 동사들을 학습합니다. 단순 과거 불규칙 동사들을 익힐 때에는 말하고 쓰면서 반복하는 것이 가장 효과적입니다. 특히, 모든 인칭이 불규칙적으로 변하는 동사들은 반복해서 읽으면서 학습해 보세요.

> **오늘의 암기 문장**
>
> ¿Qué hiciste ayer?   너는 어제 뭘 했니?
> Ellos siguieron mi consejo.   그들은 나의 조언을 따랐다.

🇪🇸 단순 과거 불규칙 변화

★ 단순 과거 불규칙 동사

❶ 모든 인칭이 불규칙 변화를 따르는 동사들

동사	yo	tú	él, ella, usted	nosotros/as	vosotros/as	ellos, ellas, ustedes
decir 말하다	dije	dijiste	dijo	dijimos	dijisteis	dijeron
hacer 하다, 만들다	hice	hiciste	hizo	hicimos	hicisteis	hicieron
poder 할 수 있다	pude	pudiste	pudo	pudimos	pudisteis	pudieron
poner 놓다	puse	pusiste	puso	pusimos	pusisteis	pusieron
querer 원하다	quise	quisiste	quiso	quisimos	quisisteis	quisieron
saber 알다	supe	supiste	supo	supimos	supisteis	supieron
tener 갖다	tuve	tuviste	tuvo	tuvimos	tuvisteis	tuvieron
estar 있다	estuve	estuviste	estuvo	estuvimos	estuvisteis	estuvieron
andar 걷다	anduve	anduviste	anduvo	anduvimos	anduvisteis	anduvieron
venir 오다	vine	viniste	vino	vinimos	vinisteis	vinieron
haber(hay) ~가 있다	hube	hubiste	hubo	hubimos	hubisteis	hubieron

ser/ir ~이다/가다	fui	fuiste	fue	fuimos	fuisteis	fueron
conducir 운전하다	conduje	condujiste	condujo	condujimos	condujisteis	condujeron

예

¿Quién te dijo eso? 누가 너에게 그런 말을 했어?
¿Qué hiciste ayer? 너는 어제 뭘 했니?
Ayer hizo buen tiempo. 어제 날씨가 좋았다.
¿Pudiste hablar con el profesor? 너 선생님과 이야기할 수 있었어?
El niño quiso comer un helado. 그 아이는 아이스크림을 먹기를 원했다.
Nunca supe la verdad. 나는 진실을 안 적이 없었다.
Anoche tuve dolor de estómago. 어젯밤에 나는 복통이 있었다.
¿Dónde estuvo usted anteayer? 당신은 엊그제 어디에 있었나요?
Anduvimos una hora juntos. 우리는 한 시간을 함께 걸었다.
Hubo un atentado en el aeropuerto. 공항에 테러 행위가 있었다.
Mi abuelo fue profesor en un instituto. 나의 할아버지는 고등학교 선생님이셨다.
Pedro fue al cine el lunes pasado. 페드로는 지난주 월요일에 영화관에 갔다.
¿Quién condujo anoche? 누가 어젯밤에 운전을 했습니까?

¡Recuerda! haber 동사의 경우, hay의 과거 형태인 hubo만 쓰입니다.

¡Recuerda! hacer 동사가 날씨에 쓰일 경우, 항상 3인칭 단수로 쓰입니다.

¡Recuerda! ser와 ir의 단순 과거 형태는 같습니다. 뒤에 나오는 말과 전체적인 문맥을 고려하여 어떤 동사인지 구분합니다.

❷ 3인칭 단수, 복수가 불규칙 변화를 따르는 동사들

동사	yo	tú	él, ella, usted	nosotros/as	vosotros/as	ellos, ellas, ustedes
dormir 자다	dormí	dormiste	durmió	dormimos	dormisteis	durmieron
pedir 요구하다	pedí	pediste	pidió	pedimos	pedisteis	pidieron
preferir 선호하다	preferí	preferiste	prefirió	preferimos	preferisteis	prefirieron
sentir 느끼다	sentí	sentiste	sintió	sentimos	sentisteis	sintieron
seguir 계속하다	seguí	seguiste	siguió	seguimos	seguisteis	siguieron
repetir 반복하다	repetí	repetiste	repitió	repetimos	repetisteis	repitieron

예) Los niños durmieron 8 horas. 아이들은 8시간을 잤다.
Pedimos una pizza para cenar. 우리는 저녁 식사를 하기 위해 피자 한 판을 주문했다.
Rosa prefirió quedarse en casa. 로사는 집에 머무는 것을 선호했다.
Sentí algo en la espalda. 나는 등에 무언가가 있음을 느꼈다.
Ellos siguieron mi consejo. 그들은 나의 조언을 따랐다.
La profesora repitió una y otra vez lo mismo. 그 선생님은 똑같은 말을 거듭 반복했다.

❸ 강세 및 3인칭 단수, 복수에 유의해야 하는 동사들

동사	yo	tú	él, ella, usted	nosotros/as	vosotros/as	ellos, ellas, ustedes
caer 떨어지다	caí	caíste	cayó	caímos	caísteis	cayeron
leer 읽다	leí	leíste	leyó	leímos	leísteis	leyeron
huir 도망가다	hui	huiste	huyó	huimos	huisteis	huyeron
oír 듣다	oí	oíste	oyó	oímos	oísteis	oyeron
creer 믿다, 생각하다	creí	creíste	creyó	creímos	creísteis	creyeron

예) Anoche cayeron muchas hojas en la calle. 어젯밤에 거리에 많은 나뭇잎들이 떨어졌다.
El año pasado leí más de 20 libros. 작년에 나는 20권 이상의 책을 읽었다.
El ladrón huyó en moto. 그 도둑은 오토바이를 타고 도망쳤다.
Oímos algo, pero no pudimos ver nada. 우리는 뭔가를 들었지만 아무것도 볼 수 없었습니다.
Creí necesario reservar un hotel. 나는 호텔을 예약하는 것이 필요하다고 생각했다.

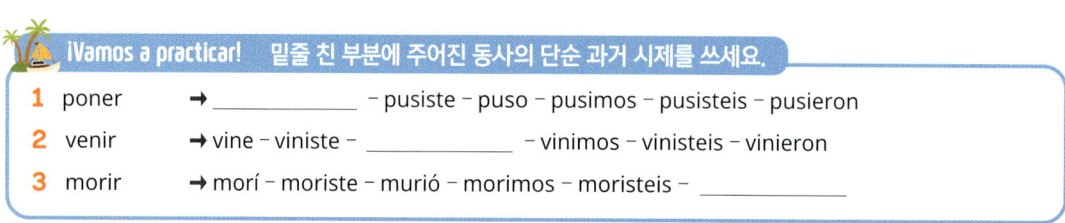

¡Vamos a practicar! 밑줄 친 부분에 주어진 동사의 단순 과거 시제를 쓰세요.

1. poner → _____ - pusiste - puso - pusimos - pusisteis - pusieron
2. venir → vine - viniste - _____ - vinimos - vinisteis - vinieron
3. morir → morí - moriste - murió - morimos - moristeis - _____

Ejercicios - 단순 과거 3 (불규칙)

정답 p.387

❶ 밑줄 친 부분에 주어진 동사의 단순 과거 형태를 쓰세요.

1. 누가 너에게 그런 말을 했어? (decir)
   → ¿Quién te _____ eso?

2. 어제 날씨가 좋았다. (hacer)
   → Ayer _____ buen tiempo.

3. 어젯밤에 나는 복통이 있었다. (tener)
   → Anoche _____ dolor de estómago.

4. 그들은 나의 조언을 따랐다. (seguir)
   → Ellos _____ mi consejo.

❷ 다음 중 틀린 문장을 골라 바르게 고치세요.

① ¿Dónde estuvo usted anteayer?

② Andamos una hora juntos.

③ El año pasado leí más de 20 libros.

④ Creí necesario reservar un hotel.

→ 잘못된 것은? _____번,

   바르게 수정하면? _____

❸ 밑줄 친 부분에 들어갈 말을 <보기>에서 골라 쓰세요.

repetir	conducir	dormir	leer

1. Ellos _____ el libro y me lo recomendaron.

2. ¿Anoche _____ bien?

3. Ayer el profesor _____ un capítulo más de cinco veces.

4. Juanjo _____ 3 horas seguidas ayer para llegar a Sevilla lo antes posible.

¡Vamos a hablar!

다음 그림을 보고 휴가에 대한 A와 B의 답변을 완성하세요.

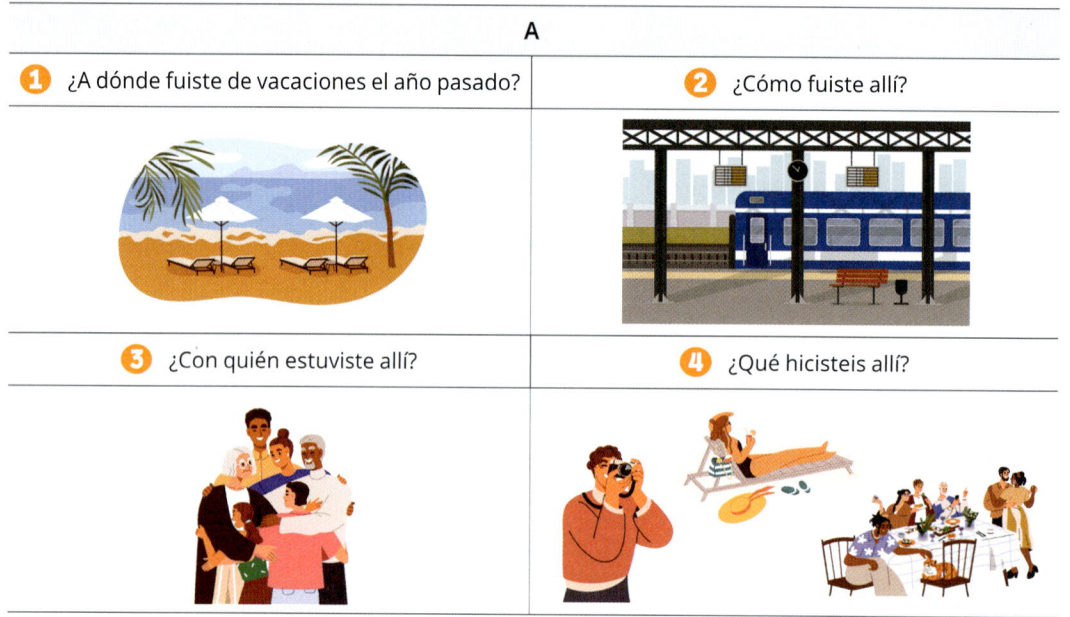

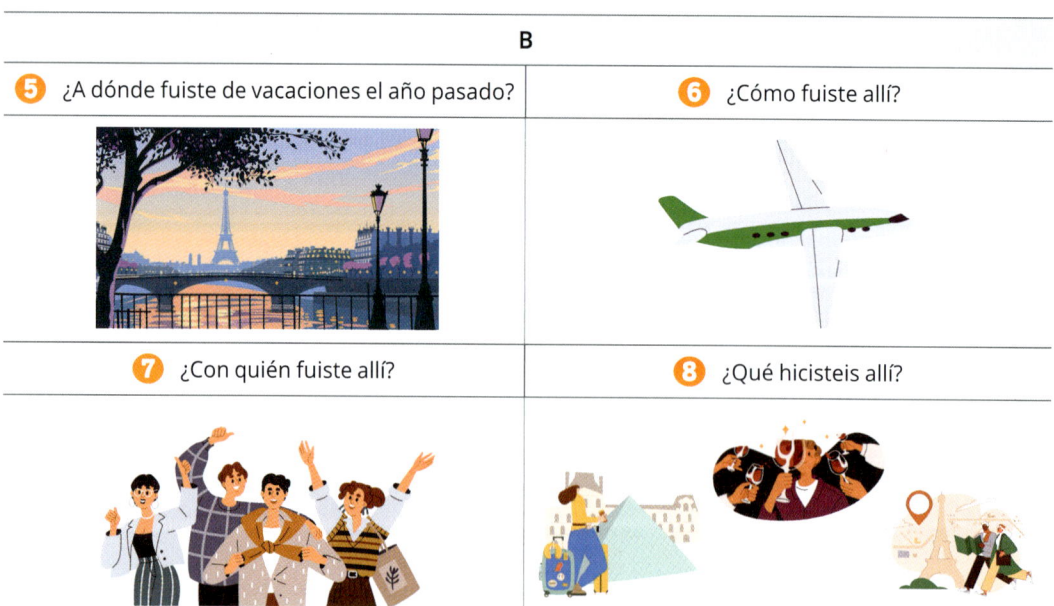

A.

1 ¿A dónde fuiste de vacaciones el año pasado?
→ _____ a una playa cerca de mi ciudad.

2 ¿Cómo fuiste allí?
→ _____ en tren.

3 ¿Con quién estuviste allí?
→ _____ con mi familia.

4 ¿Qué hicisteis allí?
→ Hicimos muchas _____, _____ el sol y _____ un plato típico de allí.

B.

5 ¿A dónde fuiste de vacaciones el año pasado?
→ _____ a París.

6 ¿Cómo fuiste allí?
→ Fui en _____.

7 ¿Con quién fuiste allí?
→ _____ con algunos amigos míos.

8 ¿Qué hiciste allí?
→ _____ el Museo del Louvre, _____ vino y _____ mucho por la ciudad.

Unidad 33 불완료 과거

이번 과에서는 단순 과거와 혼동하기 쉬운 스페인어의 또 다른 과거인 불완료 과거를 학습합니다. 단순 과거보다 동사 변화가 비교적 쉽고 불규칙 동사의 수도 적기 때문에, 다른 과거 시제보다 훨씬 쉽게 배울 수 있습니다.

> **오늘의 암기 문장**
>
> Llovía mucho cuando llegué. 내가 도착했을 때 비가 많이 오고 있었다.
> Ayer no vine a clase porque estaba malo. 나는 어제 아파서 수업에 오지 못했다.

🇪🇸 불완료 과거 규칙 변화와 불규칙 변화

★ 불완료 과거 규칙 변화

① 동사 hablar (말하다)의 불완료 과거

hablar의 어미 변화에 주목하세요. 동사 원형 hablar의 -ar 자리에 -aba/-abas/-aba/-ábamos/-abais/-aban을 넣어 주어에 맞는 불완료 과거 규칙 변화를 만듭니다. 다음의 어미는 규칙 변화를 하는 모든 –ar 동사들의 불완료 과거 시제에 적용됩니다.

yo	hablaba	nosotros/as	hablábamos
tú	hablabas	vosotros/as	hablabais
él, ella, usted	hablaba	ellos, ellas, ustedes	hablaban

예 A: ¿Hablabas con él en español?
　　　너는 그와 스페인어로 이야기하곤 했니?

　　B: Sí, hablábamos en español.
　　　응, 우리는 스페인어로 이야기하곤 했어.

② 동사 comer (먹다)의 불완료 과거

comer의 어미 변화에 주목하세요. 동사 원형 comer의 -er 자리에 -ía/-ías/-ía/-íamos/-íais/-ían을 넣어 주어에 맞는 불완료 과거 규칙 변화를 만듭니다. 다음의 어미는 규칙 변화를 하는 모든 –er 동사들의 불완료 과거 시제에 적용됩니다.

yo	comía	nosotros/as	comíamos
tú	comías	vosotros/as	comíais
él, ella, usted	comía	ellos, ellas, ustedes	comían

예 A: ¿Tú comes siempre a estas horas?
　　　너는 항상 이 시간대에 점심을 먹니?

　　B: Sí, pero antes comía más tarde.
　　　응, 그런데 전에는 더 늦게 먹곤 했어.

❸ 동사 vivir (살다)의 불완료 과거

vivir의 어미 변화에 주목하세요. 동사 원형 vivir의 **-ir** 자리에 **-ía/-ías/-ía/-íamos/-íais/-ían**을 넣어 주어에 맞는 불완료 과거 규칙 변화를 만들어 줍니다. 다음의 어미는 규칙 변화를 하는 모든 -ir 동사들의 불완료 과거 시제에 적용됩니다. (-er, -ir 동사의 불완료 과거는 어미의 형태가 같습니다.)

yo	viv**ía**	nosotros/as	viv**íamos**
tú	viv**ías**	vosotros/as	viv**íais**
él, ella, usted	viv**ía**	ellos, ellas, ustedes	viv**ían**

예 A: Cuando vivía en México, comía tacos casi cada día.
　　 나 멕시코에 살 때, 타코를 거의 매일 먹곤 했어.

　　 B: Yo también comía tacos casi todos los días.
　　 나도 거의 매일 타코를 먹곤 했어.

★ 불완료 과거 불규칙 변화

❶ ir, ser, ver 동사의 불완료 과거 변화

ir, ser, ver 3가지 동사만 불완료 과거 불규칙 동사에 해당합니다. 빨간색으로 표시된 부분에 유의하면서 동사 변화를 확인해 보세요.

	ir	ser	ver
yo	iba	era	veía
tú	ibas	eras	veías
él, ella, usted	iba	era	veía
nosotros/as	**í**bamos	**é**ramos	ve**í**amos
vosotros/as	ibais	erais	veíais
ellos, ellas, ustedes	iban	eran	veían

예 Cuando vivía en Seúl, iba al trabajo en metro.
　　 나는 서울에 살 적에, 지하철을 타고 출근하곤 했다.

　　 Mi primer profesor de inglés era muy simpático.
　　 내 첫 영어 선생님은 매우 친절하셨다.

　　 En el colegio siempre te veía feliz.
　　 (나는) 학교에서 네가 항상 행복해 보였어.

¡Recuerda! te veía feliz를 직역하면 '너를 행복하게 보곤 했다'지만, 우리말로는 '(내 눈에) 네가 행복하게 보였어'에 해당합니다.

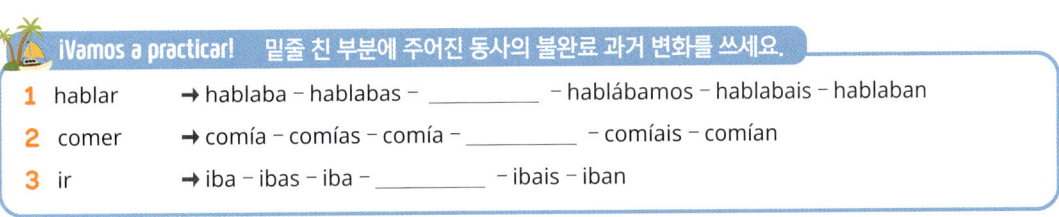

¡Vamos a practicar! 밑줄 친 부분에 주어진 동사의 불완료 과거 변화를 쓰세요.

1. hablar ➜ hablaba – hablabas – _____ – hablábamos – hablabais – hablaban
2. comer ➜ comía – comías – comía – _____ – comíais – comían
3. ir ➜ iba – ibas – iba – _____ – ibais – iban

🇪🇸 불완료 과거의 용법

⭐ 불완료 과거의 쓰임

불완료 과거의 쓰임은 다양합니다. 예문의 밑줄 친 불완료 과거 동사에 유의하며, 불완료 과거 시제의 여러 가지 용법을 확인해 봅시다.

❶ 일정 시기 동안 규칙적으로 혹은 자주 했던 행동, '~하곤 했다'

'전에는', '~할 적에', '그 시절에', '그 당시에'와 같은 시간의 부사(절)와 자주 쓰입니다.

> **예** Antes tomaba mucho café, pero ahora no.
> 나는 전에는 커피를 많이 마시곤 했지만, 지금은 그렇지 않다.
>
> Iba a clase de piano cada miércoles cuando tenía 9 años.
> 나는 아홉 살 때 매 수요일마다 피아노 수업에 가곤 했다.
>
> Cuando vivía en Madrid, hacía ejercicio en el parque del Retiro.
> 나는 마드리드에서 살 적에, 레티로 공원에서 운동을 하곤 했다.
>
> En esa época la gente trabajaba mucho.
> 그 시절에 사람들은 일을 많이 했었다.
>
> En aquel entonces mis abuelos no tenían casa.
> 그 당시에 나의 조부모님은 집이 없었다.

¡Recuerda! 동작이 시작된 때와 끝난 때를 언급하거나, 지속 기간을 숫자로 명시한다면 단순 과거와 쓰여야 합니다.

¡Recuerda! '~할 때'의 cuando 절은, 주절 앞에 올 때는 콤마를 찍습니다.
> 예 Cuando vivía en Madrid, hacía ejercicio en el parque del Retiro.

¡Recuerda! cuando tenía 9 años, Cuando vivía en Madrid에 쓰인 불완료 과거는 ❷의 용법에 해당합니다.

❷ 어떤 동작이 일어날 때 이미 진행 중이던 상황

> **예** Me encontré con Juan cuando salía de la cafetería.
> 내가 카페에서 나가고 있었을 때 후안과 마주쳤다.
>
> Cuando me llamaste, estaba durmiendo.
> 네가 나에게 전화했을 때 나는 자고 있었어.
>
> En el pueblo no había trabajo cuando nació mi padre.
> 나의 아버지가 태어났을 때 그 마을에는 일자리가 없었다.
>
> Llovía mucho cuando llegué.
> 내가 도착했을 때 비가 많이 오고 있었다.

❸ 과거 시제로 사람의 나이, 외모, 성격, 혹은 사물이나 장소의 특징

예 Tenía 15 años cuando me mudé a esta ciudad.
내가 이 도시로 이사 왔을 때 나는 15살이었다.

Mi amiga Ana era muy divertida.
내 친구 아나는 매우 재미있었다.

La vecina era alta y delgada y siempre llevaba gafas.
그 이웃집 여자는 키가 크고 날씬했고 늘 안경을 착용하고 있었다.

El árbol medía casi tres metros.
그 나무는 높이가 거의 3미터였다.

La habitación tenía un armario, una mesa y una silla.
그 방은 옷장, 테이블 그리고 의자를 갖고 있었다.

❹ 과거에 일어난 일의 이유

예 Ayer no vine a clase porque estaba malo.
나는 어제 아파서 수업에 오지 못했다.

El domingo pasado me quedé en casa porque había una película interesante en la tele.
지난주 일요일에 나는 집에 머물렀다, 왜냐하면 텔레비전에 재미있는 영화 한 편이 있었기 때문이다.

Como me dolía el estómago, no fui a la fiesta.
나는 배가 아팠기 때문에, 파티에 가지 않았다.

¡Recuerda! ❹번 용법의 경우, 이유를 나타내는 porque, como 등과 자주 쓰입니다.

❺ 불완료 형태로 자주 쓰이는 의도, 인지, 생각과 관련된 동사

예 Quería comprar un libro.
나는 책 한 권을 사고 싶었다.

No lo sabía.
나는 그것을 몰랐다.

Creía que sí.
그렇다고 나는 생각했었어.

Pensaba que Héctor es tu hermano mayor.
나는 헥터가 너의 형/오빠라고 생각했었어.

¡Vamos a practicar! 불완료 과거 시제를 사용하여 밑줄 친 부분에 들어갈 말을 쓰세요.

1 나는 전에는 커피를 많이 마시곤 했지만, 지금은 그렇지 않다.
➜ Antes _____ mucho café, pero ahora no.
2 그 시절에 사람들은 일을 많이 했었다.
➜ En esa época la gente _____ mucho.
3 내가 도착했을 때 비가 많이 오고 있었다.
➜ _____ mucho cuando llegué.

Ejercicios - 불완료 과거

정답 p.387

❶ 밑줄 친 부분에 주어진 동사의 불완료 과거 형태를 쓰세요.

1 나는 서울에 살 적에, 지하철을 타고 출근을 하곤 했다. (vivir, ir)

→ Cuando _____ en Seúl, _____ al trabajo en metro.

2 내 첫 영어 선생님은 매우 친절하셨다. (ser)

→ Mi primer profesor de inglés _____ muy simpático.

3 그 당시에 나의 조부모님은 집이 없었다. (tener)

→ En aquel entonces mis abuelos no _____ casa.

4 내가 커피숍에서 나가고 있었을 때 후안과 마주쳤다. (salir)

→ Me encontré con Juan cuando _____ de la cafetería.

❷ 다음 중 틀린 문장을 골라 바르게 고치세요.

① En el colegio siempre te veía feliz.

② Cuando me llamaste, estaba durmiendo.

③ El árbol media casi tres metros.

④ Ayer no vine a clase porque estuve malo.

→ 잘못된 것은? _____번,

바르게 수정하면? _____

❸ <보기>와 같이 주어진 표현을 활용하여 '나는 전에는 ~하곤 했지만, 지금은 아니야'의 문장을 완성하세요.

hacer mucho ejercicio → Antes hacía mucho ejercicio, pero ahora no.
나는 전에는 운동을 많이 했지만, 지금은 아니야.

1 viajar mucho → _____

2 querer casarse → _____

3 levantarse temprano → _____

4 cenar muy tarde → _____

¡Vamos a hablar!

정답 p.388

A와 B를 연결하여, <보기>와 같이 '끝내 이루지 못한 의도가 드러나도록' 문장을 쓰세요.

Ejemplo

0. Iba a **cancelar el pedido**, pero al final no pude. Porque **ya era tarde**.
나는 주문을 취소할 작정이었는데, 결국 그럴 수 없었어. 왜냐하면 이미 늦었었거든.

	A	B
0	cancelar el pedido	no tener tiempo
1	estudiar más	ya ser tarde
2	cenar con Juan	llover muchísimo
3	ir al concierto	estar cerrada la pizzería
4	salir a correr	estar muy cansado
5	limpiar la casa	tener que trabajar hasta muy tarde
6	invitar a Pedro	no quedar entradas
7	pedir una pizza	estar en el extranjero

tip iba a + 동사 원형(구), pero a final no pude. Porque + 주어 + 불완료 과거 동사.
= 나는 ~할 작정이었는데, 결국에는 그럴 수 없었어. 왜냐하면 ~했거든.

1. ___
2. ___
3. ___
4. ___
5. ___
6. ___
7. ___

Unidad 33 불완료 과거

Unidad 34 단순 미래

이번 과에서는 일상 회화에서 자주 쓰이는 시제 중 하나인 단순 미래를 학습합니다. 단순 미래 시제는 동사 원형에 단순 미래 어미를 붙이며, 불규칙 동사는 다음 과에서 학습할 가능법과 어간을 동일하게 활용합니다. 따라서 단순 미래의 불규칙 동사 변형을 숙지하면 가능법도 수월하게 익힐 수 있습니다.

오늘의 암기 문장

A partir de hoy leeré un libro cada mes.
Mañana lloverá en todo el país.

오늘부터 나는 한 달에 책 한 권씩 읽을 것이다.
내일은 전국에 비가 내릴 것입니다.

🇪🇸 단순 미래 규칙 변화와 불규칙 변화

★ -ar, -er, -ir 동사의 단순 미래 규칙 변화

동사 원형에 -é/-ás/-á/-emos/-éis/-án을 붙입니다.

	hablar	leer	vivir
yo	hablar**é**	leer**é**	vivir**é**
tú	hablar**ás**	leer**ás**	vivir**ás**
él, ella, usted	hablar**á**	leer**á**	vivir**á**
nosotros/as	hablar**emos**	leer**emos**	vivir**emos**
vosotros/as	hablar**éis**	leer**éis**	vivir**éis**
ellos, ellas, ustedes	hablar**án**	leer**án**	vivir**án**

예 Juana hablará con su jefe de ese asunto.
후아나는 그 일에 대해 그녀의 상사와 이야기를 할 것이다.

A partir de hoy leeré un libro cada mes.
오늘부터 나는 한 달에 책 한 권씩 읽을 것이다.

¿Dentro de 100 años viviremos en otro planeta?
100년 후에 우리는 다른 행성에서 살까?

¡Recuerda! 단순 미래의 어미(**-é/-ás/-á/ -emos/-éis/-án**)는 강세를 제외하고 보면, haber 동사의 현재 변화 어미와 같습니다. 단순 미래의 동사 변화가 기억 나지 않으면, haber 동사의 현재 변화를 떠올려 보세요!

★ 단순 미래 불규칙 변화

decir	hacer	poner	poder
diré	haré	pondré	podré
dirás	harás	pondrás	podrás
dirá	hará	pondrá	podrá
diremos	haremos	pondremos	podremos
diréis	haréis	pondréis	podréis
dirán	harán	pondrán	podrán

tener	salir	venir	querer
tendré	saldré	vendré	querré
tendrás	saldrás	vendrás	querrás
tendrá	saldrá	vendrá	querrá
tendremos	saldremos	vendremos	querremos
tendréis	saldréis	vendréis	querréis
tendrán	saldrán	vendrán	querrán

¡Recuerda! saber(알다), haber(3인칭 단수로 쓰여, ~가 있다), caber(들어갈 수 있다)는 poder 동사와 같이 변합니다.

예 sabré - sabrás - sabrá - sabremos - sabréis - sabrán
    habré - habrás - habrá - habremos - habréis - habrán
    cabré - cabrás - cabrá - cabremos - cabréis - cabrán

¡Recuerda! valer(값이 ~이다)는 tener, salir, venir 동사와 같이 변합니다.

예 valdré - valdrás - valdrá - valdremos - valdréis - valdrán

🇪🇸 단순 미래의 용법

★ 단순 미래의 쓰임

❶ 미래에 할 일이나 일어날 일, 일기예보, 조건절과 함께 쓰여 미래의 약속을 나타냄.

예 Llegaremos tarde a la reunión.
    우리는 회의에 늦게 도착할 것입니다.

    Este fin de semana llegará el paquete.
    이번 주말에 그 소포가 도착할 것이다.

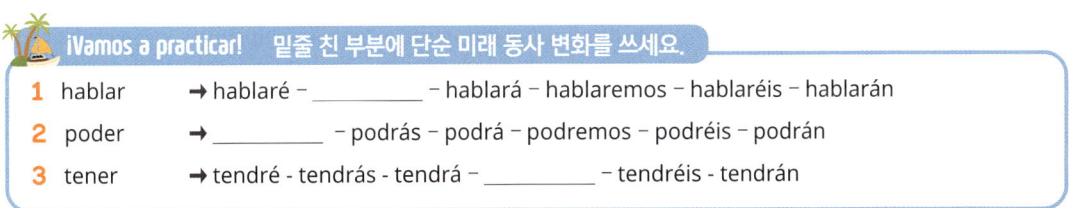

¡Vamos a practicar! 밑줄 친 부분에 단순 미래 동사 변화를 쓰세요.

1 hablar   ➡ hablaré – _____ – hablará – hablaremos – hablaréis – hablarán
2 poder   ➡ _____ – podrás – podrá – podremos – podréis – podrán
3 tener   ➡ tendré - tendrás - tendrá – _____ – tendréis - tendrán

El año que viene saldrá a la calle un nuevo libro mío.
내년에 나의 새로운 책 한 권이 출판될 것입니다.

Volverán sobre las 6.
6시경에 돌아올 것이다.

Mañana lloverá en todo el país.
내일은 전국에 비가 내릴 것입니다.

Podrás jugar si terminas los deberes.
너는 숙제를 마치면 놀 수 있을 거야.

Te compraremos una bicicleta si apruebas el examen de inglés.
네가 영어 시험에 합격하면, 우리는 너에게 자전거를 사 줄 것이다.

¡Recuerda! 조금 더 확신 있게 말하거나 확정된 일정일 경우, 단순 미래를 'ir a + 동사 원형'으로 대체할 수 있습니다.

¡Recuerda! 공식 일기예보에는 단순 미래가 쓰입니다. 그러나 현재 구름이 많이 끼어 있거나, 며칠째 계속 비가 내려서 내일 비가 올 것을 확신할 때에는, Mañana va a llover.라고 말할 수 있습니다.

¡Recuerda! salir a la calle는 '(사람이) 거리에 나가다, 밖으로 나가다'의 직역 외에, '(무언가) 출판되다, 출간되다'라는 뜻으로도 쓰입니다.

❷ 미래에 어떤 일을 하려는 의지를 나타낼 때 (즉흥적인 결정)

예 A: En el centro hay un nuevo restaurante de comida mexicana y está muy bien de precio.
중심지에 새로운 멕시코 음식 식당이 있는데 가격이 매우 좋아.

B: ¿Ah, sí? Pues entonces, iré algún día.
아, 그래? 그러면 언제 한번 가 봐야겠다.

A: ¿Qué vas a hacer este fin de semana?
너 이번 주말에 뭐 할 거야?

B: No sé. Creo que me quedaré en casa para descansar.
모르겠네. 내 생각엔 쉬기 위해서 집에 있을 것 같아.

¡Recuerda! estar (muy) bien de precio (가게나 식당 등이) 가격이 (매우) 좋다

¡Recuerda! 다른 사람의 일정을 물어볼 때에는 'ir a + 동사 원형'으로 묻습니다.
quedarse en + 장소 = ~에 머물다

❸ 현재의 일에 대한 추측

이 경우, '내 생각에는 ~인 것 같다'의 creo que.../me parece que... 혹은 '아마도'의 quizá(s), a lo mejor가 들어간 문장과 바꿔 쓸 수 있습니다.

예 En el salón no encuentro mis gafas. Estarán en mi habitación.
= En el salón no encuentro mis gafas. Creo que están en mi habitación.
= En el salón no encuentro mis gafas. A lo mejor están en mi habitación.
거실에서 나는 내 안경을 못 찾겠어. 내 방에 있나 봐.

예 A: Estos días Andrea parece muy cansada.
요즘 안드레아가 매우 피곤해 보여.

B: Trabajará mucho.
= Creo que trabaja mucho.
= A lo mejor trabaja mucho.
일을 많이 하나 봐.

예 A: ¿Qué hora es?
지금 몇 시야?

B: No tengo reloj, pero serán las 4.
= Creo que son las 4.
= A lo mejor son las 4.
시계가 없지만, 4시일 거야.

예 ¿Cabrán todas las maletas en el maletero?
= ¿Crees que caben todas las maletas en el maletero?
자동차 트렁크에 모든 여행 가방들이 들어갈까?

예 A: ¿Qué edad tiene José?
호세 몇 살이야?

B: No sé. Tendrá 30 o un poco menos.
= No sé. Creo que tiene 30 o un poco menos.
모르겠어. 아마 서른 살 아니면 서른이 조금 안 될 거야.

❹ 시간의 부사와 쓰여, 미래 예언, 예측 ('ir a + 동사 원형'으로 대체 불가)

점술가의 예언이나, 미래에 일어날지도 모르는 현상 혹은 상황에 대한 예측에 쓰이며, 이 경우, 'ir a + 동사 원형'과 바꿔 쓸 수 없습니다.

예 Dentro de 30 años usted vivirá en otro país.
30년 후에 당신은 다른 나라에 살 것입니다. (점술가의 예언)

Dentro de 10 años los ordenadores tendrán el tamaño de un móvil.
10년 후에 컴퓨터는 휴대폰의 크기를 가질 것이다.

En el siglo XXII podremos viajar al espacio.
22세기에 우리는 우주로 여행을 할 수 있을 것입니다.

¡Vamos a practicar!   밑줄 친 부분에 들어갈 말을 쓰세요.

1 우리는 회의에 늦게 도착할 것입니다.
→ _____ tarde a la reunión.

2 내일은 전국에 비가 내릴 것입니다.
→ Mañana _____ en todo el país.

3 자동차 트렁크에 모든 여행 가방들이 들어갈까?
→ ¿_____ todas las maletas en el maletero?

Ejercicios - 단순 미래

1 밑줄 친 부분에 괄호 안 동사의 단순 미래를 쓰세요.

1 나는 그 식당에 다시 가지 않을 거야. (volver)
→ No _____ a ir a ese restaurante.

2 우리는 카페에서 너를 기다릴게. (esperar)
→ Te _____ en la cafetería.

3 2050년에 휴대폰들은 지금보다 더 작을 것이다. (ser)
→ En 2050 los móviles _____ más pequeños que ahora.

4 오늘 후안이 결석했어. 아픈가 봐. (estar)
→ Hoy no ha venido Juan a clase. _____ malo.

2 다음 중 틀린 문장을 골라 바르게 고치세요.

① Te llamaré dentro de un rato.

② Si comes tanto, te dolerá el estómago.

③ Saliremos sobre las 5.

④ Está llorando el bebé. ¿Tendrá hambre?

→ 잘못된 것은? _____ 번,

바르게 수정하면? _____

3 보기와 같이 B의 대답을 단순 미래를 사용하여 같은 의미의 문장으로 바꾸세요.

> A: ¿Quién es esa niña?
> B: Creo que es la hija de Pedro. → Será la hija de Pedro.

1 A: Ana está muy estresada, ¿verdad?
B: A lo mejor tiene un examen muy importante. → _____

2 A: ¿Sabes cuántos años tiene Teresa?
B: Creo que tiene 25 años. → _____

3 A: ¿Dónde están todos?
B: Creo que están en otra clase. → _____

¡Vamos a hablar!

정답 p.388

✏️ 다음 메모를 보고 나의 내년 계획을 완성하세요.

El año que viene...

☐ aprender inglés
☐ viajar al extranjero
☐ tomar menos café
☐ pasar más tiempo con mi familia
☐ hacer ejercicio más a menudo

El año que viene quiero hacer muchas cosas y tener mejores costumbres que ahora.

Por eso, el año que viene _____ ,

_____ , _____ ,

_____ y _____ .

Unidad 35 가능법

이번 과에서는 단순 미래와 비슷한 특징을 갖는 가능법을 학습합니다. 가능법은 동사 원형에 가능법 어미를 붙여 만듭니다. 가능법 불규칙 동사의 어간은 단순 미래 불규칙 동사의 어간과 같습니다. 예문을 통해 가능법의 다양한 쓰임새를 확인해 봅시다.

오늘의 암기 문장

Deberías trabajar menos.	너는 일을 좀 덜 해야 해.
Yo en tu lugar, rompería con él.	내가 너라면 그와 헤어질 것 같아.

가능법 규칙 변화와 불규칙 변화

★ -ar, -er, -ir 동사의 가능법 규칙 변화

동사 원형에 -ía/-ías/-ía/-íamos/-íais/-ían을 붙여서 동사를 변화시킵니다.

	hablar	leer	vivir
yo	hablaría	leería	viviría
tú	hablarías	leerías	vivirías
él, ella, usted	hablaría	leería	viviría
nosotros/as	hablaríamos	leeríamos	viviríamos
vosotros/as	hablaríais	leeríais	viviríais
ellos, ellas, ustedes	hablarían	leerían	vivirían

★ 가능법 불규칙 변화

가능법의 불규칙은 다음과 같습니다. (단순 미래의 불규칙 동사들의 어간과 동일합니다.)

decir	hacer	poner	poder
diría	haría	pondría	podría
dirías	harías	pondrías	podrías
diría	haría	pondría	podría
diríamos	haríamos	pondríamos	podríamos
diríais	haríais	pondríais	podríais
dirían	harían	pondrían	podrían

tener	salir	venir	querer
tendría	saldría	vendría	querría
tendrías	saldrías	vendrías	querrías
tendría	saldría	vendría	querría
tendríamos	saldríamos	vendríamos	querríamos
tendríais	saldríais	vendríais	querríais
tendrían	saldrían	vendrían	querrían

¡Recuerda! saber(알다), haber(3인칭 단수로 쓰여, ~가 있다), caber(들어갈 수 있다)는 poder 동사와 같이 변합니다.

예) sabría - sabrías - sabría - sabríamos - sabríais - sabrían
habría - habrías - habría - habríamos - habríais - habrían
cabría - cabrías - cabría - cabríamos - cabríais - cabrían

¡Recuerda! valer(값이 ~이다)는 tener, salir, venir 동사와 같이 변합니다.

예) valdría - valdrías - valdría - valdríamos - valdríais - valdrían

🇪🇸 가능법의 쓰임

★ 가능법의 쓰임

❶ gustar, querer, encantar 등의 동사와 쓰여 소망을 표현

예) Nos gustaría vivir en el extranjero.   우리는 외국에서 살아 보고 싶어.
Yo querría tener un perro.   나는 개 한 마리를 갖고 싶어.
Me encantaría estudiar en Estados Unidos.   나는 미국에서 정말 공부해 보고 싶어.

¡Recuerda! Nos gusta vivir en el extranjero.와 Nos gustaría vivir en el extranjero.의 의미는 다릅니다. 전자는, 현재 외국에 살면서 '우리는 외국에 사는 것이 좋아'라는 의미를, 후자는 현재 외국에 거주하지 않는 상태에서 단순히 '우리는 외국에서 살아 보고 싶어'라는 의미입니다.

¡Recuerda! 문맥에 따라 gustar, querer, encantar 외에 다른 동사의 가능법도 소망을 표현할 수 있습니다.

예) ¡Qué sueño tengo! Me acostaría ahora mismo.
나 너무 졸려! 지금 당장 잘 수도 있을 것 같아.

¡Vamos a practicar! 밑줄 친 부분에 가능법에 따라 알맞은 동사를 쓰세요.

1 leer → leería - leerías - _____ - leeríamos - leeríais - leerían
2 decir → diría - dirías - diría - diríamos - _____ - dirían
3 querer → _____ - querrías - querría - querríamos - querríais - querrían

❷ 발화 시점에 단순 미래로 말한 내용을 나중에 옮겨 말할 때 (간접 화법)

어제 아나가 한 말

Ana: Estudiaré mucho.
나 열심히 공부할 거야.

↓

오늘 내가 아나의 말을 옮겨 하는 말

Yo: Ana me dijo que (ella) estudiaría mucho.
어제 아나가 나에게 공부를 열심히 할 거라고 말했어.

지난주 월요일 내가 한 말

Yo: El lunes que viene estaré en México.
나 다음 주 월요일에 멕시코에 있을 거야.

↓

일주일 뒤 월요일인 오늘, 후안이 내가 한 말을 옮겨 하는 말

Juan: dijiste que hoy estarías en México, pero ¿por qué sigues aquí?
네가 나에게 오늘 멕시코에 있을 거라고 말했잖아, 그런데 왜 계속 여기에 있어?

¡Recuerda! 58과에서 학습하는 간접 화법 내용입니다.

나 혹은 누군가가 발화 시점에 단순 미래로 말한 것뿐만 아니라, 단순 미래로 생각한 내용을 나중에 옮길 때에도 가능법을 사용합니다.

어제 나의 생각

Mañana lloverá.
내일 비가 올 거야.

↓

오늘 친구에게 내가 하는 말

Pensaba que hoy llovería, pero veo que no.
나는 오늘 비가 올 거라고 생각했었어, 그러나 지금 보니 아니네.

❸ **과거의 일에 대한 추측**

'내 생각에는 ~인 것 같다'의 creo que.../me parece que... 혹은 '아마도'의 quizá(s), a lo mejor가 들어간 문장과 바꿔 쓸 수 있습니다.

예   Luna no vino ayer a clase. Estaría mala.
  = Luna no vino ayer a clase. Creo que estaba mala.
  = Luna no vino ayer a clase. A lo mejor estaba mala.
  루나가 어제 수업에 오지 않았어. 아팠나 봐.

예   A: ¿Por qué llegaron tarde anoche?
  어젯밤 그들은 왜 늦게 도착한 거야?

  B: Saldrían tarde de su casa.
   = Creo que salieron tarde de su casa.
   = A lo mejor salieron tarde de su casa.
   그들의 집에서 늦게 나왔나 보지.

❹ **대표적으로 다음 동사들과 쓰여 부드럽고, 정중하고, 덜 직접적인 어조를 만듦.**
  ➡ poder, deber, tener que + 동사 원형, hay que + 동사 원형, importar, molestar, querer

예   ¿Podría hablar con usted sobre ese asunto?
  제가 당신과 그 안건에 대해 좀 이야기를 나눌 수 있을까요?

  Deberías trabajar menos.
  너는 일을 좀 덜 해야 해.

  No tendrías que fumar tanto.
  너 그렇게 많이 담배를 피워선 안 돼.

  Habría que comprar un regalo, ¿no?
  우리 선물 좀 사야 하지 않을까?

  ¿Le importaría bajar el volumen?
  당신 볼륨 좀 낮춰 주실 수 있을까요?

  ¿Le molestaría cerrar la puerta?
  당신 문 좀 닫아 주실 수 있을까요?

  Querría comprar un pantalón.
  제가 바지 한 벌 좀 사려고 하는데요.

¡Recuerda! 우리말에서, 부탁이나 동의 등을 구할 때 말을 부드럽게 하기 위해 사용하는 '좀'의 어조와 비슷합니다.

¡Recuerda! 'Hay que + 동사 원형'은 상황에 따라, 'Tenemos que + 동사 원형'의 의미로 쓰이기도 합니다.

❺ '내가/네가 ~라면'과 함께 쓰여 조언이나 제안을 나타냄.

예 Yo que tú, llevaría un vestido.
내가 너라면 원피스를 입을 것 같아.

Si yo fuera tú, no compraría ese ordenador.
내가 너라면, 그 컴퓨터를 사지 않을 것 같아.

Yo que ella, cambiaría de trabajo.
내가 그녀라면, 직장을 바꿀 것 같아.

Yo en tu lugar, rompería con él.
내가 너라면 그와 헤어질 것 같아.

예 A: Mis compañeros de piso nunca limpian. No sé qué hacer.
¿Qué harías tú en mi lugar?
내 셰어 하우스 친구들은 청소하는 법이 없어. 어떻게 해야 할지 모르겠어. 네가 나라면 어떻게 할 것 같아?

B: Yo hablaría con ellos.
나라면 그들과 이야기를 해 볼 것 같아.

예 A: Sabes que Jorge llevaba años engañando a Ana, ¿verdad? Pero ella no quiere romper con Jorge.
너 호르헤가 아나를 두고 수년간을 바람을 펴왔던 거 알고 있었지, 그렇지? 그런데 아나는 호르헤와 헤어지는 것을 원치 않아.

B: ¿Cómo? Yo que ella, lo dejaría ahora mismo.
뭐라고? 내가 그녀라면, 지금 당장 관계를 끝낼 것 같은데.

A: Yo en su lugar, haría lo mismo que tú.
내가 그녀라면, 너와 똑같이 할 것 같아.

예 A: Mi hija quiere dejar el trabajo y montar un restaurante. Tú, en mi lugar, ¿qué le dirías?
내 딸이 일을 관두고 식당을 차리길 원해. 네가 나라면, 딸에게 뭐라고 말할 거 같아?

B: La apoyaría en todo y le desearía mucha suerte.
그녀를 모든 면에서 지지하고 그녀에게 행운을 빌어 줄 것 같아.

¡Recuerda! 49과에서 학습하는 가정법 내용입니다.

¡Recuerda! dejarlo는 굳어진 표현으로, 문맥이 받쳐 줄 경우, '애인 사이의 관계를 끝내다'의 의미로 쓰입니다. lo dejaría에서 lo는 앞서 말한 표현에서 왔다고 볼 수도 있고, Jorge를 받아서, '호르헤를 놓아주다'로 볼 수도 있습니다.

¡Recuerda! hacer lo mismo que OO는 'OO와 똑같은 것을 하다'라는 의미입니다.

¡Vamos a practicar! 밑줄 친 부분에 알맞은 말을 쓰세요.

1 나는 미국에서 정말 공부해 보고 싶어. → Me _____ estudiar en Estados Unidos.
2 너 그렇게 많이 담배를 피워선 안 돼. → No _____ que fumar tanto.
3 내가 너라면 원피스를 입을 것 같아. → Yo que tú, _____ un vestido.

❻ '~하면 ~할 텐데'의 의미로 현재 사실에 대한 아쉬움이나 당장 일어나지 않은 일을 상상하며 말할 때, 보통 전치사 구, 부사 혹은 si 절 등으로 조건을 표현함.

예 La sopa estaría más rica con un poco más de sal.
소금이 조금 더 있으면 수프가 더 맛있을 텐데.

Estaría más contento contigo.
너와 함께라면 내가 더 만족스러울 텐데.

Con un café en la mano todo sería perfecto.
커피 한 잔만 손에 쥐고 있으면 모든 게 완벽할 텐데.

Mi casa ideal tendría tres plantas.
내 이상적인 집은 3층 집이 될 거예요.

En 10 años estaría casado y tendría hijos.
10년 후면 나는 결혼한 상태이고 자식들이 있을 것 같아요.

Ahora yo estaría durmiendo en casa.
(예를 들어, 평소보다 늦게까지 일을 하며 하는 말) 지금 나는 집에서 자고 있을 텐데.

Sin Internet no podría hablar con mis amigos extranjeros.
인터넷이 없다면 내 외국 친구들과 이야기할 수 없을 거예요.

Sin electricidad todo se volvería incómodo.
전기가 없다면, 모든 게 불편하게 변할 것 같아요.

Sin GPS me perdería, seguro.
GPS가 없다면, 난 길을 잃을 거야, 확신해.

Si ahora tuviera vacaciones, viajaría al Caribe.
지금 내가 휴가가 있다면, 카리브해로 여행을 떠날 텐데.

¡Recuerda! 49과에서 학습하는 가정법 내용입니다.

¡Recuerda! Si ahora tuviera vacaciones, viajaría al Caribe.에서 si 절의 tuviera는 1인칭 단수 접속법 과거로, 가정법 과거에 쓰입니다. (49과 참고)

¡Vamos a practicar! 밑줄 친 부분에 알맞은 말을 쓰세요.

1 너와 함께라면 내가 더 만족스러울 텐데.
  ➜ _____ más contento contigo.

2 지금 나는 집에서 자고 있을 텐데.
  ➜ Ahora yo _____ durmiendo en casa.

3 GPS가 없다면, 난 길을 잃을 거야, 확신해.
  ➜ Sin GPS _____ _____, seguro.

Ejercicios - 가능법

❶ 밑줄 친 부분에 괄호 안 동사의 가능법을 쓰세요

1 당신 볼륨 좀 낮춰 주실 수 있을까요? (importar)

   ➡ ¿Le _____ bajar el volumen?

2 내가 그녀라면, 직장을 바꿀 것 같아. (cambiar)

   ➡ Yo que ella, _____ de trabajo.

3 커피 한 잔만 손에 쥐고 있으면 모든 게 완벽할 텐데. (ser)

   ➡ Con un café en la mano todo _____ perfecto.

❷ 다음 중 틀린 문장을 골라 바르게 고치세요.

① Ayer Ana me dijo que estudiaría mucho.

② Pensaba que hoy llovería, pero veo que no.

③ Luna no vino ayer a clase. Estaría mala.

④ En 10 años estaría casado y tenería hijos.

➡ 잘못된 것은? _____ 번,

바르게 수정하면? _____

❸ 보기와 같이 가능법을 사용하여 B의 대답을 같은 의미의 문장으로 바꿔 쓰세요.

| A: ¿Por qué llegaron tan tarde? |
| B: Creo que había un atasco. ➡ Habría un atasco. |

1 A: ¿Quién llamó ayer?
   B: Creo que fue Pedro.   ➡ _____

2 A: ¿Cuántos años tenías cuando llegaste a Corea?
   B: Creo que tenía 20 años.   ➡ _____

3 A: ¿Dónde estuvieron de vacaciones Rafa y Susana?
   B: Creo que estuvieron en México.   ➡ _____

¡Vamos a hablar!

<보기>의 동사를 사용하여 '나의 이상적인 집'에 대한 글을 완성하세요.

se quedarían   sería   tendría x 2   visitarían
hablaríamos   pasaríamos   estaría x 2

Mi casa ideal

Mi casa ideal _____ cerca de la playa. No _____ en una ciudad grande porque a mí me gusta la tranquilidad. La casa _____ grande y _____ piscina. Además, _____ habitaciones para invitados. Mis amigos me _____ cada fin de semana y _____ _____ a dormir. _____ toda la noche y lo _____ muy bien.

Unidad 36 과거 완료, 미래 완료

이번 과에서는 과거 완료와 미래 완료를 학습합니다. 과거 완료는 현재 완료와 비슷하게 쓰이면서, 과거의 동작보다 이전의 동작을 나타내는 대과거 용법으로도 쓰입니다. 미래 완료는 미래 어느 시점이면 이미 완료되어 있을 행위를 표현합니다. 과거 완료는 '이미 ~한 뒤였다', 미래 완료는 '이미 ~한 뒤일 것이다'라고 해석하는 것이 두 시제를 이해하는 데 큰 도움이 됩니다.

 오늘의 암기 문장

Jamás había sentido tanta felicidad como hoy. 나는 오늘만큼 큰 행복을 느낀 적이 단 한 번도 없어.
Dentro de tres meses ya habrás terminado la tesis. 3개월 뒤면, 너는 이미 논문을 끝낸 뒤일 거야.

과거 완료 형태와 쓰임

★ 과거 완료의 형태

과거 완료는 'haber + 과거 분사'로 표현합니다. haber 동사를 인칭에 맞게 불완료 형태로 변화시킨 후, 과거 분사를 붙입니다. 이때 과거 분사는 성수 변화를 하지 않습니다. hablar, comer, vivir 동사의 과거 완료는 다음과 같습니다.

yo	había	
tú	habías	
él, ella, usted	había	hablado
nosotros/as +	habíamos +	comido
vosotros/as	habíais	vivido
ellos, ellas, ustedes	habían	

¡Recuerda! 과거 완료에서 부정어 no는 haber 동사 앞에 위치합니다.

¡Recuerda! 재귀 동사의 과거 완료는 me había levantado와 같이 '재귀 대명사 + haber + 과거 분사'로 씁니다. 부정어 no는 no me había levantado와 같이 재귀 대명사 앞에 위치합니다.

★ 과거 완료의 쓰임

① ya와 자주 쓰여, 과거에 일어난 동작(A)보다 더 먼저 일어난 동작(B)를 표현 [대과거], '이미 ~한 뒤였다'

Cuando llamé a Natalia, (ella) ya había salido de su casa.
　　　　(A)　　　　　　　　　　(B)
내가 나탈리아에게 전화했을 때, 그녀는 이미 집에서 나간 뒤였다.

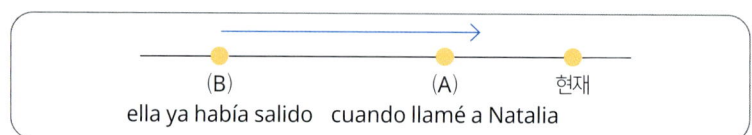

예 Cuando llegó a la estación, el tren ya había partido.
그가 역에 도착했을 때, 기차가 이미 떠난 뒤였다.

Cuando me llamaste, ya había comido.
네가 나에게 전화했을 때, 나는 이미 식사를 한 뒤였다.

Cuando volvieron a casa, los niños ya se habían acostado.
그들이 집에 돌아왔을 때, 아이들은 벌써 잠자리에 든 뒤였다.

Cuando salimos a pasear, ya había dejado de nevar.
우리가 산책하러 나갔을 때, 이미 눈이 그친 뒤였다.

¡Recuerda! 시간의 부사절 cuando 절은 주절 뒤에 올 수 있습니다. 이 경우 주절 뒤에 콤마를 찍지 않습니다.

예 Cuando llegó a la estación, el tren ya había partido.
= El tren ya había partido cuando llegó a la estación.

❷ todavía no와 자주 쓰여, 과거 어느 시점에 아직 완료되지 않은 동작, '아직 ~하지 않은 상태였다'

예 Llegamos tarde, pero las tiendas todavía no habían cerrado.
우리는 늦게 도착했다, 그러나 아직 가게들이 문을 닫지 않은 상태였다.

Eran las 5 de la tarde y todavía no habían comido.
오후 5시였다, 그런데도 아직 그들은 점심을 먹지 않은 상태였다.

Cuando salí de casa, todavía no había amanecido.
내가 집에서 나왔을 때, 아직 동이 트지 않은 상태였다.

❸ nunca, jamás 혹은 no와 쓰여, 현재 체험하고 있는 첫 경험에 대해 표현

예 Yo no había estado en España antes. Esta es la primera vez.
(스페인에 있는 상태에서) 나는 전에 스페인에 와 본 적이 없어. 이번이 처음이야.

Nunca había visto un cuadro tan bonito como este.
(현재 어떤 그림을 보면서) 나는 이 그림만큼 예쁜 그림은 본 적이 한 번도 없어.

Jamás había sentido tanta felicidad como hoy.
(현재 큰 행복감을 느끼고 있는 상태에서) 나는 오늘만큼 큰 행복을 느낀 적이 단 한 번도 없어.

¡Recuerda! jamás가 nunca보다 더 단정적으로 들립니다.

¡Vamos a practicar! 밑줄 친 부분에 들어갈 말을 쓰세요.

1 네가 나에게 전화했을 때, 나는 이미 식사를 한 뒤였다.
➡ Cuando me llamaste, ya _____ _____.

2 우리가 산책하러 나갔을 때, 이미 눈이 그친 뒤였다.
➡ Cuando salimos a pasear, ya _____ _____ de nevar.

3 내가 집에서 나왔을 때, 아직 동이 트지 않은 상태였다.
➡ Cuando salí de casa, todavía no _____ _____.

🇪🇸 미래 완료 형태와 쓰임

★ 미래 완료의 형태

미래 완료는 'haber + 과거 분사'로 표현합니다. haber 동사를 인칭에 맞게 단순 미래 형태로 변화시킨 후, 과거 분사를 붙입니다. 과거 분사는 성수 변화를 하지 않습니다. hablar, comer, vivir 동사의 미래 완료는 다음과 같습니다.

yo	habré		
tú	habrás		
él, ella, usted	habrá		hablado
nosotros/as +	habremos	+	comido
vosotros/as	habréis		vivido
ellos, ellas, ustedes	habrán		

★ 미래 완료의 쓰임

❶ ya와 자주 쓰여, 미래의 어느 시점(A)보다 그 이전에 이미 완료될 동작(B)을 표현, '이미 ~한 뒤일 것이다'

> En diciembre ya habrá nacido el bebé.
>   (A)   (B)
> 12월이면, 이미 아기가 태어난 뒤일 것이다.

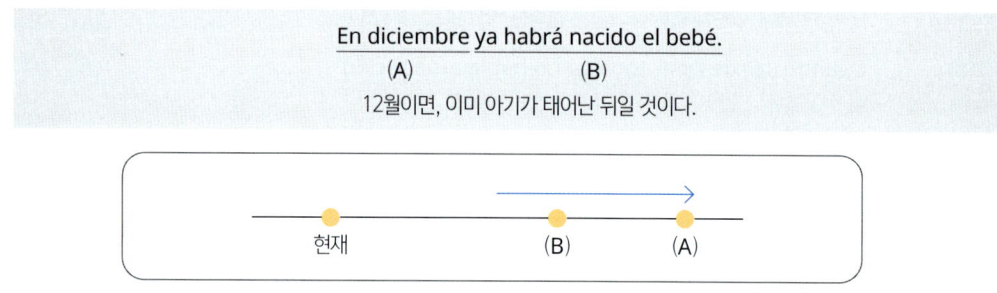

예) Dentro de tres meses ya habrás terminado la tesis.
3개월 뒤면, 너는 이미 논문을 끝낸 뒤일 거야.

Sobre las 8 de la tarde mi madre ya habrá preparado la cena.
오후 8시경이면 나의 어머니는 이미 저녁을 준비한 뒤일 거야.

A las 10 de la noche Juan habrá llegado a México.
밤 10시면 후안은 멕시코에 도착한 뒤일 거야.

❷ todavía no와 자주 쓰여, 미래 어느 시점에 아직 완료되지 않은 동작, '아직 ~하지 않은 상태일 것이다'

예) Mañana por la mañana todavía no habré hecho los deberes.
내일 아침에도 나는 아직 숙제를 끝내지 않은 상태일 것이다.

En mayo todavía no habremos terminado este proyecto.
5월에도 우리는 아직 이 프로젝트를 끝내지 못한 상태일 것이다.

❸ 현재 완료된 일에 대한 추측

'내 생각에는 ~인 것 같다'의 creo que.../me parece que... 혹은 '아마도'의 quizá(s), a lo mejor가 들어간 현재 완료 문장과 바꿔 쓸 수 있습니다.

> 예 El suelo está mojado. Habrá llovido.
> = El suelo está mojado. Creo que ha llovido.
> (현재 비가 오지 않는 상황에서) 땅이 젖어 있다. 비가 왔었나 보네.
>
> Mis gafas no están en el cuarto. Mi madre las habrá puesto en otro lugar.
> = Mis gafas no están en el cuarto. A lo mejor mi madre las ha puesto en otro lugar.
> 내 안경이 방에 없네. 나의 어머니가 그것들을 다른 장소에 놓으셨나 봐.
>
> Olga está de mal humor. ¿Habrá tenido algún problema en el trabajo?
> = Olga está de mal humor. ¿A lo mejor ha tenido algún problema en el trabajo?
> 올가가 기분이 좋지 않네. 직장에서 뭐 문제라도 있었나?
>
> Mis padres no están en casa. ¿Habrán salido a hacer la compra?
> = Mis padres no están en casa. ¿A lo mejor han salido a hacer la compra?
> 나의 부모님이 집에 계시지 않네. 장 보러 나가셨나?

¡Vamos a practicar!   밑줄 친 부분에 들어갈 말을 쓰세요.

1 3개월 뒤면, 너는 이미 논문을 끝낸 뒤일 거야.
   ➜ Dentro de tres meses ya _____ _____ la tesis.

2 밤 10시면 후안은 멕시코에 도착한 뒤일 거야.
   ➜ A las 10 de la noche Juan _____ _____ a México.

3 (현재 비가 오지 않는 상황에서) 땅이 젖어 있다. 비가 왔었나 보네.
   ➜ El suelo está mojado. _____ _____.

Ejercicios - 과거 완료, 미래 완료

 p.389

1 밑줄 친 부분에 괄호 안 동사의 완료 시제를 쓰세요.

1 엘레나가 태어났을 때, 이미 그녀의 부모님은 이혼한 뒤였다. (divorciarse)

　➡ Cuando nació Elena, ya _____ _____ _____ sus padres.

2 12월이면, 이미 아기가 태어난 뒤일 것이다. (nacer)

　➡ En diciembre ya _____ _____ el bebé.

3 나는 오늘만큼 큰 행복을 느낀 적이 단 한 번도 없어. (sentir)

　➡ Jamás _____ _____ tanta felicidad como hoy.

2 다음 중 틀린 문장을 골라 바르게 고치세요.

① No pude comprar nada porque ya había cerrado la tienda.

② Eran las 5 de la tarde y todavía no han comido.

③ En mayo todavía no habremos terminado este proyecto.

④ Mis padres no están en casa. ¿Habrán salido a hacer la compra?

➡ 잘못된 것은? _____ 번,

　바르게 수정하면? _____

3 주어진 상황과 단어를 사용하여, <보기>와 같이 쓰세요.

> (돌고래를 보면서, un delfín) 나는 한 번도 직접 돌고래를 본 적이 없었어.
> ➡ Nunca había visto un delfín en persona.

1 (불가사리를 보면서, una estrella de mar) 나는 한 번도 직접 불가사리를 본 적이 없었어.
　➡ _____

2 (해마를 보면서, un caballito de mar) 나는 한 번도 직접 해마를 본 적이 없었어.
　➡ _____

3 (복어를 보면서, un pez globo) 나는 한 번도 직접 복어를 본 적이 없었어.
　➡ _____

¡Vamos a hablar!

A와 B를 연결하여 <보기>와 같이 주어진 상황에 대한 추측을 완성하세요.

Ejemplo

0. A: Pedro ha adelgazado mucho.
   B: ¿Habrá hecho mucho ejercicio?

	A (상황)	B (추측)
0	Pedro ha adelgazado mucho.	¿No la habré cerrado yo?
1	La puerta está abierta.	¿Se habrá operado de la vista?
2	La casa de los vecinos está vacía.	¿Habrá roto con Juan?
3	Ana ya no lleva gafas.	¿Habrá hecho mucho ejercicio?
4	Últimamente Nuria siempre está sola.	¿Lo habrá dejado en otro sitio?
5	El coche de mi padre no está en el garaje.	¿Se habrán mudado?

1. A: _____
   B: _____

2. A: _____
   B: _____

3. A: _____
   B: _____

4. A: _____
   B: _____

5. A: _____
   B: _____

Unidad 37 · se 1 (상호 / 무인칭 주어의 se)

이번 과에서는 상호의 se와 무인칭 주어의 se를 학습합니다. 상호의 se는 두 명 이상이 같은 동작을 주고받을 때 쓰는 것으로 '서로'라는 의미를 문장에 더해 줍니다. 무인칭 주어의 se는 말 그대로 문장에서 주어 역할을 하며 일반적으로 누구에게나 적용되는 말을 할 때 쓰입니다. 상호의 se 혹은 무인칭 주어의 se가 들어간 예문을 여러 번 읽으면서 쓰임을 파악해 보세요.

 오늘의 암기 문장

| ¿Nos conocemos? | 우리 서로 아는 사이인가요? |
| En España se vive muy bien. | 스페인은 살기 좋다. |

🇪🇸 상호의 se

★ 형태

상호의 se와 쓰인 동사는 재귀 동사의 변화를 따릅니다. 다만, '상호'라는 이름에서 알 수 있듯, 상호의 se는 복수 인칭에만 쓰입니다. 예를 들어, conocer 동사에 상호의 se가 붙은 형태는, 다음과 같이 **conocerse**의 복수 인칭과 같습니다. 참고로, 상호의 se는 실제 문장에서는 nos, os, se로 쓰입니다.

nosotros/as	nos	conocemos
vosotros/as	os	conocéis
ellos, ellas, ustedes	se	conocen

예
¿Nos conocemos?
우리 서로 아는 사이인가요? (= 우리 어디서 만난 적이 있나요?)

¿Os conocéis?
너희들 서로 아는 사이니?

Olga y Ana se conocen.
올가와 아나는 서로 아는 사이이다.

¡Por fin, vamos a conocernos en persona?
드디어 우리가 직접 서로 알게 되는구나!

Ellos deben de conocerse.
그들은 서로 알고 있음에 틀림없다.

¡Recuerda! deber de + 동사 원형 = ~임에 틀림없다

★ 쓰임 및 특징

❶ 특징

2인 이상이 서로에게 같은 동작을 행하는 것을 표현하는 상호의 se는 문장에서 nos, os, se의 형태로 쓰이며, '서로를', '서로에게'의 의미를 첨가해 줍니다. 따라서 문장에서 직접 목적어, 혹은 간접 목적어의 역할을 합니다. 상호의 se는 모든 동사에 붙일 수 있는 게 아니기 때문에, 예문을 통해서 익히는 것이 좋습니다.

❷ 상호의 se와 자주 쓰이는 동사들

abrazarse	서로를 껴안다
amarse, quererse	서로를 사랑하다
ayudarse	서로를 돕다

예 Mis padres se quieren mucho.
나의 부모님은 서로를 많이 사랑하신다.

Para solucionar este problema, tenemos que ayudarnos.
이 문제를 해결하기 위해서 우리는 서로를 도와야 한다.

cambiarse algo	서로에게 무언가를 바꿔 주다? = 서로 무언가를 바꾸다
conocerse	서로를 알다
darse besos	서로에게 볼 키스를 하다 (인사) 서로에게 입맞춤을 주다? = 서로 입맞춤을 나누다
darse la mano	서로에게 손을 주다? = 서로 악수하다
entenderse	서로를 이해하다
escribirse algo	서로에게 무언가를 쓰다

예 Después del partido, los jugadores se cambiaron las camisetas.
경기 후에 선수들은 서로 티셔츠를 바꿨다.

Nos conocimos en una conferencia.
우리는 어느 컨퍼런스에서 서로를 알게 되었습니다.

En España normalmente no se dan besos los hombres.
스페인에서 일반적으로 남자들은 서로 볼 키스 인사를 하지 않는다.

Los dos jefes se dieron la mano antes de iniciar la reunión.
그 두 상사는 회의를 시작하기 전에 서로 악수를 했다.

Los gallegos y los portugueses se pueden entender hasta cierto punto.
갈리시아 지방의 사람들과 포르투갈 사람들은 어느 정도까지 서로를 이해할 수 있다.

Juan y Ana no se entienden nada.
후안과 아나는 서로를 전혀 이해하지 못한다.

Mi marido y yo nos escribíamos muchas cartas antes.
나의 남편과 나는 서로에게 전에 많은 편지들을 쓰곤 했다.

no hablarse	서로에게 말을 하지 않는다? (보통 다툼으로) 서로 말을 하지 않는다
llamarse	서로에게 연락하다
mirarse	서로를 바라보다
saludarse	서로에게 인사하다

예 Rafa y Susana no se hablan.
라파와 수사나는 서로 말을 하지 않는다.

¿Os llamáis mucho por teléfono?
너희들 전화로 서로에게 많이 연락하니?

Los dos se están mirando.
그 둘은 서로를 바라보고 있다.

Ellos se saludaron y se abrazaron.
그들은 서로에게 인사를 하고 서로를 껴안았다.

¡Recuerda! 상호의 se가 쓰인 문장에 '서로'를 의미하는 mutuamente, el uno al otro, los unos a los otros 등을 넣어, 상호의 의미를 강조하기도 합니다. 이때, 한국어 해석은 똑같지만 상호의 뉘앙스가 더 강조된 형태라고 할 수 있습니다.

예 Mis padres se quieren mucho el uno al otro. 나의 부모님은 서로를 많이 사랑하신다.

무인칭 주어의 se

★ 문장 구조

무인칭 주어의 se는 문법적으로 3인칭 단수 주어 역할을 하기 때문에 무조건 3인칭 단수 동사가 수반됩니다. 문장에 따라 '사람들은', '우리는', '일반적으로/보통', '누구나'로 해석합니다.

se + 3인칭 단수 동사 + 문장에 따라 필요한 목적어나 부사(구)

예 En España se vive muy bien.
(직역: 스페인에서 사람들은 매우 잘 산다) 스페인은 살기 좋다.

En México se come muy bien.
(직역: 멕시코에서 사람들은 매우 잘 먹는다) 멕시코에는 맛있는 음식이 많다. 멕시코 음식은 맛있다.

¡Vamos a practicar! 밑줄 친 부분에 상호의 se를 쓰세요.

1 그들은 서로를 많이 사랑한다.   → Ellos _____ quieren mucho.
2 우리는 2년 전에 서로를 알게 되었다.   → _____ conocimos hace 2 años.
3 언제부터 너희들 서로 말을 하지 않는 거야?   → ¿Desde cuándo no _____ habláis?

★ 쓰임

❶ 일반적으로 누구에게나 해당하는 일에 대해 말할 때, 무인칭 주어가 사용됩니다.

예) ¿Se puede pagar con tarjeta?
카드로 지불해도 되나요? (= 일반적으로 카드로 지불할 수 있나요?)

Aquí no se puede aparcar.
여기에서는 주차를 할 수 없습니다.

En el campo se trabaja mucho en verano.
시골에서는 일반적으로 여름에 많이 일한다.

No se puede viajar a China sin visado.
비자 없이는 일반적으로 중국에 여행을 갈 수 없다.

¡Recuerda! 무인칭 주어의 se는 문장에서 주어 역할을 하기 때문에, 또 다른 주어를 쓸 수 없습니다.
예) ¿Se puede pagar con tarjeta? (O)   ¿La gente se puede pagar con tarjeta? (X)

¡Recuerda! 부정어 no는 무인칭 주어 se의 앞에 위치합니다.

¡Recuerda! 'no + 무인칭 주어의 se'는 의미상 nadie와 같습니다.
예) Aquí no se puede aparcar. = Aquí nadie puede aparcar.
No se puede viajar a China sin visado. = Nadie puede viajar a China sin visado.

❷ 특정 주어의 사용을 피할 수 있기 때문에, 완곡한 말투를 만들어 줍니다.

예) Antes de entrar se llama a la puerta.
(예를 들어, 노크를 하지 않고 들어온 학생에게) 들어오기 전에 보통 노크를 하는 거야.

En esta empresa se tiene que trabajar mucho.
이 회사에서는 누구나 일을 열심히 해야 합니다.

❸ 듣는 이와 말하는 이가 포함된 '우리'라는 주어를 대체하기도 합니다.

예) Bueno, ¿esta tarde se va a la reunión?
= Bueno, ¿esta tarde nosotros vamos a la reunión?
어, 오늘 오후에 우리 회의에 가는 건가?

Creo que se llega en una hora.
= Creo que nosotros llegamos en una hora.
내 생각으로는 우리 한 시간이면 도착할 거 같아.

¡Vamos a practicar! 밑줄 친 부분에 알맞은 말을 쓰세요.

1 스페인은 살기 좋다. → En España _____ _____ muy bien.
2 카드로 지불해도 되나요? → ¿_____ _____ pagar con tarjeta?
3 여기에서는 주차를 할 수 없습니다. → Aquí _____ _____ puede aparcar.

Ejercicios - se 1 (상호 / 무인칭 주어의 se)

1 밑줄 친 부분에 상호의 se를 넣어 문장을 완성하세요.

1. 너희들 서로 아는 사이니? (conocer)
   → ¿_____ _____?

2. 올가와 아나는 서로 아는 사이이다. (conocer)
   → Olga y Ana _____ _____.

3. 나의 부모님은 서로를 많이 사랑하신다. (querer)
   → Mis padres _____ _____ mucho.

3. 스페인에서 일반적으로 남자들은 서로 볼 키스 인사를 하지 않는다. (dar)
   → En España normalmente no _____ _____ besos los hombres.

2 다음 중 틀린 문장을 골라 바르게 고치세요.

① Para solucionar este problema, tenemos que ayudarse.

② Nos conocimos en una conferencia.

③ Juan y Ana no se entienden nada.

④ ¿Os llamáis mucho por teléfono?

→ 잘못된 것은? _____번,

바르게 수정하면? _____

3 <보기>처럼 비행기에서 일반적으로 할 수 있는 일과 그렇지 않은 일에 대해 말해 보세요.

> estar de pie todo el rato 내내 서 있기
> → En un avión no se puede estar de pie todo el rato.
> 비행기에서 일반적으로 내내 서 있을 수 없습니다.

1. pedir un vaso de agua
   → En un avión _____

2. pagar en efectivo
   → En un avión _____

3. fumar en el baño
   → En un avión _____

¡Vamos a hablar!

p.389

✏ 다음 칠판의 내용을 보고 수업 중에 일반적으로 할 수 있는 일과 그렇지 않은 일을 쓰세요.

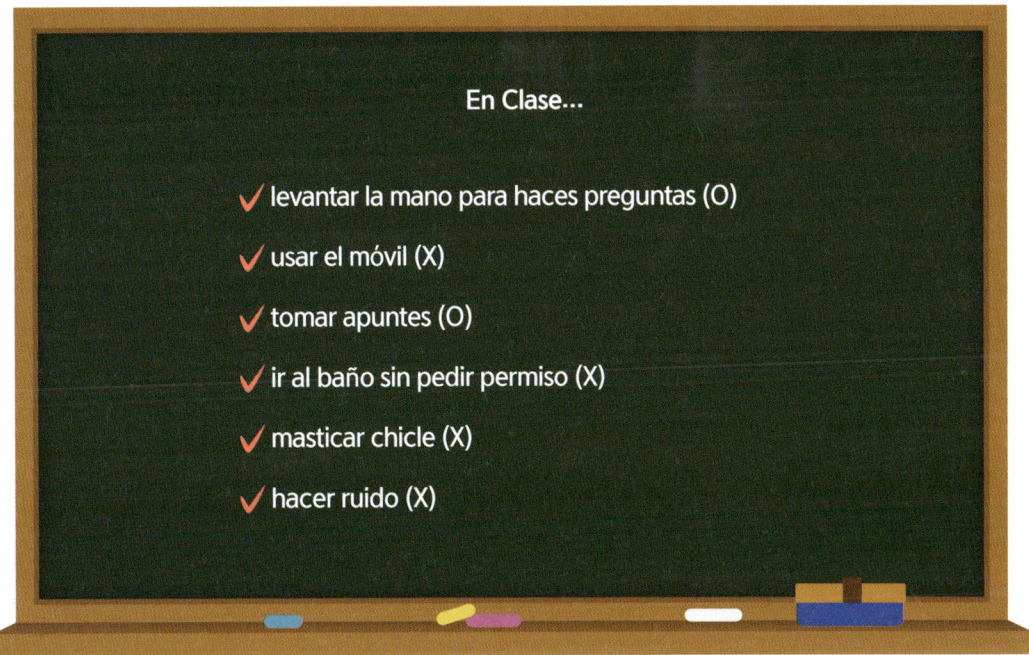

❶ En clase se puede _____

❷ _____

❸ _____

❹ _____

❺ _____

❻ _____

Unidad 38 se 2 (수동의 se)

이번 과에서는 '수동의 se'를 학습합니다. '수동의 se'는 스페인어에서 가장 많이 쓰이는 수동 형태로, 문장 구조로 인해 '무의지의 se'와 헷갈리기 쉽습니다. 밑줄 그은 문법상의 주어에 주목하여 예문을 학습하면 조금 더 수월하게 '수동의 se'를 이해할 수 있습니다. 예문을 반복적으로 읽으면서 '수동의 se'가 들어간 문장을 익혀 봅시다.

오늘의 암기 문장

Aquí se habla español.	여기에서 스페인어가 통용된다.
Se cerró la puerta con el viento.	바람으로 문이 닫혔다.

🇪🇸 수동의 se

★ 문장 구조

스페인어에서 수동태 문장을 만드는 방법은 세 가지가 있습니다. 그중 가장 많이 쓰이는 것이 수동의 se입니다. 타동사 앞에 se가 붙으면 능동 문장의 목적어는 문법상의 주어가 되며, '~이 ~하게 되다'의 해석이 됩니다. 이것은 능동 문장에서의 목적어를 주어로 만들어 강조하기 위한 문장 구조이며, 수동의 se가 쓰인 문장에서 행위자는 나타낼 수 없습니다.

se + 3인칭 단수/복수 동사 + 단수/복수 명사 (문법상의 주어 역할)

💡 **tip** 문법상의 주어 역할을 하는 명사는 문두에 위치할 수도 있습니다.

예

Se alquila **piso**.	아파트가 임대됩니다.
Se alquilan **pisos**.	아파트들이 임대됩니다.
Aquí se habla **español**.	여기에서 스페인어가 통용된다.
En esta tienda se venden **materiales de oficina**.	이 가게에서는 사무 용품들이 판매된다.

¡Recuerda! 수동의 se가 붙은 문장은 무인칭 주어의 se가 들어간 문장과 혼동되는 경우가 많습니다. 이때, 해석을 통해서 어떤 se가 쓰였는지 알 수 있습니다.
Se alquila piso.
→ 일반적으로 사람들이 아파트를 임대한다? (무인칭 주어의 se로 해석하면 어색함.)
→ 아파트가 임대된다. (수동의 se로 보는 것이 자연스러움.)

¡Recuerda! 'se + 3인칭 단수'로 된 문장들은 내용에 따라서 수동의 se로 봐도, 무인칭 주어의 se로 봐도 무방한 경우들이 있습니다.
Aquí se habla español.
→ 여기에서 일반적으로 사람들이 스페인어를 말한다. (무인칭 주어의 se)
→ 여기에서 스페인어가 통용된다. (수동의 se)

★ 쓰임

수동의 se는 행위자보다 능동 문장의 목적어가 더 중요한 정보일 때, 혹은 행위자를 알 수 없거나 행위자가 존재하지 않을 때 사용됩니다.

❶ 능동 문장의 목적어가 더 중요한 정보일 때

예를 들어, 영화 페스티벌 소개에서

Celebran **un festival de cine** el próximo mes en Málaga.
말라가에서 다음 달에 영화 페스티벌을 개최한다.

(un festival de cine가 목적어)

↓

Se celebra **un festival de cine** el próximo mes en Málaga.
말라가에서 다음 달에 영화 페스티벌이 개최된다.

(수동의 se로 un festival de cine가 주어가 되어 더 강조되는 효과)

¡Recuerda! 스페인어에서 가장 중요한 정보는 주어로 만들어 줍니다. 따라서 Celebran **un festival de cine**...에서 보다 Se celebra **un festival de cine**...에서 un festival de cine가 더 강조되고 있습니다.

예를 들어, 어떤 병원 안내문에서

No permitimos **visitas** a partir de las 21h.
우리는 21시부터 방문들을 허용하지 않습니다.

(visitas가 목적어)

↓

No se permiten **visitas** a partir de las 21h.
21시부터 방문들은 허용되지 않습니다.

(수동의 se로 visitas가 주어가 되어 더 강조되는 효과)

예를 들어, 새로운 발견에 대해 언급하며

Unos científicos han descubierto **un nuevo planeta**.
몇몇 과학자들이 새로운 행성 하나를 발견했다.

(un nuevo planeta가 목적어)

↓

Se ha descubierto **un nuevo planeta**.
새로운 행성 하나가 발견되었다.

(수동의 se로 un nuevo planeta가 주어가 되어 더 강조되는 효과)

❷ 행위자를 알 수 없거나, 행위자가 존재하지 않을 때

예 Se cerró **la puerta** con el viento.
바람으로 문이 닫혔다. (문을 닫은 행위자가 존재하지 않음.)

Se han arrugado **las camisas**.
셔츠들이 구겨졌다. (셔츠들을 구긴 행위자가 존재하지 않음.)

En esta región se han construido **cientos de casas** este año.
이 도시에서 올해 수백 개의 집이 건축되었다. (집을 건축하는 행위자를 정확히 알 수 없음.)

La casa se quemó en el incendio.
그 집은 화재로 타 버렸다. (집을 태운 행위자를 알 수 없을 때)

¡Recuerda! 수동의 se가 쓰인 문장에서 문법상의 주어는 문두에 위치할 수 있습니다.
예 La casa se quemó en el incendio. = Se quemó la casa en el incendio.

★ 주의

수동의 se가 쓰인 문장에서 행위자는 나타낼 수 없습니다. 수동 문장에서 행위자의 명시가 필요한 경우, 동사 ser를 이용한 수동태(ser + 과거 분사 + por + 행위자) 문장을 쓸 수 있습니다.

예 그 행성은 미국인 과학자에 의해 발견되었다.
El planeta se ha descubierto por un científico estadounidense. (X)
→ **El planeta** ha sido descubierto por un científico estadounidense. (O)

이 도시에서 시청에 의해 수백 개의 집이 건축되었다.
Se han construido **cientos de casas** por el ayuntamiento. (X)
→ Han sido construidas **cientos de casas** por el ayuntamiento. (O)

¡Recuerda! 'ser + 과거 분사 + por + 행위자'에서 과거 분사는 주어에 따라 성과 수가 변합니다.
→ Han sido construidas **cientos de casas** por el ayuntamiento. (O)
→ Han sido construido **cientos de casas** por el ayuntamiento. (X)

¡Vamos a practicar! 다음 한국어 해석을 보고 밑줄 친 부분에 알맞은 말을 쓰세요.

1 여기에서 스페인어가 통용된다.
→ Aquí _____ _____ español.

2 이 가게에서는 사무 용품들이 판매된다.
→ En esta tienda _____ _____ materiales de oficina.

3 21시부터 방문들은 허용되지 않습니다.
→ No _____ _____ visitas a partir de las 21h.

Ejercicios - se 2 (수동의 se)

정답 p.390

❶ 다음 문장을 완성하세요.

1 아파트들 세놓음. (alquilar)
   → Se _____ pisos.

2 말라가에서 다음 달에 영화 페스티벌이 개최된다. (celebrar)
   → Se _____ un festival de cine el próximo mes en Málaga.

3 새로운 행성 하나가 발견되었다. (descubrir)
   → Se ha _____ un nuevo planeta.

4 바람으로 문이 닫혔다. (cerrar)
   → Se _____ la puerta con el viento.

❷ 다음 중 틀린 문장을 골라 바르게 고치세요.

① Aquí se habla español.

② Se han arrugado las camisas.

③ En esta región se han construido cientos de casas este año.

④ La casa quemó en el incendio.

→ 잘못된 것은? _____번,

바르게 수정하면? _____

❸ <보기>와 같이 다음의 나라에서 통용되는 언어를 수동의 se를 사용하여 표현하세요.

| 한국에서는 한국어가 통용된다. → En Corea se habla coreano. |

1 페루에서는 스페인어가 통용된다. → _____

2 영국에서는 영어가 통용된다. → _____

3 오스트리아에서는 독일어가 통용된다. → _____

4 브라질에서는 포르투갈어가 통용된다. → _____

¡Vamos a hablar!

다음 문구점에서 판매되거나, 판매되지 않는 것들을 <보기>와 같이 수동의 se를 사용하여 표현하세요.

Ejemplo

0. tintas para impresora

→ En esta papelería no se venden tintas para impresora.

이 문구점에서 프린터용 잉크들은 판매되지 않는다.

❶ folios
→ _____

❷ lápices de colores
→ _____

❸ rotuladores
→ _____

❹ cuadernos
→ _____

❺ carpetas
→ _____

❻ grapadoras
→ _____

❼ sacapuntas
→ _____

Unidad 39 se 3 (무의지의 se)

이번 과에서는 '무의지의 se'를 학습합니다. 한국어나 영어에서는 찾아볼 수 없는 구조이기에 다소 어렵게 느껴지는 내용이기도 합니다. 그러나 실제 회화에서는 많이 쓰이는 문장 구조이기 때문에 기본 특징을 익히고 다양한 문장들로 '무의지의 se'를 연습해 보세요. 다른 어떤 과보다도 더 많이 소리 내어 읽으면서 '무의지의 se'와 함께 쓰이는 문장들에 익숙해지는 것이 필요합니다.

오늘의 암기 문장

Se me ha ocurrido una idea.
나 아이디어 하나가 떠올랐어.

Con el bebé se nos ha quedado pequeña la casa.
아기가 태어나면서 집이 좁아졌어.

무의지의 se

★ 문장 구조

무의지의 se가 들어간 문장은 쉽게 생각하면 수동의 se가 들어간 문장에 간목이 추가된 형태입니다. 문법상의 주어는 보통 문장 끝에 위치하지만, 문장에 따라 간목을 해석상의 주어로 봐야 자연스러운 경우가 많습니다.

> se + me/te/le/nos/os/les + 3인칭 단수/복수 동사 + 단수/복수 명사 (문법상의 주어 역할)

 문법상의 주어 역할을 하는 명사는 문두에 위치할 수도 있습니다.

무의지의 se가 들어간 문장을 익히기 위해서, 먼저 같은 의미의 문장을 여러 간목(= 행위자)과 연습해 보는 것이 필요합니다. 스페인어에서 '누가 ~을 잘 깜빡한다'라는 의미의 문장은 무의지의 se를 사용하며, 다음과 같이 모든 인칭에서 연습해 볼 수 있습니다.

무의지의 se가 쓰인 기본 문장	간목을 강조하거나 명시하기
Se me olvida todo. 나는 모든 것을 깜빡한다.	= A mí se me olvida todo. 나는 모든 것을 깜빡한다.
Se te olvida todo. 너는 모든 것을 깜빡한다.	= A ti se te olvida todo. 너는 모든 것을 깜빡한다.
Se le olvida todo. 그는/그녀는/당신은 모든 것을 깜빡한다.	= A él/A ella/A usted se le olvida todo. 그는/그녀는/당신은 모든 것을 깜빡한다.
Se nos olvida todo. 우리는 모든 것을 깜빡한다.	= A nosotros se nos olvida todo. 우리는 모든 것을 깜빡한다.
Se os olvida todo. 너희들은 모든 것을 깜빡한다.	= A vosotros se os olvida todo. 너희들은 모든 것을 깜빡한다.
Se les olvida todo. 그들은/그녀들은/당신들은 모든 것을 깜빡한다.	= A ellos/A ellas/A ustedes se les olvida todo. 그들은/그녀들은/당신들은 모든 것을 깜빡한다.

표에서 알 수 있듯 무의지의 se가 들어간 문장에서,

1) 동사의 문법상의 주어는 문장 끝에 위치한 명사(혹은 문장에 따라 동사 원형)입니다.

2) 실제 행위자는 간목으로 표시됩니다.

3) 간목으로 표시되는 행위자를 강조할 때, 문두(혹은 문장 끝)에 'a + 사람'으로 간목을 강조하거나 명시할 수 있습니다.

무의지의 se를 이해하기 위해서는 무의지의 se의 유무에 따라 문장의 뜻이 어떻게 변하는지 비교해 보는 것이 좋습니다.

무의지의 se가 쓰인 문장	무의지의 se가 쓰이지 않은 문장
Se me cierran los ojos. 나는 눈이 (절로) 감긴다.	Cierro los ojos. 나는 (의도적으로) 눈을 감는다.
Se me ha roto el móvil. 내 휴대폰이 (원치 않게) 망가졌다.	He roto el móvil. 나는 휴대폰을 (의도적으로) 망가뜨렸다.
Se me ha olvidado traer tu libro. 네 책을 가져오는 것을 나는 깜빡했다.	He olvidado traer tu libro. 나는 네 책을 가져오는 것을 잊었다. (의도적이지는 않지만 '원치 않게'라고 표현되지 않음.)

위의 표에서 보이듯이 Se me cierran los ojos.와 Cierro los ojos.는 전혀 다른 뜻이 됩니다. 따라서 자신의 의도와는 별개로 일어나는 일에 대해서 표현할 때 무의지의 se를 넣어 표현한다는 것을 알 수 있습니다.

★ 쓰임

무의지의 se는 행위자의 의도와는 별개로 일어나는 일 혹은 불가피하게 일어나는 일에 대해 표현할 때 사용합니다. 따라서 se는 '절로', '원치 않게', '나도 모르게' 등의 뉘앙스를 첨가합니다. 그 외에, 시간이나 공간과 관련하여 실제 존재하는 사실에 대한 주관적인 느낌을 표현하는 기능도 있습니다.

❶ 행위자의 의도와는 별개로 일어나는 일 혹은 불가피하게 일어나는 일, 따라서 문장에 따라 불편한 상황에 대한 책임을 피하는 뉘앙스도 있음.

예 Se te están cayendo los pantalones.
너 바지 흘러내리고 있어.

Se me ha ocurrido una idea.
나 아이디어 하나가 떠올랐어.

Perdona. Se me ha escapado tu secreto.
미안. 나도 모르게 네 비밀이 입 밖으로 나와 버렸어.

Como anoche no dormí nada, se me cierran los ojos.
어젯밤에 잠을 못 자서 오늘 눈이 절로 감겨.

A mi padre siempre se le olvida llevar el móvil.
나의 아버지는 늘 휴대폰을 가져가시는 것을 깜빡하신다.

Se me ha quemado el arroz.
내가 의도치 않게 밥을 태웠어.

¿Se os ha pasado el mareo?
너희들 어지러움 괜찮아졌어?

A Juan se le sube el vino muy rápido.
후안은 와인의 취기가 빨리 올라온다.

A mi madre se le hinchan los ojos muy fácilmente.
내 어머니는 눈이 매우 쉽게 붓는다.

❷ 시간이나 공간과 관련하여 실제 존재하는 사실에 대한 주관적인 느낌을 표현

예 Con el bebé se nos ha quedado pequeña la casa.
아기가 태어나면서 우리에게 집이 좁아졌다.
(실제 집 크기는 같지만, 아기가 태어나면서 주관적으로 느끼는 집 크기를 표현)

Se me ha hecho muy larga la película.
그 영화가 나에게 매우 길게 느껴졌다.
(실제 영화의 상영 시간과는 다르게 자신이 느낀 시간을 표현)

Se me ha hecho muy corta la cena.
저녁 식사가 나에게 매우 짧게 느껴졌다.
(실제 식사 시간과는 별개로 내가 느끼는 시간 표현)

¡Recuerda! 무의지의 se가 들어간 문장에서 간목을 빼면 수동의 se가 들어간 문장이 됩니다.
예 Se me ha quemado el arroz. 의도치 않게 밥이 탔네. vs Se ha quemado el arroz. 밥이 탔네.
무의지의 se가 불편한 상황에 대한 책임을 피하는 뉘앙스를 더해 줍니다.

★ 주의

무의지의 se가 들어간 문장에서 문법상의 주어를 알면, 주어를 생략합니다.

예 A: ¿Por qué le has contado mi secreto a Juan?   너 왜 후안에게 내 비밀을 말한 거야?
    B: Perdona, se me ha escapado (tu secreto).   미안, 나도 모르게 (네 비밀을) 말해 버렸어.

    A: ¿Has traído el libro que te presté?   너 내가 빌려준 책 가져왔어?
    B: Ay, se me ha olvidado (tu libro).   아, (네 책) 깜빡했다.

🌴 **¡Vamos a practicar!**   다음 한국어 해석을 보고 밑줄 친 부분에 들어갈 말을 쓰세요.

1 나는 모든 것을 깜빡한다.
   → _____ _____ olvida todo.
2 나는 눈이 (절로) 감긴다.
   → Se me _____ los ojos.
3 네 책을 가져오는 것을 나는 깜빡했다.
   → Se _____ ha olvidado traer tu libro.

Ejercicios - se 3 (무의지의 se)

정답 p.390

❶ 밑줄 친 부분에 수동의 se를 쓰세요.

1 너 바지 흘러내리고 있어.
   → _____ _____ están cayendo los pantalones.

2 나 아이디어 하나가 떠올랐어.
   → Se _____ ha _____ una idea.

3 미안. 나도 모르게 네 비밀을 입 밖으로 나와 버렸어.
   → Perdona. Se me _____ _____ tu secreto.

4 나의 아버지는 늘 휴대폰을 가져가시는 것을 깜빡하신다.
   → A mi padre siempre se _____ _____ llevar el móvil.

❷ 다음 중 틀린 문장을 골라 바르게 고치세요.

① Se me ha quemado el arroz.

② ¿Se os ha pasado el mareo?

③ A Juan se lo sube el vino muy rápido.

④ A mi madre se le hinchan los ojos muy fácilmente.

→ 잘못된 것은? _____번,

바르게 수정하면? _____

❸ 무의지의 se와 쓰이는 다음 표현을 사용하여 내가 잘하는 것 혹은 못하는 것을 표현하세요.

> **Se me da bien** bailar. 나는 춤추는 것을 잘한다.
> **Se me dan bien** los idiomas. 나는 외국어를 잘한다.
> **Se me da mal** cantar. 나는 노래 부르는 것을 못한다.
> **Se me dan mal** las matemáticas. 나는 수학을 못한다.

1 _____
2 _____
3 _____
4 _____

Unidad 39 se 3 (무의지의 se) **249**

¡Vamos a hablar!

✏️ 다음 패턴을 사용하여 상대에게 '너 ___ 괜찮아졌어?'의 문장을 만드세요.

¿Se te ha pasado _____?
너 _____ 괜찮아졌어?
너 _____ 가라앉았어?

❶ 너 두통 괜찮아졌어? (el dolor de cabeza)
➜ _____

❷ 너 화 가라앉았어? (la ira)
➜ _____

❸ 너 열 좀 괜찮아졌어? (la fiebre)
➜ _____

❹ 너 놀란 거 괜찮아졌어? (el susto)
➜ _____

❺ 너 언짢은 거 괜찮아졌어? (el disgusto)
➜ _____

❻ 너 무서운 거 괜찮아졌어? (el miedo)
➜ _____

¡Vamos a hablar!

정답 p.390

일상 회화에서 유용한 다음의 무의지의 se를 이용한 구문으로 문장을 완성하세요.

Ejemplo

네가 피곤한 게 티가 난다. (estar cansado)
→ **Se te nota que** estás cansado.

Se te nota que + 주어 + 직설법 동사.
~인 게 (너에게) 티가 난다.

---

① 네가 외국인인 게 티가 난다. (ser extranjero)
→ _____

② 네가 한국 사람이라는 게 티가 난다. (ser coreano)
→ _____

③ 네가 스페인에 거주한 지 오래된 게 티가 난다. (llevar mucho tiempo en España)
→ _____

④ 네가 한국 음식을 좋아하는 게 티가 난다. (gustar la comida coreana)
→ _____

⑤ 네가 노래 부르는 것을 좋아하는 게 티가 난다. (gustar cantar)
→ _____

⑥ 네가 운동을 매일 하는 게 티가 난다. (hacer ejercicio cada día)
→ _____

Unidad 40 접속사

이번 과에서는 시간, 조건, 양보, 이유를 나타내는 종속 접속사를 학습합니다. 종속 접속사는 종속되는 종속절과 주가 되는 주절 사이에 쓰이는 접속사로, 문장과 문장 사이의 매끄러운 연결을 위해 사용됩니다. 다양한 종속 접속사를 통해 세부적인 뉘앙스까지 표현해 봅시다.

오늘의 암기 문장

| Cuando llueve, no salgo de casa. | 비가 올 때, 나는 집에서 나가지 않는다. |
| Mientras tú cocinas, yo pongo la mesa. | 네가 요리하는 동안에 나는 상을 차릴게. |

🇪🇸 시간, 조건의 접속사

⭐ 시간의 접속사 cuando, mientras

❶ cuando + 주어 + 동사 = ~할 때

예) **Cuando** llueve, no salgo de casa.
비가 올 때, 나는 집에서 나가지 않는다.

Cuando mi madre llega a casa, me prepara la cena.
나의 어머니는 집에 도착하시면, 나에게 저녁 식사를 준비해 주신다.

Cuando era universitario, me gustaba estudiar en una cafetería del barrio.
내가 대학생이었을 때, 나는 동네의 어느 커피숍에서 공부하는 것을 좋아했었다.

Pedro llamó a Ernesto **cuando** llegó a casa.
페드로는, 그(페드로)가 집에 도착했을 때, 에르네스토에게 전화했다.

❷ mientras + 주어 + 동사 = ~하는 동안에

예) **Mientras** tú cocinas, yo pongo la mesa.
네가 요리하는 동안에 나는 상을 차릴게.

Ella hacía ejercicio **mientras** su bebé dormía.
그녀는 운동을 하곤 했다, 그녀의 아기가 잠을 자는 동안에.

¡Recuerda! cuando, mientras의 시간의 부사절은 주절 앞에 오거나, 주절 뒤에 올 수 있습니다. 시간의 부사절이 주절보다 선행할 경우, 콤마를 찍습니다.

예) **Cuando** llueve, no salgo de casa. = No salgo de casa **cuando** llueve.
Mientras tú cocinas, yo pongo la mesa. = Yo pongo la mesa **mientras** tú cocinas.

★ 조건의 접속사 si

❶ si + 주어 + 동사 = 만약 ~한다면

> 예   **Si** quieres hablar bien el español, tienes que estudiar cada día.
> 네가 스페인어를 잘하고 싶다면, 너는 매일 공부를 해야 해.
>
> **Si** estás cansado, descansa un rato.
> 네가 피곤하다면, 조금 쉬어.

¡Recuerda!   조건절 또한 주절 앞이나 뒤에 올 수 있습니다. 조건절이 주절보다 선행할 경우, 콤마를 찍습니다.
> 예   **Si** estás cansado, descansa un rato. = Descansa un rato **si** estás cansado.

¡Recuerda!   'si + 주어 + 동사'가 명사절을 이끄는 접속사로 쓰일 때, '~인지 (아닌지)'의 의미이며, o no를 문장 맨 뒤에 쓰거나 생략할 수 있습니다.
> 예   Yo no sé **si** vendrá Ana a la fiesta (o no). 나는 아나가 파티에 올지 오지 않을지 모르겠어.

🇪🇸 양보, 이유의 접속사

★ 양보의 접속사 aunque

❶ aunque + 주어 + 동사 = 비록 ~라도, 비록 ~일지언정 (주절 앞 혹은 뒤에 위치)

> 예   **Aunque** no me cae bien Carlos, siempre le saludo.
> = Siempre le saludo **aunque** no me cae bien Carlos.
> 비록 나는 카를로스가 호감이 아니지만, 늘 그에게 인사한다.
>
> Hizo ejercicio al aire libre **aunque** llovía.
> 그 사람은 실외에서 운동하고 했다, 비록 비가 올지언정.

¡Recuerda!   caer bien (보통 역구조로 쓰여) 누군가 호감이다, 사람으로서 마음에 들다

¡Vamos a practicar!   다음 한국어 해석을 보고 밑줄 친 부분에 알맞은 말을 쓰세요.

1 비가 올 때, 나는 집에서 나가지 않는다.
→ _____ llueve, no salgo de casa.

2 네가 요리하는 동안에 나는 상을 차릴게.
→ _____ tú cocinas, yo pongo la mesa.

3 네가 피곤하다면, 조금 쉬어.
→ _____ estás cansado, descansa un rato.

⭐ 이유의 접속사 porque, como, ya que

❶ porque + 주어 + 동사 = 왜냐하면 ~이기 때문이다 (주절 뒤에 위치하거나 독립적으로 쓰임.)

> 예 No fui al cumpleaños de María **porque** me dolía la cabeza.
> 나는 마리아의 생일(파티)에 가지 않았다, 왜냐하면 머리가 아팠기 때문이다.
>
> A: ¿Por qué no me llamaste anoche?
> 어젯밤 왜 나에게 연락하지 않았니?
>
> B: **Porque** me quedé dormido.
> 왜냐하면 잠들었기 때문이야.

❷ como + 주어 + 동사 = ~이기 때문에 (주절 앞에 위치)

> 예 **Como** nevaba mucho, me quedé en casa.
> 눈이 많이 내렸기 때문에, 나는 집에 머물렀다.
>
> **Como** a mi madre le gusta cocinar, le voy a regalar un libro de cocina.
> 나의 어머니는 요리하는 것을 좋아하시기 때문에, 나는 그녀에게 요리책을 선물할 것이다.

❸ ya que + 주어 + 동사 = ~이기 때문에 (주절 앞 혹은 뒤에 위치), ~한 김에 (주절 앞에 위치)

> 예 Comeré ahora, **ya que** no tengo tiempo más tarde.
> = **Ya que** no tengo tiempo más tarde, comeré ahora.
> 나는 지금 식사할 거야, 이따가 시간이 없으니까.
>
> **Ya que** voy a la universidad, sacaré algunos libros en la biblioteca.
> 내가 학교에 가는 김에, 도서관에서 몇 권의 책을 빌릴 거야.

¡Recuerda! quedarse dormido/a 잠들다
 quedarse en + 장소 = ~에 머물다
 sacar libros 책을 빌리다

 ¡Vamos a practicar!   다음 한국어 해석을 보고 밑줄 친 부분에 들어갈 말을 쓰세요.

1 그 사람은 실외에서 운동하곤 했다, 비록 비가 올지언정.
 ➜ Hacía ejercicio al aire libre _____ llovía.
2 눈이 많이 내렸기 때문에, 나는 집에 머물렀다.
 ➜ _____ nevaba mucho, me quedé en casa.
3 내가 학교에 가는 김에, 도서관에서 몇 권의 책을 빌릴 거야.
 ➜ _____ voy a la universidad, sacaré algunos libros en la biblioteca.

Ejercicios - 접속사

정답 p.391

❶ 밑줄 친 부분에 알맞은 접속사를 쓰세요.

1 나의 어머니는 집에 도착하시면, 나에게 저녁 식사를 준비해 주신다.
   → _____ mi madre llega a casa, me prepara la cena.

2 페드로는, 그(페드로)가 집에 도착했을 때, 에르네스토에게 전화했다.
   → Perdo llamó a Ernesto _____ llegó a casa.

3 네가 스페인어를 잘하고 싶다면, 너는 매일 공부를 해야 해.
   → _____ quieres hablar bien el español, tienes que estudiar cada día.

4 그 사람은 실외에서 운동하곤 했다, 비록 비가 올지언정.
   → Hacía ejercicio al aire libre _____ llovía.

❷ 다음 중 틀린 문장을 골라 바르게 고치세요.

① Cuando era universitario, me gusta estudiar en una cafetería del barrio.

② Siempre le saludo aunque no me cae bien Carlos.

③ Comeré ahora, ya que no tengo tiempo más tarde.

④ Ya que voy a la universidad, sacaré algunos libros en la biblioteca.

→ 잘못된 것은? _____ 번,

  바르게 수정하면? _____

❸ cuando를 사용하여 <보기>와 같이 내가 보통, 일상적으로 하는 일을 표현하세요.

> llover, hacer ejercicio en casa
> → Cuando llueve, hago ejercicio en casa.
>   비가 오면, 나는 보통 집에서 운동을 한다.

1 hacer ejercicio, escuchar música   → _____

2 tener tiempo libre, dar un paseo por el barrio → _____

3 no dormir bien, estar de mal humor   → _____

¡Vamos a hablar!

예시와 같이, 주어진 상황 혹은 소망에 대해 상대에게 조언하세요.

Ejemplo

0. Si quieres adelgazar, haz ejercicio cada día.
네가 날씬해지고 싶다면, 매일 운동해.

	Deseo / situación	Consejo
0	querer adelgazar	salir fuera para no molestar a nadie
1	no poder concentrarse en casa	tomarse un año libre
2	querer hablar bien el inglés	hacer ejercicio cada día
3	tener dolor de cabeza	comparar los precios primero
4	querer ahorrar dinero	venir a mi casa
5	tener muchos deberes	ir al médico
6	necesitar dinero	ir a la biblioteca
7	estar harto de trabajar	buscar un trabajo a tiempo parcial
8	no tener nada que hacer este sábado	empezar a hacerlos ahora mismo
9	querer fumar	gastar menos en videojuegos
10	querer comprar un portátil	practicarlo cada día

❶ _____

❷ _____

❸ _____

❹ _____

❺ _____

❻ _____

❼ _____

❽ _____

❾ _____

❿ _____

Unidad 41 연결사

지난 과에 이어 문장과 문장을 자연스럽게 이어주는 연결사를 학습합니다. 연결사는 더 자연스러운 말투, 더 매끄러운 글을 위해 필수적이며, 작문 시험에서도 중요한 평가 요소입니다. 예문을 통해 다양한 연결사의 쓰임을 살펴봅시다.

> Carmen no es guapa sino atractiva.
> 카르멘은 예쁜 게 아니라 매력적이다.
> He podido aprobar el DELE gracias a mi profesor.
> 나는 내 선생님 덕분에 DELE 시험에 합격할 수 있었다.

🇪🇸 첨가와 결과

★ **además**(게다가), **además de**(~뿐만 아니라), **no solo A, sino también B**(A뿐만 아니라 B도), **e incluso**(그리고 심지어)

> 예) No me gustan las películas de acción. **Además**, estoy en contra de la violencia.
> 나는 액션 영화를 좋아하지 않는다. 게다가, 나는 폭력을 반대한다.
>
> **Además de** ser guapa, Serena es muy buena persona.
> 예쁜 것뿐만 아니라, 세레나는 매우 좋은 사람이다.
>
> Me gusta España **no solo** por su clima, **sino también** por su comida.
> 나는 스페인을 좋아한다, 스페인의 날씨(때문에)뿐만 아니라, 스페인의 음식 때문에도.
>
> He invitado a los amigos de mi novio **e incluso** a su familia.
> 나는 내 애인의 친구들, 그리고 심지어 그의 가족들도 초대했다.

★ **por eso**(그래서), **por lo tanto**(그러므로), **por tanto**(따라서)

> 예) En verano hace muchísimo calor y **por eso** no salgo de casa.
> 여름에 날씨가 매우 덥다, 그래서 나는 집 밖으로 나가지 않는다.

¡Recuerda! por eso는 문장 중간에 올 때 보통 y por eso의 형태로 쓰입니다.

🌴 ¡Vamos a practicar! 다음 한국어 해석을 보고 밑줄 친 부분에 알맞은 말을 쓰세요.

1. 예쁜 것뿐만 아니라, 세레나는 매우 좋은 사람이다.
   → _____ _____ ser guapa, Serena es muy buena persona.
2. 나는 내 애인의 친구들, 그리고 심지어 그의 가족들도 초대했다.
   → He invitado a los amigos de mi novio _____ _____ a su familia.
3. 여름에 날씨가 매우 덥다, 그래서 나는 집 밖으로 나가지 않는다.
   → En verano hace muchísimo calor y _____ _____ no salgo de casa.

El examen empieza el lunes que viene, **por lo tanto**, deberíais entregar la última tarea hasta el domingo.
시험이 다음 주 월요일에 시작한다, 그러므로 너희들은 일요일까지 마지막 과제를 제출해야 한다.

El pintor nació en 1930, tiene, **por tanto**, 70 años.
그 화가는 1930년에 태어났다, 따라서 70세이다.

¡Recuerda! por lo tanto가 por eso보다 격식 있는 어조입니다.

¡Recuerda! por tanto는 논리적으로 당연히 기대되는 결과에 쓰이며, 예문과 같이 문장 중간에 쓰이기도 합니다.

대조, 역접

★ en cambio(반면), al contrario(도리어), a diferencia de(~와 다르게), no A, sino B(A가 아니라 B다), sin embargo(그럼에도 불구하고), no obstante(그럼에도 불구하고)

A mí me gusta pasar miedo, **en cambio**, a mi novio no (le gusta pasar miedo).
나는 공포감을 겪는 것을 좋아한다, 반면, 나의 애인은 (공포감을 겪는 것을) 좋아하지 않는다.

Juan no es mala persona, **al contrario**, creo que es demasiado bueno.
후안은 나쁜 사람이 아니다, 도리어, 내 생각엔 너무 착하다.

Viajar en avión es caro. **Sin embargo**, a veces uno puede conseguir un billete muy barato.
비행기를 타고 여행하는 것은 비싸다. 그럼에도 불구하고, 종종 저렴한 티켓을 구할 수도 있다.

Vivió mucho tiempo en el extranjero. **No obstante**, nunca se olvidó de su tierra natal.
그 사람은 외국에서 오랜 시간을 살았다. 그럼에도 불구하고, 자신의 고향을 잊은 적이 없다.

A diferencia de los chinos, los coreanos utilizan los palillos de metal.
중국인들과는 다르게 한국 사람들은 쇠젓가락을 사용한다.

Carmen **no** es guapa **sino** atractiva.
카르멘은 예쁜 게 아니라 매력적이다.

¡Recuerda! al contrario의 동의 표현으로 por el contrario도 있습니다.

¡Recuerda! sin embargo보다 no obstante가 더 격식 있는 어조입니다.

¡Vamos a practicar! 다음 한국어 해석을 보고 밑줄 친 부분에 알맞은 말을 쓰세요.

1 후안은 나쁜 사람이 아니다, 도리어, 내 생각엔 너무 착하다.
→ Juan no es mala persona, _____ _____, creo que es demasiado bueno.

2 중국인들과는 다르게 한국 사람들은 쇠젓가락을 사용한다.
→ _____ _____ _____ los chinos, los coreanos utilizan los palillos de metal.

3 카르멘은 예쁜 게 아니라 매력적이다.
→ Carmen no es guapa _____ atractiva.

 **원인**

★ **a causa de**(~때문에), **debido a**(~때문에), **gracias a**(~덕분에), **por culpa de**(~의 탓으로)

> 예 Se canceló el vuelo **a causa de** la lluvia.
> 그 비행은 비 때문에 취소되었다.
>
> Rafa dejó el trabajo **a causa de** su enfermedad.
> 라파는 자신의 병 때문에 일을 관뒀다.
>
> En algunos países todavía hay pobreza **debido a** la falta de recursos naturales.
> 몇몇 나라에서는 자원의 부족 때문에 여전히 가난이 존재한다.
>
> **Debido a** un accidente, tuvieron que cortar la carretera.
> 사고 때문에, 도로의 통행을 막아야 했다.
>
> He podido aprobar el DELE **gracias a** mi profesor.
> 나는 내 선생님 덕분에 DELE 시험에 합격할 수 있었다.
>
> **Gracias a** tu consejo, pude conseguir un trabajo.
> 너의 조언 덕분에, 나는 일자리를 구할 수 있었어.
>
> **Por culpa de**l tráfico, no hemos podido llegar a tiempo.
> 교통 체증 탓으로, 우리는 제시간에 도착할 수 없었다.
>
> Su padre volvió a tener problemas de salud **por culpa de**l alcohol.
> 그의 아버지는 술 탓으로 다시 건강 문제를 갖게 되었다.

¡Recuerda! a causa de, debido a, por culpa de는 보통 부정적인 이유에, gracias a는 긍정적인 이유에 쓰입니다.

¡Recuerda! gracias por ~는 '~해서, ~로 고마워'의 뜻으로, gracias a ~와 혼동하지 않도록 유의해야 합니다.
> 예 Gracias por tu invitación. 너의 초대 고마워.
> Gracias por felicitarme. 나를 축하해 줘서 고마워.

🌴 **¡Vamos a practicar!** 다음 한국어 해석을 보고 밑줄 친 부분에 들어갈 말을 쓰세요.

1 그 비행은 비 때문에 취소되었다.
➡ Se canceló el vuelo _____ _____ _____ la lluvia.

2 사고 때문에, 도로의 통행을 막아야 했다.
➡ _____ _____ un accidente, tuvieron que cortar la carretera.

3 나는 내 선생님 덕분에 DELE 시험에 합격할 수 있었다.
➡ He podido aprobar el DELE _____ _____ mi profesor.

🇪🇸 시간의 흐름, 순서, 나열

⭐ primero(먼저), segundo(두 번째로), a continuación(이어서), por último(마지막으로)

예 **Primero**, si uno vive en la ciudad, tiene más posibilidades de encontrar trabajo.
Segundo, en la ciudad el transporte público es más cómodo.
Por último, en la ciudad hay más opciones de ocio que en el campo.
먼저, 누군가 도시에 살면, 일자리를 구할 더 많은 기회들을 갖게 됩니다.
두 번째로, 도시에서는 대중교통이 더 편리합니다.
마지막으로, 도시에는 시골(에서)보다 더 많은 여가 생활의 선택지가 있습니다.

Primero, si uno vive en el campo, puede gozar de un aire más fresco.
Segundo, en el campo uno sufre menos problemas de ruido, es decir, menos contaminación acústica.
Por último, y no menos importante, en el campo las viviendas son mucho más baratas.
먼저, 누군가 시골에 살면, 더 신선한 공기를 누릴 수 있습니다.
두 번째로, 시골에서 소음 문제, 즉, 소음 공해를 덜 겪습니다.
마지막으로, 그러나 앞서 언급한 것들 못지 않게 중요한 것은, 시골에서는 주택들이 훨씬 더 저렴합니다.

예 **A continuación**, pasamos a hablar del proyecto más importante del año.
이어서, 올해의 가장 중요한 프로젝트에 대해 이야기하는 것을 시작합시다.

¡Recuerda! primero, segundo는 각각, en primer lugar, en segundo lugar로 바꿀 수 있습니다.

¡Recuerda! primero, segundo, tercero(세 번째로)… por último는 장단점 등을 나열할 때 자주 쓰이는 연결사로, 시험에서도 유용하게 쓸 수 있습니다.

¡Recuerda! pasar a + 동사 원형 = (전에 다른 것을 하다가) 동사 원형 하는 단계로 넘어가다, 동사 원형 하는 것을 시작하다.

🌴 ¡Vamos a practicar! 다음 한국어 해석을 보고 밑줄 친 부분에 들어갈 말을 쓰세요.

먼저, 누군가 도시에 살면, 일자리를 구할 더 많은 기회들을 갖게 됩니다.
두 번째로, 도시에서는 대중교통이 더 편리합니다.
마지막으로, 도시에는 시골(에서)보다 더 많은 여가 생활의 선택지가 있습니다.

➡ _____, si uno vive en la ciudad, tiene más posibilidades de encontrar trabajo.
_____, en la ciudad el transporte público es más cómodo.
_____ _____, en la ciudad hay más opciones de ocio que en el campo.

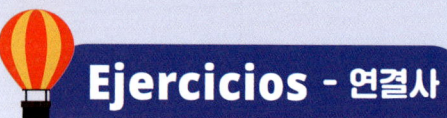

Ejercicios - 연결사

정답 p.391

❶ 밑줄 친 부분에 알맞은 연결사를 쓰세요.

1 나는 액션 영화를 좋아하지 않는다. 게다가, 나는 폭력을 반대한다.

➜ No me gustan las películas de acción. _____, estoy en contra de la violencia.

2 나는 스페인을 좋아한다. 스페인의 날씨(때문에)뿐만 아니라, 스페인의 음식 때문에도.

➜ Me gusta España _____ _____ por su clima, _____ _____ por su comida.

3 그 화가는 1930년에 태어났다, 따라서 70세이다.

➜ El pintor nació en 1930, tiene, _____ _____, 70 años.

4 나는 공포감을 겪는 것을 좋아한다, 반면, 나의 애인은 (공포감을 겪는 것을) 좋아하지 않는다.

➜ A mí me gusta pasar miedo, _____ _____, a mi novio no (le gusta pasar miedo).

❷ 다음 중 틀린 문장을 골라 바르게 고치세요.

① Viajar en avión es caro. Sin embargo, a veces uno puede conseguir un billete muy barato.

② Se canceló el vuelo a causa de la lluvia.

③ Gracias a tu consejo, pude conseguir un trabajo.

④ He invitado a los amigos de mi novio y incluso a su familia.

➜ 잘못된 것은? _____ 번,

바르게 수정하면? _____

❸ <보기>의 표현을 밑줄 친 부분에 써서, '내가 스페인어를 좋아하는/공부하는 이유'를 완성하세요.

primero, segundo, tercero, por último

Me gusta el español por varias razones. _____, es muy útil porque no solo se usa en España, sino también en América Latina. _____, el español suena muy bonito. _____, puedo cantar las canciones de Shakira, mi cantante favorita, si hablo español. _____ _____, quiero vivir en el futuro en algún país hispanohablante. Por eso estudio español.

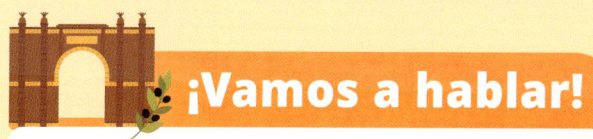

¡Vamos a hablar!

p.391

✏ 40, 41과에서 배운 내용을 바탕으로 Ana Pérez의 편지를 완성하세요.

Estimado Doctor Ramos:

Soy madre de dos hijos de 5 y 7 años. _____, soy funcionaria. _____ mi marido también es funcionario, tiene un buen horario. Nuestro problema es que mi marido es muy permisivo con los niños, _____ _____, yo soy bastante estricta. Pienso que los niños tan pequeños todavía no saben qué hacer en muchas situaciones. _____ _____ _____ lo que pienso, mi marido cree que los niños tienen que aprender a actuar por su cuenta. ¿Qué piensa usted? Discutimos mucho por la educación de los hijos. ¿Qué tenemos que hacer?

Gracias por su atención.

Cordialemente,

Ana Peréz

Unidad 42 접속법 1

이번 과에서는 접속법을 학습합니다. 스페인어에는 직설법(modo indicativo)과 접속법(modo subjuntivo)이 있습니다. 지금까지 다룬 모든 시제들은 직설법에 해당합니다. 접속법은 한마디로 그 용법을 설명하기는 어렵지만, 추측, 감정, 의견, 평가, 간접 명령 등을 표현할 때 사용됩니다. 접속법은 문장의 의미가 아니라 접속법과 쓰이는 특정 어휘나 문장 구조에 따라 용법을 익히는 것이 가장 좋습니다.

🍊 오늘의 암기 문장

Quizás venga.	아마도 올지도 몰라.
Probablemente llueva mañana.	아마도 내일 비가 올지도 몰라.

🇪🇸 접속법 현재 규칙 변화와 불규칙 변화

⭐ 접속법 현재 규칙 변화

① -ar, -er, -ir 동사의 규칙 변화

직설법 현재 1인칭 단수 어간에 -ar 동사는 -er 동사 어미를, -er, -ir 동사는 -ar 동사의 어미를 붙입니다. 따라서 접속법 현재 변화를 익히기 위해서는 **직설법 현재 1인칭 단수부터** 생각해야 합니다.

· poner의 직설법 현재와 접속법 현재를 비교해 보세요.

poner 직설법 현재 1인칭 단수는 불규칙으로 pongo입니다. 여기에서 어간(pong-)만 취해, -er 동사인 poner의 어미에 -a/-as/-a/-amos/-áis/-an을 붙여 -ar 동사처럼 바꿉니다.

	poner	
	직설법 현재	접속법 현재
yo	pongo	ponga
tú	pones	pongas
él, ella, usted	pone	ponga
nosotros/as	ponemos	pongamos
vosotros/as	ponéis	pongáis
ellos, ellas, ustedes	ponen	pongan

¡Recuerda! 접속법 현재 1인칭 단수와 3인칭 단수의 동사 변화는 같습니다.

¡Recuerda! poner와 같이 직설법 현재에서 불규칙 동사여도 접속법 현재에서는 규칙 동사일 수 있습니다.

¡Recuerda! -ar 동사들은 -e/-es/-e/-emos/-éis/en을, -ir, -er 동사들은 -a/-as/-a/-amos/-áis/-an을 붙여 어미를 활용합니다.

위의 규칙을 적용해서 다음 동사들의 접속법 현재 규칙 변화를 살펴볼까요?

	hablar [-ar]	leer [-er]	vivir [-ir]
직설법 현재 1인칭 단수	hablo	leo	vivo
yo	hable	lea	viva
tú	hables	leas	vivas
él, ella, usted	hable	lea	viva
nosotros/as	hablemos	leamos	vivamos
vosotros/as	habléis	leáis	viváis
ellos, ellas, ustedes	hablen	lean	vivan

	encontrar [-ar]	entender [-er]	salir [-ir]
직설법 현재 1인칭 단수	encuentro	entiendo	salgo
yo	encuentre	entienda	salga
tú	encuentres	entiendas	salgas
él, ella, usted	encuentre	entienda	salga
nosotros/as	encontremos	entendamos	salgamos
vosotros/as	encontréis	entendáis	salgáis
ellos, ellas, ustedes	encuentren	entiendan	salgan

¡Recuerda! encontrar(o-ue), entender(i-ie)와 같이 직설법 현재에서 어간의 모음에 변화가 있는 동사들은 (직설법 현재에서도 그렇듯이) nosotros/as, vosotros/as를 제외하고 모든 인칭에서 어간이 변합니다.

	pagar [-ar]	aparcar [-ar]	buscar [-ar]
직설법 현재 1인칭 단수	pago	aparco	busco
yo	pague	aparque	busque
tú	pagues	aparques	busques
él, ella, usted	pague	aparque	busque
nosotros/as	paguemos	aparquemos	busquemos
vosotros/as	paguéis	aparquéis	busquéis
ellos, ellas, ustedes	paguen	aparquen	busquen

¡Recuerda! -gar, -car로 끝나는 동사들은 접속법 현재 변화에서, 밑줄 친 것과 같이 -gue, -que의 형태로 어미가 변합니다. 이는 동사 원형의 자음 발음을 유지하기 위한 것입니다.

⭐ 접속법 현재 불규칙 변화

❶ dormir, morir, pedir, sentir

이 동사들은 (encontrar 동사와는 다르게) nosotros/as, vosotros/as 인칭에서 어간의 모음이 불규칙하게 변하기에 불규칙 동사에 속합니다.

dormir	morir	pedir	sentir
duerma	muera	pida	sienta
duermas	mueras	pidas	sientas
duerma	muera	pida	sienta
durmamos	muramos	pidamos	sintamos
durmáis	muráis	pidáis	sintáis
duerman	mueran	pidan	sientan

❷ ir, ser, saber, haber, dar

이 동사들은 직설법 현재 1인칭 단수 어간을 취하지 않는 점에서 불규칙 동사에 속합니다.

ir	ser	saber	haber	dar
vaya	sea	sepa	haya	dé
vayas	seas	sepas	hayas	des
vaya	sea	sepa	haya	dé
vayamos	seamos	sepamos	hayamos	demos
vayáis	seáis	sepáis	hayáis	deis
vayan	sean	sepan	hayan	den

> ¡Recuerda! dar 동사의 1인칭 단수, 3인칭 단수에서 tilde(강세 기호)가 있음에 유의합니다. 이는 전치사 de와 철자를 구별하기 위해서 생기는 강세 기호입니다.

🇪🇸 접속법 용법 1

⭐ 추측, 가능성을 나타내는 부사와 쓰이는 접속법

❶ quizás, quizá, tal vez, posiblemente, probablemente ➡ 아마도 ~일지도 모른다

위의 부사들은 접속법, 직설법과 모두 쓰일 수 있습니다. 직설법과 쓰일 경우, 추측하는 내용에 대해 어느 정도 확신이 있는 뉘앙스이며, 접속법과 쓰일 경우에는 확신보다는 단순 추측, 가능성을 나타냅니다.

> 예 Quizás suspenden el examen de inglés.
> 아마도 그들은 영어 시험에서 낙제할지도 몰라. (낙제할 확률이 높음.)
>
> Quizás suspendan el examen de inglés.
> 아마도 그들은 영어 시험에서 낙제할지도 몰라. (단순 추측)

예 A: ¿Tiene hijos Ignacio?
이그나시오는 자녀가 있나?

B: No sé exactamente, pero tal vez tiene hijos.
내가 정확히는 모르겠는데, 아마도 자녀가 있을 거야. (자녀가 있을 확률이 높음.)

B: No sé exactamente, pero tal vez tenga hijos.
내가 정확히는 모르겠는데, 아마도 자녀가 있을 거야. (단순 추측)

예 Posiblemente Juan quiere cambiar de trabajo.
아마도 후안은 직장을 바꾸길 원할지도 몰라. (그럴 확률이 높음.)

Posiblemente Juan quiera cambiar de trabajo.
아마도 후안은 직장을 바꾸길 원할지도 몰라. (단순 추측)

Probablemente llueve mañana.
아마도 내일 비가 올지도 몰라. (그럴 확률이 높음.)

Probablemente llueva mañana.
아마도 내일 비가 올지도 몰라. (단순 추측)

❷ 직설법과 쓰이는 a lo mejor, lo mismo, igual ➡ 아마도 ~일지도 모른다

추측이나 가능성을 나타내는 모든 부사들이 접속법과 쓰이지는 않습니다. a lo mejor, lo mismo, igual은 늘 직설법과 쓰입니다.

예 A lo mejor llueve mañana.
아마도 내일 비가 올지도 몰라.

A: Son las 10 ya. ¿Por qué no vienen?
벌써 10시인데, 그들이 왜 안 오지?

B: Lo mismo/Igual se han olvidado de la fiesta.
아마도 파티를 잊었을지도 몰라.

¡Vamos a practicar! 밑줄 친 부분에 접속법 혹은 직설법 동사를 써서 문장을 완성하세요.

1 아마도 그들은 영어 시험에서 낙제할지도 몰라.
➡ Quizás _____ el examen de inglés. (suspender)

2 아마도 후안은 직장을 바꾸길 원할지도 몰라.
➡ Posiblemente Juan _____ cambiar de trabajo. (querer)

3 아마도 내일 비가 올지도 몰라.
➡ A lo mejor _____ mañana. (llover)

Ejercicios - 접속법 1

1 밑줄 친 부분에 다음 동사들의 접속법 현재 변화를 쓰세요.

1. dormir → duerma – duermas – duerma – _____ – _____ – duerman
2. pedir → pida – pidas – _____ – pidamos – _____ – pidan
3. ser → _____ – seas – _____ – seamos – seáis – sean
4. dar → _____ – _____ – _____ – demos – deis – den

2 다음 중 틀린 문장을 골라 바르게 고치세요.

① Quizas venga Ana a la fiesta.

② A lo mejor nieve mañana.

③ Estará trabajando tal vez.

④ Lo mismo hoy no pueden visitarnos.

→ 잘못된 것은? _____번,

바르게 수정하면? _____

3 주어진 부사와 동사의 접속법을 사용하여 B의 답변을 완성하세요.

1. A: No encuentro mis gafas. ¿Sabes dónde están?
   B: _____ _____ en la mesilla de noche. (posiblemente, estar)

2. A: ¿Por qué está tan contento Rafa?
   B: _____ le _____ el sueldo el mes que viene. (quizá, subir)

3. A: ¿Mañana vas solo al concierto?
   B: Creo que sí, pero _____ _____ _____ Pedro conmigo. (tal vez, venir)

¡Vamos a hablar!

정답 p.392

✏️ 상황에 대한 알맞은 추측 문장 B를 찾아서 연결해 주세요.

Ejemplo

0. Me duele mucho la pierna derecha.

→ Pero, tal vez no sea nada grave.

	A	B
⓪	Me duele mucho la pierna derecha.	A lo mejor tiene hambre.
❶	No me esperes.	Pero, tal vez no sea nada grave.
❷	El bebé llora mucho.	Posiblemente cene fuera con mis colegas.
❸	Mañana quiero ir de pícnic a un parque.	A lo mejor no tengo saldo.
❹	Está nublado.	Pero, tal vez haga mal tiempo.
❺	No puedo mandar mensajes.	Probablemente esté en una reunión.
❻	Natalia no contesta al teléfono.	Lo mismo llueve esta tarde.

❶ No me esperes. → _____

❷ El bebé llora mucho. → _____

❸ Mañana quiero ir de pícnic a un parque. → _____

❹ Está nublado. → _____

❺ No puedo mandar mensajes. → _____

❻ Natalia no contesta al teléfono. → _____

Unidad 42 접속법 1 **269**

Unidad 43 접속법 2

이번 과에서는 희망, 간접 명령을 나타내는 접속법을 학습합니다. 이미 배운 적이 있는 'querer + 동사 원형'과 같은 구조가 활용되기 때문에, 크게 어렵지는 않지만 입에서 자연스럽게 나올 때까지는 시간이 걸리는 문장들입니다. 간접 명령을 나타내는 문장은 회화에서 많이 쓰이기 때문에 매우 유용합니다. 차근차근 읽으며 문장 구조를 파악해 보세요.

오늘의 암기 문장

Queremos que trabajéis menos. 우리는 너희들이 일을 덜 하기를 원한다.
¿Necesitas que yo te ayude? 내가 너 도와줄까?

희망, 간접 명령의 접속법 1

★ 희망, 간접 명령의 동사들

❶ A는 B가 ~하기를 원한다

스페인어에서 A라는 주어가 B라는 주어에 대한 희망이나 행동 변화를 표현할 때, 주어 B의 동사를 접속법으로 씁니다. 다음 두 문장을 비교해 보세요.

Yo quiero estudiar en el extranjero.
나는 원한다 / 외국에서 공부하는 것을.
(querer, estudiar의 주체는 yo)

vs

Yo quiero que mi hijo estudie en el extranjero.
나는 원한다 / 나의 아들이 외국에서 공부하는 것을.
(querer의 주체는 yo, estudiar의 주체는 mi hijo)

이와 같이, 주어 자신이 하고자 하는 일에 대한 희망이나 바람은 '**querer + 동사 원형**', A라는 주어가 B라는 주어에 대해 갖는 희망이나 바람은 '**querer + que + B + 접속법 동사**', 즉, 동사 원형 자리에 '**que B + 접속법 동사**'를 씁니다.

위와 같은 구조로 쓰이는 대표적인 동사들에는 querer(원하다), necesitar(필요하다, 원하다), esperar(희망하다), desear(바라다), preferir(선호하다)가 있습니다.

예 Mis padres quieren que yo estudie varios idiomas.
나의 부모님은 내가 몇 개의 언어를 공부하기를 원한다.

Queremos que trabajéis menos.
우리는 너희들이 일을 덜 하기를 원한다.

Necesito que me devuelvas el libro.
나는 네가 그 책을 돌려주기를 원한다.

¿Necesitas que yo te ayude?
내가 널 돕기를 원하니? (즉, 내가 너 도와줄까?)

Espero que estés bien en Canadá.
나는 네가 캐나다에서 잘 있기를 희망한다.

Esperamos que no llueva mañana.
우리는 내일 비가 오지 않기를 희망한다.

Deseo que Ana apruebe el examen de inglés.
나는 아나가 영어 시험에 합격하기를 바란다.

Sus padres desean que Rafa se case antes de cumplir 30 años.
그의 부모는 라파가 30세가 되기 전에 결혼하기를 바란다.

Prefiero que tú hagas la presentación.
나는 네가 발표하는 것을 선호해.

Preferimos que la habitación tenga dos camas.
우리는 그 방이 두 개의 침대를 갖는 것을 선호합니다.

¡Recuerda! Yo quiero que yo estudie en el extranjero. 혹은 Yo quiero mi hijo estudiar en el extranjero. 는 모두 비문입니다. 각각, Yo quiero estudiar en el extranjero. Yo quiero que mi hijo estudie en el extranjero.가 되어야 합니다.

¡Recuerda! 'necesitar + 동사 원형'은 '~할 필요가 있다'의 의미이지만, 'necesitar que + 주어 + 접속법 동사'의 경우, 'A는 주어 B가 접속법 동사 하기를 원하다'로 해석하는 것이 자연스럽습니다.

¡Recuerda! 동사 원형이 올 자리에, 'que + 주어 + 접속법 동사'가 온다고 생각하면 쉽습니다.

¡Vamos a practicar! 밑줄 친 부분에 들어갈 접속법 동사를 쓰세요.

1 나의 부모님은 내가 몇 개의 언어를 공부하기를 원한다.
  ➜ Mis padres quieren que yo _____ varios idiomas.
2 나는 네가 그 책을 돌려주기를 원한다.
  ➜ Necesito que me _____ el libro.
3 나는 네가 캐나다에서 잘 있기를 희망한다.
  ➜ Espero que _____ bien en Canadá.

희망, 간접 명령의 접속법 2

★ 간목과 쓰이는 희망, 간접 명령의 동사들

① A는 B에게 B가 ~하라고 말하다/요구하다/조언하다/추천하다

동사 decir는 다음과 같이 간목과 접속법을 사용하여 B라는 주어에 대한 간접 명령 혹은 행동 변화를 표현합니다.

> **Mi madre** siempre **me dice** que **yo haga** ejercicio.
> 나의 어머니는 늘 나에게 운동을 하라고 말씀하신다.

이와 같이 A라는 주어가 B라는 주어에 대해 간접 명령 혹은 행동 변화를 표현할 때 '**decir a alguien + que + B + 접속법 동사**' 구조를 사용합니다. 이때, 보통 alguien과 B는 같은 사람인 경우가 많습니다.

위와 같은 구조로 쓰이는 대표적인 동사에는 decir(~하라고 말하다), pedir(~하라고 요구하다), aconsejar(~하라고 조언하다), recomendar(~하라고 추천하다)가 있습니다.

예 Mi profesor de español me ha dicho que estudie cada día.
내 스페인어 선생님은 나에게 매일 공부하라고 말씀하셨다.

La madre le dice a su hijo que coma despacio.
그 어머니는 자신의 아들에게 천천히 먹으라고 말한다.

Yo te pido que vengas el lunes, no el martes.
나는 너에게 화요일이 아닌 월요일에 오라고 요구한다.

¿Me estás pidiendo que hable con el jefe?
너는 나에게 상사와 이야기하라고 요구하는 거야?

Yo te aconsejo que duermas más.
나는 너에게 더 많이 자라고 조언한다.

El médico me aconseja que no fume.
그 의사는 나에게 흡연하지 말라고 조언한다.

Mis amigos me recomiendan que escoja un alojamiento en el centro.
내 친구들은 나에게 중심지에 있는 숙소를 선택하라고 추천한다.

Rafa nos recomienda que cenemos un día en ese restaurante.
라파는 우리에게 그 식당에서 하루 저녁 식사를 하라고 추천한다.

¡Recuerda! Mi profesor de español me ha dicho que estudie cada día.에서 estudie의 주어는 yo, La madre le dice a su hijo que coma despacio.에서 coma의 주어는 su hijo가 됨을 문맥상 알 수 있습니다.

★ 주의

❶ decir que + 직설법 혹은 접속법

동사 decir는 que 이하에 직설법 혹은 접속법을 쓸 수 있습니다. 직설법은 단순 정보 전달로 '~라고 말하다', 접속법은 간접 명령으로 '~하라고 말하다'로 해석합니다.

> 예 Ana me dice que hoy es el cumpleaños de Pedro.
> (직설법) 아나는 오늘이 페드로의 생일이라고 나에게 말한다.
>
> Ana me dice que yo compre un regalo para Pedro.
> (접속법) 아나는 나에게 페드로를 위한 선물을 사라고 말한다.
>
> Mi madre me dice que tomar café a estas horas está mal.
> (직설법) 나의 어머니는 나에게 이 시간대에 커피를 마시는 것은 나쁘다고 말한다.
>
> Mi madre me dice que no tome café a estas horas.
> (접속법) 나의 어머니는 나에게 이 시간대에 커피를 마시지 말라고 말한다.

❷ 이중 명령 주의하기

decir, pedir, aconsejar, recomendar와 같은 동사들은 que 절에 접속법 동사를 사용하여 간접 명령을 표현합니다. 따라서 동사 자체에 간접 명령이나 의무의 뜻이 있는 tener que, deber, hay que와 같은 표현들은 decir, pedir, aconsejar, recomendar 동사와 쓰였을 때 접속법으로 쓰이지 않습니다.

> 예 Mi madre me dice que haga los deberes hoy. (O)
> 나의 어머니는 나에게 오늘 숙제를 하라고 말씀하신다.
>
> Mi madre me dice que tenga que hacer los deberes hoy. (X)
> 나의 어머니는 나에게 오늘 숙제를 해야 한다고 말씀하신다.

'tener que + 동사 원형'은 그 자체로 '~해야 한다'라는 간접 명령, 의무를 표현할 수 있기 때문에, 다음과 같이 직설법으로 씁니다.

> 예 Mi madre me dice que tengo que hacer los deberes hoy. (O)
> 나의 어머니는 나에게 오늘 숙제를 해야 한다고 말씀하신다.

¡Vamos a practicar!   밑줄 친 부분에 들어갈 접속법 동사를 쓰세요.

1 그 어머니는 자신의 아들에게 천천히 먹으라고 말한다.
   ➜ La madre le dice a su hijo que _____ despacio.
2 나는 너에게 화요일이 아닌 월요일에 오라고 요구한다.
   ➜ Yo te pido que _____ el lunes, no el martes.
3 나는 너에게 더 많이 자라고 조언한다.
   ➜ Yo te aconsejo que _____ más.

Ejercicios - 접속법 2

① 밑줄 친 부분에 들어갈 말을 쓰세요.

1 나의 부모님은 내가 몇 개의 언어를 공부하기를 원한다.

➡ Mis padres _____ que yo _____ varios idiomas.

2 내가 널 돕기를 원하니?

➡ ¿_____ que yo te _____?

3 내 친구들은 나에게 중심지에 있는 숙소를 선택하라고 추천한다.

➡ Mis amigos me _____ que _____ un alojamiento en el centro.

4 나의 어머니는 나에게 오늘 숙제를 하라고 말씀하신다.

➡ Mi madre me _____ que _____ los deberes hoy.

② 다음 중 틀린 문장을 골라 바르게 고치세요.

① Yo quiero que mi hijo estudie en el extranjero.

② Queremos que trabajéis menos.

③ Esperamos que no llueve mañana.

④ El médico me aconseja que no fume.

➡ 잘못된 것은? _____ 번,

바르게 수정하면? _____

③ 밑줄 친 부분에 접속법 동사를 써서 환경 보호를 위한 나의 바람들을 완성하세요.

Yo quiero   que la gente no _____ la basura a la calle. (tirar)

que _____ más. (nosotros, reciclar)

que _____ a los niños a reciclar. (nosotros, enseñar)

y que _____ menos plástico. (nosotros, usar)

¡Vamos a hablar!

정답 p.392

✏️ A와 B를 연결하여 간접 명령 문장을 완성하세요.

Ejemplo

0. No vayas andando, quiero que cojas un taxi.

	A	B
⓪	No vayas andando,	quiero que me esperes hasta las 6.
❶	No me esperéis,	quiero que cojas un taxi.
❷	¿Vas a dejar el trabajo?	Quiero que vayamos juntos a la exposición.
❸	Si no te importa,	Necesito que me ayudes.
❹	Si Pedro no puede venir,	Quiero que te lo pienses otra vez.
❺	Hay una nueva exposición en la ciudad.	prefiero que comáis antes.
❻	Es un trabajo muy difícil.	quiero que llames a Álvaro.

❶ No me esperéis, _____

❷ ¿Vas a dejar el trabajo? _____

❸ Si no te importa, _____

❹ Si Pedro no puede venir, _____

❺ Hay una nueva exposición en la ciudad. _____

❻ Es un trabajo muy difícil. _____

Unidad 44 접속법 3

이번 과에서는 누군가의 행동이나, 일어나고 있는 일에 대한 개인적인 감정, 평가, 견해를 표현할 때 쓰는 접속법을 학습합니다. 이 용법을 잘 익히면, B2 이상의 작문이나 회화에서 사회적인 이슈에 대한 자신의 의견을 표현할 때 유용하게 쓸 수 있습니다. 다양한 예문을 통해서 감정, 평가, 견해의 접속법을 익혀 봅시다.

오늘의 암기 문장

Es una suerte que podamos viajar.	우리가 여행할 수 있는 것은 행운이다.
Es una locura que cojas el coche ahora.	네가 지금 차를 타고 나가려는 것은 미친 짓이다.

🇪🇸 감정, 평가, 견해의 접속법

★ 형용사, 부사, 명사를 이용하여 감정, 평가, 견해 표현하기

❶ ~하는 것은 ~하다

스페인어에서 특정한 사람 주어 없이 '누구나 다 ~하는 것은 어떻다'를 표현할 때 다음 문장 구조를 사용할 수 있습니다.

Es + 형용사 + 동사 원형.	Es bueno aprender idiomas. 언어를 배우는 것은 좋다.
Está + 부사 + 동사 원형.	Está bien hacer ejercicio en ayunas. 공복에 운동하는 것은 괜찮다.
Es + un/una 명사 + 동사 원형.	Es una suerte poder viajar. 여행할 수 있는 것은 행운이다.

💡 **tip** 동사 원형이 문법상의 주어이므로 ser, estar 동사는 늘 3인칭 단수로 쓰입니다.

❷ A가 ~하는 것은 ~하다

'A라는 주어가 ~하는 것은 ~하다'는 ❶번 구조에서 동사 원형 자리에 'que + 주어 + 접속법 동사'를 넣어 표현합니다.

Es + 형용사 + que + 주어 + 접속법 동사.	Es bueno que tu hijo aprenda idiomas. 네 아들이 언어를 배우는 것은 좋다.
Está + 부사 + que + 주어 + 접속법 동사.	Está bien que hagas ejercicio en ayunas. 네가 공복에 운동하는 것은 괜찮다.
Es + un/una 명사 + que + 주어 + 접속법 동사.	Es una suerte que podamos viajar. 우리가 여행할 수 있는 것은 행운이다.

💡 **tip** 'que + 주어 + 접속법 동사', 즉 que 절이 문법상의 주어이므로 ser, estar 동사는 늘 3인칭 단수로 쓰입니다.

접속법 동사의 쓰임에 유의하여 더 많은 예문을 읽어 보세요.

예 Es importante que **estudies** más.
네가 공부를 더 하는 것은 중요하다.

No es necesario que **digas** toda la verdad.
네가 모든 사실을 말하는 것은 필요하지 않다.

Es raro que mi hijo no **haya llegado** todavía.
내 아들이 아직 도착하지 않은 것은 이상하다.

Es mejor que **vayas** a la playa en lugar de ir a la montaña.
네가 산에 가는 것 대신 해변에 가는 것이 더 좋다.

Es genial que **podamos** ir a Marruecos.
우리가 모로코에 갈 수 있는 것은 매우 좋다.

예 No está bien que **llueva** todo el día.
하루 종일 비가 오는 것은 좋지 않다.

Está bien que **comamos** a las 2.
우리가 2시에 식사하는 것은 괜찮다.

Está fatal que Juan no **venga** a tu cumpleaños.
후안이 너의 생일에 오지 않는 것은 최악이다.

Está mal que no me **hayas avisado** con antelación.
나에게 네가 미리 알려 주지 않은 것은 나쁘다.

예 Es una pena que **vuelvas** tan pronto a tu país.
네가 이렇게 일찍 네 나라로 돌아가는 것은 아쉽다.

Es una locura que **cojas** el coche ahora.
네가 지금 차를 타고 나가려는 것은 미친 짓이다.

Es una suerte que **tengamos** un gobierno tan bueno.
우리가 이렇게 좋은 정부를 가지고 있는 것은 행운이다.

¡Recuerda! 위의 구조에서 No es… / No está…와 같이 앞에 부정어가 와도 que 절에 접속법 동사가 오는 것은 변하지 않습니다.

¡Vamos a practicar! 밑줄 친 부분에 들어갈 접속법 동사를 쓰세요.

1 네 아들이 언어를 배우는 것은 좋다.
→ Es bueno que tu hijo _____ idiomas.

2 네가 모든 사실을 말하는 것은 필요하지 않다.
→ No es necesario que _____ toda la verdad.

3 하루 종일 비가 오는 것은 좋지 않다.
→ No está bien que _____ todo el día.

🇪🇸 가능성, 당연함을 나타내는 접속법

★ 가능성, 당연함을 나타내는 형용사와 쓰이는 접속법

① A가 ~하는 것은 가능하다. 즉, A가 ~할지도 모른다.

'특정 주어가 ~하는 것이 가능하다'도 접속법 동사로 표현합니다.

Es + posible + que + 주어 + 접속법 동사.	Es posible que **nieve** esta tarde. 오늘 오후에 눈이 올지도 모른다. Es posible que **vengan** Ana y Juan a mi fiesta. 아나와 후안이 내 파티에 올지도 모른다.
Es + posible + que + 주어 + 접속법 동사.	Es probable que yo **apruebe** el examen, pero nada es seguro. 내가 그 시험에 합격할지도 모른다. 그러나 아무것도 확실하지 않다.

> **tip** 'que + 주어 + 접속법 동사', 즉 que 절이 문법상의 주어이므로 ser 동사는 늘 3인칭 단수로 쓰입니다.

② A가 ~하는 것은 당연하다.

'특정 주어가 ~하는 것이 당연하다, 일반적이다'의 다음 구문에서도 접속법이 쓰입니다.

Es + normal + que + 주어 + 접속법 동사.	Es normal que **nieve** en invierno. 겨울에 눈이 오는 것은 당연하다.
Es + lógico + que + 주어 + 접속법 동사.	Es lógico que Juan **se enfade** contigo. 후안이 너에게 화를 내는 것은 당연하다.
Es + natural + que + 주어 + 접속법 동사.	Es natural que **tengas** hambre. Has hecho mucho ejercicio. 네가 배가 고픈 것은 당연하다. 너는 운동을 많이 했다.

> **tip** 'que + 주어 + 접속법 동사', 즉 que 절이 문법상의 주어이므로 ser 동사는 늘 3인칭 단수로 쓰입니다.

접속법 동사의 쓰임에 유의하여 더 많은 예문을 읽어 보세요.

예 Es posible que María **llegue** tarde.
마리아가 늦을 수도 있다.

Es posible que **tengamos** un examen mañana.
내일 시험이 있을 가능성이 있다.

Es probable que ellos no **vengan** a la fiesta.
그들이 파티에 오지 않을 가능성이 높다.

Es probable que **llueva** esta tarde.
오늘 오후에 비가 올지도 모른다.

예 Es normal que los niños **lloren** a veces.
아이들이 가끔 우는 것은 정상이다.

Es normal que **te sientas** nervioso antes del examen.
시험 전에 긴장하는 건 당연하다.

Es lógico que no **entiendas** todo al principio.
처음에는 모든 걸 이해하지 못하는 것이 당연하다.

Es lógico que tus padres **se preocupen** por ti.
네 부모님이 널 걱정하는 건 당연하다.

Es natural que **te canses** después de tanto trabajo.
그렇게 많이 일하고 나면 피곤한 게 당연하다.

Es natural que **quieras** estar solo un rato.
잠시 혼자 있고 싶은 건 자연스러운 일이다.

¡Vamos a practicar! 밑줄 친 부분에 들어갈 접속법 동사를 쓰세요.

1 오늘 오후에 눈이 올지도 모른다.
➜ Es posible que _____ esta tarde.

2 겨울에 눈이 오는 것은 당연하다.
➜ Es normal que _____ en invierno.

3 후안이 너에게 화를 내는 것은 당연하다.
➜ Es lógico que Juan _____ _____ contigo.

Ejercicios - 접속법 3

❶ 밑줄 친 부분에 들어갈 말을 쓰세요.

1 네가 공복에 운동하는 것은 괜찮다.
   ➜ Está bien que _____ ejercicio en ayunas.

2 우리가 여행할 수 있는 것은 행운이다.
   ➜ Es una suerte que _____ viajar.

3 후안이 너의 생일에 오지 않는 것은 최악이다.
   ➜ Está fatal que Juan no _____ a tu cumpleaños.

4 네가 지금 차를 타고 나가려는 것은 미친 짓이다.
   ➜ Es una locura que _____ el coche ahora.

❷ 다음 중 틀린 문장을 골라 바르게 고치세요.

① Está mal que no me hayas avisado con antelación.

② Es una suerte que tengamos un gobierno tan bueno.

③ Es probable que yo apruebe el examen.

④ Es natural que tienes hambre.

➜ 잘못된 것은? _____번,

 바르게 수정하면? _____

❸ 밑줄 친 부분에 접속법 동사를 써서 친구의 나쁜 습관에 대해 말하는 다음 문장들을 완성하세요.

1 No está bien que _____ tantas horas delante de la televisión. (pasar)

2 No es sano que _____ solo un par de horas. (dormir)

3 Está fatal que _____ todo el día el móvil. (mirar)

4 Es una pena que _____ que tomar pastillas para dormir. (tener)

¡Vamos a hablar!

정답 p.392

✎ A와 B를 연결하여, '일반적으로 네가 ~할 때 ~하는 것은 당연하다'의 문장을 완성하세요.

Ejemplo

0. Cuando estás de mal humor, es normal que no quieras hacer nada.

	A	B
⓪	Cuando estás de mal humor,	es natural que quieras llorar.
❶	Cuando estás triste,	es normal que no quieras hacer nada.
❷	Cuando haces mucho ejercicio,	es normal que te pongas nervioso.
❸	Cuando tienes un examen oral,	es natural que quieras tomar algo frío.
❹	Cuando tienes frío,	es normal que eches de menos a tu familia.
❺	Cuando tienes calor,	es lógico que quieras tomar algo caliente.
❻	Cuando vives solo en el extranjero,	es lógico que te entre hambre.

❶ Cuando estás triste, _____

❷ Cuando haces mucho ejercicio, _____

❸ Cuando tienes un examen oral, _____

❹ Cuando tienes frío, _____

❺ Cuando tienes calor, _____

❻ Cuando vives solo en el extranjero, _____

Unidad 44 접속법 3 **281**

Unidad 45 접속법 4

이번 과에서는 불명확함을 나타내는 접속법과 감정을 나타내는 역구조 동사들과 쓰이는 접속법을 다룹니다. 기본적으로 직설법은 확실함과 명백함, 접속법은 불확실함과 불분명함과 관련이 있는데, 이를 확인할 수 있는 문장 구조가 바로 첫 번째 내용입니다. 두 번째는 역구조 동사와 함께 쓰이는 접속법이며, 26과에서 배운 역구조 동사들의 기본 특징을 한 번 더 확인하고 학습할 것을 추천합니다.

> **오늘의 암기 문장**
>
> Está claro que Ana está enfadada contigo.
> 아나가 너에게 화가 나 있다는 것은 분명하다.
> Me gusta que te guste mi regalo.
> 네가 내 선물을 좋아하는 것이 나는 좋다.

 **명확함의 직설법, 불명확함의 접속법**

★ 명확함의 여부에 따른 직설법과 접속법

❶ ~하는 것은 명백하다 ➡ 직설법

명확함, 확실함을 나타내는 다음의 구문은 que 절에 직설법이 쓰입니다.

Es	cierto evidente obvio innegable indiscutible	que + 주어 + 직설법 동사
Está	claro demostrado	

> 💡 **tip** cierto 틀림없는 evidente 명백한 obvio 분명한 innegable 부정할 수 없는(= 명백한) indiscutible 의론의 여지가 없는(= 명백한) claro 분명한 demostrado 입증된

예   Es cierto **que en Corea todo el mundo trabaja mucho**.
한국에서 모든 사람들이 일을 많이 한다는 것은 틀림없다.

Es evidente **que aprender idiomas es divertido para todos**.
언어를 배우는 것이 모두에게 재미있다는 것은 명백하다.

Es obvio **que el inglés es un idioma muy útil para todos**.
영어는 모두에게 매우 유용한 언어라는 것은 분명하다.

Es innegable **que hoy en día la mayoría de la gente fuma**.
오늘날 대부분의 사람들이 흡연을 한다는 것은 부정할 수 없다(= 명백하다).

Es indiscutible que Juan **es** una persona responsable.
후안이 책임감이 있는 사람이라는 것은 의론의 여지가 없다(= 명백하다).

Está claro que Ana **está** enfadada contigo.
아나가 너에게 화가 나 있다는 것은 분명하다.

Está demostrado que la lechuga **da** sueño.
상추가 졸음을 유발한다는 것은 입증되어 있다.

> **¡Recuerda!** 'que + 주어 + 접속법 동사', 즉 que 절이 문법상의 주어이므로 ser, estar 동사는 늘 3인칭 단수로 쓰이며, 형용사의 성과 수는 변하지 않습니다.

> **¡Recuerda!** claro, demostrado는 estar 동사와 쓰입니다.

❷ ~하는 것은 명백하지 않다 ➡ 접속법

다음의 구문이 부정어 no를 동반하면, que 절에 접속법이 쓰입니다.

No es	cierto evidente obvio innegable indiscutible	que + 주어 + 접속법 동사
No está	claro demostrado	

예 **No** es cierto que en Corea todo el mundo **trabaje** mucho.
한국에서 모든 사람들이 일을 많이 한다는 것은 틀림없는 사실이 아니다.

No es evidente que aprender idiomas **sea** divertido para todos.
언어를 배우는 것이 모두에게 재미있다는 것은 명백하지 않다.

No es obvio que el inglés **sea** un idioma muy útil para todos.
영어는 모두에게 매우 유용한 언어라는 것은 분명하지 않다.

No es innegable que hoy en día la mayoría de la gente **fume**.
오늘날 대부분의 사람들이 흡연을 한다는 것은 명백하지 않다.

¡Vamos a practicar! 밑줄 친 부분에 직설법 혹은 접속법 동사를 넣어 문장을 완성하세요.

1 한국에서 모든 사람들이 일을 많이 한다는 것은 틀림없다.
➜ Es cierto que en Corea todo el mundo _____ mucho.

2 영어는 모두에게 매우 유용한 언어라는 것은 분명하다.
➜ Es obvio que el inglés _____ un idioma muy útil para todos.

3 영어는 모두에게 매우 유용한 언어라는 것은 분명하지 않다.
➜ No es obvio que el inglés _____ un idioma muy útil para todos.

No es indiscutible que Juan **sea** una persona responsable.
후안이 책임감이 있는 사람이라는 것은 명백하지 않다.

No está claro que Ana **esté** enfadada contigo.
아나가 너에게 화가 나 있다는 것은 분명하지 않다.

No está demostrado que la lechuga **dé** sueño.
상추가 졸음을 유발한다는 것은 입증되어 있지 않다.

🇪🇸 역구조 동사들과 쓰이는 접속법

⭐ 역구조 동사들과 쓰이는 접속법

역구조 동사의 주어로 que 절이 올 때, que 절에 접속법 동사를 씁니다. 다음의 몇 가지 역구조 표현을 참고하세요.

Me	gusta	
Te	encanta	
	importa	
Le	molesta	que + 주어 + 접속법 동사
Nos	preocupa	
	sorprende	
Os	da miedo	
	da alegría	
Les	da tristeza	

예   Me gusta que te **guste** mi regalo.
네가 내 선물을 좋아하는 것이 나는 좋다.

Me gusta que **hayas venido** a la fiesta.
네가 파티에 온 것이 나는 좋다.

Nos encanta que **vuelva** nuestro hijo pronto.
우리 아들이 곧 돌아온다는 것이 우리는 매우 좋다.

A Gema le encanta que **venga** gente a su casa.
사람들이 헤마의 집에 오는 것을 헤마는 매우 좋아한다.

¿Te importa que **salgamos** un poco más tarde?
우리가 조금 늦게 나가는 것이 너에게 괜찮아?

¿Os importa que **salgamos** un poco más tarde?
우리가 조금 늦게 나가는 것이 너희들에게 괜찮아?

¡Te molesta mucho que la gente no **sea** puntual!
사람들이 시간을 엄수하지 않는 것이 너에게 매우 거슬리는구나!

¡Cómo te molesta que **toque** la guitarra el de abajo!
아랫집 남자가 기타를 치는 게 너에게 매우 거슬리는구나!

A mis padres les preocupa que yo no **me saque** las oposiciones.
나의 부모님은 내가 공무원 시험에 합격하지 않을까 봐 걱정하신다.

Me preocupa que **llueva** mañana.
내일 비가 올까 봐 나는 걱정이 돼.

Me sorprende que **sigas** en la misma empresa todavía.
나는 네가 여전히 똑같은 회사에 계속 있다는 것이 놀랍다.

¿Te sorprende que **sigan** juntos?
그들이 여전히 사귄다는 게 너는 놀라워?

A ellos les da miedo que **llueva** tanto.
그들은 비가 그렇게 많이 오는 것이 무섭다.

¿No os da alegría que os **haya tocado** la lotería?
너희들이 복권에 당첨되었다는 것이 너희들은 기쁘지 않니?

Me da tristeza que Ana **se vaya** pronto a su país.
아나가 곧 그녀의 나라로 떠난다는 것이 나는 슬프다.

¡Recuerda! 14과, 26과에서 dar가 들어간 표현과 역구조 동사의 기본 쓰임을 확인할 수 있습니다.

¡Recuerda! 'que + 주어 + 접속법 동사', 즉 que 절이 문법상의 주어이므로 역구조 동사는 늘 3인칭 단수로 쓰입니다.

¡Recuerda! 이 구조는 역구조 동사의 해석상의 주어와 접속법 동사의 주어가 다를 때 쓸 수 있습니다. 다음과 같은 경우를 주의하세요.

예 Me gusta que yo aprenda idiomas. (X)
    Me gusta aprender idiomas. (O)
    나는 (내가) 언어를 배우는 것을 좋아한다.

¡Recuerda! sacarse las oposiciones 공무원 시험에 합격하다
tocar la lotería (역구조로 쓰여) 복권에 당첨되다

¡Vamos a practicar! 밑줄 친 부분에 접속법 동사를 넣어 문장을 완성하세요.

1 네가 내 선물을 좋아하는 것이 나는 좋다.
→ Me gusta que te _____ mi regalo.

2 우리가 조금 늦게 나가는 것이 너에게 괜찮아?
→ ¿Te importa que _____ un poco más tarde?

3 아나가 곧 그녀의 나라로 떠난다는 것이 나는 슬프다.
→ Me da tristeza que Ana _____ _____ pronto a su país.

Ejercicios - 접속법 4

❶ 주어진 의미에 맞게 문장을 완성하세요.

1. 언어를 배우는 것이 모두에게 재미있다는 것은 명백하다.
   → Es evidente que aprender idiomas _____ divertido para todos.

2. 아나가 너에게 화가 나 있다는 것은 분명하다.
   → _____ claro que Ana está enfadada contigo.

3. 오늘날 대부분의 사람들이 흡연을 한다는 것은 명백하지 않다.
   → No es innegable que hoy en día la mayoría de la gente _____.

4. 상추가 졸음을 유발한다는 것은 입증되어 있지 않다.
   → No está demostrado que la lechuga _____ sueño.

❷ 다음 중 틀린 문장을 골라 바르게 고치세요.

① ¡Te molesta mucho que la gente no sea puntual!

② A mis padres les preocupa que yo no me saque las oposiciones.

③ Me sorprende que sigas en la misma empresa todavía.

④ ¿No os dais alegría que os ha tocado la lotería?

→ 잘못된 것은? _____ 번,

바르게 수정하면? _____

❸ 빈칸에 주어진 문장의 올바른 형태를 넣어 아나가 좋아하는 다섯 가지를 완성하세요.

> La gente le dice algo bonito.
> Su novio le escribe cartas.
> Sus amigos se quedan a dormir en su casa.
> Su jefe está contento con ella.
> Sus seguidores le dejan comentarios en su red social.

A Ana le gusta que _____, que _____,
que _____, que _____ y
que _____.

¡Vamos a hablar!

정답 p.393

✏️ 예시와 같이 ¿Te importa que...?를 사용하여, '~해도 너 괜찮아?'의 문장을 완성하세요.

Ejemplo

llegar un poco más tarde, yo

→ ¿Te importa que yo llegue un poco más tarde?

내가 조금 더 늦게 도착해도 너 괜찮아?

❶ hablar un rato ahora, nosotros
   → _____

❷ acompañarnos, María
   → _____

❸ venir a la fiesta, mi novio
   → _____

❹ poner mi maleta aquí, yo
   → _____

❺ dejar las ventanas abiertas, yo
   → _____

❻ entrar en el baño primero, yo
   → _____

❼ coger tu coche esta tarde, nosotros
   → _____

Unidad 46 접속법 5

이번 과에서는 시간의 부사절과 aunque 절에 쓰이는 접속법을 학습합니다. 시간의 부사절의 경우, 접속법 현재가 미래 시제를 대체하며, 이때 주절에도 미래적인 가치를 갖는 시제나 동사가 사용됩니다. aunque 절에서의 접속법은 직설법이 표현할 수 없는 다양한 뉘앙스를 표현해 줍니다. 예문을 통해서 접속법의 쓰임을 익혀 보세요.

오늘의 암기 문장

Cuando salgas del trabajo, llámame.	네가 이따가 퇴근할 때, 나에게 전화해.
No me gusta ese chico aunque sea muy guapo.	그가 매우 잘생겼지만, 나는 그 남자가 좋지 않아.

시간의 부사절과 접속법

★ 시간의 부사절의 특징

대부분의 시간의 부사절은 직설법, 접속법과 쓰일 수 있습니다. 직설법은 이미 일어난 일, 평소의 습관이나 변하지 않는 진리를 나타내고, 접속법은 미래의 일을 나타냅니다.

다음은 직설법, 접속법과 모두 쓰이는 대표적인 시간의 부사절입니다.

cuando + 주어 + 동사	~할 때, ~하면
después de que + 주어 + 동사	~후에
hasta que + 주어 + 동사	~까지
en cuanto + 주어 + 동사	~하자마자
tan pronto como + 주어 + 동사	~하자마자

다음의 세 문장에서 시간의 부사절을 주의 깊게 보세요.

예 Cuando **llegué** a casa, me puse cómodo.
나는 집에 도착했을 때, 편한 차림으로 갈아입었다. (이미 일어난 일 ➜ 직설법 과거)

Cuando **llego** a casa, me pongo cómodo.
나는 집에 도착하면, 편한 차림으로 갈아입는다. (평소의 습관 ➜ 직설법 현재)

Cuando **llegue** a casa, me pondré cómodo.
나는 이따가 집에 도착하면, 편한 차림으로 갈아입을 것이다. (미래의 일 ➜ 접속법)

¡Recuerda! 시간의 부사절은 주절 앞 혹은 뒤에 위치할 수 있습니다.

¡Recuerda! ponerse cómodo/a 편안한 차림으로 갈아입다

★ 시간의 부사절과 접속법

시간의 부사절에서 미래는 접속법으로 나타냅니다. 따라서, 시간의 부사절에 접속법이 쓰이면, '나중에', '이따가', '미래에' 등을 적절하게 넣어 해석하며, 이때 주절에도 미래적인 가치를 갖는 명령형, 의무의 동사들, 단순 미래가 보통 쓰입니다.

예 Cuando **salgas** del trabajo, llámame.
네가 이따가 퇴근할 때, 나에게 전화해.

Me acostaré después de que **se vayan** todos los invitados.
이따가 모든 손님들이 떠나면 나는 잠자리에 들 것이다.

Mi madre no dormirá hasta que yo **llegue** a casa.
나의 어머니는 내가 이따가 집에 도착할 때까지 주무시지 않을 것이다.

En cuanto **sepa** el resultado, te avisaré.
나중에 내가 결과를 알게 되자마자, 너에게 알릴게.

Tan pronto como **sepas** el resultado, me tienes que avisar.
네가 미래에 결과를 알게 되자마자, 나에게 알려 줘야 해.

¡Recuerda! 'después de que + 주어 + 동사'의 시간의 부사절은 주절과 종속절에 각기 다른 주어가 올 때 쓸 수 있습니다. 양쪽의 주어가 같을 경우 'después de + 동사 원형'을 씁니다. 다음의 문장을 참고하세요.

예 Yo suelo cenar después de ducharme. (O) 나는 샤워 후에 보통 저녁 식사를 한다.
Yo suelo cenar después de que me ducho. (X)

★ 주의하기

시간의 부사절 중에서 antes de que(~하기 전에)는 무조건 접속법과 쓰이며, desde que(~한 이후로)는 직설법과 쓰입니다.

예 Antes de que **lleguen** los invitados, tenemos que recoger la casa.
손님들이 도착하기 전에, 우리는 집을 정리해야 한다.

Desde que **volviste**, tus padres están más contentos.
네가 돌아온 이후로, 너의 부모님은 더 만족스러워하신다.

¡Recuerda! 'antes de que + 주어 + 동사'의 시간의 부사절도 주절과 종속절에 각기 다른 주어가 올 때 쓸 수 있습니다. 양쪽의 주어가 같을 경우 'antes de + 동사 원형'을 씁니다. 다음의 문장을 참고하세요.

예 Yo suelo cenar antes de ducharme. (O) 나는 샤워하기 전에 보통 저녁 식사를 한다.
Yo suelo cenar antes de que me ducho. (X)

¡Vamos a practicar! 밑줄 친 부분에 직설법 혹은 접속법 동사를 넣어 문장을 완성하세요.

1 나는 집에 도착했을 때, 편한 차림으로 갈아입었다.
→ Cuando _____ a casa, me puse cómodo.

2 네가 이따가 퇴근할 때, 나에게 전화해.
→ Cuando _____ del trabajo, llámame.

3 나중에 내가 결과를 알게 되자마자, 너에게 알릴게.
→ En cuanto _____ el resultado, te avisaré.

양보절과 접속법

★ aunque (비록/아무리 ~일지언정, ~지만)

양보절에서의 직설법은 사실 전달에 초점이 있다면, 접속법은 1) 아직 모르는 미래의 일을 나타내거나, 2) 어려운 상황이나 방해물에 관계없이 일어날 일에 대한 확신 혹은 의지를 표현하거나, 3) 엄연히 존재하는 사실을 부정하거나 무시하며 주절의 내용을 강조할 때 쓰입니다.

예 Aunque **llueva**, iré a la fiesta.
비가 올지언정, 나는 그 파티에 갈 것이다.

Aunque **esté** malo, Juan es capaz de ir a trabajar.
아플지언정, 후안은 가히 출근할 사람이야.

Aunque **sea** caro, me compraré el último modelo de esa marca.
아무리 비쌀지언정, 나는 그 브랜드의 가장 최신 모델을 살 거야.

No me gusta ese chico aunque **sea** muy guapo.
그가 매우 잘생겼지만, 나는 그 남자가 좋지 않아.

Aunque **haya sido** un éxito total, no quiero ver esa película.
비록 그 영화가 성공작이었지만, 나는 그 영화를 보고 싶지 않아.

No sé bailar flamenco aunque **sea** español.
나는 스페인 사람이지만, 플라멩코를 출 줄 모른다.

¡Recuerda! 양보절도 주절 앞 혹은 뒤에 위치할 수 있습니다.

¡Recuerda! ser capaz de + 동사 원형 = ~할 수 있다, (가히) ~할 사람이다
ser un éxito 성공적이다, 성공작이다

¡Vamos a practicar! 밑줄 친 부분에 접속법 동사를 넣어 문장을 완성하세요.

1 비가 올지언정, 나는 그 파티에 갈 것이다.
→ Aunque _____, iré a la fiesta.

2 아플지언정, 후안은 가히 출근할 사람이야.
→ Aunque _____ malo, Juan es capaz de ir a trabajar.

3 그가 매우 잘생겼지만, 나는 그 남자가 좋지 않아.
→ No me gusta ese chico aunque _____ muy guapo.

Ejercicios - 접속법 5

1 동사의 알맞은 형태를 넣어 문장을 완성하세요.

1. 나는 집에 도착했을 때, 편한 차림으로 갈아입었다.
   → Cuando _____ a casa, me puse cómodo.

2. 이따가 모든 손님들이 떠나면 나는 잠자리에 들 것이다.
   → Me acostaré después de que _____ _____ todos los invitados.

3. 나는 샤워 후에 보통 저녁 식사를 한다.
   → Yo suelo cenar después de _____.

4. 나는 스페인 사람이지만, 플라멩코를 출 줄 모른다.
   → No sé bailar flamenco aunque _____ español.

2 다음 중 틀린 문장을 골라 바르게 고치세요.

① Cuando llego a casa, me pondré cómodo.

② Tan pronto como sepas el resultado, me tienes que avisar.

③ Yo suelo cenar antes de ducharme.

④ Aunque sea caro, me compraré el último modelo de esa marca.

→ 잘못된 것은? _____ 번,

바르게 수정하면? _____

3 접속법 동사를 넣어 새해 나의 다짐을 완성하세요.

El año que viene quiero conseguir todo lo que me proponga.

Aunque _____ o _____, haré footing cada día. (llover, nevar)

Aunque _____ cansado, estudiaré español todos los días. (estar)

Aunque no _____ sueño, me acostaré antes de las doce. (tener)

Aunque _____ el fin de semana, me levantaré temprano. (ser)

Aunque no me _____, intentaré dar prioridad a mis obligaciones. (gustar)

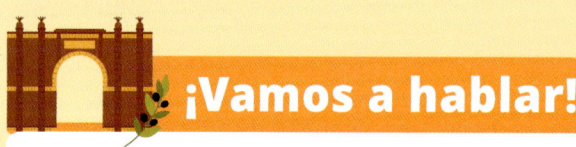

¡Vamos a hablar!

✏️ A의 질문에 알맞은 답변 B를 골라 연결하세요.

Ejemplo

0. ¿Cuándo me vas a invitar?
→ Cuando cobre.

	A	B
0	¿Cuándo me vas a invitar?	Cuando tengamos suficiente dinero.
1	¿Cuándo os vais a casar?	Cuando termine esta tarea.
2	¿Cuándo te vas a acostar?	Cuando tenga vacaciones.
3	¿Cuándo vas a hacer otro viaje?	Cuando deje de llover.
4	¿Cuándo vamos a la playa?	Cuando cobre.
5	¿Cuándo vais a tener hijos?	Cuando nos mudemos a una casa más grande.

❶ ¿Cuándo os vais a casar?

→ _____

❷ ¿Cuándo te vas a acostar?

→ _____

❸ ¿Cuándo vas a hacer otro viaje?

→ _____

❹ ¿Cuándo vamos a la playa?

→ _____

❺ ¿Cuándo vais a tener hijos?

→ _____

Unidad 47 접속법 6

이번 과에서는 부정문에 쓰이는 접속법과 관계절에 쓰이는 접속법을 학습합니다. 관계절에 쓰이는 접속법의 경우, 한국어나 영어에는 없는 개념이기 때문에 다소 생소하게 느껴질 수 있습니다. No creo que sea verdad.과 같이 실생활에 유용한 예문 하나를 입에 붙여 두면서 그 개념에 익숙해지는 것을 추천합니다.

오늘의 암기 문장

| No creo que sea verdad. | 나는 그것이 사실이라고 생각하지 않아. |
| ¿Hay alguien que sepa chino? | 중국어 아시는 분 계시나요? |

🇪🇸 부정문에서 쓰이는 접속법

★ ~라고 생각하지 않아

다음 동사들의 목적절(que + 주어 + 동사)은 직설법 혹은 접속법이 쓰일 수 있습니다.

❶ 주절이 긍정문으로 쓰였을 때 ➡ 직설법

creer que + 주어 + 직설법 동사	~라고 생각하다
pensar que + 주어 + 직설법 동사	~라고 생각하다
decir que + 주어 + 직설법 동사	~라고 말하다
Parece que + 주어 + 직설법 동사	~처럼 보이다, ~인 것 같다

예
Creo que es verdad. — 나는 그것이 사실이라고 생각해.
Pienso que fumar es lo peor para la salud. — 나는 흡연이 건강에 최악이라고 생각해.
Mi madre ha dicho que me has llamado. — 내 어머니가 네가 나에게 전화했다고 말씀하셨다.
Parece que va a llover. — 비가 올 것 같다.

❷ 주절이 부정문으로 쓰였을 때 ➡ 접속법

no creer que + 주어 + 접속법 동사	~라고 생각하지 않다
no pensar que + 주어 + 접속법 동사	~라고 생각하지 않다
no decir que + 주어 + 접속법 동사	~라고 말하지 않다
No parece que + 주어 + 접속법 동사	~처럼 보이지 않다, ~인 것 같지 않다

예
No creo que sea verdad.
나는 그것이 사실이라고 생각하지 않아.

No pienso que fumar sea lo peor para la salud.
나는 흡연이 건강에 최악이라고 생각하지 않아.

Mi madre no ha dicho que me hayas llamado.
내 어머니가 네가 나에게 전화했다고 말씀하시지 않았어.

No parece que vaya a llover.
비가 올 것 같지 않다.

¡Recuerda! 스페인어에서 '그것이 ~이다'라고 말할 때 주어를 살리지 않고 es ~라고 씁니다.

★ 주의하기

다음의 경우, creer, pensar, decir, parecer 동사 앞에 부정어가 와도 목적절의 동사를 직설법으로 씁니다.

❶ 부정 명령으로 쓰였을 때

예 No creas que viene Ana esta tarde.
아나가 오늘 오후에 온다고 생각하지 마.

No pienses que puedes ganar mucho dinero trabajando poco.
네가 일을 거의 하지 않고 많은 돈을 벌 수 있다고 생각하지 마.

No digas que eres mejor que los demás.
네가 다른 사람들보다 더 낫다고 말하지 마.

❷ 부정 의문문으로 쓰였을 때

예 ¿No crees que viene Ana esta tarde?
아나가 오늘 오후에 온다고 너는 생각하지 않니?

¿No piensas que puedes ganar mucho dinero trabajando poco?
네가 일을 거의 하지 않고 많은 돈을 벌 수 있다고 너는 생각하지 않니?

¿No has dicho que eres mejor que los demás?
네가 다른 사람들보다 더 낫다고 네가 말하지 않았니?

¿No te parece que Jorge está molesto con Gema?
네가 보기엔 호르헤가 헤마에게 짜증이 난 것 같지 않니?

¡Recuerda! Parece que... 구문에서 parece의 문법상의 주어는 que 절로, 이 구문은 명령형으로 쓸 수 없습니다.

¡Recuerda! Parece que... 구문에서 '누가 보기에 ~인 것 같다'의 의미를 살리기 위해 me, te, le와 같은 간목을 넣을 수 있습니다.

¡Vamos a practicar! 밑줄 친 부분에 직설법 혹은 접속법 동사를 넣어 문장을 완성하세요.

1 나는 그것이 사실이라고 생각해. → Creo que _____ verdad.
2 나는 그것이 사실이라고 생각하지 않아. → No creo que _____ verdad.
3 아나가 오늘 오후에 온다고 생각하지 마. → No creas que _____ Ana esta tarde.

관계절과 접속법

★ 선행사의 존재 유무

관계절이 수식해 주는 선행사의 존재 유무에 따라 관계절에 직설법 혹은 접속법 동사가 쓰입니다.

❶ 선행사의 존재 유무가 **불확실할 때** ➡ 접속법

선행사의 존재 유무가 불확실하거나, 부정어 혹은 부정어에 상응하는 명사가 선행사일 때, 관계절에 접속법 동사가 쓰입니다.

> **예** Quiero vivir en una casa que tenga tres plantas.
> 나는 3층을 가진 집에서 살기를 원한다.
> (자신이 실제 아는 어떤 집을 말하는 것이 아닌 단순히 희망하는 집)
>
> Estamos buscando una persona que haya trabajado en el mismo sector.
> 우리는 같은 분야에서 일을 해 본 적이 있는 사람을 찾고 있습니다.
> (아직 찾고 있는 사람이기에 화자가 존재의 유무를 아는 사람이 아님.)
>
> ¿Hay alguien que sepa chino?
> 중국어 아시는 분 계시나요?
> (질문한다는 것은 alguien의 존재의 유무가 불확실함을 나타냄.)
>
> ¿Hay algo que te guste en esta tienda?
> 이 가게에 네 맘에 드는 것이 무언가 있어?
> (질문한다는 것은 algo의 존재의 유무가 불확실함을 나타냄.)
>
> En esta tienda no hay nada que me guste.
> 이 가게에 내 맘에 드는 것은 아무것도 없어.
> (nada라는 부정어가 선행사일 경우, 관계절에 무조건 접속법)
>
> Creo que no hay nadie que pueda venir a estas horas.
> 내 생각엔 이 시간대에 올 수 있는 사람은 아무도 없어.
> (nadie라는 부정어가 선행사일 경우, 관계절에 무조건 접속법)
>
> Conozco poca gente que pueda hacerlo.
> 그걸 할 수 있는 사람을 나는 거의 알지 못한다.
> (선행사가 '거의 없는, 얼마 안 되는'의 poco/a의 수식을 받으면 관계절에는 무조건 접속법)

¡Recuerda! 스페인어는 이중 부정을 쓰기 때문에, 다음과 같은 실수를 하지 않도록 조심해야 합니다.
> **예** En esta tienda hay nada que me guste. (X)
> En esta tienda no hay nada que me guste. (O)

¡Recuerda! Conozco poca gente que pueda hacerlo.는 '나는 그것을 할 수 있는 얼마 안 되는 사람들은 안다'가 직역이지만, '그걸 할 수 있는 사람을 나는 거의 알지 못한다'와 같이 해석합니다.

❷ 선행사의 존재 유무가 확실할 때 ➡ 직설법

선행사의 존재 유무가 확실하거나, 일반적인 진리에 대해 말할 때 혹은 누군가 평소에 가지고 있는 생각에 대해서 말할 때. 직설법 현재를 씁니다.

예   Me he comprado una casa que tiene tres plantas.
나는 3층을 가진 집을 샀다.
(자신이 이미 구매한, 존재의 여부가 확실한 어떤 집을 지칭)

Hemos encontrado a una persona que ha trabajado en el mismo sector.
우리는 같은 분야에서 일을 해 본 적이 있는 사람을 찾았습니다.
(이미 찾은 사람이기에 화자가 그 사람의 존재의 유무를 알고 있음.)

Aquí hay una persona que sabe chino.
여기 중국어를 아는 사람이 있습니다.
(문장의 의미상, 선행사의 존재의 유무가 분명함.)

En esta tienda hay algo que me gusta, pero es caro.
이 가게에 내 맘에 드는 무언가가 있어. 그러나 비싸.
(문장의 의미상, 선행사의 존재의 유무가 분명함.)

Creo que hay alguien que puede venir a estas horas. Es mi hermano mayor.
내 생각엔 이 시간대에 올 수 있는 사람이 누군가 있어. 바로 내 형이야.
(문장의 의미상, 선행사의 존재의 유무가 분명함.)

Conozco a mucha gente que puede hacerlo.
그걸 할 수 있는 사람을 나는 많이 안다.
(동사의 의미상, 선행사의 존재의 유무가 분명함.)

Me gustan las personas que saben lo que quieren.
나는 자신이 원하는 것이 무엇인지 아는 사람들을 좋아해.
(화자에게 있어서 진리, 화자의 평소 생각)

¡Recuerda!   Me gustan las personas que saben lo que quieren.는 '나는 자신이 원하는 것을 아는 사람들을 좋아해'가 직역이지만, '나는 자신이 원하는 것이 무엇인지 아는 사람들을 좋아해'와 같이 해석합니다.

¡Vamos a practicar!   밑줄 친 부분에 직설법 혹은 접속법 동사를 넣어 문장을 완성하세요.

1 나는 3층을 가진 집에서 살기를 원한다.
➜ Quiero vivir en una casa que _____ tres plantas.

2 중국어 아시는 분 계시나요?
➜ ¿Hay alguien que _____ chino?

3 이 가게에 내 맘에 드는 무언가가 있어. 그러나 비싸.
➜ En esta tienda hay algo que me _____, pero es caro.

Ejercicios - 접속법 6

정답 p.394

❶ 동사의 알맞은 형태를 넣어 문장을 완성하세요.

1 네가 다른 사람들보다 더 낫다고 말하지 마.

   ➡ No digas que _____ mejor que los demás.

2 네가 보기엔 호르헤가 헤마에게 짜증이 난 것 같지 않니?

   ➡ ¿No te parece que Jorge _____ molesto con Gema?

3 이 가게에 네 맘에 드는 것이 무언가 있어?

   ➡ ¿Hay algo que te _____ en esta tienda?

4 나는 자신이 원하는 것이 무엇인지 아는 사람들을 좋아해.

   ➡ Me gustan las personas que _____ lo que quieren.

❷ 다음 중 틀린 문장을 골라 바르게 고치세요.

① Pienso que fumar es lo peor para la salud.

② No parece que vaya a llover.

③ Quiero vivir en una casa que tiene tres plantas.

④ Conozco a poca gente que pueda hacerlo.

➡ 잘못된 것은? _____ 번,

바르게 수정하면? _____

❸ 보기와 같이 주어진 문장에 부정어를 넣어 문장을 바꿔 주세요. 필요한 경우, que 절의 동사도 적절하게 바꿔 주세요.

> Creo que va a llover esta noche.
> ➡ **No creo** que vaya a llover esta noche.

1 ¿Crees que Paola está durmiendo ahora? ➡ _____

2 Me parece que Nuria quiere dejar el trabajo. ➡ _____

3 ¿Pensáis que tenemos que hablar con el jefe? ➡ _____

4 El profesor ha dicho que la fecha de entrega es el 17. ➡ _____

¡Vamos a hablar!

정답 p.394

A와 B를 연결하여 올바른 문장을 완성하세요.

Ejemplo

0. Quiero conocer a <u>alguien que me respete en todo</u>.

	A	B
0	Quiero conocer a alguien	que tenga vistas al mar.
1	Busco una persona	que no ocupe mucho.
2	Quiero tener una afición	que pueda cuidar de mis hijos entre semana.
3	Tráeme una cerveza	que me respete en todo.
4	Necesitamos una mesa	que pueda hacer con mis amigos.
5	No sé si queda alguna habitación	que esté bien fría.

❶ Busco una persona _____

❷ Quiero tener una afición _____

❸ Tráeme una cerveza _____

❹ Necesitamos una mesa _____

❺ No sé si queda alguna habitación _____

Unidad 47 접속법 6

Unidad 48 접속법 과거

48과에서는 접속법 과거 변화를 학습합니다. 접속법 과거는 -ra 혹은 -se의 두 가지 형태의 어미로 변할 수 있지만, 단순 과거 동사 변화를 숙지하고 있다면 어렵지 않게 배울 수 있습니다. 이 과의 수월한 학습을 위하여 다른 과에서 배웠던 접속법이 쓰이는 문장 구조들을 복습하는 것이 필요합니다.

오늘의 암기 문장

El médico me aconsejó que no fumara.   그 의사는 나에게 흡연하지 말라고 조언했다.
No había nada que me gustara.   내 맘에 드는 것은 아무것도 없었다.

접속법 과거 변화

★ -ar, -er, -ir 동사의 접속법 과거 변화

접속법 과거 변화는 단순 과거 3인칭 복수에서 -ron을 빼고 -ra/-ras/-ra/-ramos/-rais/-ran 혹은 -se/-ses/-se/-semos/-seis/-sen 붙여서 만듭니다. 후자의 경우 전자보다 격식을 차리는 어조에 쓰이거나 문어체에 쓰이는 경향이 있습니다. 우리 도서에서는 전자의 어미로 예문을 살펴봅니다.

다음 표에서 단순 과거 3인칭 복수와 함께 접속법 과거 변화를 확인하세요.

	hablar [-ar]	leer [-er]	vivir [-ir]
단순 과거 3인칭 복수	hablaron	leyeron	vivieron
yo	hablara / hablase	leyera / leyese	viviera / viviese
tú	hablaras / hablases	leyeras / leyeses	vivieras / vivieses
él, ella, usted	hablara / hablase	leyera / leyese	viviera / viviese
nosotros/as	habláramos / hablásemos	leyéramos / leyésemos	viviéramos / viviésemos
vosotros/as	hablarais / hablaseis	leyerais / leyeseis	vivierais / vivieseis
ellos, ellas, ustedes	hablaran / hablasen	leyeran / leyesen	vivieran / viviesen

¡Recuerda! 단순 과거 3인칭 복수에서 -ron을 빼고 -ra 혹은 -se 어미를 추가하는 방식은 불규칙 동사까지 포함하여 접속법 과거 동사 변화를 한 번에 정리하는 방법입니다. 다만, 1인칭 복수에 강세가 있음에 유의합니다. (표의 노란색 부분에서 밑줄)

¡Vamos a practicar! 다음 동사의 접속법 과거 변화를 완성하세요.

1 comer ➔ comiera - comieras - _____ - _____ - comierais - comieran
2 conducir ➔ _____ - condujeras - condujera - condujéramos - _____ - condujeran
3 ir/ser ➔ fuera - _____ - fuera - fuéramos - fuerais - _____

접속법 과거의 쓰임

주절의 동사가 과거일 때

그동안 학습한 접속법이 쓰이는 문장 구조에서 보통 주절의 동사가 과거일 때 종속절에도 접속법 과거가 쓰입니다. 다음의 문장들을 비교해 보세요.

예
Queremos que trabajéis menos. — 우리는 너희들이 일을 덜 하기를 원한다.
Queríamos que trabajarais menos. — 우리는 너희들이 일을 덜 하기를 원했다.

Necesito que me devuelvas el libro. — 나는 네가 그 책을 돌려주기를 원한다.
Necesitaba que me devolvieras el libro. — 나는 네가 그 책을 돌려주기를 원했다.

La madre le dice a su hijo que coma despacio. — 그 어머니는 자신의 아들에게 천천히 먹으라고 말한다.
La madre le dijo a su hijo que comiera despacio. — 그 어머니는 자신의 아들에게 천천히 먹으라고 말했다.

El médico me aconseja que no fume. — 그 의사는 나에게 흡연하지 말라고 조언한다.
El médico me aconsejó que no fumara. — 그 의사는 나에게 흡연하지 말라고 조언했다.

주의하기

과거에 일어난 일에 대해 현재의 생각을 말할 때, 주절의 직설법과 종속절의 접속법의 시제가 일치하지 않을 수도 있습니다.

예
Me parece bien que hicieras las paces con Pedro justo después de discutir.
나는 네가 (그 당시) 말다툼 직후에 페드로와 화해를 한 것이 (내가 지금 들어 보니) 잘한 것 같다.

Me sorprende que Ana no te invitara a su boda.
나는 아나가 (전에) 너를 그녀의 결혼식에 초대하지 않았다는 것이 (지금 듣고 나니) 놀랍다.

No creo que estuviera malo el fin de semana.
나는 그가 주말에 아팠다고 (현재) 생각하지 않는다.

¡Vamos a practicar!   밑줄 친 부분에 알맞은 접속법 형태를 넣어 문장을 완성하세요.

1 우리는 너희들이 일을 덜 하기를 원했다.
→ Queríamos que _____ menos.

2 그 어머니는 자신의 아들에게 천천히 먹으라고 말했다.
→ La madre le dijo a su hijo que _____ despacio.

3 네가 모든 사실을 말하는 것은 필요하지 않았다.
→ No era necesario que _____ toda la verdad.

Ejercicios - 접속법 과거

정답 p.394

1 다음 동사들의 접속법 과거 변화를 완성하세요.

1. leer → leyera – leyeras – _____ – _____ – leyerais – leyeran
2. pedir → pidiera – _____ – pidiera - pidiéramos – _____ – pidieran
3. ir/ser → _____ – fueras - fuera - fuéramos – _____ – fueran
4. dar → diera - dieras - diera – _____ – dierais – _____

2 다음 중 틀린 문장을 골라 바르게 고치세요.

① Necesito que me devuelvas el libro.

② La madre le dice a su hijo que coma despacio.

③ El médico me aconsejó que no fumara.

④ Me gustó que te guste mi regalo.

→ 잘못된 것은? _____ 번,

바르게 수정하면? _____

3 다음의 문장을 과거 시제로 바꾸세요.

1. No quiero que pases tanto tiempo con ese amigo.
   → No quería que _____
2. Espero que estés bien en México.
   → Esperaba que _____
3. No creo que Elena necesite ayuda.
   → No creía que _____
4. Es normal que Juan tenga una salud de hierro porque hace ejercicio cada día.
   → Era normal que _____ porque hacía ejercicio cada día.

¡Vamos a hablar!

✏️ 접속법 과거와 쓰이는 Me gustaría que... 구문을 활용하여 현재의 소망을 표현하는 문장을 완성하세요.

Me gustaría que + 주어 + 접속법 과거.
나는 ~하기를 원한다.

💡 tip 접속법 과거가 쓰이지만, 현재의 소망을 완곡하게 표현하는 문장 구조입니다.

❶ 나는 내일 비가 오지 않기를 원한다. (llover)

➡ _____

❷ 나는 수사나가 직장을 바꾸기를 원한다. (cambiar de trabajo)

➡ _____

❸ 나는 네가 내 파티에 오기를 원한다. (venir a mi fiesta)

➡ _____

❹ 나는 우리가 더 자주 만나기를 원한다. (quedar más a menudo)

➡ _____

❺ 나는 나의 부모님이 일을 덜 하기를 원한다. (trabajar menos)

➡ _____

Unidad 48 접속법 과거

Unidad 49 가정법 현재, 가정법 과거

이번 과에서는 가정법 현재와 가정법 과거를 학습합니다. 가정법은 뭔가 불분명하거나 아직 확실히 정해지지 않은 것, 혹은 당장 일어나기 어려운 상황에 대하여 이야기할 때 사용됩니다. 실현 가능성과 현실성에 따라 두 가정법을 적절하게 사용할 수 있도록 각각의 이론과 예문, 정확한 해석까지 유심히 반복해서 볼 필요가 있습니다.

오늘의 암기 문장

> Si tengo tiempo, iré a verte.   내가 시간이 있으면, 널 보러 갈게.
> Si tuviera tiempo, iría a verte.   내가 지금 시간이 있다면, 지금 너를 보러 갈 텐데.

🇪🇸 가정법 현재

★ 형태와 쓰임

> **Si + 주어 + 직설법 현재 동사, 주어 + 직설법 동사.**
> 만약 ~한다면 (조건절), ~할 것이다 (주절).

tip 주절의 해석은 문장에 따라 변할 수 있습니다.

조건절의 동사의 시제에 따라 가정법 현재라는 이름이 붙습니다. 가정법 현재는 미래에 일어날 만한 상황에 대하여 가정할 때 쓰이며 조건절과 주절이 어느 정도의 인과 관계를 갖습니다. 따라서, 우리가 소위 알고 있는 가정법의 "사실과 반대"라는 설명과는 맞지 않습니다.

가정법 현재에서 주절에는 미래의 가치를 갖는 단순 미래, 명령형, 의무의 동사들이 자주 쓰입니다.

예 Si tengo tiempo, iré a verte.
내가 시간이 있으면, 널 보러 갈게.

Si estudias mucho, aprobarás el examen.
네가 공부를 열심히 하면, 그 시험에 합격할 것이다.

Si ves a Ana, dale recuerdos de mi parte.
만약 네가 아나를 보게 되면, 내가 안부 전한다고 해 줘.

Si quieres ganar mucho dinero, tienes que trabajar más.
네가 많은 돈을 벌기를 원한다면, 너는 일을 더 많이 해야 한다.

Si tienes dudas, no dudes en llamarme.
만약 네가 의문이 생긴다면, 나에게 연락하는 것을 망설이지 마.

¡Recuerda! dale recuerdos de mi parte는 '내 쪽으로부터의 안부 인사를 그녀에게 줘'가 직역이지만, '내가 안부 전한다고 해 줘' 정도로 자연스럽게 해석합니다.

¡Recuerda! dar recuerdos a alguien ~에게 안부 인사를 전하다
dudar en + 동사 원형 = ~하는 것을 망설이다

★ 비교

가정법 현재의 조건절은 다음의 cuando가 들어간 시간의 부사절과 혼동되는 경우가 많습니다.

> **cuando + 주어 + 접속법 현재 동사**
> 나중에/미래에 ~할 때

'cuando + 주어 + 접속법 현재 동사'의 경우, 'si + 주어 + 직설법 현재 동사'보다 실현 가능성이 높거나, 가정이 아닌 미래에 실제 일어날 일에 대해 말할 때 쓰입니다. 다음의 상황에서 두 문장 구조의 쓰임을 확인해 봅시다.

예 *다음 주 토요일에 만나기로 약속한 뒤*
Cuando nos veamos, nos ponemos al día.
우리가 (그때) 만나면, 밀린 이야기 다 하자.

위 문장에서 이미 만날 약속이 정해진 상태에서 Si nos vemos는 어색합니다.

예 *일자리를 구하고 있는 친구에게 하는 말*
Cuando consigas un trabajo, te invitaré a cenar para felicitarte.
네가 (나중에) 직장을 구하게 되면, 너를 축하해 주기 위해서 내가 너에게 저녁식사를 대접할게.

이와 같은 상황에서는 실현 가능성이 더 높음을 나타내는 cuando절이 Si consigues un trabajo보다 더 희망적이고 긍정적인 의미를 나타냅니다. (Si consigues un trabajo로 대체 시, 어색하지는 않습니다.)

예 *무더운 여름날, 해변으로 놀러 가는 친구에게 하는 말*
Si te quemas, échate esta crema.
혹시 햇볕에 살이 많이 타면, 이 크림을 발라.

이와 같은 상황에서는 미래에 실제 일어날 것이 정해진 것이 아니라 '혹시라도 그렇게 되면'의 의미를 나타내는 si 절이 cuando 절보다 자연스럽습니다. (Cuando te quemes로 대체 시, 어색하게 들립니다.)

¡Recuerda! ponerse al día 밀린 이야기를 따라잡다, 근황 토크를 하다

¡Recuerda! quemarse 햇볕에 살이 많이 타다, 화상을 입다
echarse (크림이나 연고 등을) 바르다

🌴 ¡Vamos a practicar!   밑줄 친 부분에 동사의 알맞은 형태를 넣어 가정법 현재 문장을 완성하세요.

1 내가 시간이 있으면, 널 보러 갈게.
→ Si _____ tiempo, iré a verte.

2 만약 네가 아나를 보게 되면, 내가 안부 전한다고 해 줘.
→ Si _____ a Ana, dale recuerdos de mi parte.

3 만약 네가 의문이 생긴다면, 나에게 연락하는 것을 망설이지 마.
→ Si _____ dudas, no dudes en llamarme.

🇪🇸 가정법 과거

★ 형태와 쓰임

> **Si + 주어 + 접속법 과거 동사, 주어 + 가능법 동사.**
> 만약 현재/지금/평소에 ~한다면 (조건절), 현재/지금/평소에 ~할 텐데 (주절).

tip 조건절과 주절에 '현재, 지금, 평소에' 중에서 문장에 어울리는 것을 넣어서 해석합니다.

조건절에 쓰이는 동사에 따라 가정법 과거라는 이름이 붙습니다. 가정법 과거는 현재 당장 이뤄지기 어렵거나, 현재에도 미래에도 이뤄질 가능성이 없는 상황을 가정할 때 쓰입니다. 가정법 과거의 핵심은 "현재 원하지만 할 수 없는 일"이 주절에 표현된다는 것입니다.

따로 주어진 시간의 부사가 없을 경우, '현재, 지금, 평소에' 등을 넣어 해석하는 것이 가정법 과거와 나중에 배울 혼합 가정법을 이해하는 데 큰 도움이 됩니다.

예 Si tuviera tiempo, iría a verte.
내가 지금 시간이 있다면, 지금 너를 보러 갈 텐데.
(현재 당장 이뤄지기 어려운 상황을 가정, 현재 원하지만 할 수 없는 일은 너를 보러 가는 것)

Si tuviera 20 años, viajaría más.
내가 지금 스무 살이라면, 지금 여행을 더 많이 다닐 텐데.
(현재에도 미래에도 이뤄질 수 없는 상황을 가정, 현재 원하지만 할 수 없는 일은 여행을 더 많이 다니는 것)

Si mi mejor amiga viviera cerca, le dejaría a mi hijo.
내 가장 친한 친구가 현재 근처에 산다면, 지금 그녀에게 내 아들을 맡길 텐데.
(현재 당장 이뤄지기 어려운 상황을 가정, 현재 원하지만 할 수 없는 일은 친구에게 아들을 맡기는 것)

Si no te acostaras tan tarde, no tendrías sueño en clase.
네가 평소에 그렇게 늦게 잠자리에 들지 않는다면, 평소에 수업 시간에 졸리지 않을 텐데.
(현재 당장 이뤄지기 어려운 상황을 가정, 현재 바람직하지만 이뤄지기 어려운 일은 네가 수업 시간에 졸리지 않는 것)

Si te levantaras 10 minutos antes, no llegarías tarde al trabajo.
네가 평소에 10분 더 일찍 일어난다면, 평소에 직장에 늦지 않을 텐데.
(현재 당장 이뤄지기 어려운 상황을 가정, 현재 바람직하지만 이뤄지기 어려운 일은 네가 직장에 늦지 않는 것)

🌴 ¡Vamos a practicar! 밑줄 친 부분에 동사의 알맞은 형태를 넣어 문장을 완성하세요.

1 내가 지금 시간이 있다면, 지금 너를 보러 갈 텐데.
➜ Si _____ tiempo, iría a verte.

2 내가 지금 스무 살이라면, 지금 여행을 더 많이 다닐 텐데.
➜ Si tuviera 20 años, _____ más.

3 내 가장 친한 친구가 현재 근처에 산다면, 지금 그녀에게 내 아들을 맡길 텐데.
➜ Si mi mejor amiga _____ cerca, le dejaría a mi hijo.

Ejercicios - 가정법 현재, 가정법 과거

정답 p.394

❶ 동사의 알맞은 형태를 넣어 문장을 완성하세요.

1 네가 공부를 열심히 하면, 그 시험에 합격할 것이다.
   → Si _____ mucho, aprobarás el examen.

2 네가 많은 돈을 벌기를 원한다면, 너는 일을 더 많이 해야 한다.
   → Si _____ ganar mucho dinero, tienes que trabajar más.

3 (다음 주 토요일에 만나기로 약속한 뒤) 우리가 (그때) 만나면, 밀린 이야기 다 하자.
   → Cuando nos _____, nos ponemos al día.

4 네가 평소에 10분 더 일찍 일어난다면, 평소에 직장에 늦지 않을 텐데.
   → Si te _____ 10 minutos antes, no _____ tarde al trabajo.

❷ 다음 중 틀린 문장을 골라 바르게 고치세요.

① Si tenga tiempo, iré a verte.

② Cuando consigas un trabajo, te invitaré a cenar para felicitarte.

③ Si te quemas, échate esta crema.

④ Si no te acostaras tan tarde, no tendrías sueño en clase.

→ 잘못된 것은? _____ 번,

  바르게 수정하면? _____

❸ 주어진 표현을 사용하여 '내가 만약 현재 시간이 있다면' 하고 싶은 일을 표현하세요.

| aprender a tocar el piano | pasar más tiempo con mi familia |
| ir al cine más a menudo | hacer un viajecito con mi novio |

Si tuviera tiempo,

_____

_____

¡Vamos a hablar!

주어진 표현을 사용하여 '만약 지금 내가 복권에 당첨된다면 ~할 텐데'의 문장을 완성하세요.

Ejemplo

Si me tocara la lotería, me compraría un coche de lujo.

✓ comprarse un coche de lujo

✓ pasar unas noches en el hotel más caro de Nueva York

✓ regalarles un nuevo coche a mis padres

✓ dejar de trabajar

✓ viajar en primera clase a Cancún

✓ recorrer el mundo sin preocuparse por el dinero

❶ Si me tocara la lotería, _____

❷ Si me tocara la lotería, _____

❸ Si me tocara la lotería, _____

❹ Si me tocara la lotería, _____

❺ Si me tocara la lotería, _____

Unidad 50   가정법 과거 완료, 혼합 가정법

이번 과에서는 가정법 과거 완료와 혼합 가정법을 학습합니다. 두 가정법의 자연스러운 해석을 위해서 가정법 과거 완료 문장에는 '그때, 과거에, 전에' 등의 부사를, 혼합 가정법에 등장하는 가정법 과거 문장에는 '현재, 지금, 평소에, 원래' 등의 부사를 넣어서 해석하는 것이 중요합니다. 가정법 문장들에 익숙해질 때까지 이 시간의 부사들을 넣어서 해석하는 연습을 반복해 주세요.

오늘의 암기 문장

> Si hubiera estudiado más, habría[hubiera] aprobado el DELE.
> 내가 그때 공부를 더 했더라면, DELE에 합격했을 텐데.
>
> Si me hubiera comprado otro modelo, no tendría estos problemas.
> 내가 그때 다른 모델을 구매했더라면. 지금 이런 문제들을 가지지 않을 텐데.

🇪🇸 가정법 과거 완료

★ 형태와 쓰임

> **Si + 주어 + 접속법 과거 완료, 주어 + 가능법 완료/접속법 과거 완료.**
> 만약 그때/과거에/전에 ~했더라면 (조건절), 그때/과거에/전에 ~했을 텐데 (주절).

 조건절과 주절에 '그때, 과거에, 전에' 중에서 문장에 어울리는 것을 넣어서 해석합니다.

조건절에 쓰이는 동사에 따라 가정법 과거 완료라는 이름이 붙습니다. 가정법 과거 완료는 '그때 ~했더라면' 혹은 '그때 ~하지 않았더라면'과 같이 이미 일어난 일에 대해서 반대로 가정할 때 쓰입니다. 따로 주어진 시간의 부사가 없을 경우, '그때, 과거에, 전에' 등을 넣어 해석하는 것이 좋습니다.

예   *며칠 전에 있었던 친구 생일 파티에 가지 못한 내가 하는 말*
Si ese día no hubiera tenido mucho trabajo, habría[hubiera] ido a tu fiesta de cumpleaños.
내가 그날 업무가 많지 않았더라면, (그날) 네 생일 파티에 갔을 텐데.

예   *며칠 전, 친구 생일 파티에서 전 여자친구를 만난 내가 하는 말*
Si ese día no hubiera ido a la fiesta, no me habría[hubiera] encontrado con ella.
내가 그날 그 파티에 가지 않았더라면, (그날) 그녀와 마주치지 않았을 텐데.

예   *작년에 응시하여 떨어진 DELE 시험을 기억하며 내가 하는 말*
Si hubiera estudiado más, habría[hubiera] aprobado el DELE.
내가 그때 공부를 더 했더라면, DELE에 합격했을 텐데.

예   *며칠 전, 늦게 일어나서 비행기를 놓친 친구에게 내가 하는 말*
Si te hubieras levantado un poco más temprano, habrías[hubieras] cogido el vuelo.
네가 그때 조금만 더 일찍 일어났더라면, 그 비행기를 탔을 텐데.

예 *얼마 전에 눈이 와서 예정된 산행이 취소된 것을 생각하며 내가 하는 말*
Si no hubiera nevado, habríamos[hubiéramos] subido la montaña.
그날 눈이 안 왔더라면, 우리가 산에 올랐을 텐데.

예 *키가 작아서 학창 시절 농구가 아닌 축구를 선택했던 내가 하는 말*
Si hubiera sido más alto, habría[hubiera] jugado al baloncesto en lugar del fútbol.
내가 그때 키가 더 컸더라면, 축구 대신에 농구를 했을 텐데.

¡Recuerda! encontrarse con alguien ~와 마주치다   en lugar de ~ ~ 대신에

혼합 가정법

★ 형태와 쓰임

Si + 주어 + 접속법 과거 완료, 주어 + 가능법. 만약 그때/과거에/전에 ~했더라면 (조건절), 현재/지금/평소에 ~할 텐데 (주절).
↓
조건절엔 가정법 과거완료, 주절엔 가정법 과거

Si + 주어 + 접속법 과거, 주어 + 가능법 완료. 만약 현재/지금/평소에 ~한다면 (조건절), 그때/과거에/전에 ~했을 텐데 (주절).
↓
조건절엔 가정법 과거, 주절엔 가정법 과거 완료

조건절과 주절에 가정법 과거와 가정법 과거 완료가 섞여서 쓰이기 때문에 혼합 가정법이라고 불립니다. '전에 ~했더라면, 현재 ~할 텐데' 혹은 '평소에/원래 ~한다면, 그때 ~했을 텐데'와 같은 문장을 만들어 줍니다.

가정법 과거에 해당하는 부분에는 '현재, 지금, 평소에, 원래' 등을 넣어 해석하고, 가정법 과거 완료에 해당하는 부분에는 '그때, 과거에, 전에' 등을 넣어 해석합니다.

예 *전에 싸게 주고 산 컴퓨터가 지금 말썽일 때*
Si me hubiera comprado otro modelo, no tendría estos problemas.
내가 그때 다른 모델을 구매했더라면, 지금 이런 문제들을 가지지 않을 텐데.
(조건절에 가정법 과거 완료 + 주절에 가정법 과거)

> **¡Vamos a practicar!** 밑줄 친 부분에 동사의 알맞은 형태를 넣어 문장을 완성하세요.
>
> 1. 내가 그날 업무가 많지 않았더라면, (그날) 네 생일 파티에 갔을 텐데.
>   ➡ Si ese día no _____ _____ mucho trabajo, habría[hubiera] ido a tu fiesta de cumpleaños.
> 2. 내가 그때 공부를 더 했더라면, DELE에 합격했을 텐데.
>   ➡ Si hubiera estudiado más, _____ _____ el DELE.
> 3. 그날 눈이 안 왔더라면, 우리가 산에 올랐을 텐데.
>   ➡ Si no _____ _____, habríamos[hubiéramos] subido la montaña.

예 *어제 늦게 자고 일어나서 피곤해하는 친구에게*
Si hubieras dormido lo suficiente anoche, no estarías tan cansado ahora.
네가 어젯밤에 충분히 잠을 잤더라면, 지금 그렇게 피곤하지 않을 텐데.
(조건절에 가정법 과거 완료 + 주절에 가정법 과거)

예 *현재 만나는 이성 친구가 과거에 저지른 실수를 알게 되었을 때*
Si me hubiera enterado de eso antes, no estaría con él/ella.
내가 그것을 전에 알게 되었더라면, 지금 그/그녀와 함께 하지 않을 텐데.
(= 지금 그 사람과 사귀지 않을지도 몰라.)
(조건절에 가정법 과거 완료 + 주절에 가정법 과거)

예 *집안 탓을 하며, 집이 부자면 과거에 이미 외국에서 공부를 했을 것이라고 말하는 친구에게*
Si mi familia tuviera dinero, me habría/hubiera ido al extranjero a estudiar.
원래 우리 집이 돈이 있다면, 내가 과거에 외국으로 공부하러 떠났을 텐데.
(조건절에 가정법 과거 + 주절에 가정법 과거 완료)

예 *해산물 알레르기를 평생 달고 있는 후안이 하는 말*
Si no tuviera alergia a los mariscos, ese día me habría/hubiera comido todo lo que estaba preparado.
내가 원래 해산물 알레르기만 없어도, 그날 준비된 것을 다 먹었을 텐데.
(조건절에 가정법 과거 + 주절에 가정법 과거 완료)

예 *얼마 전 일자리 면접에서 떨어진 친구에게*
Si yo fuera jefe, te habría/hubiera elegido.
내가 현재 (그 회사의) 상사라면, 그때 너를 뽑았을 텐데.
(조건절에 가정법 과거 + 주절에 가정법 과거 완료)

¡Vamos a practicar! 밑줄 친 부분에 동사의 알맞은 형태를 넣어 문장을 완성하세요.

1. 내가 그때 다른 모델을 구매했더라면, 지금 이런 문제들을 가지지 않을 텐데.
   ➔ Si me _____ _____ otro modelo, no tendría estos problemas.
2. 네가 어젯밤에 충분히 잠을 잤더라면, 지금 그렇게 피곤하지 않을 텐데.
   ➔ Si hubieras dormido lo suficiente anoche, _____ _____ tan cansado ahora.
3. 내가 현재 (그 회사의) 상사라면, 그때 너를 뽑았을 텐데.
   ➔ Si yo _____ jefe, te habría/hubiera elegido.

Ejercicios - 가정법 과거 완료, 혼합 가정법

정답 p.395

❶ 동사의 알맞은 형태를 넣어 문장을 완성하세요.

1 내가 그날 그 파티에 가지 않았더라면, (그날) 그녀와 마주치지 않았을 텐데.
   → Si ese día no _____ _____ a la fiesta, no me habría[hubiera] encontrado con ella.

2 네가 그때 조금만 더 일찍 일어났더라면, 그 비행기를 탔을 텐데.
   → Si te _____ _____ un poco más temprano, habrías[hubieras] cogido el vuelo.

3 그날 비가 그렇게 많이 안 왔더라면, 우리가 산에 올랐을 텐데.
   → Si no hubiera llovido, _____ _____ la montaña.

4 내가 그것을 전에 알게 되었더라면, 지금 그/그녀와 함께 하지 않을 텐데.
   → Si me hubiera enterado de eso antes, _____ _____ con él/ella.

❷ 다음 중 틀린 문장을 골라 바르게 고치세요.

① Si hubiera tenido tiempo, habría ido a verte.

② Si no hubiera nevado, habríamos ido a la montaña.

③ Si había estudiado en México, tendría otro acento.

④ Si no hubieras comido tanto ayer, no te dolería la barriga.

→ 잘못된 것은? _____ 번,

   바르게 수정하면? _____

❸ 주어진 표현을 사용하여, '내가 (과거의 어떤 시점에) 돈이 더 있었더라면, ~했을 텐데'의 문장을 완성하세요.

| comprarse una casa | viajar más |
| montar un restaurante de comida coreana | irse al extranjero a estudiar |

Si hubiera tenido más dinero,

_____

_____

Unidad 50 가정법 과거 완료, 혼합 가정법

¡Vamos a hablar!

A와 B를 연결하여 올바른 문장을 완성하세요.

Ejemplo

0. Si hubiera estudiado más, habría aprobado todas las asignaturas.

	A	B
0	Si hubiera estudiado más,	no trabajaría tanto ahora.
1	Si hubiera dormido más anoche,	ahora estaría en España.
2	Si hubiera tenido más tiempo,	ya habríamos hecho las paces.
3	Si hubiera hablado con ella en ese momento,	habría aprobado todas las asignaturas.
4	Si no hubiera perdido el vuelo,	habría terminado ya el informe.
5	Si hubiera estudiado en México en lugar de Estados Unidos,	no me dolería la cabeza ahora.
6	Si te hubiera conocido antes,	estaría más feliz ahora.
7	Si me hubiera tocado la lotería,	hablaría español con fluidez.

① Si hubiera dormido más anoche, _____

② Si hubiera tenido más tiempo, _____

③ Si hubiera hablado con ella en ese momento, _____

④ Si no hubiera perdido el vuelo, _____

⑤ Si no hubiera estudiado en México en lugar de Estados Unidos, _____

⑥ Si te hubiera conocido antes, _____

⑦ Si me hubiera tocado la lotería, _____

Unidad 51 감탄문

이번 과에서는 세 가지 감탄문을 배웁니다. 명사, 형용사, 부사를 강조하는 qué 감탄문의 경우, '동사 + 주어'를 생략하고 아주 간결한 형태로 반응의 표현을 만들어 줍니다. mucho를 강조해 주는 감탄문은 mucho가 어떤 품사로 쓰였는지에 따라 그 문장 구조가 달라지기에 예문을 더 주의 깊게 봐야 합니다.

> **오늘의 암기 문장**
>
> ¡Qué amargo sabe este café!   이 커피는 어찌나 쓴맛이 나는지!
> ¡Cuánto me duele la cabeza!   머리가 어쩜 이렇게 아프지!

qué 감탄문

★ 형태와 쓰임

> ¡Qué + 명사/형용사/부사 + 동사 + 주어!

tip 명사나 형용사 혹은 부사를 강조하는 감탄문입니다. 뒤의 '동사+주어'를 생략할 수도 있습니다.

qué를 이용한 감탄문은 어떤 문장의 명사, 형용사 혹은 부사를 강조하는 역할을 합니다. 다음 예문들을 통해 평서문이 어떻게 감탄문으로 바뀌는지 살펴봅시다.

❶ 명사 강조

예) Pedro tiene un cuerpazo.   페드로는 멋진 몸을 가지고 있다
  → ¡Qué cuerpazo tiene Pedro!   페드로는 어찌나 멋진 몸을 가지고 있는지!

  Juan tiene un coche muy bueno.   후안은 좋은 차를 가지고 있다.
  → ¡Qué coche tiene Juan!   후안이 가진 차 좀 봐!
  → ¡Qué coche más/tan bueno tiene Juan!   후안은 어찌나 좋은 차를 가지고 있는지!

tip qué 감탄문에서 명사 뒤에 형용사를 붙일 경우, muy가 아닌 más 혹은 tan을 꼭 붙여 줍니다.

예) Tienes una casa muy bonita.   너는 참 예쁜 집을 가지고 있다.
  → ¡Qué casa tienes!   넌 어쩜 이런 집을 가지고 있니!
  → ¡Qué casa más/tan bonita tienes!   넌 어쩜 이렇게 예쁜 집을 가지고 있니!

  Hace mucho calor en esta habitación.   이 방은 매우 덥다.
  → ¡Qué calor hace en esta habitación!   이 방은 어찌나 더운지!

tip qué가 뒤에 나오는 명사를 강조하는 역할을 하기 때문에 ¡Qué mucho calor...!라고 쓸 수 없습니다.

❷ 형용사 강조

예 Este plato está muy rico.   이 요리는 매우 맛있다.
→ ¡Qué rico está este plato!   이 요리는 어쩜 이렇게 맛있지!

🔧 tip qué가 뒤에 나오는 형용사를 강조하는 역할을 하기 때문에 ¡Qué muy rico...!라고 쓸 수 없습니다.

예 Tus hijos son maravillosos.   너의 아이들은 매우 훌륭하다.
→ ¡Qué maravillosos son tus hijos!   너의 아이들은 어쩜 이렇게 훌륭하니!

¡Recuerda! maravilloso는 자체가 최상급인 형용사로, muy와 쓸 수 없습니다.

Todo parece rico.   모든 게 맛있어 보인다.
→ ¡Qué rico parece todo!   모든 게 어쩜 이렇게 맛있어 보이는지!

Este café sabe muy amargo.   이 커피는 매우 쓴맛이 난다.
→ ¡Qué amargo sabe este café!   이 커피는 어찌나 쓴맛이 나는지!

❸ 부사 강조

예 Ana baila muy bien.   아나는 춤을 매우 잘 춘다.
→ ¡Qué bien baila Ana!   아나가 춤을 얼마나 잘 추는지!

🔧 tip qué가 뒤에 나오는 부사를 강조하는 역할을 하기 때문에 ¡Qué muy bien...!이라고 쓸 수 없습니다.

예 Esta leche sabe mal.   이 우유는 맛이 이상하다.
→ ¡Qué mal sabe esta leche!   이 우유는 어찌나 맛이 이상한지!

Rafa conduce muy mal.   라파는 운전을 매우 못한다.
→ ¡Qué mal conduce Rafa!   라파는 어쩜 그렇게 운전을 못하는지!

Este perfume huele muy bien.   이 향수는 향이 매우 좋다.
→ ¡Qué bien huele este perfume!   이 향수는 향이 어쩜 이렇게 향이 좋은지!

🌴 **¡Vamos a practicar!** 밑줄 친 부분에 알맞은 단어를 넣어 문장을 완성하세요.

1 페드로는 어찌나 멋진 몸을 가지고 있는지!
→ ¡Qué _____ tiene Pedro!

2 너의 아이들은 어쩜 이렇게 훌륭하니!
→ ¡Qué _____ son tus hijos!

3 이 우유는 어찌나 맛이 이상한지!
→ ¡Qué _____ sabe esta leche!

cómo, cuánto 감탄문 1 – 부사 mucho를 강조

★ 형태와 쓰임

¡Cómo/Cuánto + 동사 + 주어!

tip 평서문의 부사 mucho(많이)를 강조하는 감탄문입니다. '주어'는 생략할 수도 있습니다.

cómo 혹은 cuánto를 이용한 감탄문은 어떤 문장에 쓰인 부사 mucho, 즉 '많이'를 강조해 주는 역할을 합니다. 다음 예문들을 통해 평서문이 어떻게 감탄문으로 바뀌는지 살펴봅시다.

예 Me duele mucho la cabeza. 나는 머리가 많이 아프다.
→ ¡Cómo me duele la cabeza! 머리가 어쩜 이렇게 아프지!
→ ¡Cuánto me duele la cabeza! 머리가 어쩜 이렇게 아프지!

Tu sobrino come mucho. 네 조카는 많이 먹는다, 즉 잘 먹는다.
→ ¡Cómo come tu sobrino! 네 조카는 어쩜 이렇게 잘 먹니!
→ ¡Cuánto come tu sobrino! 네 조카는 어쩜 이렇게 잘 먹니!

Elena bebe mucho. 엘레나는 술을 많이 마신다.
→ ¡Cómo bebe Elena! 엘레나는 술을 얼마나 많이 마시는지!
→ ¡Cuánto bebe Elena! 엘레나는 술을 얼마나 많이 마시는지!

Su madre habla mucho. 그의 어머니는 말을 많이 한다.
→ ¡Cómo habla su madre! 그의 어머니는 어찌나 말이 많은지!
→ ¡Cuánto habla su madre! 그의 어머니는 어찌나 말이 많은지!

¡Recuerda! beber는 목적어가 없으면 스페인에서 그 자체로 '술을 마시다'가 됩니다. 중남미에서는 tomar가 같은 의미로 쓰입니다.

¡Vamos a practicar! 밑줄 친 부분에 알맞은 단어를 넣어 문장을 완성하세요.

1 머리가 어쩜 이렇게 아프지!
→ ¡ _____ me duele la cabeza!

2 네 조카는 어쩜 이렇게 잘 먹니!
→ ¡Cuánto _____ tu sobrino!

3 엘레나는 술을 얼마나 많이 마시는지!
→ ¡Cuánto _____ _____!

cuánto 감탄문 2 – 형용사 mucho를 강조

형태와 쓰임

¡Cuánto/Cuánta/Cuántos/Cuántas + 명사 + 동사 + 주어!

tip 평서문의 형용사 mucho(많은)를 강조하는 감탄문입니다. '동사 + 주어'를 생략할 수도 있습니다.

'cuánto + 명사'를 이용한 감탄문은 어떤 문장에 쓰인 형용사 mucho, 즉 '많은'을 강조해 주는 역할을 합니다. 다음 예문들을 통해 평서문이 어떻게 감탄문으로 바뀌는지 살펴봅시다.

예 Hay muchas estrellas en el cielo. 　　하늘에 많은 별이 있다.
→ ¡Cuántas estrellas hay en el cielo! 　　하늘에 어쩜 이렇게 많은 별들이 있는지!

Mi hermano toma mucho café. 　　내 남자 형제는 많은 커피를 마신다.
→ ¡Cuánto café toma mi hermano! 　　내 남자 형제는 어찌나 많은 커피를 마시는지!

Corres muchas horas en la cinta. 　　너는 러닝머신에서 많은 시간을 뛴다.
→ ¡Cuántas horas corres en la cinta! 　　너는 러닝머신에서 정말 많은 시간을 뛰는구나!

위의 문장을 다음과 같이 표현할 수도 있습니다.

Corres mucho tiempo en la cinta. 　　너는 러닝머신에서 많은 시간을 뛴다.
→ ¡Cuánto tiempo corres en la cinta! 　　너는 러닝머신에서 정말 많은 시간을 뛰는구나!

Celia tiene muchos bolsos. 　　셀리아는 많은 가방들을 가지고 있다.
→ ¡Cuántos bolsos tiene Celia! 　　셀리아는 어찌나 많은 가방들을 가지고 있는지!

¡Recuerda! 형용사 mucho(많은) 뒤에 셀 수 있는 명사가 쓰일 경우, 무조건 복수로 쓰입니다. 마찬가지로, cuánto 뒤에 셀 수 있는 명사가 쓰일 경우에도, 명사는 늘 복수로 쓰입니다.
예 ¡Cuántas estrellas hay en el cielo! (O)　¡Cuánta estrella hay en el cielo! (X)

¡Recuerda! la cinta = la cinta de correr 러닝머신

¡Vamos a practicar!   밑줄 친 부분에 알맞은 단어를 넣어 문장을 완성하세요.

1 하늘에 어쩜 이렇게 많은 별들이 있는지!
→ ¡ _____ estrellas hay en el cielo!

2 너는 러닝머신에서 정말 많은 시간을 뛰는구나!
→ ¡Cuánto _____ corres en la cinta!

3 셀리아는 어찌나 많은 가방들을 가지고 있는지!
→ ¡ _____ bolsos tiene Celia!

Ejercicios - 감탄문

1 다음의 문장을 qué 감탄문으로 바꾸세요.

1. Elena es muy trabajadora.
   → _____

2. Olga se expresa muy bien.
   → _____

3. Luna tiene un móvil muy caro.
   → _____

4. Jesús tiene un ordenador muy antiguo.
   → _____

2 다음 중 틀린 문장을 골라 바르게 고치세요.

① ¡Qué mucho calor hace en esta habitación!

② ¡Qué rico está este plato!

③ ¡Cuánto habla su madre!

④ ¡Cuánto café toma mi hermano!

→ 잘못된 것은? _____ 번,

바르게 수정하면? _____

3 <보기>에 주어진 표현을 활용하여 '~에 어쩜 이렇게 많은 ~이 있는지'의 문장을 만드세요.

estrellas, en el cielo → ¡Cuántas estrellas hay en el cielo!
하늘에 어쩜 이렇게 많은 별들이 있는지!

1. libros, en esta estantería → _____

2. bolígrafos, en la mesa → _____

3. gente, en este parque → _____

4. tortugas, en esta playa → _____

¡Vamos a hablar!

정답 p.395

✏️ A의 말에 알맞은 반응(B)을 골라 연결하세요. (복수 정답 가능)

Ejemplo

0. Tengo jaqueca desde hace una semana. → <u>¡Qué lástima!</u>

	A	B
❶	Tengo jaqueca desde hace una semana.	¡Qué raro!
❶	Por fin, he conseguido el trabajo que quería.	¡Qué noticia tan buena!
❷	Esta novela termina con la muerte del protagonista.	¡Qué suerte!
❸	A Juan le ha tocado una lotería de 1000 euros.	¡Qué triste!
❹	¡Ana y yo nos casamos el año que viene!	¡Qué alegría!
❺	Sonia es puntual, pero hoy llega tarde.	¡Qué lástima!

❶ Por fin, he conseguido el trabajo que quería.
   → _____

❷ Esta novela termina con la muerte del protagonista.
   → _____

❸ A Juan le ha tocado la lotería.
   → _____

❹ ¡Ana y yo nos casamos el año que viene!
   → _____

❺ Sonia es puntual, pero hoy llega tarde.
   → _____

Unidad 51 감탄문

Unidad 52 중성 관사 lo

이번 과에서는 중성 관사 lo를 배웁니다. 일상 회화에서 많이 쓰일 뿐만 아니라, lo의 여러 가지 쓰임을 잘 알아 두면 회화 혹은 작문에서도 난이도 있는 문장을 구사할 수 있습니다. 그만큼 유용하기 때문에, lo의 각각의 쓰임을 정확하게 아는 것이 필요합니다. 예문을 반복적으로 읽으면서 학습해 봅시다.

오늘의 암기 문장

Me gusta lo picante.	나는 매운 것을 좋아한다.
No sabes lo rica que es la comida coreana.	너는 한국 음식이 얼마나 맛있는지 몰라.

🇪🇸 중성 관사 lo

⭐ 중성 관사 lo의 기본 쓰임 (1)

> **lo + 형용사**
> ~한 것, ~한 점 (명사 역할)

중성 관사 lo는 형용사와 함께 쓰여 '~한 것'을 의미합니다.

예 Me gusta **lo picante**. — 나는 매운 것을 좋아한다.
　　Lo bueno de la primavera es el clima. — 봄의 좋은 점은 날씨이다.
　　Lo mejor de México es la gente. — 멕시코의 가장 좋은 점은 사람들이다.

¡Recuerda! 어떤 지역이나 어떤 기간의 일반적인 날씨를 말할 때는 el tiempo보다 el clima를 써서 날씨를 나타냅니다.

예 **Lo peor** de esa película son los efectos especiales.
　　그 영화의 가장 나쁜 점은 특수 효과이다.

　　Lo más bonito de mi vida es mi hijo.
　　내 삶에서 가장 예쁜 존재는 나의 아들이다.

　　Lo bueno de vivir en el campo es que puedes respirar un aire más fresco.
　　시골에 사는 것의 좋은 점은 당신이 더 신선한 공기를 마실 수 있다는 것이다.

　　Repasar cada día **lo aprendido** es **lo más importante** para dominar un idioma.
　　매일 배운 것을 복습하는 것이 어떤 언어를 정복하기 위해서 가장 중요한 것이다.

　　Ellos no sabían nada de **lo ocurrido**.
　　그들은 일어난 일에 대해서 전혀 알지 못한다.

¡Recuerda! 'lo + 비교급'이 오는 경우, 최상급으로 해석합니다.

¡Recuerda! 동사 ser는 주어가 단수여도, 보어가 복수일 경우, 동사의 수를 보어에 맞춰 줍니다.
　　예 **Lo peor** de esa película son los efectos especiales. (O)
　　　　Lo peor de esa película es los efectos especiales. (X)

¡Recuerda! 'lo + 형용사 + de + 동사 원형 + es que...' 구문을 통해, '동사 원형 하는 것의 형용사한 점은 …라는 것이다'의 조금 더 난도가 있는 문장을 만들 수 있습니다.

★ 중성 관사 lo의 기본 쓰임 (2)

lo que + 문장
~한 것, ~한 일 (명사 역할)

tip 뒤에 완벽한 문장이 나올 수 없습니다.

lo que + 주어 + 동사	lo que + 3인칭 단수 동사
(타동사와 쓰일 경우, lo que가 직목을 대체하는 역할)	(자동사와 쓰일 경우, lo que가 자동사의 주어를 대체)

중성 관사 lo는 'lo que + 문장' 형태로도 쓰여 '~한 것'을 의미합니다.

예
Entiendo perfectamente lo que dices.
나는 네가 말하는 것을 완벽하게 이해해.

Hice lo que me recomendaste.
나는 네가 나에게 추천한 것을 했어.

Pregúntale a Ana lo que pasó ayer en su trabajo.
아나에게 그녀의 직장에서 어제 일어난 일을 물어봐.

Lo que más me gusta de España es la comida.
스페인에 대해서 내가 가장 좋아하는 것은 음식이다.

Lo que menos me gusta del verano es el calor.
여름에 대해 내가 가장 덜 좋아하는 것은 더위이다.

Repasar lo aprendido es todo lo que puedo hacer para el examen de mañana.
배운 것을 복습하는 것이 내가 내일 시험을 위해 할 수 있는 모든 것이다(전부이다).

¡Recuerda! lo que más me gusta de A es B. 구문을 통해, 'A에 대해 내가 가장 좋아하는 것은 B이다'의 조금 더 난도가 있는 문장을 만들 수 있습니다. más나 menos의 비교급이 동사보다 선행하면 최상급으로 해석합니다.

¡Recuerda! Lo que puedo conocer la cultura es lo más interesante de vivir en el extranjero. (X)
이와 같은 문장을 만들지 않도록 주의해야 합니다. lo que 다음에는 완벽한 문장이 나올 수 없습니다. 특정 주어를 언급할 필요 없이 '일반적으로 ~하는 것'은 동사 원형으로 표현합니다.
→ Poder conocer la cultura es lo más interesante de vivir en el extranjero. (O)
문화를 접할 수 있는 것이 외국에 사는 것의 가장 흥미로운 점이다.

¡Recuerda! 'todo lo que + 주어 + 동사'는 '~하는 모든 것'의 뜻입니다.

¡Vamos a practicar!   밑줄 친 부분에 알맞은 단어를 넣어 문장을 완성하세요.

1 나는 매운 것을 좋아한다.
→ Me gusta _____ _____.

2 봄의 좋은 점은 날씨이다.
→ _____ _____ de la primavera es el clima.

3 멕시코의 가장 좋은 점은 사람들이다.
→ _____ _____ de México es la gente.

🇪🇸 중성 관사 lo

⭐ '얼마나 ~하는지'의 lo

> **lo + 형용사/부사 + que + 동사 + 주어**
> 얼마나 ~하는지 (명사 역할)

tip 이때, 형용사는 복수나 여성형 와도 lo의 형태는 절대 변하지 않습니다.

중성 관사 lo는 'lo + 형용사/부사 + que + 동사 + 주어' 형태로 쓰여, 형용사 혹은 부사를 강조하며, 다른 문장 안에서 마치 감탄문과 같은 역할을 합니다. 밑줄 친 부분들을 비교해 가면서 예문을 확인해 봅시다.

예 La comida coreana es muy rica.   한국 음식은 매우 맛있다.
→ No sabes lo rica que es la comida coreana.   너는 한국 음식이 얼마나 맛있는지 몰라.

Los hoteles en Seúl son muy caros.   서울에서 호텔들은 매우 비싸다.
→ No sabes lo caros que son los hoteles en Seúl.   너는 서울에서 호텔들이 얼마나 비싼지 몰라.

Ese restaurante está muy lejos.   그 식당은 매우 멀리 있다.
→ No sabes lo lejos que está ese restaurante.   너는 그 식당이 얼마나 멀리 있는지 몰라.

Carla gasta mucho en ropa.   카를라는 옷에 돈을 많이 쓴다.
→ No puedes imaginarte lo mucho que gasta Carla en ropa.
 = No puedes imaginarte lo que gasta Carla en ropa.
 너는 카를라가 옷에 얼마나 돈을 많이 쓰는지 상상도 못할 거야.

예 Rafa habla mucho.   라파는 말을 많이 한다.
→ No sabes lo mucho que habla Rafa.   너는 라파가 얼마나 많이 말을 하는지 몰라.
 = No sabes lo que habla Rafa.

¡Recuerda! lo mucho que의 경우, mucho를 생략하고 쓰기도 합니다.

예 Es muy importante reciclar.   재활용하는 것은 매우 중요하다.
→ Tenemos que enseñar a los niños lo importante que es reciclar.
 우리는 아이들에게 재활용하는 것이 얼마나 중요한지를 가르쳐야 합니다.

🌴 ¡Vamos a practicar!   밑줄 친 부분에 알맞은 단어를 넣어 문장을 완성하세요.

1 나는 네가 말하는 것을 완벽하게 이해해.
→ Entiendo perfectamente _____ _____ dices.

2 아나에게 그녀의 직장에서 어제 일어난 일을 물어봐.
→ Pregúntale a Ana _____ _____ _____ ayer en su trabajo.

3 스페인에 대해서 내가 가장 좋아하는 것은 음식이다.
→ _____ _____ _____ me gusta de España es la comida.

Es muy tarde. 그 식당은 매우 멀리 있다.
→ ¡Mira lo tarde que es! 지금 시간이 얼마나 늦었는지 좀 봐봐!

★ lo가 들어간 표현

중성 관사 lo는 여러 표현에서도 쓰입니다.

lo de siempre	늘 먹던 것, 늘 하던 것, 늘 말하던 것 등의 '늘 ~하던 것'
lo nunca visto	전대미문의 것, 전례가 없는 것/일
lo de + 명사	~와 관련된 일, ~에 대한 것
lo antes posible = lo más pronto posible	가능한 한 빨리
lo + 소유 형용사의 후치격	누군가가 잘하는 일, 적성에 맞는 일, 누군가가 좋아하는 일

예 Voy a comer lo de siempre.
늘 먹던 거 먹을게요.

Dice que su nueva película es lo nunca visto.
그는 자신의 새로운 영화가 전대미문의 것이라고 말한다.

¿Sabes lo de Juan?
너 후안과 관련된 일 알아? (= 너 후안 그 일 들었어?)

Lo de Ana es un secreto, ¿vale?
아나에 대한 것은 비밀이야, 알았지?

Vamos a olvidar lo de ayer.
우리 어제 일은 잊자.

Hazlo lo antes posible.
그거 가능한 한 빨리 해.

El fútbol no es lo mío.
축구는 내 적성에 맞는 일은 아니야. (= 축구는 나랑은 안 맞아.)

¡Vamos a practicar! 밑줄 친 부분에 알맞은 단어를 넣어 문장을 완성하세요.

1 늘 먹던 거 먹을게요.
→ Voy a comer _____ _____ siempre.

2 아나에 대한 것은 비밀이야, 알았지?
→ _____ _____ _____ es un secreto, ¿vale?

3 그거 가능한 한 빨리 해.
→ Hazlo _____ _____ posible.

Ejercicios - 중성 관사 lo

❶ 다음의 문장들을 완성하세요.

1 그 영화의 가장 나쁜 점은 특수 효과이다.

→ _____ _____ _____ esa película son los efectos especiales.

2 내 삶에서 가장 예쁜 존재는 나의 아들이다.

→ _____ _____ _____ _____ _____ _____ es mi hijo.

3 매일 배운 것을 복습하는 것이 어떤 언어를 정복하기 위해서 가장 중요한 것이다.

→ Repasar cada día _____ _____ es _____ _____ _____ para dominar un idioma.

4 그들은 일어난 일에 대해서 전혀 알지 못한다.

→ Ellos no sabían _____ _____ _____ _____ .

❷ 다음 중 틀린 문장을 골라 바르게 고치세요.

① Lo que menos me gusta del verano es el calor.

② No sabes los caros que son los hoteles en Seúl.

③ ¡Mira lo tarde que es!

④ Voy a comer lo de siempre.

→ 잘못된 것은? _____번,

바르게 수정하면? _____

❸ 오랜만에 만나고 온 조카가 어땠는지, '얼마나 ~한지'를 사용하여 친구에게 표현해 보세요.

| Mi sobrino está muy alto. → No sabes lo alto que está (mi sobrino). |
| 내 조카가 키가 얼마나 컸는지 넌 모를 거야. |

1 Habla muy bien. → _____

2 Habla mucho.   → _____

3 Es muy gracioso. → _____

4 Dibuja muy bien. → _____

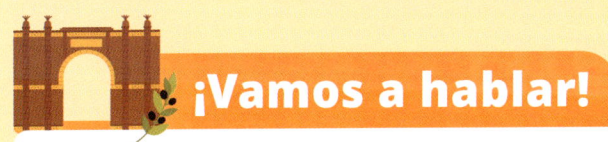
¡Vamos a hablar!

정답 p.396

✏️ A와 B를 연결하여 '동사 원형 하는 것의 좋은 점은 …라는 것이다'의 문장을 완성해 주세요.

Ejemplo

0. Lo bueno de vivir en el campo es que puedes respirar un aire más fresco.

	A	B
⓿	Lo bueno de vivir en el campo es que…	puedes compartir gastos.
❶	Lo bueno de vivir solo es que…	adquieres una mentalidad más abierta.
❷	Lo bueno de vivir en la ciudad es que…	puedes respirar un aire más fresco.
❸	Lo bueno de viajar con amigos es que…	es más barato que viajar en tren o en avión.
❹	Lo bueno de trabajar en el extranjero es que…	nadie te molesta.
❺	Lo bueno de viajar en autobús es que…	puedes disfrutar de muchas actividades culturales.

❶ Lo bueno de vivir solo es que _____

❷ Lo bueno de vivir en la ciudad es que _____

❸ Lo bueno de viajar con amigos es que _____

❹ Lo bueno de trabajar en el extranjero es que _____

❺ Lo bueno de viajar en autobús es que _____

Unidad 52 중성 관사 lo

Unidad 53 관계 대명사 1

이번 과에서는 관계 대명사 que의 가장 기본적인 활용법을 학습합니다. 스페인어의 관계 대명사는 영어보다 훨씬 더 어려워서, 더욱더 자세하고 정확하게 학습할 필요가 있습니다. 관계 대명사를 이용하여 두 문장을 합치는 연습부터 시작합니다.

> Tengo un ordenador que no funciona bien.
> 나는 잘 작동하지 않는 컴퓨터 한 대를 가지고 있다.
>
> El chico con el que está saliendo Ana es mi exnovio.
> 아나가 현재 사귀고 있는 남자는 나의 전 남자 친구이다.

🇪🇸 관계 대명사

★ 관계 대명사의 기본

두 문장에서 같은 것을 지칭하는 명사가 존재할 때 관계 대명사를 이용하여 문장을 하나로 만들 수 있습니다. 관계 대명사절은 형용사 역할을 하며, 관계 대명사절 앞에는 선행사(명사)가 있어야 합니다. 스페인어에서 가장 많이 쓰이는 관계 대명사 que를 가지고 두 문장을 합쳐 봅시다.

· 관계 대명사를 이용하여 두 문장을 합치는 방법

① 두 문장에서 똑같이 나오는 명사 발견, 각각의 명사를 A, A'로 표현, A를 선행사라고 지칭
② A'를 관계 대명사로 바꾸기 (사람, 사물 모두 성수 관계없이 que로 바꾸기)
③ 선행사 A 바로 뒤에, 두 번째 문장 붙이기
④ 두 번째 문장에서 A'가 문미에 있다면, 선행사 A 바로 뒤 붙여 주기

Tengo un ordenador^A.   +   El ordenador$^{A'}$ no funciona bien.
나는 컴퓨터 한 대를 가지고 있다.   그 컴퓨터는 잘 작동하지 않는다.

→ Tengo un ordenador^A. + que$^{A'}$ no funciona bien.

→ Tengo un ordenador^A que$^{A'}$ no funciona bien.

→ Tengo un ordenador que no funciona bien.
　나는 잘 작동하지 않는 컴퓨터 한 대를 가지고 있다.

El chico^A es mi exnovio.   +   Él$^{A'}$ lleva una camiseta azul.
그 남자는 나의 전 남자 친구이다.   그는 파란색 티셔츠를 입고 있다.

→ El chico^A es mi exnovio. + que$^{A'}$ lleva una camiseta azul.

→ El chico^A que$^{A'}$ lleva una camiseta azul es mi exnovio.

→ El chico que lleva una camiseta azul es mi exnovio.
　파란색 티셔츠를 입고 있는 그 남자는 나의 전 남자 친구이다.

El portátil[A] funciona muy bien.
노트북은 잘 작동한다.

\+

Me lo[A'] regaló Ana.
아나가 나에게 그것을 선물했다.

→ El portátil[A] funciona muy bien. + Me que[A'] regaló Ana.

→ El portátil[A] me que[A'] regaló Ana funciona muy bien.

→ El portátil[A] que[A'] me regaló Ana funciona muy bien.

tip 관계 대명사는 선행사 뒤에 바로 붙여 써야 함.

→ El portátil **que me regaló Ana** funciona muy bien.
아나가 나에게 선물한 노트북은 잘 작동한다.

El libro[A] me costó mucho dinero.
그 책은 나에게 많은 돈이 들었다.

\+

Has cogido el libro[A'].
네가 그 책을 집었다.

→ El libro[A] me costó mucho dinero. + Has cogido que[A'].

→ El libro[A] has cogido que[A'] me costó mucho dinero.

→ El libro[A] que[A'] has cogido me costó mucho dinero.

→ El libro **que has cogido** me costó mucho dinero.
네가 집어 든 그 책은 나에게 많은 돈이 들었다.

¡Vamos a practicar! 밑줄 친 부분에 알맞은 단어를 넣어 문장을 완성하세요.

1 나는 잘 작동하지 않는 컴퓨터 한 대를 가지고 있다.
→ Tengo un ordenador _____ no funciona bien.

2 파란색 티셔츠를 입고 있는 그 남자는 나의 전 남자 친구이다.
→ El chico que _____ una camiseta azul es mi exnovio.

3 네가 집어 든 그 책은 나에게 많은 돈이 들었다.
→ _____ _____ _____ has cogido me costó mucho dinero.

★ 전치사와 함께 쓰이는 관계 대명사

· A'에 전치사가 붙어 있는 경우

① A'는 el que, la que, los que, las que의 형태로 쓰이며,
② 전치사와 함께 선행사 뒤로 이동합니다.

Tengo un ordenador^A.	+	Trabajo con el ordenador^{A'} todos los días.
나는 컴퓨터 한 대를 가지고 있다.		나는 그 컴퓨터를 가지고 매일 작업한다.

→ Tengo un ordenador^A. + Trabajo con el que^{A'} todos los días.   **tip** 전치사 뒤에서는 el que

→ Tengo un ordenador^A con el que^{A'} todos los días.   **tip** 전치사와 함께 선행사 뒤로 이동

→ Tengo un ordenador con el que trabajo todos los días.
나는 매일 가지고 작업하는 컴퓨터 한 대를 가지고 있다.

El chico^A es mi exnovio.	+	Ana está saliendo con él^{A'}.
그 남자는 나의 전 남자친구이다.		아나는 그와 사귀고 있다.

→ El chico^A es mi exnovio. + Ana está saliendo con el que^{A'}.

tip 전치사 뒤에서는 el que

→ El chico^A Ana está saliendo con el que^{A'} es mi exnovio.

→ El chico^A con el que^{A'} Ana está saliendo es mi exnovio.

tip 전치사와 함께 선행사 뒤로 이동

→ El chico con el que Ana está saliendo es mi exnovio.
= El chico con el que está saliendo Ana es mi exnovio.
아나가 현재 사귀고 있는 남자는 나의 전 남자친구이다.

tip 관계절에서는 '동사 + 주어'의 형태가 선호됨.

Los turistas^A eran suecos.	+	Vendí mis coches a los turistas^{A'}.
그 관광객들은 스웨덴 사람들이었다.		나는 내 차들을 관광객들에게 팔았다.

→ Los turistas^A eran suecos. + Vendí mis coches a los que^{A'}.   **tip** 전치사 뒤에서는 los que

→ Los turistas^A vendí mis coches a los que^{A'} eran suecos.

→ Los turistas^A a los que^{A'} vendí mis coches eran suecos.   **tip** 전치사와 함께 선행사 뒤로 이동

→ Los turistas a los que vendí mis coches eran suecos.
내가 내 차들을 판 관광객들은 스웨덴 사람들이었다.

¡Recuerda! '전치사 + el que, la que, los que, las que'에서 지칭하는 내용물이 사물이고, 사용된 전치사가 a, con, de, en, por일 경우, '전치사 + que' 형태로만 쓰기도 합니다. (중남미에서 선호) 내용물이 사람일 경우는 관사를 절대 생략할 수 없습니다.

예 Tengo un ordenador **con el que** trabajo todos los días.
   = Tengo un ordenador **con que** trabajo todos los días.

¡Recuerda! '전치사 + el que, la que, los que, las que'에서 지칭하는 내용물이 사람일 경우, '전치사 + quien, quienes' 형태로 쓸 수 있습니다.

예 El chico **con el que** está saliendo Ana es mi exnovio.
   = El chico **con quien** está saliendo Ana es mi exnovio.
   Los turistas **a los que** vendí mis coches eran suecos.
   = Los turistas **a quienes** vendí mis coches eran suecos.

¡Vamos a practicar! 밑줄 친 부분에 알맞은 단어를 넣어 문장을 완성하세요.

1 나는 매일 가지고 작업하는 컴퓨터 한 대를 가지고 있다.
   ➡ Tengo un ordenador _____ _____ _____ trabajo todos los días.

2 아나가 현재 사귀고 있는 남자는 나의 전 남자 친구이다.
   ➡ El chico _____ _____ _____ está saliendo Ana es mi exnovio.

3 내가 내 차들을 판 관광객들은 스웨덴 사람들이었다.
   ➡ Los turistas _____ _____ _____ vendí mis coches eran suecos.

Ejercicios - 관계 대명사 1

정답 p.396

❶ 다음의 문장들을 완성하세요.

1. 저기 이야기를 나누고 있는 여자들은 스페인 사람들이다.
   → Las mujeres _____ _____ allí hablando son españolas.

2. 영어를 아는 사람들은 일자리를 구할 더 높은 가능성들을 가지고 있다.
   → Las personas _____ _____ _____ tienen más posibilidades de encontrar trabajo.

3. 나는 네가 나를 묘사하기 위해서 쓴 단어들이 맘에 들지 않아.
   → No me gustan las palabas _____ has usado para describirme.

4. 우리가 지난주에 한 파티는 아르만도의 아이디어였다.
   → La fiesta _____ _____ la semana pasada fue idea de Armando.

❷ 다음 중 틀린 문장을 골라 바르게 고치세요.

① Tengo un ordenador con que trabajo todos los días.

② El chico con el que está saliendo Ana es mi exnovio.

③ El chico con quien está saliendo Ana es mi exnovio.

④ El chico con que está saliendo Ana es mi exnovio.

→ 잘못된 것은? _____번,

  바르게 수정하면? _____

❸ 다음 주어진 문장을 이용하여, '~하는 사람들은 일자리를 구할 더 높은 가능성을 가지고 있다'의 문장을 만드세요.

saber idiomas
→ Las personas que saben idiomas tienen más posibilidades de encontrar trabajo.
외국어를 아는 사람들은 일자리를 구할 더 높은 가능성들을 가지고 있다.

1. tener buena formación → _____
2. hablar varios idiomas → _____
3. tener experiencia → _____
4. saber lo que quieren → _____

¡Vamos a hablar!

정답 p.396

그림을 보고, A와 B를 연결하여 '___하는 남자/여자는 ~해 보인다'의 문장을 완성하세요.
DELE 회화 묘사하기에서 유용한 구조입니다.

❶  ❷  ❸

❹  ❺  ❻

	A	B
❶	El hombre que está con los brazos cruzados…	parece tener hambre.
❷	La mujer que lleva una camiseta azul…	parece feliz.
❸	El hombre que está sentado en un banco…	parece triste.
❹	El hombre que lleva una camiseta roja…	parece frustrado.
❺	La mujer que está hablando por el móvil…	parece asustada.
❻	El hombre que tiene un tenedor en la mano…	parece enfadado.

❶ _____

❷ _____

❸ _____

❹ _____

❺ _____

❻ _____

Unidad 53 관계 대명사 1 **333**

Unidad 54 관계 대명사 2

이번 과에서는 관계 대명사 quien의 쓰임을 자세히 살펴봅니다. quien과 que는 비슷하지만 다른 점도 많기 때문에 마지막에 나오는 표를 통해 두 관계 대명사의 쓰임을 확실히 알아 두는 것이 필요합니다.

오늘의 암기 문장

Juan es un hombre con quien quiero casarme.   후안은 내가 결혼하고 싶은 남자야.
Quien tiene boca se equivoca.   사람이라면 누구나 실수할 수 있다.

관계 대명사 quien

★ 선행사와 쓰이는 quien

사람을 지칭하는 관계 대명사 quien은 선행사가 다수의 사람일 경우 quienes로 쓰입니다. 다음의 경우에서 quien은 선행사와 함께 쓰입니다.

❶ 관계 대명사 앞에 전치사가 있는 경우

전치사 뒤에서 사용되는 quien, quienes의 경우, el que, la que, los que, las que와 바꿔 줄 수 있습니다.

예) Juan es un hombre **con quien** quiero casarme.
= Juan es un hombre **con el que** quiero casarme.
후안은 내가 결혼하고 싶은 남자야.

La chica **de quien** hablaste el otro día es una amiga mía.
= La chica **de la que** hablaste el otro día es una amiga mía.
요전에 네가 이야기했던 여자아이는 내 친구 중 한 명이야.

Los chicos **de quienes** hablaste el otro día son mis amigos.
= Los chicos **de los que** hablaste el otro día son mis amigos.
요전에 네가 이야기했던 남자아이들은 내 친구들이야.

❷ 선행가 뒤에 콤마를 찍어, 계속적 용법으로 quien 사용 가능

걸리는 전치사가 없이 선행사만 있을 경우, quien은 콤마와 콤마 사이에 넣어 계속적 용법으로만 사용합니다. 이 경우, que와 바꿔 줄 수 있습니다.

예) Pedro, **quien siempre lleva un traje**, es un ingeniero excelente.
= Pedro, **que siempre lleva un traje**, es un ingeniero excelente.
페드로는, 늘 정장을 입고 다니는데, 훌륭한 기술자이다.

Mis amigos, **quienes te conocen de oídas**, quieren conocerte en persona.
= Mis amigos, **que te conocen de oídas**, quieren conocerte en persona.
내 친구들은, 너를 들어서 알고 있는데, 너를 직접 만나 보고 싶어 해.

★ 선행사 없이 쓰이는 quien

❶ quien + 3인칭 단수 동사 = ~하는 사람 / quienes + 3인칭 복수 동사 = ~하는 사람들

이 경우, 선행사와 함께 쓰일 수 없으며, el que, la que, los que, las que로 바꿔 쓸 수 있습니다. 격언에서 자주 쓰이는 구조이기도 합니다.

> **예** **Quien busca** encuentra.
> = **El que busca** encuentra.
> 찾는 사람은 발견한다? = 뭔가를 찾으려고 노력하는 사람은 결국엔 그것을 발견하게 되어 있다.
>
> **Quien tiene** boca se equivoca.
> = **El que busca** encuentra.
> 입을 가진 자는 실수한다? = 사람이라면 누구나 실수할 수 있다.
>
> **Quienes viven en el extranjero** suelen echar de menos su país.
> = **Los que viven en el extranjero** suelen echar de menos su país.
> 외국에 사는 사람들은 보통 자신의 나라를 그리워한다.

¡Recuerda! 'quien + 3인칭 단수 동사'가 격언에 쓰이면 한국어의 '~한 자'와 같은 뜻이 됩니다.

🇪🇸 que, quien, el que 비교하기

★ 앞에서 배운 관계 대명사 정리

que	quien / quienes	el que / la que los que / las que
· 단복수 변하지 않음. · 항상 선행사가 있어야 함. · 사람, 장소, 사물, 동물을 가리킴.	· 단수, 복수형 존재 · 선행사가 있을 수도, 없을 수도 · 사람을 가리킴. · el que/la que/los que/las que 와 같음.	· 남성, 여성, 단수, 복수형이 있음. · 사람, 사물, 동물, 장소를 가리킴. · 선행사가 있을 수도, 없을 수도

¡Vamos a practicar! 밑줄 친 부분에 알맞은 단어를 넣어 문장을 완성하세요.

1 후안은 내가 결혼하고 싶은 남자야.
  ➜ Juan es un hombre con _____ quiero casarme.

2 요전에 네가 이야기했던 여자아이는 내 친구 중 한 명이야.
  ➜ La chica de _____ hablaste el otro día es una amiga mía.

3 뭔가를 찾으려고 노력하는 사람은 결국엔 그것을 발견하게 되어 있다.
  ➜ _____ busca encuentra.

que	quien / quienes	el que / la que los que / las que
한정적 용법, 제한적 용법	**한정적 용법, 제한적 용법**	**한정적 용법, 제한적 용법**
① 고유 명사를 선행사로 받을 수 없음. <s>Sora</s> **que** es coreana…	① 선행사 없이 사용되며, 뒤에 바로 동사가 와서 '~**하는 사람(들)**'로 해석 **Quien** busca encuentra. **Quienes** viven en el extranjero suelen echar de menos su país.	① 선행사 없이 사용되며, 뒤에 바로 동사가 와서 '~**하는 사람(들)**'로 해석 **El que** busca encuentra. **Los que** viven en el extranjero suelen echar de menos su país.
② 소유 대명사에 꾸밈을 받는 명사를 선행사로 받을 수 없음. <s>Mi casa</s> **que** es un piso compartido…		② 앞에 나온 명사를 가리킬 수도 있음. Voy a comprar un MP3 porque **el** (MP3) **que** tengo ya no funciona. 나 MP3 하나 살 거야. 왜냐하면 지금 가지고 있는 MP3를 더 이상 작동하지 않거든.
계속적 용법, 설명적 용법	**계속적 용법, 설명적 용법**	**계속적 용법, 설명적 용법**
이 경우에는 위의 문제들이 사라짐.	선행사와 사용할 수 있음.	선행사와 관계 대명사 사이에 마치 암묵적인, '**누구냐면 말이야, 뭐냐면 말이야**' 등의 설명이 생략되어 있는 것처럼 말할 때
Sora, **que** es coreana, vive en Málaga. 소라는, 한국 여자인데, 말라가에 산다. Mi casa, **que** es un piso compartido, está cerca de aquí. 나의 집은, 셰어 아파트인데, 여기에서 가깝다.	Mis amigos, **quienes** te conocen de oídas, quieren conocerte en persona.	Mira a esa chica, **la que** lleva la chaqueta roja. 저 여자아이 좀 봐 봐, 누구냐면 빨간 재킷을 입고 있는 여자. Me gusta ese collar, **el que** tiene un osito en el medio. 나는 그 목걸이가 맘에 들어, 뭐냐면, 가운데에 곰돌이를 가지고 있는 목걸이.

¡Vamos a practicar! 밑줄 친 부분에 알맞은 단어를 넣어 문장을 완성하세요.

1 나의 집은, 셰어 아파트인데, 여기에서 가깝다.
   ➜ Mi casa, _____ es un piso compartido, está cerca de aquí.
2 저 여자아이 좀 봐 봐, 누구냐면 빨간 재킷을 입고 있는 여자.
   ➜ Mira a esa chica, _____ _____ lleva la chaqueta roja.
3 나는 그 목걸이가 맘에 들어, 뭐냐면, 가운데에 곰돌이를 가지고 있는 목걸이.
   ➜ Me gusta ese collar, _____ _____ tiene un osito en el medio.

Ejercicios - 관계 대명사 2

정답 p.397

❶ 다음 문장들을 완성하세요.

1 요전에 네가 이야기했던 남자아이들은 내 친구들이야.
　→ Los chicos de _____ hablaste el otro día son mis amigos.

2 내 친구들은, 너를 들어서 알고 있는데, 너를 직접 만나 보고 싶어 해.
　→ Mis amigos, _____ te conocen de oídas, quieren conocerte en persona.

3 외국에 사는 사람들은 보통 자신의 나라를 그리워한다.
　→ _____ viven en el extranjero suelen echar de menos su país.

❷ 다음 중 틀린 문장을 골라 바르게 고치세요.

① Quien busca encuentra.

② Quien tiene boca se equivoca.

③ Los que viven en el extranjero suelen echar de menos su país.

④ Pedro quien siempre lleva un traje es un ingeniero excelente.

→ 잘못된 것은? _____ 번.

　바르게 수정하면? _____

❸ 다음 예시를 참고하여 '~하는 사람들은 보통 ~한다'의 문장을 만드세요.

> vivir en otro país, echar de menos a su familia
> → Los que viven en otro país suelen echar de menos a su familia.
> 다른 나라에 사는 사람들은 보통 자신의 가족을 그리워한다.

1 tener buena formación, encontrar trabajo fácilmente
　→ _____

2 hablar varios idiomas, tener más oportunidades laborales
　→ _____

3 viajar mucho, tener una mente más abierta
　→ _____

4 hablar inglés, tener más facilidad al aprender español
　→ _____

¡Vamos a hablar!

A와 B를 연결하여 올바른 문장을 완성하세요.

	A	B
1	Necesito comprar una silla porque…	el que tengo tiene poco espacio.
2	Quiero comprar otro móvil porque…	con el que tengo tardo mucho en secarme el pelo.
3	Voy a comprar un armario porque…	la que tengo tiene una pata rota.
4	Voy a comprar un secador de pelo porque…	el que tengo va muy lento.
5	Quiero comprar un ordenador porque…	el que tengo se apaga solo muchas veces.
6	Necesito comprar un microondas porque…	la que tienen ahora funciona regular.
7	Mi madre quiere comprar una nevera porque…	el que tengo lleva días sin funcionar.
8	Mi marido quiere comprar un televisor más grande porque…	cree que la que tengo ahora es un modelo demasiado antiguo.
9	Quiero comprar a mis padres una aspiradora porque…	el que tenemos ahora es de 20 pulgadas.
10	Mi padre quiere regalarme una tableta porque…	la que tiene ahora tiene muy poca capacidad.

❶ Necesito comprar una silla porque _____.

❷ Quiero comprar otro móvil porque _____.

❸ Voy a comprar un armario porque _____.

❹ Voy a comprar un secador de pelo porque _____.

❺ Quiero comprar un ordenador porque _____.

❻ Necesito comprar un microondas porque _____.

❼ Mi madre quiere comprar una nevera porque _____.

❽ Mi marido quiere comprar un televisor más grande porque _____.

❾ Quiero comprar a mis padres una aspiradora porque _____.

❿ Mi padre quiere regalarme una tableta porque _____.

Unidad 55 관계사

이번 과에서는 관계 부사 donde, cuando를 중심으로 관계사를 학습합니다. 각각의 관계 부사의 뜻에서 알 수 있듯이, donde는 장소와, cuando는 시간/시기 개념과 쓰입니다. 고급 독해에 자주 쓰이는 앞 문장의 내용을 받는 lo que도 매우 유용하니, 꼭 알아 두세요!

> **오늘의 암기 문장**
>
> Esta es una calle por donde paso cada día. 이 거리가 내가 매일 경유해서 가는 거리야.
> ¿Sabes la hora a la que llega Pedro? 너는 페드로가 도착하는 시간을 아니?

관계 부사 donde

★ donde

❶ donde는 장소를 나타내 주는 선행사와 쓰여 두 문장을 이어 주는 관계 부사입니다.

예   Me gustó mucho el restaurante **donde** comimos ayer.
    = Me gustó mucho el restaurante **en el que** comimos ayer.
    나는 어제 우리가 점심 식사를 했던 그 식당이 매우 맘에 들었다.

    Pronto nos casaremos en la finca **donde** se casaron tus padres.
    = Pronto nos casaremos en la finca **en la que** se casaron tus padres.
    곧 우리는 너의 부모님이 결혼하셨던 그 농장에서 결혼을 할 거야.

    Nos compramos un piso en las afueras **donde** había muchas casas baratas.
    = Nos compramos un piso en las afueras **en las que** había muchas casas baratas.
    우리는 저렴한 집이 많았던 외곽 지역에 아파트 하나를 샀어.

❷ 문장의 뜻에 따라 donde 앞에 a, de, por 등의 전치사가 붙을 수 있습니다. 이때 전치사는 관계절에 나와 있는 동사와 관련이 있습니다.

예   Este es el pueblo **a donde** fui ayer.
    Este es el pueblo **adonde** fui ayer.
    = Este es el pueblo **al que** fui ayer.
    이 마을이 내가 어제 갔던 마을이야.

    Ana compra libros en una librería **de donde** vienen muchos materiales del profesor.
    = Ana compra libros en una librería **de la que** vienen muchos materiales del profesor.
    아나는 그 선생님의 많은 자료가 나오는 어느 서점에서 도서들을 구매한다.

Esta es una calle **por donde** paso cada día.
= Esta es una calle **por la que** paso cada día.
이 거리가 내가 매일 경유해서 가는 거리야.

> **¡Recuerda!** donde는 선행사의 성과 수에 따라, en el que, en la que, en los que, en las que로 바꿔 줄 수 있습니다. 다만, 선행사가 고유 명사일 경우 교체가 불가능합니다.
>
> 예) Málaga, donde nació Picasso, es una ciudad preciosa. (O)
> 피카소가 태어난 곳인 말라가는 매우 예쁜 도시이다.
> Málaga, ~~en la que~~ nació Picasso, es una ciudad preciosa. (X)

> **¡Recuerda!** a donde는 adonde와 같이 쓸 수도 있습니다.

> **¡Recuerda!** pasar por OO = OO를 경유하다, 들러 가다

🇪🇸 관계 부사 cuando

⭐ cuando

❶ cuando는 계절, 날짜를 지칭하는 선행사와 쓰여 두 문장을 이어 주는 관계 부사입니다.

예) Es en verano **cuando** más calor hace.
가장 더울 때는 여름이다.

Es el 17 de julio **cuando** se casa Pedro.
페드로가 결혼을 하는 때는 7월 17일이다.

❷ 그 외, 선행사가 día, noche, momento일 경우 en el que/en la que를, 선행사가 hora일 경우 a la que를 써서 두 문장을 이어 줍니다.

예) El martes es el día **en el que** llegan mis abuelos.
= El martes es el día **en que** llegan mis abuelos.
화요일이 나의 조부모님이 도착하시는 날이야.

La reconocí en el momento **en el que** oí su voz.
= La reconocí en el momento **en que** oí su voz.
나는 그녀의 목소리를 듣는 순간에 그녀를 알아봤다.

🌴 **¡Vamos a practicar!** 밑줄 친 부분에 알맞은 단어를 넣어 문장을 완성하세요.

1 이 마을이 내가 어제 갔던 마을이야.
→ Este es el pueblo _____ donde fui ayer.

2 아나는 그 선생님의 많은 자료가 나오는 어느 서점에서 도서들을 구매한다.
→ Ana compra libros en una librería _____ donde vienen muchos materiales del profesor.

3 이 거리가 내가 매일 경유해서 가는 거리야.
→ Esta es una calle _____ donde paso cada día.

Unidad 55 관계사 **341**

> Recuerdo esa noche en la que nos conocimos.
> = Recuerdo esa noche en que nos conocimos.
> 나는 우리가 처음 만난 그날 밤을 기억해.

예 ¿Sabes la hora a la que llega Pedro?
너는 페드로가 도착하는 시간을 아니?

¡Recuerda! 선행사가 la hora의 경우, a que로 생략할 수 없습니다. 따라서, '~하는 시간'을 'la hora a la que + 주어 + 동사'로 정리하면 편합니다.

예 ¿Sabes la hora a que llega Pedro? (X)

🇪🇸 앞 문장의 내용을 받는 lo que

★ lo que, lo cual, cosa que, algo que, hecho que

위의 관계사들은 모두 같은 의미이며, 앞 문장의 내용을 받습니다. y eso로 바꿔 쓸 수 있습니다. 이 관계사들 앞에는 무조건 콤마를 찍으며, 관계절에는 주어 없이 3인칭 단수 동사만 쓰입니다.

예 Me dijo una mentira, lo que no me gustó.
= Me dijo una mentira, lo cual no me gustó.
= Me dijo una mentira, cosa que no me gustó.
= Me dijo una mentira, algo que no me gustó
= Me dijo una mentira, hecho que no me gustó.
그 사람이 나에게 거짓말을 했다, 그리고 그것이 나는 맘에 들지 않았다.

¡Vamos a practicar! 밑줄 친 부분에 알맞은 단어를 넣어 문장을 완성하세요.

1 가장 더울 때는 여름이다.
→ Es en verano _____ más calor hace.

2 나는 우리가 처음 만난 그날 밤을 기억해.
→ Recuerdo esa noche _____ la que nos conocimos.

3 너는 페드로가 도착하는 시간을 아니?
→ ¿Sabes la hora _____ la que llega Pedro?

Ejercicios - 관계사

정답 p.397

❶ 다음 문장들을 완성하세요.

1 나는 어제 우리가 점심 식사를 했던 그 식당이 매우 맘에 들었다.
   ➡ Me gustó mucho _____ _____ _____ comimos ayer.

2 곧 우리는 너의 부모님이 결혼하셨던 그 농장에서 결혼을 할 거야.
   ➡ Pronto nos casaremos en _____ _____ _____ se casaron tus padres.

3 우리는 저렴한 집이 많았던 외곽 지역에 아파트 하나를 샀어.
   ➡ Nos compramos un piso en _____ _____ _____ había muchas casas baratas.

❷ 다음 중 틀린 문장을 골라 바르게 고치세요.

① ¿Sabes la hora a que llega Pedro?

② Es el 17 de julio cuando se casa Pedro.

③ El martes es el día en que llegan mis abuelos.

④ La reconocí en el momento en que oí su voz.

➡ 잘못된 것은? _____번,

바르게 수정하면? _____

❸ 다음 빨간색으로 표시된 패턴을 이용하여 '누가 ~하는 시간을 너는 아니?'의 문장을 완성하세요.

llegar, Ana ➡ **¿Sabes la hora a la que** llega Ana**?**
너는 아나가 도착하는 시간을 아니?

tip 동사는 모두 직설법 현재로 활용합니다.

1 llegar, la pizza   ➡ _____

2 empezar, el examen   ➡ _____

3 salir, tus padres   ➡ _____

4 salir del trabajo, Teresa ➡ _____

¡Vamos a hablar!

다음 패턴을 이용하여 '~했던 곳은 ~야'의 문장을 완성하세요.

Ejemplo

una cafetería / conocernos
→ Fue en una cafetería donde nos conocimos.
우리가 처음 만난 곳은 바로 어느 커피숍이야.

Fue en + 장소 + donde + 동사 + 주어.
주어가 동사했던 곳은 바로 _____야.

tip 동사는 단순 과거로 활용합니다.

1. una librería del centro / comprarme este libro
   → _____

2. una academia / empezar a aprender español, yo
   → _____

3. una biblioteca / ver a Juan hace 2 semanas, yo
   → _____

4. Seúl / conocer a muchos amigos hispanohablantes, yo
   → _____

5. Siwonshool / aprender español desde cero, yo
   → _____

6 la boda de Ana / conocerse, Marta y Pedro
→ _____

7 una cafetería / encontrarme con Nuria
→ _____

8 Perú / conocer a mi esposa, yo
→ _____

9 Málaga / nacer, Picasso
→ _____

10 México / hacer un curso de español, yo
→ _____

11 el metro / ver a tu madre, yo
→ _____

12 la biblioteca / encontrar ese libro, yo
→ _____

13 Argentina / probar la carne más rica del mundo, yo
→ _____

Unidad 56 변화의 동사 1

앞으로 두 과에 걸쳐 스페인어에 존재하는 여섯 가지 변화의 동사를 학습합니다. 변화의 동사의 어려운 점은, 한국어 해석이 '~이 되다, ~되어지다'라고 해서 아무 변화의 동사를 넣어 문장을 만들 수 없다는 것입니다. 또한, 각각의 동사의 일반적인 이론에서 벗어나 표현처럼 굳어진 조합들도 있습니다. 따라서, 각각의 문법적, 뉘앙스적인 특징과 어떤 명사나 형용사와 쓰이는지 그 조합까지 알아야 합니다. 변화의 동사 뒤에 형용사가 올 경우, 주어에 맞게 형용사의 성수가 변한다는 것도 잊지 마세요.

오늘의 암기 문장

Estrella se hizo presentadora como quería.
에스트레야는 원했던 대로 아나운서가 되었다.
Rafa, ¡te has hecho un hombrecito!
라파야, 이제 형이 다 되었구나!

 변화의 동사 hacerse

★ hacerse

보통 의지적인, 자발적인 변화에 쓰이고, 주어의 직업, 사상, 신념의 변화를 표현합니다. 또한 시기적, 시간적 변화에도 쓰여, 사람의 성장이나 나이 들어 감 혹은 시간이 늦춰짐에도 쓰입니다. 사람 주어와 쓰이는 경향이 있으나, 모든 변화의 동사가 그렇듯 예외도 존재합니다. 시간적인 변화를 제외하고는, 주로 명사나 형용사와 쓰이며, ser의 보어가 될 수 있는 것들이 hacerse와 쓰입니다.

❶ hacerse + 무관사 + 직업명/국적 명사/사상, 신념, 성향과 관련된 명사 (종교, 정치 등)

예) Estrella **se hizo presentadora** como quería.
에스트레야는 원했던 대로 아나운서가 되었다.

Cuando sea mayor, **me haré profesor** de inglés.
나는 어른이 되면, 영어 선생님이 될 거야.

Pedro **se hizo español** para poder trabajar sin visado.
페드로는 비자 없이 일하기 위해서 스페인 사람이 되었다.

Me hice budista por la influencia de mis padres.
나는 부모님의 영향으로 불교 신자가 되었다.

Te has hecho demócrata, y eso que no creías en la democracia.
너는 민주주의자가 되었구나, 민주주의를 믿지 않았었는데 말이야.

Nos hicimos vegetarianos por problemas de salud.
우리는 건강상의 문제로 채식주의자가 되었다.

❷ hacerse + un hombrecito/una mujercita/mayor/viejo

예) Rafa, ¡**te has hecho un hombrecito**!
라파야, 이제 형이 다 되었구나!

Mi sobrina **se ha hecho una mujercita**, y eso que era una niña pequeña hasta hace poco.
내 조카는 숙녀가 다 되었더라고, 얼마 전까지만 해도 어린아이였는데 말이야.

Te estás haciendo mayor. Por eso, ahora lo ves todo desde otro punto de vista.
너는 나이가 들고 있는 거야. 그래서 모든 것을 다른 관점에서 보는 거야.

Me estoy haciendo vieja. Lo noto cuando hago ejercicio.
나 늙고 있어. 운동할 때 그걸 느껴.

¡Recuerda! un hombrecito, una mujercita는 보통 어린아이, 청소년에게 쓰이기에 축소사가 붙은 형태로 많이 쓰이지만, un hombre, una mujer로 대체할 수도 있습니다.

¡Recuerda! lo ves todo...에서 todo가 동사의 목적어일 경우, lo...todo의 형태로 써 주는 경향이 있습니다.

❸ hacerse + tarde/de noche

예 **Se está haciendo tarde**. Tenemos que salir ahora.
시간이 늦어지고 있어. 우리 지금 나가야 해.

Ya **se ha hecho de noche**. Vamos a volver a casa.
벌써 밤이 되었어. 집으로 돌아가자.

¡Recuerda! 시간을 나타내는 표현으로, 주어 없이 3인칭 단수로만 쓰입니다.

❹ 그 외

famoso, rico, millonario, imprescindible 등 hacerse의 기본적인 이론과 관계없이 hacerse와 쓰이는 형용사들도 있습니다.

예 El escritor **se hizo famoso** por su segundo libro.
그 작가는 그의 두 번째 책으로 유명해졌다.

La película **se hizo famosa** por sus efectos especiales.
그 영화는 특수 효과로 유명해졌다.

Mis padres **se hicieron ricos** gracias a su diligencia.
나의 부모님은 그들의 부지런함 덕분에 부자가 되었다.

Pablo **se hizo imprescindible** en su empresa.
파블로는 그의 회사에서 필수 불가결한 존재가 되었다.

¡Vamos a practicar! 밑줄 친 부분에 알맞은 단어를 넣어 문장을 완성하세요.

1 에스트레야는 원했던 대로 아나운서가 되었다.
→ Estrella _____ _____ presentadora como quería.

2 우리는 건강상의 문제로 채식주의자가 되었다.
→ _____ _____ vegetarianos por problemas de salud.

3 시간이 늦어지고 있어. 우리 지금 나가야 해.
→ _____ está _____ tarde. Tenemos que salir ahora.

🇪🇸 변화의 동사 ponerse

★ ponerse

보통 의지와 관련 없는, 비자발적이거나 즉흥적인 변화에 쓰이고, 지속 기간이 적은 변화를 나타냅니다. **ponerse**를 사용하여 기분, 감정, 건강 상태의 변화를 표현할 수 있습니다. 또한 외모 및 피부색 변화에도 쓰입니다. 형용사나 전치사를 포함한 표현과도 쓰이며, **estar**의 보어가 될 수 있는 것들이 **ponerse**와 쓰입니다.

❶ ponerse + 기분/감정/건강 관련 형용사

예 Al enterarse de la noticia, Juan **se puso muy triste**.
그 소식을 접했을 때, 후안은 매우 슬퍼졌다.

Como su hijo aprobó todos los exámenes, **se pusieron contentos**.
그들의 아들이 모든 시험에 합격했기 때문에, 그들은 흡족해했다.

Me pongo nerviosa cuando hablo en público.
나는 다른 사람들 앞에서 말할 때 긴장하게 돼. (나는 여자)

Me he puesto de buen humor porque has venido tú.
나는 (다른 사람도 아닌) 네가 와서 기분이 좋아졌어.

Ana **se ha puesto de mal humor** porque Juan le ha dicho algo feo.
아나는 후안이 그녀에게 못된 말을 해서 기분이 나빠졌다.

Si sigues trabajando así, **te pondrás enfermo/malo**.
너 계속 그렇게 일하면, 병이 날 거야.

La leche **se ha puesto mala** por el calor.
우유가 더위 때문에 상했다.

¡Recuerda! 변화의 동사는 굵은 글씨로 표시된 조합을 하나의 표현처럼 공부해야 합니다. '슬퍼지다'에 ponerse triste를 쓰지, 먼저 학습한 hacerse triste를 쓸 수 없습니다.

❷ ponerse + 외모/피부색 관련 형용사

예 **Te has puesto muy guapa**. ¿Adónde vas así?
너 되게 예쁘게 꾸몄네. 그렇게 하고 어디 가는 거야?

La situación **se ha puesto muy fea** después de la discusión entre Raúl y el jefe.
라울과 상사 간의 논쟁 후에, 상황이 매우 험악해졌다.

Hay personas que **se ponen rojas** por cualquier cosa.
뭐든 별거 아닌 거에 얼굴이 빨개지는 사람들이 있다.

Al escuchar la noticia, **se ha puesto pálido**.
그 소식을 들었을 때, 그는 얼굴이 창백해졌다.

Os habéis puesto muy morenos. ¿Habéis ido mucho a la playa?
너네 굉장히 까무잡잡해졌네. 해변에 많이 갔어?

¡Recuerda! ponerse guapo는 '잘생겨지다, 예뻐지다'보다 '멋지게, 예쁘게 차려입다, 꾸미다'의 뜻입니다.

¡Recuerda! ponerse feo는 사람에게도 쓰이지만 상황에도 많이 쓰여 '(상황이) 험악해지다, 흉측해지다'의 뜻입니다.

❸ 그 외

así와 쓰여, 상대의 감정이나 기분 변화에 반응할 수 있습니다. ❶, ❷에서 언급된 형용사와 의미가 같은 전치사 표현이 존재하면, 바꿔 쓸 수 있습니다.

> **예** ¿Por qué **te pones así**?
> (예를 들어, 갑자기 화를 내는 상대에게) 너 왜 그러는 거야?
>
> No **te pongas así**.
> (예를 들어, 어떤 소식에 갑자기 슬퍼하는 상대에게) 그러지 마. (여기서는 슬퍼하지 마.)
>
> **Me pongo como un flan** cuando hablo en público.
> 나는 다른 사람들 앞에서 말할 때 긴장하게 돼. (como un flan = nervioso)
>
> **Me pongo como un tomate** cuando alguien me mira fijamente.
> 나는 누군가 나를 뚫어져라 쳐다보면 얼굴이 빨개져. (como un tomate = rojo)

¡Recuerda! ¿Por qué te pones así?는 직역하면 '너 왜 그렇게 (그런 상태가) 되는 거야?'이지만, '너 왜 그러는 거야?' 정도로 자연스럽게 해석합니다.

🇪🇸 변화의 동사 llegar

⭐ llegar

보통 어느 정도의 지속 기간을 거쳐 이뤄 낸 성과, 성취에 쓰입니다. 그러나, 단순히 어떤 목표에 도달함을 나타낼 수도 있습니다.

❶ llegar a ser + 명사

> **예** Después de 10 años de esfuerzo, Ana **llegó a ser** jueza.
> 10년간의 노력 끝에, 아나는 판사가 되었다.
>
> Esta película **ha llegado a ser** el número uno en la taquilla.
> 이 영화는 박스 오피스 1위가 되었다.
>
> Puedes **llegar a ser** lo que tú quieras, si te lo propones.
> 너는 마음만 먹으면 뭐든 될 수 있어.

¡Recuerda! llegar a ser가 직업명과 쓰일 경우, ser를 생략할 수 있습니다.
> **예** Ana **llegó a ser** jueza. = Ana **llegó a** jueza.

🌴 **¡Vamos a practicar!** 밑줄 친 부분에 알맞은 단어를 넣어 문장을 완성하세요.

1 그 소식을 접했을 때, 후안은 매우 슬퍼졌다.
➜ Al enterarse de la noticia, Juan _____ _____ muy triste.

2 나는 다른 사람들 앞에서 말할 때 긴장하게 돼. (나는 여자)
➜ Me pongo _____ cuando hablo en público.

3 (예를 들어, 갑자기 화를 내는 상대에게) 너 왜 그러는 거야?
➜ ¿Por qué _____ _____ _____?

Unidad 56 변화의 동사 1

Ejercicios - 변화의 동사 1

❶ 다음 문장들을 완성하세요.

1. 페드로는 비자 없이 일하기 위해서 스페인 사람이 되었다.

   ➡ Pedro _____ _____ español para poder trabajar sin visado.

2. 그들의 아들이 모든 시험에 합격했기 때문에, 그들은 흡족해했다.

   ➡ Como su hijo aprobó todos los exámenes, _____ _____ contentos.

3. 너 되게 예쁘게 꾸몄네. 그렇게 하고 어디 가는 거야?

   ➡ _____ has _____ muy guapa. ¿Adónde vas así?

❷ 다음 중 틀린 문장을 골라 바르게 고치세요.

① Me estoy haciendo vieja. Lo noto cuando hago ejercicio.

② La película se hizo famoso por sus efectos especiales.

③ La leche se ha puesto mala por el calor.

④ Hay personas que se ponen rojas por cualquier cosa.

➡ 잘못된 것은? _____번,

바르게 수정하면? _____

¡Vamos a hablar!

정답 p.398

✏️ A와 B를 연결하여 자신에 대한 자연스러운 문장을 완성하세요.

	A	B
❶	Me pongo furioso…	porque he ido a la playa.
❷	Me he puesto moreno…	para poder casarme en la iglesia.
❸	Me he hecho católico…	para la fiesta.
❹	Me pondré guapo…	cuando como algo dulce.
❺	Me pongo de buen humor…	cuando mi hijo me miente.

❶ _____

❷ _____

❸ _____

❹ _____

❺ _____

Unidad 56 변화의 동사 1

Unidad 57 변화의 동사 2

지난 과에 이어서 또 다른 세 가지 변화의 동사를 배웁니다. volverse의 경우, 국적 형용사와 쓰이면 hacerse가 나타내는 국적 변화가 아닌 다른 의미를 갖습니다. convertirse가 종교 변화에 쓰일 경우, hacerse와 다른 문법적인 특징을 갖습니다. 이런 부분에 유의하며 변화의 동사를 학습해 주세요.

> 오늘의 암기 문장
>
> ¡Qué españoles os estáis volviendo!   너희들 진짜 스페인 사람 다 되어 가고 있구나!
> Me quedé en blanco.   나는 갑자기 머리가 백지가 되었어.

변화의 동사 volverse

★ volverse

보통 비자발적인 변화에 쓰이고, 누군가를 정의하는 변화에 쓰인다고 설명하기도 합니다. 살면서 자연스럽게 생기는 긍정적이거나 부정적인 성격적인, 성향적인 변화에 쓰여, 국적 형용사와 쓰이면, 국적 변화가 아닌, 어떤 나라의 문화의 체화를 나타냅니다. 모든 변화의 동사가 그렇듯 volverse에도 기본적인 이론에서 벗어나는 예외도 존재합니다. 사람을 정의하는 변화라는 점에서 ser 동사와 닮아 있습니다.

① volverse + 형용사, 혹은 volverse + un/una + 명사 + 형용사

예) Con el paso de los años, **me he vuelto más blando**.
= Con el paso de los años, **me he vuelto una persona más blanda**.
해가 지나면서 나는 (성격이) 더 부드러워졌어.
= 해가 지나면서 나는 더 부드러운 사람이 되었어.

Un amigo mío **se ha vuelto una persona amargada** después de sufrir una enfermedad.
내 친구 한 명이 어떤 병을 겪은 후에 씁쓸한 사람이 되었다.

Con la mascota que le compramos, el niño **se ha vuelto más responsable**.
우리가 아이에게 사 준 반려동물 때문에, 아이가 더 책임감 있게 변했다.

② volverse + (muy/bastante) + 국적 형용사

이 경우, 보통 의미를 강조해 주는 muy, bastante와 같은 부사와 함께 쓰이거나, 감탄문으로도 자주 쓰입니다.

예) Ana, **te has vuelto muy coreana** después de vivir 10 años aquí.
아나야, 너 여기에서(한국에서) 10년 산 뒤에 완전 한국 사람 다 되었다.

¡Qué españoles os estáis volviendo!
너희들 진짜 스페인 사람 다 되어 가고 있구나!

¡Recuerda!   hacerse와는 다르게, 국적 변화가 아닌 문화의 체화입니다.

❸ 그 외

volverse loco와 같은 숙어도 있습니다.

> 예 **Me estoy volviendo loco**. El jefe me acaba de comunicar que tengo que ir a otra ciudad en una hora.
> 나 돌아 버리겠어. 상사가 내가 한 시간 후에 다른 도시에 가야 한다고 방금 막 나에게 통보했어.

🇪🇸 변화의 동사 quedarse

⭐ quedarse

주로 외부의 충격이나 영향으로 인한 급작스러운 본 상태의 일시적인 상실을 나타냅니다. 변화의 동사 중 가장 어렵게 느껴질 수 있는 동사로, quedarse와 쓰이는 조합들은 숙어처럼 정리하는 게 가장 좋습니다. 회복할 수 없는 가족 관계나 신체의 변화에도 쓰이기에, 이 경우 영구적인 상실을 표현합니다. 상태를 나타내는 말과 함께 쓰이기에 estar와 닮아 있습니다.

❶ quedarse + 형용사/전치사구

> 예 Me di un golpe tremendo en la cabeza y **me quedé atontado** unos minutos.
> 나는 머리를 크게 부딪혀서 몇 분 동안 멍해졌다.
>
> **Nos estamos quedando helados**, cierra la ventana, por favor.
> =**Nos estamos quedando congelados**, cierra la ventana, por favor.
> 우리 몸이 얼어붙고 있으니까, 창문 좀 닫아 줘.
>
> ¿Por qué no viniste a clase? **¿Te quedaste dormido?**
> 너 왜 수업에 안 왔어? 잠들었어?
>
> Después de escucharlo, **se quedaron sin palabras/con la boca abierta/sin habla/ de piedra**.
> 그걸 들은 후에, 그들은 말문이 막혔다/입이 쩍 벌어졌다/할 말을 잃었다/아연실색했다.
>
> Después de sufrir esa enfermedad, mi abuelo **se ha quedado en los huesos**.
> 그 병을 겪으신 후에, 나의 할아버지는 뼈와 가죽만 남았다.

🌴 ¡Vamos a practicar! 밑줄 친 부분에 알맞은 단어를 넣어 문장을 완성하세요.

1 해가 지나면서 나는 (성격이) 더 부드러워졌어.
 ➜ Con el paso de los años, _____ he _____ más blando.

2 너희들 진짜 스페인 사람 다 되어 가고 있구나!
 ➜ ¡Qué españoles os estáis _____!

3 나 돌아 버리겠어.
 ➜ _____ estoy _____ loco.

Me quedé bloqueado/en blanco en el examen de Matemáticas.
나는 수학 시험에서 갑자기 정신이 멍해졌어/머리가 백지가 되었어.

El ordenador **se ha quedado bloqueado**.
컴퓨터가 갑자기 먹통이 되었다.

¡Recuerda! quedarse bloqueado는 사람에게 쓰이면, '갑자기 정신이 멍해지다', 기계 등의 사물에 쓰이면 '갑자기 먹통이 되다'의 뜻입니다.

❷ quedarse + 가족 관계나 신체 상태를 나타내는 형용사

돌이킬 수 없는 가족 관계나 신체 상태의 변화를 나타냅니다.

예 Después de ese accidente, **se quedó viudo/huérfano**.
그 사고 후에, 그는 홀아비가/고아가 되었다.

Su padre **se quedó ciego/mudo/sordo/cojo/calvo**.
그의 아버지는 장님이/벙어리가/귀머거리가/절름발이가/대머리가 되었다.

¡Vamos a practicar! 밑줄 친 부분에 알맞은 단어를 넣어 문장을 완성하세요.

1 나는 머리를 크게 부딪혀서 몇 분 동안 멍해졌다.
→ Me di un golpe tremendo en la cabeza y _____ _____ atontado unos minutos.

2 너 왜 수업에 안 왔어? 잠들었어?
→ ¿Por qué no viniste a clase? ¿Te quedaste _____?

3 그 사고 후에, 그는 고아가 되었다.
→ Después de ese accidente, _____ _____ huérfano.

변화의 동사 convertirse

★ convertirse

보통 기대하지 못했던 긍정적이거나, 부정적인 변화에 쓰입니다. 종교 이름과 쓰이면, '~ 종교로 개종하다'를 의미합니다. hacerse가 종교 관련 형용사/명사와 쓰여, 단순히 '어떤 종교의 신자가 되다'라면, 'convertirse al + 종교 이름'은 '~로 개종하다', 즉, 원래 가진 종교에서 다른 종교로의 변화를 나타냅니다.

❶ convertirse en + 명사

예) Serena era una chica muy tímida, pero **se ha convertido en una empresaria**.
세레나는 굉장히 소심한 여자아이였는데, 기업인으로 변했어.

¿Quién iba a decir que Juan **se convertiría en un vago**?
후안이 게으른 남자가 될 거라고 누가 알았겠어요?

Fumar **se convierte en una costumbre** sin que te des cuenta.
당신이 깨닫지 못한 채, 흡연은 습관이 되어 버린다.

❷ convertirse al + 종교 이름

예) Alicia **se ha convertido al budismo** después de leer un libro.
알리시아는 어떤 책 한 권을 읽고 나서 불교로 개종했다.

Me convertí al catolicismo por mi marido.
나는 나의 남편의 영향으로 가톨릭으로 개종했다.

¡Vamos a practicar!   밑줄 친 부분에 알맞은 단어를 넣어 문장을 완성하세요.

1 세레나는 굉장히 소심한 여자아이였는데, 기업인으로 변했어.
→ Serena era una chica muy tímida, pero se ha convertido _____ una empresaria.

2 당신이 깨닫지 못한 채, 흡연은 습관이 되어 버린다.
→ Fumar _____ _____ en una costumbre sin que te des cuenta.

3 나는 나의 남편의 영향으로 가톨릭으로 개종했다.
→ Me convertí _____ catolicismo por mi marido.

Ejercicios - 변화의 동사 2

정답 p.398

❶ 다음의 문장들을 완성하세요.

1 우리가 아이에게 사준 반려동물 때문에, 아이가 더 책임감 있게 변했다.

→ Con la mascota que le compramos, el niño se ha _____ más responsable.

2 아냐, 너 여기에서(한국에서) 10년 산 뒤에 안전 한국 사람 다 되었다.

→ Ana, te has _____ muy coreana después de vivir 10 años aquí.

3 그 병을 겪으신 후에, 나의 할아버지는 뼈와 가죽만 남았다.

→ Después de sufrir esa enfermedad, mi abuelo _____ _____ _____ en los huesos.

4 후안이 게으른 남자가 될 거라고 누가 알았겠어요?

→ ¿Quién iba a decir que Juan se convertiría _____ un vago?

❷ 다음 중 틀린 문장을 골라 바르게 고치세요.

① Un amigo mío se ha vuelto una persona amargada.

② Nos estamos quedando helados, cierra la ventana, por favor.

③ Su padre se quedó calvo.

④ Alicia se ha convertido al budista después de leer un libro.

→ 잘못된 것은? _____번,

바르게 수정하면? _____

¡Vamos a hablar!

A와 B를 연결하여 자신에 대한 자연스러운 문장을 완성하세요.

	A	B
❶	Cuando veo una película aburrida,	me quedo en blanco porque soy de letras.
❷	Cuando estudio Matemáticas,	me quedo agotado.
❸	Cuando trabajo muchas horas seguidas,	puedes convertirte a cualquier religión.
❹	Si practicas algo cada día,	me quedo dormido enseguida.
❺	Si no te gusta el catolicismo,	pronto se convierte en una costumbre.

❶ _____

❷ _____

❸ _____

❹ _____

❺ _____

Unidad 58 화법

이번 과에서는 간접 화법을 학습합니다. 간접 화법은 일상 대화뿐만 아니라 글에서도 많이 쓰입니다. 특히나, 소설에서는 간접 화법을 많이 접할 수 있는데, 종속절로 표현이 되는 피전달문의 시제를 잘 이해하지 못하면, 문장 전체의 시제를 이해하는 데 어려움을 겪을 수 있습니다. 직접 화법에서 간접 화법으로 문장을 바꿀 때, 시제 변화에 주의하며, 예문을 확인해 보세요.

 오늘의 암기 문장

| Me dijo que me había llamado varias veces. | 그 사람은 나에게 여러 번 전화했었다고 말했다. |
| Mi madre me dijo que terminara los deberes. | 나의 어머니는 나에게 숙제를 끝내라고 말했다. |

🇪🇸 직접 화법과 간접 화법

⭐ 직접 화법의 기본 규칙

직접 화법은 누군가 한 말을 변형시키지 않고 그대로 전달 동사(~라고 말했다)와 인용 부호를 이용하여 표현하는 방법입니다. 직접 화법에서는 타인 혹은 내가 한 말을 인용 부호 안에 넣어 전달하며, 인용 부호 안의 문장을 피전달문이라고 합니다. 스페인어에서는 피전달문을 ≪ ≫, 혹은 " " 안에 넣어 줍니다.

예 Pablo dijo: ≪Tengo mucho trabajo hoy≫.
파블로는 "나는 오늘 업무가 많아"라고 말했다.

Me dijo: ≪Te he llamado varias veces≫.
(그 사람이) 나에게 "너에게 여러 번 전화했었어"라고 말했다.

Ana dijo: ≪Estudié francés cuando era estudiante de bachillerato≫.
아나는 "나는 고등학생 때 프랑스어를 공부했어"라고 말했다.

Yo dije: ≪No podremos terminar el trabajo a tiempo≫.
나는 "우리는 그 일을 제시간에 끝낼 수 없을 거야"라고 말했다.

Mi madre me dijo: ≪Termina los deberes≫.
나의 어머니는 나에게 "숙제를 끝내"라고 말했다.

Me dijo Juan: ≪Podría ayudarte si quieres≫.
후안은 나에게 "네가 원하면 내가 너를 도울 수 있을 것 같아"라고 말했다.

En la entrevista me preguntaron: ≪¿Ha trabajado alguna vez en el extranjero?≫.
인터뷰에서 나에게 "외국에서 일해 본 적이 있나요?"라고 물었다.

En la entrevista me preguntaron: ≪¿Cuánto tiempo ha vivido en España?≫.
인터뷰에서 나에게 "스페인에서 얼마나 사셨나요?"라고 물었다.

¡Recuerda! 가장 선호되는 인용 부호는 ≪ ≫입니다.

¡Recuerda! decir 대신 문맥에 따라, añadir(추가로 언급하다), repetir(반복해서 말하다), afirmar(확언하다), comentar(언급하다), reconocer(인정하다) 등의 '말하다' 부류의 다른 전달 동사들이 쓰일 수 있습니다.

⭐ 간접 화법의 기본 규칙

간접 화법은 누군가의 말을 전달하는 시점에 맞춰 자연스럽게 바꿔서 전달하는 방법입니다. 간접 화법에서는 피전달문은 인용 부호 없이 종속절(que...)로 표현되며, 피전달문의 시제, 인칭 대명사, 지시 대명사, 시간이나 장소의 부사 등을 전달하는 사람의 입장에 맞춰 자연스럽게 바꿔 줘야 합니다.

❶ 피전달문의 시제 변화

다음은 전달 동사 dijo...가 단순 과거일 때 피전달문의 시제 변화입니다.

직접 화법에서 피전달문	간접 화법에서의 시제
직설법 현재	불완료 과거
현재 완료/단순 과거	과거 완료
불완료 과거	불완료 과거
단순 미래	가능법
명령형	접속법 과거
가능법	가능법

밑줄 친 부분에 유의하며 간접 화법 문장을 읽어 보세요.

예) Pablo dijo: ≪Tengo mucho trabajo hoy≫.
파블로는 "나는 오늘 업무가 많아"라고 말했다.

→ Pablo dijo que (él) tenía mucho trabajo ese día.
파블로는 그날 업무가 많다고 말했다.

Me dijo: ≪Te he llamado varias veces≫.
(그 사람이) 나에게 "너에게 여러 번 전화했었어"라고 말했다.

→ Me dijo que me había llamado varias veces.
(그 사람이) 나에게 여러 번 전화했었다고 말했다.

Ana dijo: ≪Estudié francés cuando era estudiante de bachillerato≫.
아나는 "나는 고등학생 때 프랑스어를 공부했어"라고 말했다.

→ Ana dijo que (ella) había estudiado francés cuando (ella) era estudiante de bachillerato.
아나는 (그녀가) 고등학생 때 프랑스어를 공부했다고 말했다.

예 Yo dije: ≪No podremos terminar el trabajo a tiempo≫.
나는 "우리는 그 일을 제시간에 끝낼 수 없을 거야"라고 말했다.

➜ Yo dije que no <u>podríamos</u> terminar el trabajo a tiempo.
나는 우리는 그 일을 제시간에 끝낼 수 없을 거라고 말했다.

Mi madre me dijo: ≪Termina los deberes≫.
나의 어머니는 나에게 "숙제를 끝내"라고 말했다.

➜ Mi madre me dijo que (yo) <u>terminara</u> los deberes.
나의 어머니는 나에게 숙제를 끝내라고 말했다.

Me dijo Juan: ≪Podría ayudarte si quieres≫.
후안은 나에게 "네가 원하면 내가 너를 도울 수 있을 것 같아"라고 말했다.

➜ Me dijo Juan que (él) podría <u>ayudarme</u> si (yo) quería.
후안은 나에게 내가 원한다면 그가 나를 도울 수 있을 것 같다고 말했다.

❷ 피전달문이 의문문일 때

피전달문이 의문문인 경우에도 시제 규칙은 같습니다. 의문사가 있는 의문문일 경우, '의문사 + 동사 + 주어'로, 의문사가 없는 의문문의 경우 'si + 주어 + 동사'로 옮겨 줍니다. 피전달문 앞에 que를 쓰거나 생략할 수 있습니다.

밑줄 친 부분에 유의하며 간접 화법 문장을 읽어 보세요.

예 En la entrevista me preguntaron: ≪¿Ha trabajado alguna vez en el extranjero?≫.
인터뷰에서 나에게 "외국에서 일해 본 적이 있나요?"라고 물었다.

➜ En la entrevista me preguntaron (que) si (yo) <u>había trabajado</u> alguna vez en el extranjero.
인터뷰에서 나에게 외국에서 일해 본 적이 있는지 없는지 물었다.

En la entrevista me preguntaron: ≪¿Cuánto tiempo ha vivido en España?≫.
인터뷰에서 나에게 "스페인에서 얼마나 사셨나요?"라고 물었다.

➜ En la entrevista me preguntaron (que) cuánto tiempo <u>había vivido</u> (yo) en España.
인터뷰에서 나에게 스페인에서 얼마나 살았는지 물었다.

❸ 전달 동사의 시제가 현재 완료인 경우

전달 동사의 시제가 현재 완료인 경우, ❶번의 규칙을 적용하거나, 피전달문의 시제를 그대로 쓸 수도 있습니다. 구어체에서는 ❶번의 규칙을 그대로 적용하는 것이 일반적입니다.

예 Me ha dicho: ≪Te he llamado varias veces≫.
(그 사람이) 나에게 "너에게 여러 번 전화했었어"라고 말했다.

➜ Me ha dicho que me había llamado varias veces.

➜ Me ha dicho que me ha llamado varias veces.
(그 사람이) 나에게 여러 번 전화했었다고 말했다.

예 Ana ha dicho: ≪Estudié francés cuando era estudiante de bachillerato≫.
아나는 "나는 고등학생 때 프랑스어를 공부했어"라고 말했다.

➔ Ana ha dicho que (ella) había estudiado francés cuando (ella) era estudiante de bachillerato.

➔ Ana ha dicho que (ella) estudió francés cuando (ella) era estudiante de bachillerato.
아나는 (그녀가) 고등학생 때 프랑스어를 공부했다고 말했다.

Yo he dicho: ≪No podremos terminar el trabajo a tiempo≫.
나는 "우리는 그 일을 제시간에 끝낼 수 없을 거야"라고 말했다.

➔ Yo he dicho que no podríamos terminar el trabajo a tiempo.

➔ Yo he dicho que no podremos terminar el trabajo a tiempo.
나는 우리는 그 일을 제시간에 끝낼 수 없을 거라고 말했다.

¡Vamos a practicar! 밑줄 친 부분에 알맞은 단어를 넣어 간접 화법 문장을 만드세요.

1 파블로는 그날 업무가 많다고 말했다.
Pablo dijo: ≪Tengo mucho trabajo hoy≫.
➔ Pablo dijo que (él) _____ mucho trabajo ese día.

2 (그 사람이) 나에게 여러 번 전화했었다고 말했다.
Me dijo: ≪Te he llamado varias veces≫.
➔ Me dijo que me _____ _____ varias veces.

3 아나는 (그녀가) 고등학생 때 프랑스어를 공부했다고 말했다.
Ana dijo: ≪Estudié francés cuando era estudiante de bachillerato≫.
➔ Ana dijo que (ella) había estudiado francés cuando (ella) _____ estudiante de bachillerato.

Ejercicios - 화법

❶ 다음의 간접 화법 문장들을 완성하세요.

1 Mi madre me dijo: ≪Termina los deberes≫.
   → Mi madre me dijo que _____ los deberes.
   나의 어머니는 나에게 숙제를 끝내라고 말했다.

2 Me dijo Juan: ≪Podría ayudarte si quieres≫.
   → Me dijo Juan que (él) _____ ayudarme si _____.
   후안은 나에게 내가 원한다면 그가 나를 도울 수 있을 것 같다고 말했다

3 En la entrevista me preguntaron: ≪¿Ha trabajado alguna vez en el extranjero?≫.
   → En la entrevista me preguntaron (que) _____ _____ _____ alguna vez en el extranjero.
   인터뷰에서 나에게 외국에서 일해 본 적이 있는지 없는지 물었다.

❷ 다음 중 틀린 문장을 골라 바르게 고치세요.

① Me ha preguntado si: ≪¿Puede trabajar los fines de semana?≫.

② Mi madre me dijo: ≪Termina los deberes≫.

③ Yo dije que no podríamos terminar el trabajo a tiempo.

④ Me ha dicho que me ha llamado varias veces.

→ 잘못된 것은? _____ 번,

바르게 수정하면? _____

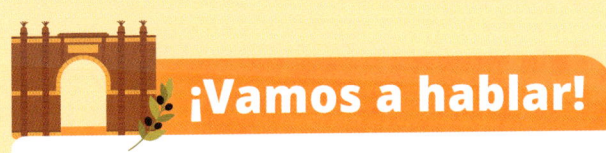

다음의 스페인어를 잘하기 위한 선생님의 조언을 친구에게 전달하세요.

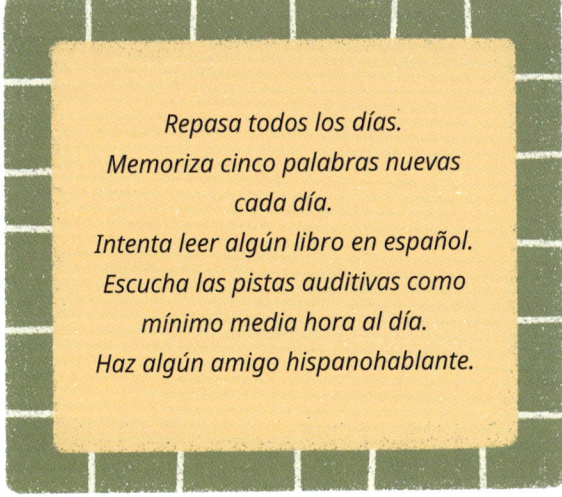

Repasa todos los días.
Memoriza cinco palabras nuevas cada día.
Intenta leer algún libro en español.
Escucha las pistas auditivas como mínimo media hora al día.
Haz algún amigo hispanohablante.

Para hablar bien el español, mi profesor me recomendó que _____,
_____, _____,
_____
y que _____.

Unidad 59 평가 접미사

스페인어에는 단어에 미묘한 뉘앙스를 더해 주는 평가 접미사가 존재합니다. 그중, 증대사는 실제 단어의 물리적인 크기를 키워 주거나, 단어의 의미를 긍정적이거나 부정적인 쪽으로 강조해 줍니다. 축소사는 단어의 물리적 크기가 작음을 나타내거나, 애정, 애교의 의미를 더해 줍니다. 증대사, 축소사와 함께 단어의 의미를 부정적으로 만들어 주는 경멸사까지 함께 봅시다.

> **오늘의 암기 문장**
>
> "Eres tú" es un temazo.   "에레스 투"는 명곡이다.
> ¡Qué gentuza!   나쁜 사람들하고는!

평가 접미사

⭐ 증대사: -azo, -ón, -ote

증대사는 어떤 단어의 실제 크기를 더 크게 만들어 주거나, 그것의 중요성이나 성질을 더 부각시키는 기능을 합니다. 단어에 따라 부정적으로 단어의 의미를 강조해 주기도 합니다. 가장 널리 쓰이는 증대사는 -azo, -ón, -ote입니다.

coche 자동차	→	cochazo 큰 자동차 (혹은 비싼 자동차)	tema 곡	→	temazo 명곡
partido 경기	→	partidazo 명경기	cuerpo 몸	→	cuerpazo 멋진 몸매
taza 머그	→	tazón (머그보다 큰) 큰 잔, 수프 대접	cuchara 수저	→	cucharón 국자
barriga 배	→	barrigón, barrigona 배가 나온, 혹은 그런 사람	cabeza 머리	→	cabezón, cabezona 머리가 큰/고집이 센, 혹은 그런 사람
cabeza 머리	→	cabezota 머리가 큰/고집이 센, 혹은 그런 사람	dormir 자다	→	dormilón, dormilona 잠꾸러기의, 잠꾸러기
mirar 보다	→	mirón, mirona 쳐다보는 것을 좋아하는, 혹은 그런 사람	ligar 작업 걸다	→	ligón, ligona 작업 남, 작업 녀
papel 종이	→	papelote 못 쓰는 종이	grande 큰	→	grandote, grandota 몸집이 거대한

| 예 | Pablo tiene un **cochazo**.
파블로는 큰 자동차/비싼 자동차 한 대를 가지고 있다.

"Eres tú" es un **temazo**.
"에레스 투"는 명곡이다.

Ese cantante tiene un **cuerpazo**.
그 가수는 멋진 몸매를 가지고 있다.

Mi hija es muy **dormilona**.
나의 딸은 매우 잠꾸러기이다.

Te mando un **besote**.
너에게 큰 키스를 보내! (편지글의 마지막 맺음 인사)

| ¡Recuerda! | -azo의 경우, 타격을 나타내기도 합니다.
| 예 | rodilla(무릎) → rodillazo(니킥)   puño(주먹) → puñetazo(주먹질)
latigo(채찍) → latigazo(채찍질)   puerta(문) → portazo(문을 쾅 하고 닫는 행위)

| ¡Recuerda! | un besote는 un beso muy grande와 같은 의미입니다.

★ 축소사: -ito, -illo

축소사는 어떤 단어의 실제 크기를 더 작게, 혹은 어떤 단어의 심각성을 낮춰 주거나, 한층 더 부드러운 말투, 애정, 애교의 뉘앙스가 있습니다. 그래서 어린아이에게 말을 건넬 때나 어린아이 이름에도 많이 사용됩니다. 가장 널리 쓰이는 축소사는 -ito, -illo입니다.

| 예 | Quiero comprar una **mesita/mesilla de noche**.
나는 (보통 침대 옆에 두는) 협탁 하나를 사고 싶어.

Diego, ¿te has lavado las **manitas**?
디에고야, 손 씻었니? (아이에게 건네는 말투)

Mira, hay un **pajarito**.
저기 봐, 새 한 마리가 있네. (작은 새 혹은 아이에게 건네는 말투)

Vamos a andar **despacito**.
천천히 걷자.

¿Quieres una **cervecita**?
맥주 한잔/한 병/한 캔 할래? (애정, 애교 있는 말투)

¿Me esperas un **momentito**?
나 잠깐만 기다려 줄래? (아주 잠깐임을 의미하거나, 부드러운 말투)

¿Un **cafelito** conmigo?
나랑 커피 한잔? (애정, 애교 있는 말투)

Elenita, ven aquí.
엘레나야, 이리 와. (Elena라는 아이 혹은 어른을 애정 있게 부를 때)

Hoy llego tarde. Tengo un **problemilla** en el trabajo.
오늘 늦게 도착해. 직장에 작은 문제 하나가 있어. (un problema보다 덜 심각한 느낌의 문제)

⭐ **경멸사: -aco, -ejo, -uzo**

경멸사는 단어에 부정적인 뉘앙스를 더해 줍니다.

> 예 No leas esos **libracos**. (= libros grandes o aburridos)
> 그 두껍고 지루한 책/하찮은 책들 좀 읽지 마.
>
> El novio de Marta es **feúcho**. (= muy feo)
> 마르타의 애인은 매우 못생겼다.
>
> ¡Qué **gentuza**! (= gente muy mala)
> 나쁜 사람들하고는!

¡Vamos a practicar! 밑줄 친 부분에 알맞은 단어를 넣어 문장을 완성하세요.

1 "에레스 투"는 명곡이다.
   ➜ "Eres tú" es un _____.
2 나랑 커피 한잔? (애정, 애교 있는 말투)
   ➜ ¿Un _____ conmigo?
3 나쁜 사람들하고는!
   ➜ ¡Qué _____!

Ejercicios - 평가 접미사

정답 p.399

❶ 괄호의 단어와 주어진 평가 접미사를 이용하여 문장을 완성하세요.

1 그것은 아주 멋진 골이었다.
   ➜ Fue un _____. (gol + -azo)

2 아나는 문을 쾅 하고 닫고 나갔다.
   ➜ Ana salió dando un _____. (puerta + -azo)

3 페드로는 먹보이다.
   ➜ Pedro es un _____. (comer + -ón)

4 라파야, 외투 입어.
   ➜ Rafa, ponte el _____. (abrigo + -ito)

❷ 다음 중 잘못된 해석을 골라 바르게 고치세요.

① Quiero comprar una mesita de noche. 나는 협탁 하나를 사고 싶어.

② Tengo un problemilla en el trabajo. 직장에 작은 문제 하나가 있어.

③ El novio de Marta es feúcho. 마르타의 애인은 매우 못생겼다.

④ ¡Qué gentuza! 그렇게 좋은 사람들이 있다니!

➜ 잘못된 것은? _____번,

   바르게 수정하면? _____

¡Vamos a hablar!

다음의 평가 접미사가 붙은 단어를 가지고 A의 상황에 적절한 반응(B)을 고르세요.

	A	B
①	Cuando hablas de un partido muy emocionante.	¡Qué temazo!
②	En una cafetería. Cuando sale una canción muy famosa y buena.	¡Qué tipazo!
③	Acabas de ver una película muy buena.	¡Qué golazo!
④	Has visto a una persona que es muy atractiva físicamente.	¡Qué partidazo!
⑤	Tu jugador favorito acaba de marcar un gol muy bueno.	¡Qué peliculón!
⑥	Cuando ves un coche muy guay.	¡Qué paradón!
⑦	Tu mejor amigo tiene un sueldo muy alto.	¡Qué nivelazo!
⑧	Estás en un hotel de lujo de otro nivel.	¡Qué cochazo!
⑨	Tu portero favorito acaba de hacer una parada increíble.	¡Qué dormilón!
⑩	Tu hijo no se despierta y sigue durmiendo.	¡Qué sueldazo!

❶ _____

❷ _____

❸ _____

❹ _____

❺ _____

❻ _____

❼ _____

❽ _____

❾ _____

❿ _____

Unidad 60 Me gustaría

Me gustaría...는 동사 원형 혹은 que 절과 쓰여 누군가의 바람을 표현할 수 있습니다. 이 두 가지는 일상 회화나 고레벨의 작문에서도 굉장히 유용하기 때문에 반드시 구별하여 제대로 쓸 줄 알아야 합니다.

오늘의 암기 문장

Me gustaría viajar por España el año que viene.	나는 내년에 스페인으로 여행을 했으면 한다.
Me gustaría que volvieras a Corea pronto.	나는 네가 빨리 한국으로 돌아왔으면 좋겠다.

🇪🇸 Me gustaría + 동사 원형.

★ 현재의 바람을 표현하는 Me gustaría.

'Me gustaría + 동사 원형'은 '~하면 좋겠다, 했으면 한다, ~하고 싶다'의 뉘앙스로, 현재의 바람에 가정적인 뉘앙스가 섞여 있습니다. 따라서, 정확히 보면 '가능하다면'이 전제되어 있다고 할 수 있습니다. 문법상의 주어는 동사 원형이기에, 동사는 항상 gustaría, 3인칭 단수로 쓰입니다. 그리고 재귀 대명사는 의미상의 주어에 맞게 me, te, le, nos, os, les 로 변합니다.

예   Me gustaría viajar por España el año que viene.
     나는 내년에 스페인으로 여행을 했으면 한다.

   Me gusta ese chico. Me gustaría conocerlo.
   나는 그 남자애가 맘에 든다. 나는 그를 알아보고 싶다.

   A Luna le gustaría trabajar en el extranjero.
   루나는 외국에서 일했으면 한다.

   ¿A ti te gustaría vivir en otro país?
   너는 다른 나라에 살아 보고 싶니?

   A mis padres les gustaría aprender inglés.
   내 부모님은 영어를 배웠으면 한다.

   A los hermanos de Fernando no les gustaría vivir con él.
   페르난도의 형제들은 그와 사는 것을 원하지 않는다.

¡Vamos a practicar! 밑줄 친 부분에 알맞은 단어를 넣어 문장을 완성하세요.

1 나는 내년에 스페인으로 여행을 했으면 한다.
   ➜ _____ gustaría viajar por España el año que viene.
2 루나는 외국에서 일했으면 한다.
   ➜ A Luna _____ gustaría trabajar en el extranjero.
3 내 부모님은 영어를 배웠으면 한다.
   ➜ A mis padres _____ gustaría aprender inglés.

🇪🇸 Me gustaría + que + 주어 + 접속법 불완료 과거.

⭐ 현재의 다른 이의 행동 변화를 바라는 Me gustaría que...

'Me gustaría + 동사 원형'과는 다르게, 의미상의 주어가 또 다른 주어가 했으면 하는 일에 대해 표현합니다. que 절에 접속법 불완료 과거가 들어가지만, 과거의 바람이 아닌, 현재의 바람을 표현합니다. 다소 조심스럽고, 공손한 뉘앙스가 있어서, 격식 있는 말투로도 쓰일 수 있습니다. que 절이 문법상의 주어이기 때문에 동사는 늘 gustaría, 3인칭 단수로 쓰입니다.

예 Me gustaría que volvieras a Corea pronto.
나는 네가 빨리 한국으로 돌아왔으면 좋겠다.

Me gustaría que conocieras a mi hermano. Hacéis muy buena pareja.
나는 네가 나의 형제를 만나 봤으면 좋겠다. 너네 둘은 매우 잘 어울린다.

Nos gustaría que el profesor nos diera más tiempo para el último trabajo del semestre.
우리는 교수님이 학기 마지막 과제를 위해 우리에게 시간을 더 주셨으면 한다.

No me gustaría que mi hijo dejara el trabajo.
나는 나의 아들이 직장을 관두는 것을 원하지 않는다.

A los padres de Julio les gustaría que él trabajara en el extranjero.
훌리오의 부모님은 그가 외국에서 일했으면 한다.

No me gustaría que me pasara algo así.
나는 나에게 그러한 어떤 일이 일어나는 것을 원하지 않는다.

¿A ti te gustaría que te mintiera tu novio?
너는 너의 애인이 너에게 거짓말을 하면 좋을 것 같니?

Me gustaría que me devolvieran el dinero.
(예를 들어, 가게 측에 환불을 요구하면서) 나는 당신들이 나에게 돈을 돌려주기를 바랍니다.

Me gustaría que me compensaran por los daños causados.
(예를 들어, 피해받은 일에 대한 보상을 요구하면서) 나는 당신들이 나에게 발행된 손해에 대한 보상을 해 주시기를 바랍니다.

¡Recuerda! Me gustaría que yo trabajara en el extranjero.와 같이 gustaría의 의미상의 주어(나)와 que 절 안의 주어(나)가 일치하는 문장은 비문입니다. 이 경우, Me gustaría trabajar en el extranjero.(나는 외국에서 일했으면 한다)가 되어야 합니다.

🌴 ¡Vamos a practicar!   밑줄 친 부분에 알맞은 단어를 넣어 문장을 완성하세요.

1 나는 네가 빨리 한국으로 돌아왔으면 좋겠다.
→ Me gustaría que _____ a Corea pronto.

2 나는 나의 아들이 직장을 관두는 것을 원하지 않는다.
→ No me gustaría que mi hijo _____ el trabajo.

3 나는 나에게 그러한 어떤 일이 일어나는 것을 원하지 않는다.
→ No me gustaría que me _____ algo así.

Ejercicios - Me gustaría

정답 p.399

❶ 다음의 해석을 보고 gusta, gustaría 중 맞는 것을 넣어 문장을 완성하세요.

1. 나는 외국에서 사는 것을 좋아한다.
   ➜ Me _____ vivir en el extranjero.

2. 나는 외국에서 사는 것을 원한다.
   ➜ Me _____ vivir en el extranjero.

3. 그의 부모님은 외국어를 배우는 것을 좋아하신다.
   ➜ A sus padres les _____ aprender idiomas extranjeros.

4. 그의 부모님은 외국어를 배우는 것을 원하신다.
   ➜ A sus padres les _____ aprender idiomas extranjeros.

❷ 다음 중 틀린 문장을 골라 바르게 고치세요.

① ¿A ti te gustaría vivir en otro país?

② No me gustaría que mi hijo deje el trabajo.

③ No me gustaría que me pasara algo así.

④ ¿A ti te gustaría que te mintiera tu novio?

➜ 잘못된 것은? _____ 번,

바르게 수정하면? _____

¡Vamos a hablar!

정답 p.399

✏️ 다음은 Elena의 내년 희망 사항에 대한 메모입니다. 주어진 메모를 이용하여 Elena의 내년 바람들을 표현하세요.

1. tocar la lotería
2. viajar por Europa
3. salir con alguien
4. subir el sueldo
5. dar más días de vacaciones

❶ A Elena le gustaría _____

❷ A Elena le gustaría _____

❸ A Elena le gustaría _____

❹ A Elena le gustaría _____

❺ A Elena le gustaría _____

Unidad 1 명사의 성

¡Vamos a practicar!

p.13	1 la abuela	2 la hermana
	3 la pintora	

Ejercicios p.16

❶ 1 la mujer 2 la madre
   3 la perra 4 la gata
   5 la japonesa
❷ artista, modelo, piloto, turista, colega
❸ 1 el 2 la
   3 el 4 el
   5 el 6 el

¡Vamos a hablar! p.17

❶ Mina es coreana.
❷ José es español.
❸ Cristina es italiana.
❹ Jim es canadiense.
❺ Amanda es chilena.

Unidad 2 명사의 수

¡Vamos a practicar!

p.18	1 mesas	2 sofás
	3 ciudades	4 autobuses
p.19	1 crisis	2 jueves

Ejercicios p.21

❶ 1 abogados 2 coches
   3 sillas   4 camas
   5 menús   6 zapatos
❷ lunes, microondas, crisis, cumpleaños, lavaplatos
❸ 1 lápices   2 jueces
   3 actrices 4 viernes
   5 reyes   6 jerséis

¡Vamos a hablar! p.22

❶ Sora y Minsu son coreanos.
❷ Raúl y Ana son españoles.
❸ Cristina y Carlo son italianos.
❹ Jim y Kate son canadienses.
❺ Amanda y Tania son chilenas.

Unidad 3 부정 관사와 정관사

¡Vamos a practicar!

p.26	1 el coche	2 el gato
	3 la caja	

Ejercicios p.27

❶ 1 unos libros   2 unas sillas
   3 unas cajas   4 unos profesores
   5 unos niños   6 unos estudiantes
❷ 1 los coches   2 las botellas
   3 los gatos   4 las mesas
   5 los problemas 6 los vasos
❸ ②, ir al médico

¡Vamos a hablar! p.28

❶ Mi cumpleaños es el 8 de agosto.
❷ Mi cumpleaños es el 14 de septiembre.
❸ Mi cumpleaños es el 30 de enero.
❹ Mi cumpleaños es el 22 de mayo.
❺ Mi cumpleaños es el 5 de octubre.

Unidad 4 형용사

¡Vamos a practicar!

p.32	1 una chaqueta roja 2 un chico guapo 3 buen tiempo
p.33	1 muchos amigos 2 algunas amigas 3 el tercer viaje

Ejercicios   p.34

❶ 1 unos libros interesantes
   2 unas películas interesantes
   3 unos vestidos rojos
   4 unas chaquetas rojas
❷ ③, unas mujeres jóvenes
❸ 1 예전   2 너무 많은
   3 낡은   4 어떤

¡Vamos a hablar!   p. 35

❶ Juan es un estudiante trabajador.
❷ Minsu es un buen amigo.
❸ Juana es una gran mujer.

Unidad 5 주격 인칭 대명사와 동사 ser

¡Vamos a practicar!

p.37	1 nosotras, 우리들 2 nosotros, 우리들 3 ellos, 그들 4 vosotros, 너희들
p.39	1 eres 2 sois 3 es 4 son

Ejercicios   p.40

❶ 1 Yo soy alto.
   2 Nosotras somos bajas.
   3 La situación es mala.
   4 Corea es un país bonito.
❷ ③, Nosotros somos profesores.
❸ 1 amiga   2 españolas
   3 guapa   4 trabajadores

¡Vamos a hablar!   p. 41

❶ Raúl es policía.
❷ Diana es cantante.
❸ Adrián y Gema son actores.
❹ Mis padres son profesores.

Unidad 6 동사 estar

¡Vamos a practicar!

p.44	1 Estoy	2 está	3 está
p.45	1 es	2 está	3 está

Ejercicios   p.46

❶ 1 Ellos están aburridos.
   2 El agua está fría.
   3 La sopa está salada.
   4 Estoy casado.
❷ ①, Tus libros están en la mesa.
❸ 1 ①   2 ②
   3 ②   4 ②

¡Vamos a hablar!   p.47

❶ contento.
   루카스는 만족스러운 상태이다.
❷ sorprendido.
   페드로는 놀란 상태이다.

❸ malo.
라파는 아프다.
❹ enfadado.
후안은 화가 나 있다.
❺ decepcionada.
누리아는 실망스러워 한다.
❻ enamorada.
라우라는 사랑에 빠져 있다.

Unidad 7 동사 hay

¡Vamos a practicar!

p.49	1 muchas sillas	2 dos tazas
	3 algo	4 nada

Ejercicios p.52

❶ 1 Hay un hombre y dos mujeres.
  2 Hay poca agua.
  3 No hay nada.
  4 Aquí no hay libertad.
     = No hay libertad aquí.
❷ ④, En el parque no hay nadie.
❸ 1 Hay   2 está
  3 Hay   4 está

¡Vamos a hablar! p.53

❶ Hay un perro detrás del árbol. El perro es de Pedro.
❷ Hay un libro en la mesa. El libro es de Ana.
❸ Hay unos bolígrafos delante de la caja. Los bolígrafos son de Lucas.
❹ Hay dos lápices encima de/sobre/en la estantería. Los lápices son de Gema.
❺ Hay un portátil debajo de la silla. El portátil es de Juan.

Unidad 8 -ar 동사와 현재 시제

¡Vamos a practicar!

p.56	1 estudia	2 llegas
	3 tocáis	

p.57	1 trabajas	2 Buscamos
	3 termina	

Ejercicios p.58

❶ 1 ¿Hablas español?
  2 Yo compro ropa una vez al mes.
  3 Los niños gritan mucho.
  4 La guerra termina en 1987.
❷ ②, ¿Vosotras estudiáis español?
❸ 1 Ella estudia español.
  2 Mi padre no trabaja mañana.
  3 Él toca el piano todos los días.
     = Él toca el piano cada día.
  4 Ellos llegan mañana.

¡Vamos a hablar! p.59

❶ José es mi padre. Habla coreano.
호세는 나의 아버지입니다. 그는 한국어를 할 줄 압니다.
❷ David es mi tío. Estudia Economía.
다비드는 나의 삼촌입니다. 그는 경제학을 전공합니다.
❸ María es mi madre. Trabaja en una peluquería.
마리아는 나의 어머니입니다. 그녀는 어느 한 미용실에서 일합니다.
❹ Marina es mi hermana. Toca el violín.
마리나는 나의 여자 형제입니다. 그녀는 바이올린을 연주합니다.
❺ Iván es mi primo. Trabaja en una academia.
이반은 나의 사촌입니다. 그는 어느 한 학원에서 일합니다.

Unidad 9 -er 동사와 의문사 1

¡Vamos a practicar!

p.62	1 aprendes	2 corréis
	3 leo	
p.64	1 Quiénes	2 Cuándo

Ejercicios p.65

❶ 1 Ellos comen en casa.
    2 Yo leo un libro cada día.
       = Cada día yo leo un libro.
    3 Él responde a mi correo.
    4 Ellos venden coches.
❷ ②, ¿Quién trabaja aquí?
❸ 1 ¿Cuándo comes?
    2 ¿Dónde trabaja tu padre?
    3 ¿Qué hay en la nevera?
    4 ¿De qué país es Minsu?

¡Vamos a hablar! p.66

❶ Normalmente como arroz.
   보통 나는 점심으로 밥을 먹습니다.
❷ Normalmente comen arroz y pescado o fideos.
   보통 내 부모님은 밥과 생선 혹은 면 요리를 점심으로 드십니다.
❸ Normalmente desayuno una tostada y un vaso de leche.
   보통 나는 아침으로 토스트 한 쪽과 우유 한 잔을 먹습니다.
❹ Normalmente ceno carne o pasta.
   보통 나는 고기 혹은 파스타를 저녁으로 먹습니다.
❺ Normalmente cenan una ensalada.
   보통 내 부모님은 샐러드를 저녁으로 드십니다.

Unidad 10 -ir 동사와 의문사 2

¡Vamos a practicar!

p.71	1 Cuál	2 Cuál	3 Cuánto

Ejercicios p.72

❶ 1 Yo abro las ventanas cada mañana.
    2 Él admite su error.
    3 Ellos escriben novelas.
    4 Ella sube la montaña mañana.
❷ ①, Yo comparto piso con una amiga.
❸ 1 ¿Cómo es tu padre?
    2 ¿Cuál de vosotros vive en España?
    3 ¿Cuánto dinero hay en la caja?
    4 ¿Por qué siempre llegas tarde?

¡Vamos a hablar! p.73

❶ Mi color favorito es el (color) rojo.
   내가 가장 좋아하는 색은 빨간색이야.
❷ Mi película favorita es 'Star Wars'.
   내가 가장 좋아하는 영화는 스타워즈야.
❸ Mi estación favorita es la primavera.
   내가 가장 좋아하는 계절은 봄이야.
❹ Mi actor favorito es Tom Cruise.
   내가 가장 좋아하는 배우는 톰 크루즈야.
❺ Mi libro favorito es 'Cien años de soledad'.
   내가 가장 좋아하는 책은 100년간의 고독이야.

Unidad 11 현재 분사와 진행형

¡Vamos a practicar!

p.75	1 hablando
	2 escribiendo
	3 buscando

정답 377

Ejercicios　　　　　　p.76

❶ 1 Estamos comiendo en casa de mi abuela.
　2 Estos días estoy estudiando inglés.
　3 Mis padres están trabajando ahora.
　4 Él está leyendo un libro.
❷ ④, Mi hermano mayor habla durmiendo.
❸ 1 El niño está durmiendo.
　2 Ellos están pidiendo algo.
　3 Estoy llegando.
　4 La gente está aplaudiendo.

¡Vamos a hablar!　　　　　　p.77

❶ El hombre está planchando la ropa.
　남성은 옷을 다리고 있습니다.
❷ La mujer está ordenando la habitación.
　여성은 방을 정리하고 있습니다.
❸ La mujer está lavando los platos.
　여성은 설거지를 하고 있습니다.
❹ El hombre está barriendo el suelo.
　남성은 바닥을 쓸고 있습니다.
❺ La mujer está quitando el polvo.
　여성은 먼지를 털고 있습니다.
❻ Ellos están limpiando la casa.
　그들은 집을 청소하고 있습니다.
❼ El hombre está pasando la aspiradora.
　남성은 진공청소기를 돌리고 있습니다.

Unidad 12　동사 ir와 불규칙 동사 1 (e-ie)

¡Vamos a practicar!

p.79	1 voy	2 va	3 van
p.81	1 cerráis　2 comenzamos 3 entiendes		

Ejercicios　　　　　　p.82

❶ 1 Yo voy al médico mañana por la mañana.
　2 Ella va a viajar el año que viene.
　3 Vamos a estudiar juntos esta tarde.
　4 ¿Vas a la escuela ahora?
❷ ④, Yo quiero un zumo, por favor.
❸ 1 Vamos a ir al cine.
　2 Vamos a salir esta noche.
　3 Vamos a estudiar juntos.
　4 Vamos a hacer una fiesta de cumpleaños.

¡Vamos a hablar!　　　　　　p.83

❶ Voy a ver una película.
❷ Voy a hacer ejercicio.
❸ Voy a ir de compras.
❹ Voy a viajar a otra ciudad.
❺ Voy a quedar con un amigo.
❻ Voy a descansar en casa.
❼ Voy a estudiar español.

Unidad 13　불규칙 동사 2 (o-ue)

¡Vamos a practicar!

p.86	1 cuelgas　2 recuerdo 3 volamos	
p.87	1 puedes　2 puede 3 podemos	

Ejercicios　　　　　　p.88

❶ 1 Él duerme mucho.
　2 Yo no recuerdo su cumpleaños.
　3 Voy a envolver el regalo.
　4 Él vuelve a casa sobre las diez.

❷ ③, Podemos hablar con el profesor.
❸ 1 ¿Puedo usar el móvil?
   2 ¿Puedo ir al baño?
   3 ¿Puedo cambiar de asiento?
   4 ¿Puedo comer más tarde?

¡Vamos a hablar! p.89
❶ 질문: 사과 5개의 가격은 얼마입니까?
   답변: Cuestan un euro. 1유로입니다.
❷ 질문: 복숭아 10개의 가격은 얼마입니까?
   답변: Cuestan un euro. 1유로입니다.
❸ 질문: 바나나 두 송이의 가격은 얼마입니까?
   답변: Cuestan cuatro euros. 4유로입니다.
❹ 질문: 오렌지 4개의 가격은 얼마입니까?
   답변: Cuestan dos euros. 2유로입니다.
❺ 질문: 배 20개의 가격은 얼마입니까?
   답변: Cuestan dos euros. 2유로입니다.
❻ 질문: 수박 한 통의 가격은 얼마입니까?
   답변: Cuesta tres euros. 3유로입니다.
❼ 질문: 키위 한 팩의 가격은 얼마입니까?
   답변: Cuesta dos cincuenta. / Cuesta dos con cincuenta. 2.5유로입니다.

❷ ①, Tengo mucha hambre.
❸ 1 Tengo tres libros que leer.
   2 Tengo muchas cosas que comprar.
   3 Tengo muchas cosas que hacer.
   4 Tengo un problema que solucionar.

¡Vamos a hablar! p.95
❶ La abuela tiene calor.
   할머니는 덥다.
❷ La mujer tiene miedo.
   여자는 무서워한다.
❸ El hombre tiene sueño.
   남자는 졸리다.
❹ La mujer tiene ganas de ir al baño
   여자는 화장실에 가고 싶다.
❺ El hombre tiene hambre.
   남자는 배가 고프다.
❻ La mujer tiene frío.
   여자는 춥다.
❼ La mujer tiene sed.
   여자는 목이 마르다.

Unidad 14 불규칙 동사 3 (tener, dar)

¡Vamos a practicar!

p.92	1 tengo	2 tienes
	3 Tenemos	
p.93	1 das	2 da	3 da

Ejercicios p.94
❶ 1 El bebé tiene hambre.
   2 Tiene miedo a los perros.
   3 Las palomitas dan sed.
   4 Este abrigo da calor.

Unidad 15 불규칙 동사 4

¡Vamos a practicar!

p.97	1 hago	2 traigo
	3 incluyes	
p.99	1 jugamos	2 digo
	3 veis	

Ejercicios p.100
❶ 1 hace 2 huye
   3 dices 4 vengo
❷ ③, Yo conduzco desde los 20 años.

❸ 1 Juego al tenis una vez a la semana.
     2 Los niños juegan al escondite.
     3 Él juega al baloncesto el fin de semana.
     4 Ellos juegan al fútbol cada sábado.

¡Vamos a hablar! p.101
❶ Hace (mucho) frío.
❷ Hace (mucho) calor.
❸ Llueve.
❹ Nieva.
❺ Hace (mucho) viento.
❻ Hace (mucho) sol. 혹은 Hace (muy) buen tiempo.

Unidad 16 소유 형용사

¡Vamos a practicar!

| p.103 | 1 Mis | 2 sus | 3 Su |
| p.104 | 1 tuya | 2 mío | 3 mío |

Ejercicios p.105
❶ 1 Mi clase   2 tus gafas
    3 sus maletas   4 Nuestra casa
❷ ④, Este coche es nuestro. ¿Dónde está el vuestro?
❸ 1 Este abrigo es mío.
    2 Esta mochila es suya.
    3 Este coche es nuestro.
    4 ¿Estas gafas son tuyas?

¡Vamos a hablar! p.106
❶ Mi ordenador, el tuyo
❷ Mi teléfono, el tuyo
❸ mi goma, la tuya
❹ mi grapadora, la tuya
❺ mi calculadora, la tuya
❻ mi regla, la tuya
❼ Mi impresora, la tuya

Unidad 17 전치사 1 / 전치사 + 대명사

¡Vamos a practicar!

| p.109 | 1 a | 2 con | 3 contra |

Ejercicios p.111
❶ 1 Entre   2 para
    3 por   4 sin
❷ ④, Quiero hablar contigo.
❸ 1 Para mí aprender inglés (no) es divertido.
    2 Para mí jugar al tenis (no) es divertido.
    3 Para mí hacer ejercicio (no) es divertido.
    4 Para mí ir de compras (no) es divertido.

¡Vamos a hablar! p.112
❶ en coche
❷ a pie = andando
❸ en avión/en barco
❹ en tren
❺ en metro
❻ en coche
❼ en taxi

Unidad 18 전치사 2 (para vs por)

¡Vamos a practicar!

p.115	1 para Luna	2 para Sevilla
	3 Para mí	
p.117	1 por ojo	2 por hora
	3 por aquí	

Ejercicios p.118

❶ 1 para 2 por
   3 por   4 para

❷ ①, Cada día hace ejercicio para adelgazar.

❸ 1 Hago ejercicio tres veces por semana.
   2 Estudio español dos veces por semana.
   3 Como fuera una vez por semana.
   4 Quedo con amigos dos o tres veces por semana.

¡Vamos a hablar! p.119

❶ Estoy en el supermercado para comprar leche.
❷ Estoy en el cine para ver una nueva película de Tom Cruise.
❸ Estoy en la biblioteca para estudiar español.
❹ Estoy en un centro comercial para comprar ropa de verano.
❺ Estoy en casa para descansar un rato.
❻ Estoy en la playa para tomar el sol.
❼ Estoy en la universidad para hablar con un profesor.

Unidad 19 saber vs conocer

¡Vamos a practicar!

p.123	1 a Juan	2 esa tienda
	3 conozco	

Ejercicios p.124

❶ 1 sabe   2 conoce
   3 sabe   4 Sabemos
   5 Sabes

❷ 1 Conozco Colombia.
     Todavía no conozco Colombia.
   2 Conozco la isla de Jeju.
     Todavía no conozco la isla de Jeju.
   3 Conozco Estados Unidos.
     Todavía no conozco Estados Unidos.

❸ 1 Yo sé hablar español.
   2 ¿Conoces la comida coreana?
   3 ¿Sabes si viene Ana o no?
   4 Sé conducir.
   5 Mi padre conoce China.

¡Vamos a hablar! p.125

❶ Sí, sé bucear.
   No, no sé bucear.
❷ Sí, sabe montar en bicicleta.
   No, no sabe montar en bicicleta.
❸ Sí, saben esquiar.
   No, no saben esquiar.

Unidad 20 원급 비교 (동등 비교)

¡Vamos a practicar!

p.127	1 tan guapa como 2 tan inteligentes como 3 tan lejos como
p.128	1 tantas amigas como 2 tanto café como 3 en Corea
p.129	1 tanto, mío 2 tanto como 3 como yo

Ejercicios p.130

❶ 1 tantos 2 tanta
  3 tantas 4 tanto

❷ ②, Sois tan inteligentes como yo.

❸ 1 Yo no leo tanto como tú.
  2 Yo no como tanto como tú.
  3 Yo no bebo tanto como tú.
  4 Yo no fumo tanto como tú.

¡Vamos a hablar! p.131

❶ Ana es tan guapa como Juana.
❷ Ernesto es tan feo como Guillermo.
❸ Pedro es tan alto como Daniel.
❹ Emilia es tan baja como Elena.
❺ Celia es tan atractiva como Luna.
❻ Víctor es tan grandote como Héctor.
❼ Susana es tan delgada como Paula.

Unidad 21 비교급

¡Vamos a practicar!

p.133	1 más alta	2 que	3 más
p.135	1 mejor	2 mejor	3 peor

Ejercicios p.136

❶ 1 Yo como más despacio que tú.
  2 Tienes que hacer más ejercicio que ahora.
  3 Yo tomo más café que antes.
  4 Mis padres viajan más que yo.

❷ ③, Tu ordenador es peor que el mío.

❸ 1 Gema es mayor que Pedro.
  혹은 Pedro es menor que Gema.
  2 Pedro es mayor que Marta.
  혹은 Marta es menor que Pedro.
  3 Raúl es mayor que Marta.
  혹은 Marta es menor que Raúl.
  4 Marta es menor que Gema.
  혹은 Gema es mayor que Marta.

¡Vamos a hablar! p.137

❶ Elena es más sociable que Emilia.
❷ Paula es más abierta que Guillermo.
❸ Pedro es más estricto que Víctor.
❹ Luna es más graciosa que Ana.
❺ María es más aburrida que Juana.
❻ Daniel es más tacaño que Héctor.
❼ Natalia es más trabajadora que Inés.

Unidad 22 최상급

¡Vamos a practicar!

p.139	1 muy amable
	2 muy inteligente
	3 facilísima
p.141	1 el, más, inteligente
	2 la, de, todas
	3 la, bonita, mundo

Ejercicios   p.142

❶ 1 dificilísimos   2 altísimos
    3 blanquísima   4 larguísimo

❷ ④, Ernesto es el mejor jugador de su equipo.

❸ 1 Guillermo es el mayor (de todos).
    2 Felipe es el menor (de todos).

¡Vamos a hablar!   p.143

❶ Sergio es el mejor jugador.
❷ Ernesto es el peor jugador.
❸ Diana tiene la mejor nota.
❹ Ana tiene la peor nota.
❺ Diana es la mejor alumna.
❻ Ana es la peor alumna.

Unidad 23 직접 목적어

¡Vamos a practicar!

p.144	1 un libro 2 un bocadillo
	3 su novio
p.146	1 te 2 me
	3 los 혹은 les

Ejercicios   p.148

❶ 1 Yo lo voy a comprar.
    2 Nosotros queremos visitarla.
    3 Yo estoy ayudándolo.
    4 Él la está mirando.

❷ ③, Yo veo a José esta tarde.

❸ 1 1 la   2 lo 혹은 le
    3 los   4 las

¡Vamos a hablar!   p.149

❶ Sí, puedes usarlo.
   혹은 Sí, lo puedes usar.
❷ Sí, puedes usarla.
   혹은 Sí, la puedes usar.
❸ Sí, puedes usarlo.
   혹은 Sí, lo puedes usar.
❹ Sí, puedes usarla.
   혹은 Sí, la puedes usar.
❺ Sí, puedes usarlas.
   혹은 Sí, las puedes usar.
❻ Sí, puedes usarla.
   혹은 Sí, la puedes usar.
❼ Sí, puedes usarlo.
   혹은 Sí, lo puedes usar.

Unidad 24 간접 목적어

¡Vamos a practicar!

p.150	1 Fernando 2 sus hijos
	3 Juan
p.152	1 nos lo 2 te la
	3 se lo

Ejercicios   p.154

❶ 1 Juan me envía un correo.
    2 Yo te hago un café.
    3 Os voy a contar una historia.
    4 El jefe les hace preguntas.
❷ ④, El profesor va a mandaros un mensaje.
❸ 1 me la   2 te la
    3 se lo   4 se lo

¡Vamos a hablar!   p.155

❶ Como fuera todos los días.
   나는 매일 외식을 한다.
❷ Estudio español todos los días.
   나는 매일 스페인어 공부를 한다.
❸ Hago ejercicio dos veces a la semana.
   나는 일주일에 두 번 운동을 한다.
❹ Viajo al extranjero una vez al año. 나는 일 년에 한 번 외국으로 여행을 간다.
❺ Voy al cine dos veces al mes.
   나는 한 달에 두 번 영화관에 간다.
❻ Voy de compras dos o tres veces al año.
   나는 일 년에 두세 번 쇼핑을 간다.
❼ Quedo con mis amigos una vez a la semana.
   나는 일주일에 한 번 친구들과 만난다.

Unidad 25 재귀 동사

¡Vamos a practicar!

p.158	1 me levanto	2 se parece
	3 Me siento	
p.159	1 acostarme	2 levantarte
	3 Me lavo	

Ejercicios   p.160

❶ 1 me ducho   2 Te levantas
    3 bañarse   4 se siente
❷ ③, Yo no me parezco a mi madre.
❸ 1 ¿Mañana te puedes levantar más temprano?
    2 Voy a acostarme.
    3 ¿Estás afeitándote?

¡Vamos a hablar!   p.161

me levanto | levantarme | Me ducho | ducharme | me peino | Me pongo | me maquillo | relajarme | Me acuesto

Unidad 26 역구조 동사

¡Vamos a practicar!

p.163	1 gusta	2 gustan
	3 gusta	

Ejercicios   p.167

❶ 1 apetece   2 cae mal
    3 interesan   4 preocupa
❷ ②, A Juan le cae bien Estrella.
❸ 1 A mí también. 2 A mí tampoco.

¡Vamos a hablar!   p.168

❶ A Pablo le duele la rodilla.
❷ A Ana le duele la garganta.
❸ A Raúl le duele el estómago.
❹ A David le duele la espalda.
❺ A José le duele la muela.
❻ A Estrella le duele el oído.
❼ A Susana le duelen los pies.

Unidad 27 명령형 1

¡Vamos a practicar!

p.171	1 Habla	2 Come
	3 Coged	
p.173	1 Lávate	2 Levántate
	3 Levántese	

Ejercicios p.174

❶ 1 No hables con la comida en la boca.
   2 No comas tan rápido.
   3 Hablemos del siguiente asunto.
   4 No escriban nada en la hoja, por favor.
❷ ④, Quedaos aquí más tiempo.
❸ 1 Desayuna   2 almuerza
   3 cena

¡Vamos a hablar! p.175

❶ Trabaja menos y descansa más.
   일은 덜 하고 더 쉬어.
❷ Estudia más horas.
   더 많은 시간을 공부해.
❸ Busca un amigo extranjero.
   외국인 친구를 찾아봐.
❹ Recoge el cuarto.
   방을 정리해.
❺ Lava los platos.
   설거지해.
❻ Habla con ella.
   그녀와 이야기 나눠 봐.
❼ Trabaja a tiempo parcial y ahorra dinero.
   파트 타임으로 일해서 돈을 모아.

Unidad 28 명령형 2

¡Vamos a practicar!

p.177	1 Di	2 Haz
	3 Ve	
p.179	1 ponla	2 apagues
	3 léemelo	

Ejercicios p.180

❶ 1 vayan   2 pongas
   3 salgáis   4 Sé
❷ ③, B: Sí, dáselo.
❸ 1 No salgas a las 3 de la tarde.
   2 No seas malo con tus amigos.
   3 No pongas tu mochila aquí.
   4 No vengas solo.

¡Vamos a hablar! p.181

❶ Esta comida está muy buena, pruébala.
   이 음식은 매우 맛있어, 먹어 봐.
❷ La tarta está en la cocina, tráela, por favor.
   케이크는 부엌에 있어, 가져와 줘.
❸ Tus gafas están rotas, arréglalas.
   네 안경이 부러졌네, 안경 고쳐.
❹ Estos zapatos están muy sucios, límpialos, por favor.
   이 신발들은 매우 더러워, 신발들을 닦아 줘.
❺ Tu cuarto está muy desordenado, ordénalo, por favor.
   네 방은 매우 엉망이야, 방을 정리해 줘.
❻ No tenemos pan, cómpralo esta tarde.
   우리 빵이 없네, 오늘 오후에 빵을 사.
❼ Esta leche está mala, tírala, por favor.
   이 우유는 상했어, 버려 줘.

Unidad 29 현재 완료

¡Vamos a practicar!

p.184	1 estudiado	2 vuelto
	3 abierto	
p.185	1 han llegado	2 has hecho
	3 han dormido	

Ejercicios p.186

❶ 1 ha pagado
2 ha vivido
3 me he levantado
4 He probado

❷ ②, Hoy hemos escrito un poema en clase.

❸ Me he levantado | he desayunado | he salido | He llegado | he tenido | He vuelto | he cenado | Hemos pedido | emos comido | ha sido

¡Vamos a hablar! p.187

❶ A: ¿Alguna vez has jugado al baloncesto?
B: No, todavía no he jugado al baloncesto.

❷ A: ¿Alguna vez has estado en el extranjero?
B: Sí, he estado en España.

❸ A: ¿Alguna vez has probado comida mexicana?
B: Sí, la he probado muchas veces.

❹ A: ¿Alguna vez has vivido solo?
B: No, todavía no lo he hecho.

❺ A: ¿Alguna vez has viajado solo?
B: Sí, he viajado solo por Europa.

❻ A: ¿Alguna vez has cantado en público?
B: Sí, en mi cumpleaños.

❼ A: ¿Alguna vez has discutido con tus padres?
B: No, no me gusta discutir.

Unidad 30 단순 과거 1 (-ar)

¡Vamos a practicar!

p.190	1 tomasteis	2 busqué
	3 llegué	
p.192	1 almorcé	2 trabajasteis
	3 Se casaron	

Ejercicios p.193

❶ 1 llegó 2 Estudié
3 terminó 4 compraste

❷ ②, Yo quedé con Bea el lunes pasado.

❸ 1 Trabajé 2 Hablé
3 Estudié 4 Desayuné

¡Vamos a hablar! p.194

El lunes pasado Juan hizo muchas cosas. A las 9 de la mañana <u>estudió español</u>. A las 11 y media <u>preparó la comida</u>. Luego, <u>compró un bote de champú en el supermercado</u> a las 2 de la tarde. A las 5 <u>llamó a Gema por teléfono</u> para preguntarle algo. A las 6 <u>lavó el coche</u> y a las 8 <u>sacó al perro</u>.

지난주 월요일 후안은 많은 일들을 했습니다. 오전 9시에 스페인어를 공부했습니다. 11시 반에 식사를 준비했습니다. 그 뒤, 오후 2시에 슈퍼에서 샴푸 한 통을 구매했습니다. 5시에 헤마에게 무언가를 물어보기 위해 그녀에게 전화를 했습니다. 6시에 세차를 하고 8시에 개를 산책시켰습니다.

Unidad 31 단순 과거 2 (-er, -ir)

¡Vamos a practicar!

p.197	1 bebiste	2 respondieron
	3 rompió	
p.199	1 abrimos	2 compartí
	3 escribimos	

Ejercicios p.200

❶ 1 comiste   2 Aprendí
   3 viviste   4 subió
❷ ④, ¿En qué año escribió usted su primera novela?
❸ 1 cogí   2 volví
   3 recibimos 4 abrimos

¡Vamos a hablar! p.201

❶ hoy me duele el estómago.
❷ hoy me duele la garganta.
❸ hoy tengo los ojos hinchados.
❹ me duele todo el cuerpo.
❺ hoy no quiero abrir ni un libro.
❻ hoy quiero descansar.
❼ hoy me duelen las piernas.

Unidad 32 단순 과거 3 (불규칙)

¡Vamos a practicar!

p.204	1 puse	2 vino
	3 murieron	

Ejercicios p.205

❶ 1 dijo   2 hizo
   3 tuve   4 siguieron
❷ ②, Anduvimos una hora juntos.
❸ 1 leyeron 2 dormiste
   3 repitió 4 condujo

¡Vamos a hablar! p.206

❶ Fui
❷ Fui
❸ Estuve
❹ fotos | tomamos | comimos
❺ Fui
❻ avión
❼ Fui
❽ Visitamos | bebimos | paseamos

Unidad 33 불완료 과거

¡Vamos a practicar!

p.209	1 hablaba	2 comíamos
	3 íbamos	
p.211	1 tomaba	2 trabajaba
	3 Llovía	

Ejercicios p.212

❶ 1 vivía, iba   2 era
   3 tenían   4 salía
❷ ④, Ayer no vine a clase porque estaba malo.
❸ 1 Antes viajaba mucho, pero ahora no.
   2 Antes quería casarme, pero ahora no.
   3 Antes me levantaba temprano, pero ahora no.
   4 Antes cenaba muy tarde, pero ahora no.

¡Vamos a hablar! p.213

❶ Iba a estudiar más, pero al final no pude. Porque no tenía tiempo.

❷ Iba a cenar con Juan, pero al final no pude. Porque tenía que trabajar hasta muy tarde.

❸ Iba a ir al concierto, pero al final no pude. Porque no quedaban entradas.

❹ Iba a salir a correr, pero al final no pude. Porque llovía muchísimo.

❺ Iba a limpiar la casa, pero al final no pude. Porque estaba muy cansado.

❻ Iba a invitar a Pedro, pero al final no pude. Porque estaba en el extranjero.

❼ Iba a pedir una pizza, pero al final no pude. Porque estaba cerrada la pizzería.

Unidad 34 단순 미래

¡Vamos a practicar!

p.215	1 hablarás	2 podré
	3 tendremos	
p.217	1 Llegaremos	2 lloverá
	3 Cabrán	

Ejercicios p.218

❶ 1 volveré   2 esperaremos
  3 serán   4 Estará

❷ ③, Saldremos sobre las 5.

❸ 1 Tendrá un examen muy importante.
  2 Tendrá 25 años.
  3 Estarán en otra clase.

¡Vamos a hablar! p.219

El año que viene quiero hacer muchas cosas y tener mejores costumbres que ahora.

Por eso, el año que viene aprenderé inglés, viajaré al extranjero, tomaré menos café, pasaré más tiempo con mi familia y haré ejercicio más a menudo.

내년에 나는 많은 것들을 하고 싶고, 지금보다 더 나은 습관들을 갖고 싶다.

그래서 내년에, 나는 영어를 배울 것이고, 외국으로 여행을 갈 것이고, 커피를 덜 마실 것이고, 나의 가족과 더 많은 시간을 보낼 것이고 더 자주 운동을 할 것이다.

Unidad 35 가능법

¡Vamos a practicar!

p.221	1 leería	2 diríais
	3 querría	
p.224	1 encantaría	2 tendrías
	3 llevaría	
p.225	1 Estaría	2 estaría
	3 me perdería	

Ejercicios p.226

❶ 1 importaría   2 cambiaría
  3 sería

❷ ④, En 10 años estaría casado y tendría hijos.

❸ 1 Sería Pedro.
  2 Tendría 20 años.
  3 Estarían en México.

¡Vamos a hablar! p.227

Mi casa ideal <u>estaría</u> cerca de la playa. No <u>estaría</u> en una ciudad grande porque a mí me gusta la tranquilidad. La casa <u>sería</u> grande y <u>tendría</u> piscina. Además, <u>tendría</u> habitaciones para invitados. Mis amigos me <u>visitarían</u> cada fin de semana y <u>se quedarían</u> a dormir.

<u>Hablaríamos</u> toda la noche y lo <u>pasaríamos</u> muy bien.

저의 이상적인 집은 해변 근처에 있을 것 같아요. 대도시에는 있지 않을 것 같아요, 왜냐하면 저는 평온한 것을 좋아하기 때문이에요. 집은 클 것이고, 수영장이 있을 거예요. 게다가, 손님용 방도 있을 거예요. 내 친구들이 매 주말마다 나를 방문할 것 같아요, 그리고 자고 가려고 집에 머물 것 같아요. 우리는 밤새 이야기를 나누고, 매우 즐거운 시간을 보낼 것 같아요.

Unidad 36 과거 완료, 미래 완료

¡Vamos a practicar!

p.229	1 había comido 2 había dejado 3 había amanecido
p.231	1 habrás terminado 2 habrá llegado 3 Habrá llovido

Ejercicios p.232

❶ 1 se habían divorciado
  2 habrá nacido
  3 había sentido

❷ ②, Eran las 5 de la tarde y todavía no habían comido.

❸ 1 Nunca había visto una estrella de mar en persona.
  2 Nunca había visto un caballito de mar en persona.
  3 Nunca había visto un pez globo en persona.

¡Vamos a hablar! p.233

❶ A: La puerta está abierta.
   B: ¿No la habré cerrado yo?
❷ A: La casa de los vecinos está vacía.
   B: ¿Se habrán mudado?
❸ A: Ana ya no lleva gafas.
   B: ¿Se habrá operado de la vista?
❹ A: Últimamente Nuria siempre está sola.
   B: ¿Habrá roto con Juan?
❺ A: El coche de mi padre no está en el garaje.
   B: ¿Lo habrá dejado en otro sitio?

Unidad 37 se 1 (상호 / 무인칭 주어의 se)

¡Vamos a practicar!

p.236	1 se	2 Nos	3 os
p.237	1 se vive 3 no se	2 Se puede	

Ejercicios p.238

❶ 1 Os conocéis
  2 se conocen
  3 se quieren
  4 se dan

❷ ①, Para solucionar este problema, tenemos que ayudarnos.

❸ 1 se puede pedir un vaso de agua.
  2 se puede pagar en efectivo.
  3 no se puede fumar en el baño.

¡Vamos a hablar! p.239

❶ levantar la mano para hacer preguntas.
❷ En clase no se puede usar el móvil.
❸ En clase se puede tomar apuntes.

❹ En clase no se puede ir al baño sin pedir permiso.
❺ En clase no se puede masticar chicle.
❻ En clase no se puede hacer ruido.

Unidad 38　se 2 (수동의 se)

¡Vamos a practicar!

p.242	1 se habla	2 se venden
	3 se permiten	

Ejercicios　　　　　　　　　　　p.243

❶　1 alquilan　　　2 celebra
　　3 descubierto　4 cerró
❷　④, La casa se quemó en el incendio.
❸　1 En Perú se habla español.
　　2 En Inglaterra se habla inglés.
　　3 En Austria se habla alemán.
　　4 En Brasil se habla portugués.

¡Vamos a hablar!　　　　　　　　p.244
❶ En esta papelería se venden folios.
❷ En esta papelería se venden lápices de colores.
❸ En esta papelería no se venden rotuladores.
❹ En esta papelería se venden cuadernos.
❺ En esta papelería no se venden carpetas.
❻ En esta papelería se venden grapadoras.
❼ En esta papelería no se venden sacapuntas.

Unidad 39　se 3 (무의지의 se)

¡Vamos a practicar!

p.248	1 Se me	2 cierran
	3 me	

Ejercicios　　　　　　　　　　　p.249
❶　1 Se, te　　　　2 me, ocurrido
　　3 ha, escapado　4 le, olvida
❷　③, A Juan se le sube el vino muy rápido.
❸　(예시 답안)
　　1 Se me da bien cocinar.
　　2 Se me da mal hablar en público.
　　3 Se me dan bien las manualidades.
　　4 Se me da mal ordenar.

¡Vamos a hablar!　　　　　　　　p.250
❶ ¿Se te ha pasado el dolor de cabeza?
❷ ¿Se te ha pasado la ira?
❸ ¿Se te ha pasado la fiebre?
❹ ¿Se te ha pasado el susto?
❺ ¿Se te ha pasado el disgusto?
❻ ¿Se te ha pasado el miedo?

¡Vamos a hablar!　　　　　　　　p.251
❶ Se te nota que eres extranjero.
❷ Se te nota que eres coreano.
❸ Se te nota que llevas mucho tiempo en España.
❹ Se te nota que te gusta la comida coreana.
❺ Se te nota que te gusta cantar.
❻ Se te nota que haces ejercicio cada día.

Unidad 40 접속사

¡Vamos a practicar!

p.253	1 Cuando	2 Mientras
	3 Si	
p.254	1 aunque	2 Como
	3 Ya que	

Ejercicios p.255

❶ 1 Cuando 2 cuando
  3 Si 4 aunque

❷ ①, Cuando era universitario, me gustaba estudiar en una cafetería del barrio.

❸ 1 Cuando hago ejercicio, escucho música.
  2 Cuando tengo tiempo libre, doy un paseo por el barrio.
  3 Cuando no duermo bien, estoy de mal humor.

¡Vamos a hablar! p.256

❶ Si no puedes concentrarte en casa, ve a la biblioteca.
❷ Si quieres hablar bien el inglés, practícalo cada día.
❸ Si tienes dolor de cabeza, ve al médico.
❹ Si quieres ahorrar dinero, gasta menos en videojuegos.
❺ Si tienes muchos deberes, empieza a hacerlos ahora mismo.
❻ Si necesitas dinero, busca un trabajo a tiempo parcial.
❼ Si estás harto de trabajar, tómate un año libre.
❽ Si no tienes nada que hacer este sábado, ven a mi casa.
❾ Si quieres fumar, sal fuera para no molestar a nadie.
❿ Si quieres comprar un portátil, compara los precios primero.

Unidad 41 연결사

¡Vamos a practicar!

p.258	1 Además de	2 e incluso
	3 por eso	
p.259	1 al contrario	2 A diferencia de
	3 sino	
p.260	1 a causa de	2 Debido a
	3 gracias a	
p.261	1 Primero	2 Segundo
	3 Por último	

Ejercicios p.262

❶ 1 Además
  2 no solo, sino también
  3 por tanto
  4 en cambio

❷ ④, He invitado a los amigos de mi novio e incluso a su familia.

❸ Primero | Segundo | Tercero | Por último

¡Vamos a hablar! p.263

Además | Como | en cambio | A diferencia de

Unidad 42 접속법 1

¡Vamos a practicar!

p.267	1 suspenden, suspendan
	2 quiere, quiera
	3 llueve

Ejercicios p.268

❶ 1 durmamos, durmáis
  2 pida, pidáis
  3 sea, sea

4 dé, des, dé
❷ ②, A lo mejor nieva mañana.
❸ 1 Posiblemente estén en la mesilla de noche.
2 Quizá le suban el sueldo el mes que viene.
3 Creo que sí, pero tal vez venga Pedro conmigo.

¡Vamos a hablar! p.269
❶ Posiblemente cene fuera con mis colegas.
❷ A lo mejor tiene hambre.
❸ Pero, tal vez haga mal tiempo.
❹ Lo mismo llueve esta tarde.
❺ A lo mejor no tengo saldo.
❻ Probablemente esté en una reunión.

Unidad 43 접속법 2

¡Vamos a practicar!

p.271	1 estudie	2 devuelvas
	3 estés	
p.273	1 coma	2 vengas
	3 duermas	

Ejercicios p.274
❶ 1 quiere, estudie
2 Necesitas, ayude
3 recomiendan, escoja
4 dice, haga
❷ ③, Esperamos que no llueva mañana.
❸ tire | reciclemos | enseñemos | usemos

¡Vamos a hablar! p.275
❶ prefiero que comáis antes.
❷ Quiero que te lo pienses otra vez.
❸ quiero que me esperes hasta las 6.
❹ quiero que llames a Álvaro.
❺ Quiero que vayamos juntos a la exposición.
❻ Necesito que me ayudes.

Unidad 44 접속법 3

¡Vamos a practicar!

p.277	1 aprenda	2 digas
	3 llueva	
p.279	1 nieve	2 nieve
	3 se enfade	

Ejercicios p.280
❶ 1 hagas   2 podamos
   3 venga   4 cojas
❷ ④, Es natural que tengas hambre.
❸ 1 pases   2 duermas
   3 mires   4 tengas

¡Vamos a hablar! p.281
❶ es natural que quieras llorar.
❷ es lógico que te entre hambre.
❸ es normal que te pongas nervioso.
❹ es lógico que quieras tomar algo caliente.
❺ es natural que quieras tomar algo frío.
❻ es normal que eches de menos a tu familia.

Unidad 45 접속법 4

¡Vamos a practicar!

p.283	1 trabaja	2 es
	3 sea	
p.285	1 guste	2 salgamos
	3 se vaya	

Ejercicios p.286

❶ 1 es 2 Está
  3 fume 4 dé

❷ ④, ¿No os da alegría que os haya tocado la lotería?

❸ A Ana le gusta que <u>la gente le diga algo bonito</u>, que <u>su novio le escriba cartas</u>, que <u>sus amigos se queden a dormir en su casa</u>, que <u>su jefe esté contento con ella</u> y que <u>sus seguidores le dejen comentarios en su red social</u>.

¡Vamos a hablar! p.287

❶ ¿Te importa que hablemos un rato ahora?
❷ ¿Te importa que nos acompañe María?
❸ ¿Te importa que venga a la fiesta mi novio?
❹ ¿Te importa que yo ponga mi maleta aquí?
❺ ¿Te importa que yo deje las ventanas abiertas?
❻ ¿Te importa que yo entre en el baño primero?
❼ ¿Te importa que cojamos tu coche esta tarde?

Unidad 46 접속법 5

¡Vamos a practicar!

p.289	1 llegué	2 salgas
	3 sepa	
p.290	1 llueva	2 esté
	3 sea	

Ejercicios p.291

❶ 1 llegué 2 se vayan
  3 ducharme 4 sea

❷ ①, Cuando llego a casa, me pongo cómodo.

❸ llueva | nieve | esté | tenga | sea | guste

¡Vamos a hablar! p.292

❶ Cuando tengamos suficiente dinero.
❷ Cuando termine esta tarea.
❸ Cuando tenga vacaciones.
❹ Cuando deje de llover.
❺ Cuando nos mudemos a una casa más grande.

Unidad 47 접속법 6

¡Vamos a practicar!

p.295	1 es	2 sea
	3 viene	
p.297	1 tenga	2 sepa
	3 gusta	

Ejercicios p.298

❶ 1 eres 2 está
3 guste 4 saben

❷ ③, Quiero vivir en una casa que tenga tres plantas.

❸ 1 ¿No crees que Paola está durmiendo ahora?
2 No me parece que Nuria quiera dejar el trabajo.
3 ¿No pensáis que tenemos que hablar con el jefe?
4 El profesor no ha dicho que la fecha de entrega sea el 17.

¡Vamos a hablar! p.299

❶ que pueda cuidar de mis hijos entre semana.
❷ que pueda hacer con mis amigos.
❸ que esté bien fría.
❹ que no ocupe mucho.
❺ que tenga vistas al mar.

Unidad 48 접속법 과거

¡Vamos a practicar!

p.300	1 comiera, comiéramos 2 condujera, condujerais 3 fueras, fueran
p.301	1 trabajarais 2 comiera 3 dijeras

Ejercicios p.302

❶ 1 leyera, leyéramos
2 pidieras, pidierais
3 fuera, fuerais
4 diéramos, dieran

❷ ④, Me gustó que te gustara mi regalo.

❸ 1 pasaras tanto tiempo con ese amigo.
2 estuvieras bien en México.
3 Elena necesitara ayuda.
4 Juan tuviera una salud de hierro

¡Vamos a hablar! p.303

❶ Me gustaría que no lloviera mañana.
❷ Me gustaría que Susana cambiara de trabajo.
❸ Me gustaría que vinieras a mi fiesta.
❹ Me gustaría que quedáramos más a menudo.
❺ Me gustaría que mis padres trabajaran menos.

Unidad 49 가정법 현재, 가정법 과거

¡Vamos a practicar!

p.305	1 tengo 2 ves 3 tienes
p.306	1 tuviera 2 viajaría 3 viviera

Ejercicios p.307

❶ 1 estudias 2 quieres
3 veamos 4 levantaras, llegarías

❷ ①, Si tengo tiempo, iré a verte.

❸ aprendería a tocar el piano, pasaría más tiempo con mi familia, iría al cine más a menudo y haría un viajecito con mi novio.

¡Vamos a hablar! p.308

❶ pasaría unas noches en el hotel más caro de Nueva York.

❷ les regalaría un nuevo coche a mis padres.

❸ dejaría de trabajar.

❹ viajaría en primera clase a Cancún.

❺ recorrería el mundo sin preocuparme por el dinero.

Unidad 50 가정법 과거 완료, 혼합 가정법

¡Vamos a practicar!

p.311	1 hubiera tenido
	2 habría[hubiera] aprobado
	3 hubiera nevado
p.312	1 hubiera comprado
	2 no estarías
	3 fuera

Ejercicios p.313

❶ 1 hubiera ido
   2 hubieras levantado
   3 habríamos[hubiéramos] subido
   4 no estaría

❷ ③, Si hubiera estudiado en México, tendría otro acento.

❸ me habría comprado una casa, habría viajado más, habría montado un restaurante de comida coreana y me habría ido al extranjero a estudiar.

¡Vamos a hablar! p.314

❶ no me dolería la cabeza ahora.
❷ habría terminado ya el informe.
❸ ya habríamos hecho las paces.
❹ ahora estaría en España.
❺ hablaría español con fluidez.
❻ estaría más feliz ahora.
❼ no trabajaría tanto ahora.

Unidad 51 감탄문

¡Vamos a practicar!

p.317	1 cuerpazo	2 maravillosos
	3 mal	
p.318	1 Cómo(Cuánto)	2 come
	3 bebe Elena	
p.319	1 Cuántas	2 tiempo
	3 Cuántos	

Ejercicios p.320

❶ 1 ¡Qué trabajadora es Elena!
   2 ¡Qué bien se expresa Olga!
   3 ¡Qué móvil más/tan caro tiene Luna!
   4 ¡Qué ordenador más/tan antiguo tiene Jesús!

❷ ①, ¡Qué calor hace en esta habitación!

❸ 1 ¡Cuántos libros hay en esta estantería!
   2 ¡Cuántos bolígrafos hay en la mesa!
   3 ¡Cuánta gente hay en este parque!
   4 ¡Cuántas tortugas hay en esta playa!

¡Vamos a hablar! p.321

❶ ¡Qué alegría! | ¡Qué suerte! | ¡Qué noticia tan buena!
❷ ¡Qué triste!
❸ ¡Qué suerte!
❹ ¡Qué alegría! | ¡Qué noticia tan buena!
❺ ¡Qué raro!

Unidad 52 중성 관사 lo

¡Vamos a practicar!

p.323	1 lo picante	2 Lo bueno
	3 Lo mejor	
p.324	1 lo que	2 lo que pasó
	3 Lo que más	
p.325	1 lo de	2 Lo de Ana
	3 lo antes	

Ejercicios p.326

❶ 1 Lo peor de
   2 Lo más bonito de mi vida
   3 lo aprendido, lo más importante
   4 nada de lo ocurrido

❷ ②, No sabes lo caros que son los hoteles en Seúl.

❸ 1 No sabes lo bien que habla.
   2 No sabes lo (mucho) que habla.
   3 No sabes lo gracioso que es.
   4 No sabes lo bien que dibuja.

¡Vamos a hablar! p.327

❶ nadie te molesta.
❷ puedes disfrutar de muchas actividades culturales.
❸ puedes compartir gastos.
❹ adquieres una mentalidad más abierta.
❺ es más barato que viajar en tren o en avión.

Unidad 53 관계 대명사 1

¡Vamos a practicar!

p.329	1 que	2 lleva
	3 El libro que	
p.331	1 con el que	2 con el que
	3 a los que	

Ejercicios p.332

❶ 1 que están
   2 que saben inglés
   3 que
   4 que hicimos

❷ ④, El chico con el que está saliendo Ana es mi exnovio.

❸ 1 Las personas que tienen buena formación tienen más posibilidades de encontrar trabajo.
   2 Las personas que hablan varios idiomas tienen más posibilidades de encontrar trabajo.
   3 Las personas que tienen experiencia tienen más posibilidades de encontrar trabajo.
   4 Las personas que saben lo que quieren tienen más posibilidades de encontrar trabajo.

¡Vamos a hablar! p.333

❶ El hombre que está con los brazos cruzados parece enfadado.
❷ La mujer que lleva una camiseta azul parece asustada.
❸ El hombre que está sentado en un banco parece frustrado.
❹ El hombre que lleva una camiseta roja parece feliz.

⑤ La mujer que está hablando por el móvil parece triste.
⑥ El hombre que tiene un tenedor en la mano parece tener hambre.

Unidad 54 관계 대명사 2

¡Vamos a practicar!

| p.335 | 1 quien | 2 quien | 3 Quien |
| p.336 | 1 que | 2 la que | 3 el que |

Ejercicios   p.337
❶ 1 quienes   2 que/quienes
    3 Quienes
❷ ④, Pedro, quien siempre lleva un traje, es un ingeniero excelente.
❸ 1 Los que tienen buena formación suelen encontrar trabajo fácilmente.
    2 Los que hablan varios idiomas suelen tener más oportunidades laborales.
    3 Los que viajan mucho suelen tener una mente más abierta.
    4 Los que hablan inglés suelen tener más facilidad al aprender español.

¡Vamos a hablar!   p.338
❶ la que tengo tiene una pata rota
❷ el que tengo se apaga solo muchas veces
❸ el que tengo tiene poco espacio
❹ con el que tengo tardo mucho en secarme el pelo
❺ el que tengo va muy lento
❻ el que tengo lleva días sin funcionar
❼ la que tiene ahora tiene muy poca capacidad
❽ el que tenemos ahora es de 20 pulgadas
❾ la que tienen ahora funciona regular
❿ cree que la que tengo ahora es un modelo demasiado antiguo

Unidad 55 관계사

¡Vamos a practicar!

| p.341 | 1 a | 2 de | 3 por |
| p.342 | 1 cuando | 2 en | 3 a |

Ejercicios   p.343
❶ 1 el restaurante donde
    2 la finca donde
    3 las afueras donde
❷ ①, ¿Sabes la hora a la que llega Pedro?
❸ 1 ¿Sabes la hora a la que llega la pizza?
    2 ¿Sabes la hora a la que empieza el examen?
    3 ¿Sabes la hora a la que salen tus padres?
    4 ¿Sabes la hora a la que sale del trabajo Teresa?

¡Vamos a hablar!   p.344
❶ Fue en una librería del centro donde me compré este libro.
❷ Fue en una academia donde empecé a aprender español.
❸ Fue en una biblioteca donde vi a Juan hace 2 semanas.
❹ Fue en Seúl donde conocí a muchos amigos hispanohablantes.
❺ Fue en Siwonshool donde aprendí español desde cero.
❻ Fue en la boda de Ana donde se conocieron Marta y Pedro.
❼ Fue en una cafetería donde me encontré con Nuria
❽ Fue en Perú donde conocí a mi esposa.

⑨ Fue en Málaga donde nació Picasso.
⑩ Fue en México donde hice un curso de español.
⑪ Fue en el metro donde vi a tu madre.
⑫ Fue en la biblioteca donde encontré ese libro.
⑬ Fue en Argentina donde probé la carne más rica del mundo.

Unidad 56 변화의 동사 1

¡Vamos a practicar!

p.347	1 se hizo	2 Nos hicimos
	3 Se, haciendo	
p.349	1 se puso	2 nerviosa
	3 te pones así	

Ejercicios   p.350

❶ 1 se hizo   2 se pusieron
　 3 Te, puesto
❷ ②, La película se hizo famosa por sus efectos especiales.

¡Vamos a hablar!   p.351

❶ Me pongo furioso cuando mi hijo me miente.
❷ Me he puesto moreno porque he ido a la playa.
❸ Me he hecho católico para poder casarme en la iglesia.
❹ Me pondré guapo para la fiesta.
❺ Me pongo de buen humor cuando como algo dulce.

Unidad 57 변화의 동사 2

¡Vamos a practicar!

p.353	1 me, vuelto	2 volviendo
	3 Me, volviendo	
p.354	1 me quedé	2 dormido
	3 se quedó	
p.355	1 en	2 se convierte
	3 al	

Ejercicios   p.356

❶ 1 vuelto   2 vuelto
　 3 se ha quedado   4 en
❷ ④, Alicia se ha convertido al budismo después de leer un libro.

¡Vamos a hablar!   p.357

❶ Cuando veo una película aburrida, me quedo dormido enseguida.
❷ Cuando estudio Matemáticas, me quedo en blanco porque soy de letras.
❸ Cuando trabajo muchas horas seguidas, me quedo agotado.
❹ Si practicas algo cada día, pronto se convierte en una costumbre.
❺ Si no te gusta el catolicismo, puedes convertirte a cualquier religión.

Unidad 58 화법

¡Vamos a practicar!

p.361	1 tenía	2 había llamado
	3 era	

Ejercicios p.362

❶ 1 terminara
2 podría, quería
3 si había trabajado

❷ ①, Me ha preguntado: ≪¿Puede trabajar los fines de semana?≫.
혹은 Me ha preguntado si puedo/podía trabajar los fines de semana.

¡Vamos a hablar! p.363

Para hablar bien el español, mi profesor me recomendó que <u>repasara todos los días</u>, <u>memorizara cinco palabras nuevas al día</u>, <u>intentara leer algún libro en español</u>, <u>escuchara las pistas auditivas como mínimo media hora al día</u> y que <u>hiciera algún amigo hispanohablante</u>.

스페인어를 잘 하기 위해서, 나의 선생님은 나에게 매일 복습하라고, 하루에 5개씩 새로운 단어를 암기하라고, 스페인어로 책을 한번 읽어보라고, 하루에 적어도 30분씩 듣기 트랙들을 들으라고, 그리고 스페인어권 친구를 만들라고 조언하셨다.

Unidad 59 평가 접미사

¡Vamos a practicar!

p.366	1 temazo	2 cafelito
	3 gentuza	

Ejercicios p.367

❶ 1 golazo 2 portazo
3 comilón 4 abriguito

❷ ④, ¡Qué gentuza! 나쁜 사람들하고는!

¡Vamos a hablar! p.368

❶ ¡Qué partidazo!
❷ ¡Qué temazo!
❸ ¡Qué peliculón!
❹ ¡Qué tipazo!
❺ ¡Qué golazo!
❻ ¡Qué cochazo!
❼ ¡Qué sueldazo!
❽ ¡Qué nivelazo!
❾ ¡Qué paradón!
❿ ¡Qué dormilón!

Unidad 60 Me gustaría

¡Vamos a practicar!

p.370	1 Me	2 le	3 les
p.371	1 volvieras	2 dejara	3 pasara

Ejercicios p.372

❶ 1 gusta 2 gustaría
3 gusta 4 gustaría

❷ ②, No me gustaría que mi hijo dejara el trabajo.

¡Vamos a hablar! p.373

❶ que le tocara la lotería.
❷ viajar por Europa.
❸ salir con alguien.
❹ que le subieran el sueldo.
❺ que le dieran más días de vacaciones.

S 시원스쿨닷컴